U0659718

# 小学语文教学设计与案例分析

高等院校小学教育专业方向课精品教材

XIAOXUE YUWEN
JIAOXUE SHEJI YU
ANLI FENXI

潘新民　王丽华　主编

刘娜　张燕　副主编

北京师范大学出版集团
BEIJING NORMAL UNIVERSITY PUBLISHING GROUP
北京师范大学出版社

**图书在版编目(CIP)数据**

小学语文教学设计与案例分析/潘新民，王丽华主编. —北京：
北京师范大学出版社，2023.12

高等院校小学教育专业方向课精品教材

ISBN 978-7-303-27090-3

Ⅰ.①小…　Ⅱ.①潘…②王…　Ⅲ.①小学语文课－教学设计
－高等学校－教材　Ⅳ.①G623.202

中国版本图书馆 CIP 数据核字(2021)第 134011 号

教 材 意 见 反 馈　gaozhifk@bnupg.com　010-58805079
营 销 中 心 电 话　010-58802135　010-58802786
北师大出版社教师教育分社微信公众号　京师教师教育

XIAOXUE YUWEN JIAOXUE SHEJI YU ANLI FENXI

出版发行：北京师范大学出版社　www.bnupg.com
　　　　　北京市西城区新街口外大街 12-3 号
　　　　　邮政编码：100088
印　　刷：北京同文印刷有限责任公司
经　　销：全国新华书店
开　　本：787 mm×1092 mm　1/16
印　　张：27
字　　数：554 千字
版　　次：2023 年 12 月第 1 版
印　　次：2023 年 12 月第 1 次印刷
定　　价：56.00 元

策划编辑：王剑虹　　　　　责任编辑：朱前前
美术编辑：焦　丽　　　　　装帧设计：陈　涛　焦　丽
责任校对：张亚丽　　　　　责任印制：马　洁　赵　龙

# 小学语文教学设计与案例分析编委会

# 总　序

　　当前，我国全面进入高质量教育体系建设新时代。如何培养造就一大批中小学卓越教师，是我国教师教育发展面临的重大课题。其中，卓越小学全科教师的培养更是重中之重。2018 年，《教育部关于实施卓越教师培养计划 2.0 的意见》明确提出了"面向培养素养全面、专长发展的卓越小学教师，重点探索借鉴国际小学全科教师培养经验、继承我国养成教育传统的培养模式"的任务，指明了卓越小学教师培养改革的基本方向。

　　卓越小学全科教师的培养是一项系统工程，需要从目标、课程、教学、管理和评价等各方面开展改革探索。在明确了卓越小学全科教师培养规格的基础上，如何架构科学合理的课程体系？如何编写出高质量的小学教育专业教材？这是至关重要的问题。编写高质量的小学教育专业教材，需要努力处理好三重关系：一是理论学习与实践操作之间的关系；二是学习兴趣和学习效果之间的关系；三是知识储备与教学胜任力之间的关系。基于这种认识，河北师范大学和北京师范大学出版社组织众多高校、科研院所的专家学者和小学一线名师编写了一套"高等师范院校小学教育专业课程教材系列丛书"。整体来看，这套丛书具有以下几个特点。

　　一是编写人员构成具有广泛代表性。这套丛书的编写者有的来自高等院校，有的来自教研部门，有的来自小学一线；在编写过程中，理论专家与实践名家携手共进、优势互补、协同创新。这种编写团队的优化组合，使得整套教材既有理论品格，又具实用价值，较好地解决了教材中常见的理论与实践脱节的问题。

　　二是教材内容生动直观。这套教材以实际案例引出章节内容，将学习者带入真实情境中；正文部分引入大量一线教师生动而鲜活的教学案例，并围绕教学案例进行教学设计说明和案例分析；在阐述理论知识的同时，直观呈现实际教学操作思路和程序、教学策略与方法运用。这对于增强学习者学习兴趣、提升学习效果具有重要意义。

　　三是教材体系完整，覆盖学科全面。从小学全科教师培养的实际需求出发，编写团队编写了覆盖小学语文、数学、英语、科学、美术各学科的"课程标准解读和教材分析"教材和"教学设计和案例分析"教材，形成了较完整的关于课程标准解读与教学设计

2

的教材系统。

　　这套教材是理论专家和一线教师共同探索建构卓越小学全科教师培养内容体系的新起点和新成果。我们期待更多的教育同仁携起手来，围绕小学教育专业教材进行理论探讨与实践研究，为小学全科教师的培养贡献力量。

王本陆

2022 年 1 月 6 日于北京师范大学

# 前　言

　　《小学语文教学设计与案例分析》是高等院校小学教育专业精品系列教材，供高等师范院校小学教育专业和中文专业学生使用，也可作为小学新入职语文教师的自学用书。

　　当前我国承担小学师资培养任务的高等院校尤其是师范院校为了加强教师教育，正在积极尝试小学教师职前培养模式的改革，其中增强课程体系和教材建设是一项重要举措。本教材就是在这样的背景下编写的。

　　小学语文教学设计是对语文教学活动所做的系统策划，是把一般的教学理论应用于教学实践的过程，它是提高语文教学效率和教学效果的必要条件。然而，在实际的小学语文教学中，教学设计存在一些明显问题。第一，缺乏系统性。教学设计的指导思想不是系统论而是仅仅依靠实践经验，教学设计的依据局限于本课的教材内容而非着眼于知识的整体结构。第二，过于追求形式。部分教师在进行教学设计时，仅看其是否符合规范要求，环节是否齐备，抄写字迹是否工整，能否做到一课一个详案，缺乏对实质内容的思考与分析。第三，不切实际，照抄照搬。有些教师只认教学参考书，不从学生的学情出发，或者一味地照抄名师的授课实录、现成的教案，教学效果不佳。

　　那么，如何基于小学语文教学设计的基本理念来做好教学设计呢？这是本书的根本出发点。书中通过大量的教学案例再现教学设计的全过程，并通过案例分析呈现常用的小学语文教学策略。在书稿的编写过程中，本书充分体现出以下几个特点。

　　第一，科学性与全面性并重。本书在对小学语文教学设计的概念、特点、基本原则和步骤等进行充分理论阐述的基础上，分别通过识字与写字、汉语拼音、阅读、习作（写话）、口语交际、语文综合性学习六大课型详细呈现了小学语文教学设计的具体做法、实施过程及教学策略，最后从教学评价和教师教学素养的角度提出了支持教师做好教学设计的评价内容和实践技能。

　　第二，实用性与时代性并存。本书立足于立德树人的育人大背景以及语文课程改革的发展需要，将反映小学语文教学改革成果的最新案例加以概括和分析，提出的观点具有一定的先进性和方向性，对当前小学语文教学发展能够起到正确的导向作用，并能有效提升师范院校在校生以及小学语文教师的理论水平。

　　第三，理论与范例相结合。本书的编写团队由高校知名课程专家、学者与小学优秀骨干教师团队组成，目的是做到理论与实际紧密结合，使理论更接地气，使实践更有高度。本书最大亮点就在于运用大量鲜活实用的教学设计案例阐释教学设计的基本理论，尤其是按照课标中的六种课型、以统编版小学语文教材的内容为例，为读者提供理念先进、操作性强的教学设计范例，为广大在校师范生和一线教师熟悉统编教材、用好统编教材提供了参考。

本书由潘新民教授(河北师范大学初等教育系)、王丽华博士(河北师范大学附属小学)担任主编，刘娜(河北师范大学附属小学)、张燕(石家庄学院)担任副主编。具体分工如下：王丽华、张可心(河北师范大学附属小学)、汪明博士(首都师范大学教师教育学院)负责第一章；王丽华、周小业(河北师范大学附属小学)、戴双翔(华南师范大学教师教育学部)负责第二章；王丽华、路曼(河北师范大学附属小学)、邓素文(湖南第一师范学院)负责第三章；杨艳(河北师范大学附属小学)、张坤(河北师范大学附属小学)、刘娜、霍巍(萍乡学院)负责第四章；王丽华、魏宁(河北师范大学附属小学)、张燕负责第五章；潘新民、卢红超(河北师范大学附属小学)、王永民(山东师范大学教育学部)负责第六章；潘新民、王思远(邯郸市丛台区丛阳小学)、牛瑞雪(人民教育出版社)负责第七章；潘新民、张燕、石思佳(河北师范大学附属小学)、赵婧(天津师范大学教育学部)负责第八章；李泽林(教育部基础教育课程研究中心)、张雨濛(河北师范大学附属小学)负责第九章。全书整体框架和统稿工作由主编负责。河北师范大学薛冰玉、王金霞、梁晴、郭彦辉、殷毅超、于晓丽、刘晓颖、高苗苗、金慧颖，在资料收集、后期修订方面也做了诸多贡献。

在本书的编写过程中，我们学习和参考了国内外学者的大量优秀研究成果，在此表示衷心的感谢。同时本书的编写和出版，得到了编写组成员所在单位的大力支持和关心，在此表达我们诚挚的谢意。最后，特别感谢北京师范大学出版社教师教育分社的王剑虹女士，作为本书的策划编辑，她为本书做了大量细致的工作。

编写组为写好本书集思广益，做了各种力所能及的努力，但限于我们的水平，难免存在疏漏及不足之处，敬请广大读者提出宝贵建议，以便再版时修正。

编者

2022 年 7 月

# 目　录

## 🔍 章结构图

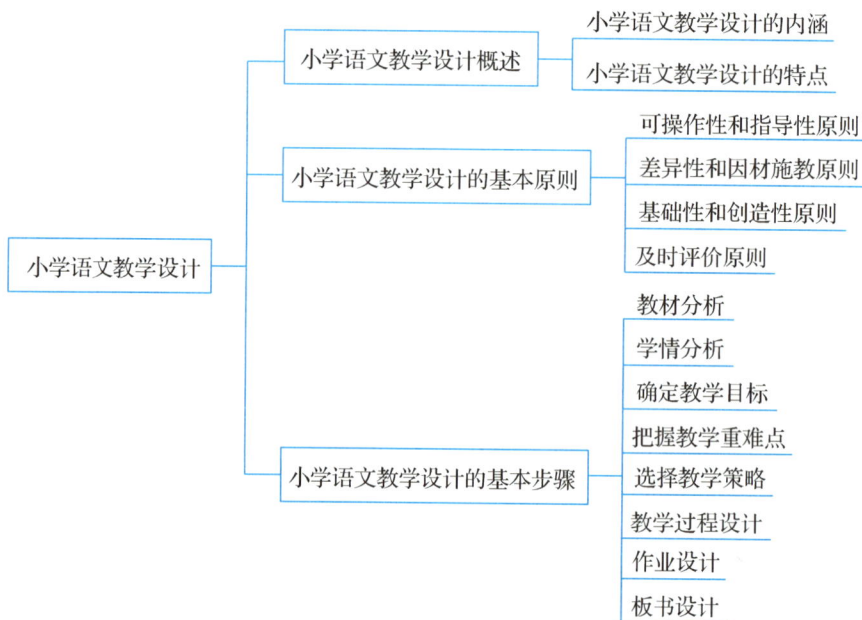

小学语文教学设计
├── 小学语文教学设计概述
│   ├── 小学语文教学设计的内涵
│   └── 小学语文教学设计的特点
├── 小学语文教学设计的基本原则
│   ├── 可操作性和指导性原则
│   ├── 差异性和因材施教原则
│   ├── 基础性和创造性原则
│   └── 及时评价原则
└── 小学语文教学设计的基本步骤
    ├── 教材分析
    ├── 学情分析
    ├── 确定教学目标
    ├── 把握教学重难点
    ├── 选择教学策略
    ├── 教学过程设计
    ├── 作业设计
    └── 板书设计

### 本章概述

　　本章主要论述了小学语文教学设计的概念特点，以及小学语文教学设计的基本原则和基本步骤三部分内容。首先，在认识教学设计的基础之上，进一步叙述小学语文教学设计的内涵及其开放性、互动性、综合性和实践性的特点，帮助读者全方面地理解小学语文教学设计。其次，详细解析了小学语文教学设计的基本原则。最后，本着理论和实践相结合的原则，通过具体教学设计实例将理论以具体直观的形式呈现，阐释了小学语文教学设计的八个步骤，帮助学习者更好地进行教学设计。

## 🔍 问题情境

　　小 A 老师是一名入职不足五年的年轻教师，按照学校的规定，每个学期需要手写教案。在撰写教案的过程中，她通常采用的方法是从教学参考书上或是从网上直接借鉴。但是由于教学参考书的内容多侧重理性分析，网上的资源又五花八门，两年下来，她发现自己在教学设计上根本就是一头雾水，除了完成了学校的硬性任务外，教学设计能力并没有显著提高。对于年轻教师而言，撰写规范而合格的教学设计是一项基本功。那么，应该如何正确认识小学语文教学设计？教学设计中又有哪些需要遵循的原则？教学设计的基本步骤是什么？一起来学习本章内容找到答案吧！

## 学习目标

1. 理解并掌握小学语文教学设计的内涵和特点。
2. 准确把握小学语文教学设计的基本原则。
3. 通过具体案例，学习小学语文教学设计的八个步骤。

## 学习重点

1. 通过具体案例，理解小学语文教学设计的基本原则。
2. 掌握小学语文教学设计的八个步骤，并在教学实践中灵活运用。

## 第一节
# 小学语文教学设计概述

教学设计理论的兴起和发展历经了半个多世纪，已成为具有独特结构和性质的新兴学科。小学语文教学设计遵循语文学科特点和教学的基本规律，吸取现代教学设计理论的精髓，逐渐形成了符合语文教学规律的小学语文教学设计理论体系，为小学语文教学体系的整体优化奠定了基础。[①] 了解小学语文教学设计的概念、内涵，掌握小学语文教学设计的特点和遵循的原则，明确小学语文教学设计的基本步骤，是语文教学活动顺利进行的保障。

### 一、小学语文教学设计的内涵

#### (一)教学设计的概念、内涵

"设计"一词在许多领域得到广泛应用，被引进教育领域后受到了人们的极大关注。教学设计思想的萌发深受其他领域设计活动思想的启发和影响，随着教育人士多年来

---

① 江平：《小学语文课程与教学》，北京，高等教育出版社，2004。

对教学设计的探索，人们对教学设计有了更进一步的认识。

国外学者布里格斯（Leslie J. Briggs）认为，教学设计是分析学习需要和目标以形成满足学习需要的传送系统的全过程。瑞达·瑞奇（Rita Richey）认为教学设计是为了便于学习各种大小不同的学科单元，而对学习情境的发展、评价和保持进行详细规划的科学。这两个定义用到了"分析""规划"等词，描绘出了教学设计的根本特性，即预先对教学活动做出安排。

国内有些学者认为："教学设计是以获得优化的教学效果为目的，以学习理论、教学理论和传播理论为理论基础，运用系统方法分析教学问题、确定教学目标、建立解决教学问题的策略方案、试行解决方案、评价试行结果和修改方案的过程。"①也有学者认为："所谓教学设计，就是为了达到一定的教学目的，对教什么（课程、内容等）和怎么教（组织、方法、传媒的使用等）进行设计。"②

为了更好地理解教学设计，我们可以在国内外学者关于教学设计的观点的基础上对教学活动进行分析。教学活动是学校教学工作的基本形式，是一个比较完整的教学系统，它是由一个个前后联系、前后衔接的环节构成的。而且教学活动有明确的教学目的、复杂的教学对象、丰富的教学内容、多样的教学方式以及影响它发生变化的多种因素。而我们的教学设计就是要在教学活动开始之前对环节的设置进行合理安排，减少教学活动受到无关因素的干扰，以确保教学活动完成之后能达到预期的教学效果。

教学设计的过程实际上是教师为即将进行的教学活动制定蓝图的过程，是教师基于自己的教学理念、不同学生的特点、不同的教学内容等去确定教学目标，设计教学环节，选择合适的教学策略以及合理利用教学资源，为达到预期的教学效果而制订教学实施方案的系统的计划过程。

## (二)小学语文教学设计的概念

语文作为一门学科，具有区别于其他学科的特殊性，这种特殊性主要缘于语文学科内容和学科性质。在进行语文学科教学设计时要注意以下问题：第一，语文教学设计必须关注学生的语言发展，注重提高学生的语言运用能力；第二，语文学科涉及价值观渗透的问题，在进行教学设计时要注意对学生做出正确的引导；第三，语文教学设计是一种技术，但它不仅仅是一种技术，还包含着技术背后所持有的价值观念和艺术素养，是对整个教学过程的整体把握。

在理解了教学设计内涵以及认识到语文学科特殊性的基础之上，我们可以给语文教学设计下一个定义。语文教学设计就是语文教师根据正确的教育思想和语文教学原

---

① 李龙：《教学设计》，北京，高等教育出版社，2010。
② 顾明远：《教育大辞典》（第 1 卷），上海，上海教育出版社，1990。

理，按照一定的教学目的和要求，针对具体的教学对象和教材，对于语文教学的整个程序及其具体环节、总体结构及有关层面所做出的预期的行之有效的策略。

小学语文教学设计与语文教学设计又有所不同。小学作为基础教育的起点，具有自身的阶段性特征，在进行教学设计时除了具备语文教学设计的一般性特点外，还需要关注小学各个年级段的教学内容的特点以及学生的身心发展规律的特殊性。小学语文教学设计作为教学设计中的一个重要类别，可以做如下定义：小学语文教学设计是根据小学语文的课程理念和语文课程目标，针对具体的教学内容和教学对象，在课堂教学前为优化教学效果而对课程目标、教学过程、教学方式与方法等相关环节所进行的整体设计和合理策划。①

## 二、小学语文教学设计的特点

### (一)开放性

开放性是针对过去的"封闭性"而言，小学语文教学设计的开放性主要表现在教学目标设计的开放、教学题材选择的开放、例题和习题布置的开放、教学组织形式的开放、教学评价的开放、师生关系的开放等多方面。而这些方面又是你中有我、我中有你，相互交织的。小学语文教学设计的根本在于要创设一种能给每个学生提供更多的参与机会和成功机会的教学模式，让每个学生在主动参与中得到全方位、可持续性的发展。

### (二)互动性

教学过程是一个师生互动交往的过程，是一个信息交流的过程。在小学语文教学设计中，教师应该给予学生充分选择的机会和自由发展的空间，使学生通过能动的、创造性的学习活动，实现自主精神的充分发挥。实际上，学生的自主精神是通过课堂上的互动来实现的，可采用自主、合作、探究的学习方式来实现课堂的互动。互动的类型除了师生之间的互动，还包括生生之间的互动，互动的内容是广泛的，包括知识、方法、信息、体会等各个方面。

### (三)综合性

语文的学习从来都是综合的。《义务教育语文课程标准(2022年版)》中明确指出："语文课程是一门学习国家通用语言文字运用的综合性、实践性课程。""综合性学习既

---

① 孙凤岐：《小学语文课程与教学论》，北京，北京师范大学出版社，2016。

符合语文教育的传统，又具有现代社会的学习特征，有利于学生在感兴趣的自主活动中全面提高语文素养，有利于培养学生主动探究、团结合作、勇于创新的精神，应该积极提倡。

### (四)实践性

语文教学的目的是要学生最终获得实际运用语言的能力。这种能力除了在课堂中获得外，更多的是来自实践。语文课程是实践性课程，应着重培养学生的语文实践能力，而培养这种能力的主要途径也应是语文实践。学习资源和实践机会无处不在，无时不有。因而，在小学语文教学设计中应让学生多读多写，日积月累，在大量的语文实践中体会、把握运用语文的规律。

## 第二节
# 小学语文教学设计的基本原则

小学语文教学设计是教学工作的基本环节，是连接教学理论与教学实践的桥梁。在教学设计的过程中，应依据教学对象的特点和教师的教学理念、风格，分析教学中的问题，对课堂教学活动中的功能要素进行合理的统筹安排，以保证课堂教学活动获得最佳的效益。因而，小学语文教学设计需要遵循小学语文教学原则，依据教学目的，对小学语文教学的各部分进行整体规划和组合。

小学语文教学过程的复杂性和内容的丰富性，决定了设计小学语文教学须遵守一定的教学原则。

### 一、可操作性和指导性原则

小学语文教学设计的编写是在科学的教育教学思想的指导下进行的，教学目标被分解成具体的具有可操作性的目标，对教学内容的安排、教学活动的组织、教学方法的选择与运用等都体现可操作性原则。其中的重要价值在于它指导并服务于教学实践，使教师进行教学实践时可操作，能够对教师的实际教学起到一定的指导作用。

因此，教师在进行小学语文教学设计时，要在科学的教育教学思想的基础上，对教学活动进行全面的规划，注重提高教学设计的科学性与可行性，以保证在教学过程中有效发挥教学设计的指导性功能，保证教学活动的顺利进行。

**例：统编版一年级上册《四季》教学设计片段**

| | |
|---|---|
| 看教材插图，引出课题，认识"春、夏、秋、冬"。 | 设计意图： |
| 1. 聊一聊一年有几个季节，教师课件出示教材中的四幅插图，请学生边看边猜是哪个季节。 | 　　《义务教育语文课程标准（2022年版）》提倡借助读物中的图画阅读。教师指导学生观察插图、"说"插图的过程中，落实教学目标"初步了解四季的不同特征，感受四季的美好"。该环节遵循"依课标、持教材、重学情、可检测"的方针，操作性强，对教师的实际教学操作起到一定的指导作用。 |
| 2. 结合图片认读生字：春、夏、秋、冬。 | |
| 3. 和学生聊一聊春夏秋冬的特点，感受四季的美好。 | |
| 注意事项： | |
| 教师可示范说："春天，小草发芽了。"请学生联系生活说一说其他季节的特点。 | |
| 4. 板书并齐读课题：第4课，四季。 | |

## 二、差异性和因材施教原则

　　教学设计虽然遵循着科学的指导思想，但每个教师都有自己独特的教学风格，因此，不同教师的教学设计也会有差异。而每个学生之间往往存在知识基础、学习能力、智力水平以及思维方式的差异，教师要接纳和包容学生的差异性，既要面向全体学生，提出统一的学习要求，促进他们全面发展，又要针对学生的个别差异，在教学设计上应体现出因材施教的原则，使学生的才能得到提高和个性得到健康发展。

**例：统编版一年级下册《荷叶圆圆》教学设计片段**

| | |
|---|---|
| 归类认读生词。 | 设计意图： |
| 1. 分组出示生词并认读。 | 　　在识字教学前对本课生字词的掌握情况进行了摸底，发现部分学生对字音和字义没有掌握。为使学生均达一定水平，设计通过归类分组认读生词，并相机进行理解词义和语言积累的训练，渗透对学生差异性的尊重和对学生因材施教的设计原则。 |
| 第一组：水珠　摇篮　停机坪　翅膀　透明 | |
| 第二组：躺在　展开　歌唱 | |
| 第三组：一朵朵　亮晶晶 | |
| 注意事项： | |
| 出示的生词需要带拼音。 | |
| 2. 联系生活实际理解"摇篮、停机坪"的意思。 | |
| 3. 认读"躺"字，认识新偏旁——身字旁。 | |
| 注意事项： | |
| 强调"身"作为偏旁时，最后一笔撇不出头。 | |

4. 语言训练和积累：一朵朵（　　）；亮晶晶的
（　　）。

## 三、基础性和创造性原则

小学语文教学要把学生置于主体地位，注意培养学生的基础知识和基本技能，提高学生学习语文的基础能力，同时也要激发学生学习的兴趣，启发学生积极思维，引导他们独立思考、主动探索，科学性、创造性地培养学生的创新精神和审美能力，提高综合素质。

**例：统编版一年级上册《小蜗牛》教学设计片段**

读懂课文，知道小蜗牛眼中的四季分别是什么样的，能够联系生活实际说一说自己眼中的四季。

1. 对照插图再读课文，边读边画出小蜗牛看到的四季分别是什么样子的。

2. 学生读课文中的原句，教师相机贴出关键词。

春天　小树发芽了

夏天　小树长满了叶子　草莓

秋天　树叶全变黄了　蘑菇

冬天　树叶全掉了　雪

3. 借助词条，分别说一说在小蜗牛眼中春夏秋冬的样子。

4. 借助板书提示，试着说一段关于"四季"的话。

注意事项：

如果学生能完整表达一段话，应予以鼓励，不做过高要求。

5. 指名展示。

6. 说一说你眼中的四季。

春天，_____。

夏天，_____。

秋天，_____。

冬天，_____。

设计意图：

围绕"小蜗牛眼中的四季"这一话题，提升学生理解和运用语言的水平，体现出设计的基础性原则；结合生活实际说一说自己眼中的四季，培养学生结合语文学习，观察和发现生活的能力，让学生在语言实践中对观察产生兴趣，创造性地培养学生的综合能力，实现语文要素与人文主题的"双线统一"。

#### 四、及时评价原则

《义务教育语文课程标准(2022年版)》指出："义务教育语文课程评价要有利于促进学生学习，改进教师教学，全面落实语文课程目标。课程评价应准确反映学生的语文学习水平和学习状况，注重考察学生的语言文字运用能力、思维过程、审美情趣和价值立场，关注学生学习过程和学习进步。"教师应恰当运用多种评价方式。

进行小学语文教学设计时，要预设到学生可能会有的反应，并积极进行评价，激发和培养学生学习语文的兴趣，提高学生学习语文的效率。[1]

# 第三节
# 小学语文教学设计的基本步骤

## 一、教材分析

小学语文教材是教师据以进行语文教学的材料，是小学语文教学的主要载体，是实现语文教学目标、进行小学语文教学的主要凭借。[2] 教师应确立适应社会发展和学生需求的语文教育观念，注重吸收新知识，不断提高自身的综合素养。应认真钻研教材，分析教材，了解教材的编排体系，从整体上把握教材，站在学科的角度设计每一学期的教学，站在单元的角度设计每一堂课的教学。

### (一)单元分析

对单元内容进行总体概述是教材分析的重要内容之一，其对于每篇课文的教学设计均具有指向性与指导性。首先，应明确单元主题，并了解每篇课文的大意和学习要点。其次，应分析每篇课文之间的相互联系及其与单元整体的联系。最后，还应对单元教学目标和单元重难点进行分析，为教师具体教学的开展提供目标和方向。

### (二)课文分析

对课文进行分析有助于教学计划的合理安排以及教学任务的顺利完成。首先，应

---

① 张玉婷：《小学语文教学设计的问题与对策研究》，徐州，江苏师范大学硕士学位论文，2018。
② 蒋丽珠：《小学语文教学与研究》，郑州，郑州大学出版社，2004。

正确理解课文内容，明确课文的体裁、中心思想及段落大意等。分析课文中包含的知识技能结构，理清重难点，做到对课文文本内容的细致解读与把握。其次，应对本篇课文的教学目标进行分析，合理把握每篇课文教学目标的难易程度，并注意与单元整体的教学目标相呼应。之后，应根据本篇课文的内容、体裁、学生的兴趣特点等因素，分析课文教学所需的教学资源。例如，可以为诗歌体裁的课文准备朗读音频，让学生充分体会诗歌的情感与韵律。最后，应对课文进行课时分配及课时目标的分析，这是对课文分析结果的体现。在以上对课文有了较为全面的理解与把握之后，应根据课文的特点和教学任务要求对该篇课文进行课时安排，并具体分析每个课时应完成的教学目标，从而完成对课文的分析。

## 二、学情分析

学情分析是指对学习者在学习能力、发展水平、兴趣特点等方面情况的把握与分析。学情分析为选择和组织教学内容、确定教学目标、安排教学活动、选择教学策略等都提供了重要的依据，是教学设计分析中的重要环节。教师只有在了解和分析学生的现有知识经验和心理认知特点后，才能更加有效地帮助每一个学习者进行学习，达到培养学生的目的。分析学情要求教师具有以学生为主体的意识，客观、扎实、全面地对学生的实际能力和水平进行分析，主要可以从以下四个方面展开。

### (一)分析学生的发展特征

学生的发展特征一般包括会对学习活动产生影响的一系列因素，如认知水平、思维特点、兴趣经验、意志动机、情绪个性等。小学生的一般发展特征为：在小学低段时期，学生以具体形象思维为主，并逐渐向抽象逻辑思维发展；小学生的注意水平有限，注意目的性较低，并逐渐从无意注意向有意注意发展。分析这些因素可以很大程度上帮助教师对教学活动进行合理的设计，使教学工作有更强的针对性、预见性和功效性。比如，由于小学生的认知特点是以具体形象思维为主，以抽象思维为辅，为了达成正确认读单韵母 a、o、e，读准音，认清形，对学习拼音有兴趣的教学目标，教师可充分利用教材中的情境图，培养学生说一句完整的话，同时将图片和字母音、形进行建构。把抽象的知识点具体化、形象化，使之成为符合学生认知特点的教学内容。同时教师需要努力调动学生的积极性，让课堂更加生动有趣，让语言文字更加形象鲜活。我们可以通过观察、访谈、问卷调查、查阅文献等方式来获得小学生的发展特征，并在此基础上分析总结，进行教学设计。只有深入把握学生的发展特征，顺应语文学科的教学特点，才能达到优化教学的目的。

## (二)分析学生的起点能力

美国认知教育心理学家奥苏伯尔曾说："影响学习的唯一最重要的因素，就是学习者已经知道了什么，要探明这一点，并应据此进行教学。"要成功地开展教学工作，教师应着眼于学生的最近发展区进行教学设计。维果茨基的"最近发展区"理论认为学生的发展有两种水平。一种是学生的现有水平，即独立活动时所能达到的解决问题的水平。另一种是学生可能的发展水平，即在他人帮助下可能达到的水平。两者之间的差异就是最近发展区。要想把握好最近发展区的范围，首先应分析学生目前所具有的起点能力，即学生进入教学过程前已经具备的知识、技能和态度等。教师凭借对学生客观、深入的分析可以减少盲目性，使教学设计更具有针对性从而提高教学效果。为全面、客观地了解学生的起点能力，教师可以采用诊断性评价的相关方法，如摸底测试、查阅相关成绩记录、课堂提问等方式。对于学生情感态度方面的发展情况，可以通过观察、访谈等方式来获取相关信息。

## (三)分析学生的发展需要

教学过程不仅需要教师的活动，而且更需要学生的活动，只有教师教的最优化和学生学的最优化融合在一起，才能保证教学目的的充分实现。小学语文教学设计应根据学生的需要来设计教学内容和方法，小学生的发展需要具体包含获取知识的需要、获得成就的需要、自我实现的需要等。只有避免脱离学生的发展需求，才能增强学生学习语文的兴趣与动机，达到真正促进学生发展的目的。例如，小学生通常善于观察，思维敏捷，并且以具体形象思维为主，会经常对生活中的一些具体现象产生疑问与思考，面对生活中未知的事物往往具有强烈的好奇心与求知欲。在教学内容的选择上，为满足小学生获取知识的需要，教师应充分分析不同学段和年龄阶段的学生在当前对各种知识的学习需要。应更多地选择贴近学生生活的、该阶段学生迫切渴望获得的相关知识内容进行教学。在教学方法上，比如当学习到一个值得探讨的问题时，小学生们往往会表现出很强的探索欲和表达欲，愿意主动交流、表达、分享自己的想法并希望得到他人的认可。面对这样的教学内容时，教师可以为其设计讨论法、实验法等教学方法，满足学生自我实现的需要。在教学评价上，由于小学生具有较强的获得成就的需要，并且会对其之后的学习动机产生较大影响，所以教师应注意选择适宜的评价工具与手段，使过程性评价与终结性评价相结合，评价标准应与多数学生的学习水平相适应，满足小学生获得成就的需要。

教师在教学过程中可通过观察、访谈、学习相关文献等方式全面了解分析学生的需要。同时应注意学生的需要不是一成不变的，应随年龄阶段、能力水平、社会环境等因素的变化而不断更新对其需要的分析与把握。

### (四)分析班级的整体状况

由于目前我国的小学教学组织形式多为班级授课制，教学目的为使全体学生都能够获得基础知识和基础技能的发展，所以教师在教学设计过程中必然需要对全班学生的思维特点、学习状态、纪律情况等因素进行整体考量。教师只有在认真分析班级学生整体状况的基础上，才能选择出适合全体学生的教学内容与方法，达到最优的教学效果。所以在教学设计的过程中，教师要分析班级整体学生的学习情况，选择难度适中的教学内容与目标。避免出现教学内容过难，只符合少数尖子生的学习能力要求。或教学内容过于简单，只适合基础较薄弱的学生的能力水平。此外，在制定符合大多数学生能力水平的教学计划之余，也要注重教学的个性化，为个别不同于一般发展水平的学生制定差异化的教学计划，使每个学生都能获得最大程度的发展。

## 三、确定教学目标

### (一)单元教学目标

在各门课程当中，教学单元是相对比较完整的部分，是课程编制者或教师按照学科结构、教学规律的要求划分的基本教学单位。单元教学目标具体来说就是每个单元所应实现的具体教学要求，一般来说，它是由课程标准或者教学大纲做出明确的规定。值得注意的是，单元教学目标只是一般的规定，在实际教学过程中教师还要根据本班学生的实际情况进行调整，合理安排教学计划。

单元教学目标设计是从每一章的角度出发，根据章节中不同知识点的需要，结合教学策略和教学形式，让学生通过一个阶段的学习掌握一个相对完整的知识单元。具体到小学语文单元教学目标，可以从单元导语出发，把握同一单元中课文之间的联系。以小学语文教材统编版五年级下册第一单元"童年往事"为例。本单元导语最开始就以排比的方式点明单元主题是回忆童年往事，并围绕"童年往事"这一主题，选择了四篇课文。每篇课文作者从不同的角度描写与童年相关的人、事、物，表达对童年生活的眷恋之情。《古诗三首》通过描写农人及小孩劳动的情境以及孩童穿冰作银钲的场景，借以表达诗人怀念过去快乐时光的心情；《祖父的园子》通过对祖父园子里的景物描写表达了作者对童年生活的留恋；《月是故乡明》以"月"为抒情线索，回忆童年往事；《梅花魂》通过描写一位华侨对梅花的挚爱，表达他对祖国的眷恋之情。教师在进行本单元的授课时，要注意从不同角度引导学生去体会课文所要表达的情感。

### (二)每课教学目标

小学语文课本的每一篇课文之后都附有课后练习，要想更好地利用这一模块，教师就必须能透彻理解课后练习的编排意图，将课后练习和课堂教学相结合，更好地促进语文教学，提高课堂教学效率。如果说单元教学目标是整个单元语文要素训练点，那么课后练习就是具体到每一课的语文要素训练点，具体可以分为写字练习、朗读练习、阅读练习三部分。

写字练习是将课文中的重点生字词列出来供学生学习，扩大学生的词汇量。朗读练习在不同阶段的要求和侧重点是不同的。如统编版一年级上册要求学生读准全文字音，注意标点的停顿，而一年级下册在上册的基础上又提出要学习语意停顿，而且增添了很多对话训练以提高学生的理解和表达能力。例如，《小公鸡和小鸭子》要求学生能够读好小公鸡和小鸭子的对话，《动物王国开大会》要求分角色朗读课文，这要求学生不仅能认字，还必须能体会每句话带有的情感。在阅读练习上，统编版教材从一年级就注重引导学生学习阅读方法，培养阅读理解能力。如统编版一年级上册《青蛙写诗》中要求学生"说一说青蛙写诗的时候谁来帮忙了"，《项链》中要求"说一说大海的项链是什么"，《乌鸦喝水》中要求"说一说乌鸦是用什么办法喝着水的"，这些课后问题的指向是引导学生学习"带着问题边读边圈，找出文中明显的信息"。与上册相比，一年级下册的要求明显提升，找出信息之后，还要有自己的简单理解，结合阅读交流自己的体会。如《树和喜鹊》的课后练习对学生提出要求"想一想树和喜鹊后来为什么很快乐"，要回答这个问题，学生不仅要读懂树和喜鹊从原来的"孤独"到后来的"快乐"心情发展变化的过程，而且要能提取故事的主要信息才能回答"快乐"的原因。

### (三)课时教学目标

单元教学目标必须通过课时教学目标来实现，每个单元的教学也是通过各个具体的课时教学活动来进行的。课时教学目标是单元教学目标的具体化，一般是由小学教师依据教学大纲、单元教学目标以及本班学生的特点来制定的。在设计课时教学目标时，可以从知识与能力、过程与方法、情感态度与价值观三个层面出发，同时也要注重以核心素养为基础，促进学生全面发展。

以小学语文统编教材二年级上册《寒号鸟》的教学目标设计为例：

1. 能正确认读"号、堵"等17个生字，会在田字格里正确书写"面、阵"等8个生字。

2. 能正确、流利地朗读课文。关注并积累文中有特点的词语，如"冻得直打哆嗦"等；了解文中寒号鸟和喜鹊的个性特点，分角色朗读课文。

3. 从这则民间故事中得到启示，明白在生活中，辛勤劳动才能创造幸福生活，懒惰和得过且过的人只能自食其果。

### （四）教学目标的表述

关于教学目标的规范表述，目前来说并没有统一标准，但是它必须要符合一些要求。第一，行为主体必须是学生，而不是教师。比如"使学生……""提高学生……""培养学生……"等表述方式都是不符合陈述要求的。第二，注意行为动词的使用。为了方便教师对教学效果的评价，行为动词要避免使用模糊不清的术语，比如"了解、掌握""正确背诵"等行为动词，缺乏可操作性，要注意使用具体、明确、可把握的行为动词，简单来说就是可评价的。例如，"学生能够正确地背诵课文"改成"学生能够不丢字、不少字地背诵课文"会更好。第三，设定合理的行为条件。行为条件是指影响学生产生学习结果的特定的限制或范围，在描述教学目标时，要说明在什么样的条件下达到何种程度的结果。例如，"学生能够流利地朗读《日月潭》这篇文章"改成"学生能够在五分钟内朗读完《日月潭》这篇课文"可以使教师在评价教学效果时更有依据性。

## 四、把握教学重难点

准确把握小学语文教学设计的重点和难点，有助于教师在教学实施的过程中更好地突出教学重点和难点。需要注意的是，教师在进行小学语文教学重难点的设计时要依据一定的标准。

### （一）重难点确定的依据

#### 1. 依据语文课程标准设计

在教学设计的过程中，重难点的确定要依据语文课程标准来进行。《义务教育语文课程标准（2022年版）》提出："语文课程致力于全体学生核心素养的形成与发展，为学生学好其他课程打下基础；为学生形成正确的世界观、人生观、价值观，形成良好个性和健全人格打下基础；为培养学生求真创新的精神、实践能力和合作交流能力，促进德智体美劳全面发展及学生的终身发展打下基础。"在教学设计中，语文课程标准通过课程目标具体显现出来。课程目标从知识与能力、过程与方法、情感态度与价值观三个方面来设计，具体讲述了教学中应该达到的基本要求，这些具体的基本要求就是我们教学设计中的重难点。课程目标又分为"总体目标"和"学段目标"。学段目标就更具体地告诉我们教学中应该达到的目标。把握好这些"目标"，就能从宏观和中观上把握住小学语文教学的重点和难点。

#### 2. 依据教材分析进行设计

《义务教育语文课程标准（2022年版）》是教师设计小学语文教学重难点的宏观和中观依据，给教师提供了分析教学重难点的方向指导。但是针对具体的课堂教学实际情况，就要结合具体的教材来进行分析设计。不同版本的教材，教学的重点和难点也各有不同，所以我们需要针对具体的教材来分析设计教学的重难点。

3. 依据学情分析进行设计

在小学语文教学设计的过程中，除了要依据语文课程标准和具体教材来确定教学重难点外，也要结合实际的学情来进行重难点的确定。教师要根据班级学生的具体实际情况来确定教学的重难点，比如要考虑到学生现有的基础知识、能力和综合素质，综合考虑学生的最近发展区，科学确定相应的教学重难点。

4. 依据教学目标进行设计

课程目标为我们的教学设计搭建了宏观框架，教学目标则将具体的教学内容贯穿其中。这里我们所说的教学目标即是指具体到单元、章节、课文的教学目标，有助于教师从微观层次上把握教学重难点的设计。但需要注意的是，一节课的教学目标体现了该节课的重点和难点，但不是所有的教学目标都是教学的重点和难点。

5. 依据教学内容进行设计

分析具体的教学内容也是设计教学重难点的依据之一。同一篇语文课文，不同的教师对教学内容的设计也不尽相同。比如说一篇课文里可以进行教学设计的内容包括作者简介、写作背景、识字写字、课文主要内容、情感思想以及写作方法等，但是在有限的教学时间里，不同的教师所选择呈现的内容也就有所不同。因此教学内容的设计是教师在分析教材的基础上必须做好的基本工作。不同教师设计的教学内容，自然就会体现不同的教学重点和难点。

### (二)重难点的表述

从宏观理论出发来理解教学重点，它指的是"教材中一些最重要最基本的知识"。这些最基本的知识对后续知识的学习和理解会产生重要影响，在所教学科知识体系中处于重要地位。从微观层面来说，教学重点指的是一篇课文或者是一堂课的基础或主要内容，对学生而言，是其在学习过程中必须理解掌握并在考试中熟练准确运用到的。

对于教学难点，理论界基本取得了共识。教学难点是指"教材中学生较难理解和掌握的部分"。从微观层面来说，教学难点指的是由于自身的认知水平和能力所限，学生感觉到疑惑困难、难以理解掌握的内容。

重点和难点的表述大致可以归为三类：一是课程标准和教材中规定的重难点；二是将课堂教学中学生的问题或者质疑作为重难点；三是通过教师在实践中把握学情确定的重难点。[①]

综合考虑教学重点和难点本身的特性，教师在教学设计过程中要注意以下几点：

---

① 倪东君：《关于高中语文教学重难点的浅见》，载《文学教育》，2014(5)。

一是确定教学的重难点并不是简单容易的事情，它要求教师对语文课程标准、具体教材、具体学情等有准确的认知与分析；二是教师在确定教学重难点的过程中，不仅要考虑到绝大多数中等学生的接受水平，而且要考虑到后进生的接受能力；三是教学重点和教学难点两者并不完全等同，教学重点未必是教学难点。教学重点是依据所教知识在知识体系中的地位和作用来确定的，而教学难点是依据学生的理解力来进行设计的。二者可能存在交叉的部分，即某些知识点可能既是教学重点，也是学生理解上的教学难点。但是，也有很多知识点是教学的重点，却很容易理解。所以，我们不能简单地误认为教学重点就是教学难点。

总的来说，教学重难点的确定并不是主观随意的，而是客观分析的，是符合教学规律和学生认识规律的。

## 五、选择教学策略

教学策略具有广义和狭义之分。广义的教学策略是教学理论的具体化，是为了实现教学目标而制定的总体方案。本文所指的是狭义的教学策略，即在特定情境中，教师在教学理念的指导下，为了达到教学目标而采取的具体的教学行为。《义务教育语文课程标准(2022年版)》提出："义务教育语文课程实施从学生语文生活实际出发，创设丰富多样的学习情境，设计富有挑战性的学习任务，激发学生的好奇心、想象力、求知欲，促进学生自主、合作、探究学习。"教学策略的选择直接影响到课堂的效率，教师要从多方面考虑选择合适的教学策略。

### (一)教学策略选择的依据

1. 依据语文学科特点选择教学策略

语文教学方法的选择，首先应该从语文学科性质、理念及教学目标出发，要突出语文的特点。课程标准中指出，语文课程的基本特点是工具性与人文性的统一。语文课程的教学目标是从知识与能力、过程与方法、情感态度与价值观三个维度来设计的。从课程标准对语文学科性质及教学目标的阐述中不难看出，语文课程是工具性、情感性和实践性并重的一门学科，这就决定了与之相适应的教学策略也有别于物理、化学、科技等课程，更多地倾向于选择朗读、谈话、讨论、读书指导等方法策略，而较少使用演示法、实验法等。

2. 依据教学目标选择教学策略

教学目标要借助具体的教学策略来实现，所以我们在选择教学策略时要特别注意依据教学目标。要紧紧围绕着教学目标来对教学策略进行选择，选择与教学目标相适应的、有助于实现教学目标的教学策略。教学目标不同，教学策略的选择也有所不同。

选择教学策略时也要关注学生的学习方式，课程标准倡导自主、合作、探究的学习方式，教师在选择教学策略时要充分考虑这一点。

3. 依据教材内容选择教学策略

教学必须根据教材的具体内容特点，选择适当的教学策略。课程标准指出，不同内容的教学有各自的规律，应根据不同的教学内容，采取合适的教学策略和方法，促进学生语文素养的整体提高。例如，识字写字教学、阅读教学和写作教学策略选择是不同的；不同体裁的教学策略选择也会不同。教学策略的选择一定要从教学内容出发，要避免追求形式主义的应用策略，不要用教学策略的展示冲淡课文内容的学习。

4. 依据学生实际选择教学策略

学生是学习的主人，任何教学策略都要适应学生的基础条件和个性特征，要能激发起学生的学习动机，引起学生的学习兴趣。对于学生已经有了大量的感性认识的教学内容，教师就不必再使用直观教具进行演示，只需联系一下学生生活实际即可。反之，对于学生缺乏感性认识的课文，就不能只靠抽象讲授，而要尽量采用直观的方法形象地进行教学。不同年龄段甚至同一年龄的学生，在心理和生理发展上存在差异，在教学策略的选择上也要将其考虑其中，尽可能照顾到绝大多数学生的个性需求。

5. 依据教学的组织形式、教学环境选择教学策略

教学策略的选择要依据教学组织形式，例如，小组学习时可用探究、讨论等策略，个别默读时就可用批注法。教学条件也会影响教学策略的选择，随着计算机、网络的逐步普及和教育信息化的快速发展，现代科学技术手段越来越多地走进课堂，扩展了教学活动的时空，也引起了教学策略的相应变化。不过，教学活动是一个动态过程，教学情境总是在不断变化的，教学策略也应随机应变，尽可能地面向全体，给学生自主选择的空间。

## (二)小学语文常用教学策略

1. 识字与写字教学常用策略

(1)随文识字教学策略

"随文识字"是指把生字的学习贯穿到课文的学习中，将字、词、句、义相结合，在课文营造的语境中理解、记忆和运用生字的一种教学策略。目前在小学识字与写字教学中运用广泛。

科学、合理地使用"随文识字"教学策略能够有效提高课堂教学效率和学习效果。学生在朗读文章过程中借助拼音识字，根据课文的语境和内容理解汉字含义，进行"音形义"一体化学习，使汉字的识记成为系统的、综合性的过程，从而大大提高识字的效率，巩固识字效果，促进语言能力的发展。

"随文识字"作为一种行之有效的教学策略，在课堂教学中的具体应用方法为：初

读课文，借助文本读准字音；再读课文，引导学生辨析字形；精读课文，结合语境理解字义。通过循序渐进的教学，使学生由读准字音到辨析字形，最后理解字义，实现对生字的识记。

（2）分散识字与集中识字相结合的策略

分散识字即上文中所提的随文识字，是将要求学生能认会读的字分散在每一篇课文中，在阅读的过程中识字；集中识字是把生字按字音或字形归类集中，使学生在较短时间内掌握较多汉字。这两种识字方法在实际运用中具有不可替代的作用又各有其优缺点，例如，分散识字在实际运用的过程中，能激发学生识字兴趣，但很容易受"字从文出"的限制，致使识字数量变少，学习进度缓慢，不能满足学生独立阅读的要求。而集中识字在运用过程中效率较高，但很容易因字数过多、难度较大，比较单调枯燥，此外还脱离课文，造成孤立识字。据此，分散识字与集中识字相结合是教师在实际教学过程中经常采用的教学策略。

分散识字与集中识字相结合的策略既兼顾了两种识字方法的优缺点，又充分遵循了生字特点。在实际教学中，生字的特点关系到两种方法结合的比重和应用位置，教师要根据不同课文中不同的生字特点进行灵活的结合。例如，《动物儿歌》中"蜻、蜓、蝴、蝶、蚯、蚓"等生字都是形声字，这是本课的生字特点，在识字教学中就需要教师以集中识字为主帮助学生发现特点，掌握规律，以分散识字为辅掌握读音。总之，教师要根据分散识字与集中识字的优缺点以及生字特点等多方面因素综合考虑，将两种方法扬长避短、灵活地结合在一起，提高学生识字写字的效果和效率。

（3）识写分开教学策略

识写分开教学策略是指在识字写字教学过程中，根据会认、会写字的不同要求，将识字与写字分开进行教学。识写分开的教学策略主要针对第一学段的学生，该策略遵循了教育规律和学生心理发展规律，有利于减轻学生写字负担，加快学生识字速度，增大学生识字量，为学生实现独立阅读创造条件，使学生及早进入阅读阶段，体验阅读的乐趣，提高学习语文的兴趣。

识写分开教学策略的运用，关键要把握好对"识"与"写"的不同要求，所以教师在实际运用时，要注意把握"会认"和"会写"的分寸。要求会认的字就只要求认识，并且要换个地方也认识；要求会写的字就要求读准字音，识记字形，写得正确、端正，并练习在口语和书面语言中使用。切不可将两者的要求混淆，将只要求会认的字也让学生进行字形的分析，增大学生识字难度，造成要求认识的字认不牢固，要求会写的字写不好的结果。

2. 阅读教学常用策略

（1）以读代讲策略

以读代讲是用学生的读来代替教师的讲，其倡导在阅读教学中学生多读、教师少讲，保证学生在掌握阅读主动权的过程中，发挥自主性，有感情地将文字读出来，在潜移默化中形成语感，实现对内容的个性化理解，为其阅读理解能力的提升打下基础。

以读代讲有助于提高学生的语言表达能力，帮助学生理解课文，丰富学生的想象力，培养学生的道德情操。采用以读代讲的阅读教学策略时，要注意做到三点。第一，多些读的形式，让"读"更智慧。小学生理解能力有局限性，教师在讲解前让学生先阅读，是一种可以让学生边读边思考的有效学习方式。在教学中，教师多给学生一些读的时间，让学生获得对课文的感受与体会，提升阅读学习效果。第二，融入想象，让"读"更丰富。教师要善于根据课文的特点，鼓励学生想象阅读，这样可以激发学生的朗读兴趣，使学生的语文学习更具魅力。第三，情境渲染，让"读"更饱满。在以读代讲的教学过程中，教师要注重渲染读的氛围，这样可以激发学生的阅读兴趣，增添文字的魅力，使学生的心灵、情感受到润泽与熏陶，使以读代讲的语文课堂显得更饱满。

总之，在以读代讲的阅读教学中，读是一种手段，教师要对学生充分进行引导和帮助，为学生搭建起"读"的支架，采取针对性的策略，提升阅读教学效果。

（2）以读促悟策略

以读促悟策略即在阅读教学中让学生以读为本，自读自悟，在读中了解、欣赏和感悟。"悟"是积累和运用的前提，感受作者的写作意图，获得情感上的体验，产生共鸣，从而充分感知语言的精妙，把握语言的理趣，提高语文素养。

在阅读教学中恰当采用以读促悟策略，能有效提高阅读教学效率。一般做法如下：第一，引导学生图文结合，读中感悟。借助图文使学生更形象、直观地了解教材文本内容，并抓住关键词句进行朗读，在读的过程中进一步感受作者表达的思想感情。第二，引导学生品读重点语句。抓住课文重点语句练读、悟情，读通、读透重点语句，不仅能突破教学重难点，而且能充分感受课文的语言文字，提高阅读训练的效益。第三，创设情境，气氛渲染。教师可通过情境创设，使学生如临其境、似见其景，在有感情地朗读课文中理解课文内容，有所感悟，在读中受到情感的熏陶。

（3）读说结合策略

读说结合策略即在阅读教学的过程中，将"读"和"说"有机结合，训练学生理解和运用语言的能力，更好地发展学生的语言和思维。"读"是对信息的输入，"说"侧重对信息的输出，读说结合有助于加深学生对语文这一学科的理解程度，提升语文学习的效率，培养学生的口头表达能力，扩展学生的思维，是一个长期训练的过程。

在阅读教学中教师可从以下几方面入手，合理采用读说结合策略。第一，以教材为抓手，进行语言训练。教师要避免琐碎无效的提问，而应以教材文本为依据，对学生进行有效的表达能力训练。第二，立足学生生活实际，训练学生表达能力。根据学生的生活经验，灵活选用词语进行说话，把对阅读文本的理解和具体的生活事例相联系，让学生在特定的语境中进行表达，提高学生的语文学习能力。第三，激发兴趣，以读促说。教师要引导学生重点选择一些与学习密切相关或自己最感兴趣的章节进行精读，并营造宽松的说话环境，启发学生大胆思维，积极发言。

3. 习作教学常用策略

(1)先说后写策略

先说后写就是将习作的构思活动外显化，它是根据学生口语表达先于书面表达的年龄特点，为更好地激发学生表达的兴趣，为写话创设语言交际的一种教学策略。为什么强调先说后写呢？第一，从儿童语言的发展规律来看，口头语言先于书面语言，在小学生还未掌握足够的文字、说话缺乏条理性时，教师应该不失时机地先提高学生口头语言的表达能力，引导学生将口头语言转化为书面语言。第二，从思维和语言的关系来看，"说"可以组织语言、促进思考，有利于提高书面语言表达能力。先说后写可以使口头语言和书面语言同步发展，提高习作教学质量。先说后写策略主要分为三个步骤：首先，教师需要激发学生兴趣，鼓励学生敢于说话，让学生克服不敢说、不想说、不会说的困难；其次，教师应发展学生的语言能力和思维能力，要经常创造机会、设置情境，让学生在相互沟通中学会表达；最后，教师要引导学生将对于习作主题的所思所想用恰当的语言文字完整地表达出来。先说后写可以拉近学生生活和习作之间的距离，激发学生的习作兴趣，有效地降低习作的难度。因此在习作教学中，教师遵循让学生先说后写的教学规律，帮助学生打开习作思路，往往会收到事半功倍的效果。

(2)互评互改策略

习作评改是小学习作教学的重要内容。在进行习作评改设计时，通常采用学生间互评互改的教学策略，以突出学生的学习主体地位，激发学习主动性，提高课堂教学效率。在采用此教学策略时，要把握以下几点。首先，要激发学生对作文互评互改的主动性。小学阶段的学生对评改作文并不都是充满兴趣，也可能存在着不自信的畏惧感，此时教师要照顾到学生的学习情绪，对他们进行合理引导，明确习作评改是认识不足、完善自我的过程，更是学习欣赏同伴佳作良文的好机会，让作文评改成为一件既快乐又有成长意义的事。其次，要将作文评改权真正交给学生，及时与学生交流评改技巧。在学生互评互改的过程中，教师要做一个合作者，在适当的时候给予学生一些关键性的指导，教会学生一些常用的评改方法技巧，但注意不要桎梏学生的评改思维，鼓励他们按自己的想法来对作文进行评改。最后，引导学生写下恰当的作文评语。在学生写评语的过程中，教师要注意课堂巡视并且给予一定的用语指导，让学生认识到写作中语句表达流畅、准确的重要性。这样，习作互评互改的过程变得更具有直观性，被评改者可以直接了解到自己作文的优点与不足，进行评改的学生也可以在总结评语过程中得到学习与锻炼。

### 4. 口语交际教学常用策略

（1）交际情境创设策略

口语交际是在特定的情境中进行的一种口头言语交流活动。其所谈的话题、交际的对象、交际的场合都是特定的，并受情境的控制。交际情境创设策略是在口语交际课上，教师灵活采用多种方法，为学生创设口语交际情境，从而激发学生交际兴趣的一种有效策略。精心创设交际情境，能给学生提供语言实践的机会与环境，使学生通过亲身体验逐步学会人际沟通，从而提高口语交际能力和交际素养，并用以指导和规范自己在日常生活中的口语交际行为，以获得身心愉悦和审美感受。

交际情境的创设是多元的、开放的、贴近生活的，同时也要适应学生的认识水平和心理发展特点。具体可从以下三个方面入手。第一，精心设计，创设问题情境。所谓创设问题情境，就是充分利用学生的好奇心，于新旧知识的衔接处，设计一种有新意、有趣味的"疑境"，从而激发学生的学习动机。第二，模拟生活，再现真实交际情境。教师要借助图画、音乐、场景、录像等手段在课堂上营造一种平等和谐、自由合作的氛围，把学生带入生活情境。第三，角色表演，走进交际情境。喜好表演是儿童的天性，在真实的表演中，学生的情感自然流露，交际的热情自然高涨。因此教师可以根据交际内容为学生分好角色，在角色表演中进行口语交际。

（2）模拟示范策略

学生在进行口语交际时，应该遵循口语交际规则，努力养成良好的交际习惯。要想让学生在课堂上有效地领悟和掌握口语交际的规范，教师就要重视对学生进行范例的引导。模拟示范策略是在口语交际课上，教师通过自身的规范化语言与行为，为学生提供学习的样板，让学生始终在良好的交际环境中自然地模仿学习的一种策略。模仿是学生最初学习口语交际的方式，学生的语言、技能、行为习惯、品质等的形成都离不开模仿。模拟示范有利于学生找准方向，学会口语交际的方法，习得交际的本领。

模拟示范策略的一般方法主要有两种。第一，教师模拟示范。在口语交际教学中，互动前教师的模拟与示范至关重要，尤其对于低年级学生来说，当面对口语交际时往往无所适从，但是他们的模仿能力很强，直观形象的示范能使他们从中学到交际的语言方式、行为态度及交际礼仪。第二，利用多媒体资料。模拟示范的途径多种多样，教师除了亲自示范外，还可以利用视频、图片等多媒体资料进行模拟示范。例如涉及"介绍"类演讲的口语交际时，教师可以选取一段得体恰当的"介绍类视频"供学生们欣赏与学习。与此同时，模拟示范要力求真实，呈现范例后，要及时引导学生归纳总结出与话题相关的口语交际的要求和规范，争取做到学以致用。

### 5. 综合性学习常用策略

（1）突显实践性策略

突显实践性策略指在语文综合性学习活动教学中，通过将语文与其他学科以及社会生活实践紧密联系，开展具有观察性、操作性、调查性等丰富多彩的实践活动，拓宽学生语文学习的时空，从而提高学生运用语言文字能力的一种教学策略。语文综合性学习关注以用促学、学用结合、在灵活开放的实践活动中实现学生听说读写等语文学习能力的科学协调发展。在教学实践中，教师可通过创设开放自由的氛围、多样化的实践形式，利用各种语文学习资源等方式，激发学生主动实践的兴趣，使学生敢于实践、善于实践，在实践活动中体现主体地位。

（2）学科整合策略

小学语文综合性学习本质上是一种创造性学习，它注重学习方式的综合性。学科整合策略是指在语文综合性学习中将语文与科学、数学、音乐、美术等学科进行有效整合，打破传统语文教学的壁垒，通过开展一系列有效活动，丰富学生语文知识的内涵。采用学科整合策略可以利用语文学科与其他学科的知识关联，扩大语文学习的知识容量，弥补语文教学的不足。在语文综合性教学中，采取学科整合策略，需要制定明确的主题，然后围绕主题寻找其与其他学科的契合点，进而设计活动，提高语文综合性学习的效率和质量。

（3）小组合作策略

小组合作是语文综合性学习中常用的策略，主要形式为师生合作、生生合作、校内外合作等。语文综合性学习主要体现为语文知识的综合运用、听说能力的整体发展，特别强调合作精神，通过采取小组合作策略能有效引导学生根据具体的学习目标展开讨论，与小组成员相互补充、质疑、探讨，进而提高学生在语文综合性学习中的自主探索水平和语文学习的综合素质。在具体的语文综合性教学实践中，教师要有意识地培养学生小组合作学习的能力，首先要准备好合作学习的课题，然后综合考量成员的组合，兼顾学生能力的差异，进行合理分组，最后各小组根据总任务和总目标，开展合作学习。在整个过程中，教师要做好引导，以保障小组成员的学习、交流围绕课题进行，完成既定学习任务。

教学策略体现着教学和学习活动的内在诉求，教师在教学活动中采用何种教学策略将直接关系到学校教育教学活动的实效性。以上介绍了小学语文几种课型中常用的教学策略，但是在具体教学中，各种策略经常会组合使用，因为没有一种教学策略是万能的，教师要综合多种因素选择合理的教学策略。合理的教学策略能够引发学生的学习热情，变被动学习为主动学习，为教学实践注入无限的活力。

## 六、教学过程设计

教学过程是指师生在共同完成教学任务中的活动状态变换及其时间流程，由相互依存的教和学两方面构成。作为一种有目的、有计划的特殊的认识过程，根据辩证唯物主义的认识论的观点，它遵循感性认识和理性认识统一、认识和实践统一的规律，一般经过以下五个阶段。

### （一）教学导入，引起学生的求知欲

教学导入通过教学导语来实现。教学导语是教师在教学活动之前所说的用以激发、感染学生的教学语言。它的作用在于营造课堂气氛，激发学生的求知欲，引起学生知与不知的矛盾，带领学生温故知新等。

语文课的导语部分就是语文课的开场白，是教学活动开始的部分。语文特级教师于漪说过："在课堂教学中，要培养激发学生的兴趣，首先应该抓住导入课文的环节，一开课就要把学生牢牢地抓住。课的开始好比提琴家上弦，歌唱家定调，第一个音准了，就为演奏和歌唱奠定了基础。上课也是如此，第一锤就应该敲在学生的心灵上，像磁石一样把学生牢牢地吸引住。"小学语文教学导语，教师要根据课文的类型去设置，也要考虑到能不能激发学生的学习兴趣，是否与课文内容高度衔接。判断导语设计是否合理的标准在于"是否能引导学生走入课文"。

语文课堂的教学导入方法多种多样，我们可以采用以下教学导入方法。

1. 背景介绍导入法

有些课文，由于写作年代较早，内容与学生生活相去甚远，学生感到生疏，难于理解。对于这样的课文，就可以通过介绍背景来导入新课。如《月光曲》一课的导入：同学们，一百年前，德国有个伟大的音乐家叫贝多芬。他说过："我的音乐只应当为穷苦人造福。如果我做到了这一点，该是多么幸福。"他一生谱写了许多著名的曲子。我们现在听到的优美动听的曲子便是其中一首，叫《月光曲》。像这样的介绍背景式的导入，不仅可以使学生理解作者的创作意图，而且对理解课文的内容有很大的帮助。

2. 释题导入法

课文的题目简短有力，道出课文的中心思想，具有重要作用。教师可以从解析题目入手导入新课。如在教学小学语文统编版五年级上册《将相和》一课时，让学生读了几遍课题之后，引导学生思考：课文中谁是将，谁是相？和是什么意思？将和相一直都是和的吗？他们为什么不和？后来又为什么和好呢？一连串的问题将本课的主要线索梳理出来，引起学生思考。

3. 质疑导入法

古人云"学起于思，思源于疑"，而"好奇之心，人皆有之"。"疑"是点燃学生思维探索的火种。教学时，根据课文内容，教师设计一些有价值的问题导入新课，会使学生积极参与"释疑"活动，调动学生的学习积极性、主动性。如：小学语文统编版六年级下册《十六年前的回忆》一文，学生质疑课题：谁回忆？回忆了谁？回忆了什么事？为什么会引起回忆？十六年前是哪一年？这样大大激发了他们学习课文的兴趣，在解

决这些问题之后课文的主要内容也已经基本掌握。

4. 谜语、故事导入法

学生大都很爱听故事、猜谜语，每每遇此都很认真，兴趣特别高。根据这一特点，在教学新课时设计一些与课文内容相关的故事或谜语等来激发学生的求知欲，他们一旦对所学的内容产生了兴趣，就会以极大的热情投入学习活动之中，配合教师的教学活动，会使整个教学过程收到极好的效果。如小学语文统编教材六年级下册《匆匆》这篇课文可以谜语导入，让学生猜一猜谜语："世界上最快而又最慢，最长而又最短，最易被忽视而又最令人后悔的是什么?"学生猜对后教师及时小结："之所以令人后悔，是因为时间如流水匆匆，一去不复返！现代著名作家朱自清也曾感叹自己八千多个日子悄无声息地滴在时间的流里，这节课就让我们走进课文《匆匆》，去感受时间的易逝!"这样用谜语导入，大大激发了学生的学习兴趣。

又如，在教学小学语文统编教材二年级上册《寒号鸟》这篇课文的时候，为了充分调动学生的兴趣，教师可以选择故事导入的方式："同学们，老师知道你们特别喜欢听故事，这节课开始前老师给大家讲一个有趣的故事。很久很久以前，有一堵石崖，在这个石崖的崖缝里住着一只小动物，如果冬天你从这座山崖脚下经过，你就会听到崖缝里它哀号的声音，哆啰啰，哆啰啰，这只小动物就是——寒号鸟。"这样建立在学生认知水平基础上的故事，使学生易于接受，为帮助学生理解课文内容奠定了基础。

## (二)初步感知教材，获得感性知识

感知教材是指在教师指导下，通过读、听、说、写的形式，获得对教材内容的感性认识，形成初步表象。从阅读的角度来看，对课文的整体感知是指读完一篇课文后在较短时间内对课文要点进行大体上的领会和把握，是学生通过自己的主观感知，综合运用学过的各种语文知识，对课文的内容、情感、表现手法以及作者思路有大概的把握。例如，叙事类文章要知道按什么顺序运用什么说明方法介绍了什么事物及其特点；议论文要明白文章紧扣什么论点运用什么论证方法阐述了什么观点。但是需要注意的是，并不是小学所有学段的学生都能够做到自己感知课文，对于低学段的学生来说，需要在教师的带领下初步感知课文，逐步提高阅读能力。

"初读课文，整体感知"是语文教学中的必备环节，以培养学生的语感和整体把握文章的能力。但是在教学过程中，教师应该如何将整体感知落于实处？这不仅需要教师的积极引导，也需要学生的良好配合。具体来讲，可以从以下几个方面进行落实。

1. 初读感知，把握课文内容

(1)反复读文，给予充足的时间

在让学生自由读课文这个环节中，初读检查的设计尤为重要。指名让学生读一遍课文，目的是要检查一下是否真的读通了课文。但若课课如此，就不是合理的方式了。

教师可以运用教学机智，让学生读"你最喜欢读的一段课文"，或让学生"自由组合"——"你喜欢哪几位同学和你一道来分节把课文读一遍"，或者只要学生"挑一个你认为最难读的句子""挑一个你认为写得最美的句子"等，把选择权充分交给学生，以激发他们的主体意识。

(2)读准生字词，扫除阅读障碍

初读环节的一个重要任务就是读通课文。读通课文，就是读准生字词，不添字，不漏字，这是阅读教学的基础，是学生在初读环节中应达到的要求。在这一环节，教师可以利用多媒体出示本次初读的目标，初读目标与要求的设计要有层次，要能切合学生的实际。如小学语文统编教材一年级下册《文具的家》初读环节的设计：

学生自由朗读课文，要求：读准字音，遇到不认识的字借助拼音拼读准确，然后圈画出生词并多读几遍。

新课程标准中明确将识字写字作为低年级教学的重点。第一学段中的具体目标就是要让学生喜欢学习汉字，有主动识字的愿望。因此教学设计如下：

首先，出示带有拼音的生词，通过拼读、齐读，指名挑战读，落实读准字音；接着，去掉拼音，增加认读的难度，采用领读，男女生 PK 读等多种方式强化认读，在这里顺势强调四字词语"平平安安"，请学生说一说类似的词语，积累学生语言。

接下来，由词变字，请学生开小火车认读并口头组词，巩固识记生字。

低年级的识字教学要讲究趣味性，教师可安排"猜字谜""归类识字""生活识字""字源识字"等方法将本课需要识记的生字进行分类处理。其中在处理"新、所"时，引导学生发现并认识新偏旁斤字旁。至此，本课时中有关生字的教学重点得以落实。

由此可见，初读环节目标明、要求清、层次显、操作易，其效果非常明显。

(3)整体把握，形成鸟瞰式全景图

整体把握既是阅读教学的起点，又是阅读教学的归宿。通过刚才的读，学生直接与文本进行了对话，对课文的内容和体裁特点获得了初步的总体印象。这个时候，教师要引导学生弄清这篇文章主要写了一件什么事。比如教学小学语文统编版四年级下册《触摸春天》的初读环节，引导学生在读通课文的基础上，说说文中的小女孩安静给你留下了什么印象，鼓励学生把自己最先的感知表达出来，再进入细读课文环节。

2. 局部感知，品析文章主旨

学生初读后对文章内容有了整体把握，再通过分析局部字、词、句、段与全文整体的联系，深入理解文章的主旨与中心。这一步主要是拓展辐射，围绕初步感知，理解文章思路，揣摩文章的关键。

(1)题眼入手，化繁为简

题目是文章的眼睛，是可以好好利用的教学资源。我们教材的文章题目是作者或者编者反复斟酌才定下来的，有的点明中心，有的统罩全文内容，课文的内容和主题有时候从课题就可见端倪。对于很多课文来说，抓住了课题，就把握了文章的梗概。如小学语文统编版五年级上册《落花生》一文，学生读课题时提出疑问：为什么把题目写作落花生？落花生又是什么意思？事实上，教材中许多叙事性的文章都可以紧扣课题引导学生整体感知。

（2）重点切入，化难为易

许多课文中都有一些能统摄、驾驭全文的重点句子，抓住了这些句子，就能高屋建瓴地俯视全文，对课文做出整体把握。如小学语文统编版四年级上册《猫》一文，作者老舍先生主要从猫的古怪性格与小猫的可爱来表达对猫的喜爱之情。初读时，教师可以引导学生画出觉得特别重要的句子。当学生画出了"猫的性格实在有些古怪""满月的小猫更可爱"，教师便可适时进行划分段落、厘清脉络、概括课文内容等多项语文能力的训练。

3. 归纳感知，明确写作意图

在局部感知的基础上，引导学生再回归整体，进行综合归纳，结合阅读所得，领悟写作主旨，这才是对写作意图的感知，是从感性到理性深层次的感知，这样对文章的感知才是圆满的、完整的。

（1）感知写作手法，学以致用

不同的文章有不同的写作手法，可以引导学生模仿文章的写作手法。

（2）感知结构顺序，理清条理

各类文章，不管内容简单还是复杂，总是根据思路来架构篇章的，引导学生感悟一些文本的结构特色，对于小学生的习作是大有裨益的。统编版四年级上册的《母鸡》就是典型的、按感情的变化由"讨厌"到"赞美"来写的：前半部分写了母鸡的无病呻吟、欺软怕硬和拼命炫耀，展现了一只浅薄、媚俗的母鸡形象；后半部分则描写了母鸡的负责、慈爱、勇敢和辛苦，塑造了一个伟大的鸡母亲的形象，赞颂了母爱。教师应引导学生体会先抑后扬的写作特点。

（3）感知情感血脉，凸显情理

情感是文章所表现出来的作者的思维轨迹。一条长长的轨迹，需要通过对全文的整体感知才能把握。贾平凹先生的散文名篇《月迹》，围绕孩童寻月的情感变化谋篇布局，具有精巧的结构美。因此，在阅读课文时，关键是点出能体现情感变化的词语和语段，把握行文的精巧，清晰的思路就呈现在我们面前：院中盼月—镜中看月—院中望月—杯中"饮月"—河中寻月—眼瞳见月—沙滩议月。这样，使学生不仅从整体上理解了课文内容，把握了文章的主题，又品味了贾氏散文精巧圆润的结构艺术。

综上所述，在阅读课文时，我们只有认识到一篇完整的课文是由若干部分组成的有意义的联系系统，只有具有全方位的整体感知先导知识，才能有效地进行阅读、复习和应试。如果脱离了完整的意境，看不到作者的思路，即便在字、词、句、段上狠下功夫，也只能是徒劳无益的。

### （三）理解教材，获得理性知识

理解教材是在感知教材的基础上进行的，这两个都属于输入知识的阶段。感知教材是为了使学生获得对教材的初步认识，而理解教材则是语文教学的中心环节，是老师向学生进一步讲授课文重难点的阶段。那么，在小学语文教学中，教师可以从以下几个方面入手突破教学重难点。

1. 采用灵活的教学手段，巧用信息技术，能有效突破教学重难点

教师通过解读教材，对照课程标准的要求，就能够知道每一课讲的是什么内容。在语文教学中，教师要想有效突破重难点，就要采用多种教学手段，如语言叙述、挂图展示、动手操作、板书解析、讲练结合等。教师应针对不同的知识点、不同年级的学生特点，选择最恰当、最有效的教学手段。

2. 把多媒体引进课堂，灵活使用信息技术

在信息技术飞速发展的今天，把信息技术引进课堂，与语文教学进行有机整合，可以使常规的课堂教学生动活泼。巧妙地利用信息技术，能使抽象的知识变得形象直观，在突出重点、突破难点上有着无可替代的优势。

3. 尊重学生身心发展的规律

小学生年龄小，见识有限，生活经历少，经验不足，对课文中描写的内容往往不能理解。如果在教学中，教师能巧妙地利用信息技术，变抽象的文字为直观形象的图片或动画，深入浅出，变重难点为妙趣点，就能够改变课堂教学模式，发挥学生的主体作用，优化课堂教学，有利于培养学生的思维能力、想象能力、认识能力和创新能力。例如，小学语文统编版二年级下册《葡萄沟》一课，其中有一段是介绍葡萄干是怎样制成的。身处南方的低年级学生，去过新疆旅游的不多，由于地域的差异，对遥远的新疆感觉陌生，对于文中提到的制造葡萄干的"阴房"的样了、结构，还有如何利用流动的热空气制造葡萄干的方法一无所知，单靠几句文字的描述学生根本不能理解课文的内容，这是本课的难点。在教学此段时，可以巧妙地运用多媒体课件，出示多张不同角度的阴房的图片，让学生了解其结构特点，并通过动画演示热空气的流动过程，使抽象难懂的文字变得形象，化难为易，让学生一目了然，并能准确理解、体会课文的内容。

4. 联系生活体验，加深理解感悟，能有效突破教学重难点

现代认知理论认为，新的知识是建构于原有认知结构上的。因此，在阅读教学中，教师要积极启发引导学生寻找、再现与教学内容具有相似性或相对性的生活实际情景，联系学生原有的生活经验，让学生在迁移或对比中丰富、加深自己的情感体验。例如，小学语文统编版五年级上册《"精彩极了"和"糟糕透了"》一文写的是巴迪在七岁时作了

一首诗，母亲评价"我"写的诗精彩极了，而父亲评价"我"写的诗糟糕透了，就是这两种声音、两种不同方式的爱一直鼓舞着巴迪前进。在教学过程中，首先让学生回忆一下，平常父母亲对自己的爱表现在哪些方面，然后再让学生想一想文中父亲和母亲对巴迪的诗为什么会有不同的看法；巴迪长大后，如何看待父母的爱；学生如何看待巴迪父母对巴迪的爱等。

5. 加强学练结合，强化语用，能有效地突破教学重难点

语文教学的最终目的，就在于提高学生的语文素养，增强口语表达能力和书面表达能力，而素养的提高、能力的增强，关键在一个"用"字。在教学中，教师应为学生提供多渠道的训练途径，从学生"学"的实际出发，抓住训练点，让学生在运用中领悟，在运用中发现，在运用中创造，这是学好语文的关键。"读"与"练"是强化语用、有效突破教学重难点的制胜法宝。

语文就是要培养学生听、说、读、写的能力。教学中的"读"既包括提高学生的阅读能力，又包括学生在课内的默读、朗读、精读、略读、品读等读书方式的培养，以及从课内延伸到课外的阅读学习。"练"是学生学习的主要方式，课堂上教师要有练的意识，并能精心设计练习内容，对听、说、读、写的练习要合理安排，注意读写结合，通过设计不同层次的练，特别是动口、动手的练习，使知识得到有效巩固与迁移，让学生在练习中提高学习效率，学会融会贯通。

例如，小学语文统编版一年级上册《青蛙写诗》一课旨在通过课文的学习，激发学生的想象力，联想到蝌蚪、水泡、一串水珠和逗号、句号、省略号很像，从而体会想象的乐趣；从语文知识学习上来看，本课要引导学生初步认识逗号、句号和省略号，为读好停顿做准备。纵观本课在单元中的位置，可以发现，标点符号的认识是为下一课《雨点儿》读好停顿的朗读要求做铺垫。

在教学设计上，教师以"组块教学"为基础，通过"课题导入—字词教学—理解课文—读说结合"四大环节，将识字写字、指导朗读、语言实践等内容渗透其中，并环环相扣，扎实落实识写生字、正确流利朗读课文这一教学重点。在认识标点符号的基础上，通过体会"青蛙的诗"中标点符号的位置变化，体会停顿，进而读好全文。最后，让孩子们通过想象，仿说"小羊的诗"，在言语训练中，将对标点符号的认识进一步强化并发展学生语言。

### (四)实践练习，巩固和运用知识

语文的教学应兼顾听、说、读、写能力，全面提高学生的语文素养。教师不仅要抓住课堂黄金时间即学习专注的时间段将重难点讲清、讲透，而且要学会把课堂时间留给学生，让他们在课堂练习中进行实践，巩固和运用知识。在实际的教学中，教师在设计课堂练习时要把握好以下三点原则，从而更好地达到巩固和运用知识的目的。

1. 目标明确，抓住重点

课堂练习设计前，应对本课知识的重难点、练习的目的做到心中有数，只有这样，设计练习时才能突出本课重点内容，达到训练的目的。否则，只能是眉毛胡子一把抓，面面俱到，达不到巩固新知识的目的。如：小学语文统编教材三年级下册《荷花》一课，教学重点是了解荷花的特点，难点是了解荷花含苞欲放、全开放、半开放的不同特点。围绕着重难点，本课课堂上练习设计为：

(1)轻声读第二自然段，填空：全开的荷花_____，刚开的荷花_____，含苞欲放的荷花_____。

(2)观察一种花，仿照第一题写一两句话。

2. 题目新颖，力求形式多样

"兴趣"是最好的老师，练习的设计要具有趣味性，题目要新颖，形式要多样，才能激发学生兴趣。一篇课文的课堂练习根据重点不同，可以是字、词的训练，也可以是句、段、篇的训练。如进行词的训练，可设计看拼音写词、近义词、反义词、选词填空、词义的理解等形式进行练习。具体设计怎样的题型练习，应根据课文的重点来确定，力求做到题目新颖，具有趣味性。课堂练习中要重视发展性练习的设计，尤其是复习时更是要做到一题多种形式的练习。就拿句子练习来说吧，譬如："如果不听从街坊的劝告，羊就会丢。"可以要求意思不变，让学生改成反问句，改成感叹句，改成双重否定句，还要保留原来关联词"如果……就"。多样性、变化性的练习会使学生喜欢，并努力完成，从而提高学生的课堂练习效果。

3. 难度适当，练习适量

一堂课的容量是有限的，既要传授新知识，又要进行巩固练习。为此，对课堂练习的难易程度和练习的分量要提出不同的要求，如果题目过难过多，学生在规定的时间内完成不了练习，势必影响整堂课的教学时间、教学效果；如果题目较浅，分量又少，学生三五分钟、三言两语就完成的练习，又起不到巩固新知识的目的。课堂练习的难易要适度，既要有一定的挑战性，又要确保大多数学生能够成功完成。因此，课堂练习的设计难度要适当，练习要适量，特别是能分不同层次。课堂练习是语文教学的重要组成部分，也是语文教学的重要任务，应该贯穿于语文教学的各个环节。好的课堂练习，既能使学生在课堂上所学的知识得到巩固，又能活跃课堂，提高课堂效率。

## (五)检查知识、技能、技巧

对学生掌握的知识、技能、技巧进行检查是教学设计的重要步骤，通常以课堂作业及练习、课后作业及阶段性考试等形式呈现。其中关于考试评价的具体内容将在第八章详细阐述，课后作业的设计在下一板块详细说明，本部分重点介绍课堂作业及练习。课堂作业及练习主要分为以下三种类型。

1. 内容理解与写法型

这一类练习主要是引导学生理解课文的思想内容、分析篇章结构和语言含义等。如在教学小学语文统编版四年级下册《"诺曼底号"遇难记》时设计问题："'诺曼底号'遇难时，哈尔威船长是怎么做的？你从中感受到他怎样的品质？"

2. 语言揣摩与运用型

这一类练习在理解和分析的基础上深入一步，要求学生推敲遣词造句、布局谋篇的精妙所在，并亲自参与课堂，动手进行练习，把知识变成能力。如在教学小学语文统编版三年级下册《陶罐与铁罐》时，设计练习："结合课文中描写陶罐、铁罐神态和语言的语句，说说陶罐、铁罐的性格有什么不同，再分角色朗读课文。"

3. 联想拓展与积累型

这一类练习是在前两个层次上，进行联想延伸、熟读背诵、巩固扩展学习成果，培养创造性思维。如在教学小学语文统编版五年级下册《古诗词三首》时设计练习："根据古诗内容，展开想象，选择其中一首改写成一篇短文。"

课堂作业及练习可以帮助教师及时了解学生对知识、技能、技巧的掌握情况。但是作业的设置多是跟课文内容紧密联系，在拓展性上较为欠缺。因此，它往往可以在教学实施的过程中加以落实。实际教学中，教师可以根据教学的具体情况以及学生的学习状况分层布置课后作业，考虑到作业设计的诸多要求和理念，接下来把它作为教学设计的一个单独步骤加以阐释。

需要说明的是，教学过程的五个阶段具有内在联系，是相互渗透、不可分割的，每个阶段的功能都是整个教学过程中不可缺少的因素，在教学过程设计时要根据具体情况灵活把握。

## 七、作业设计

在语文教学中，老师一向重视学生的作业（口头作业和书面作业），希望通过做作业，使学生对已有的知识进行必要的复习，从而达到巩固熟记的目的。实际教学中，课后作业往往重视知识和记忆的巩固，却忽视知识的运用和能力的培养，这样不利于学生素质的提高。

### (一)作业设计原则

作业设计原则应有助于学生在理解的基础上加深对所学知识的记忆；有助于学生对学习技能和方法的实际应用；有助于发挥学生的潜能和优势，彰显个性特征；有助于学生从身边熟悉的事物入手，学习新的知识，学会利用知识和技能方法解决实际问题。

1. 开放性和探究性原则

除保留部分传统型作业外，大部分作业内容应突出开放性和探究性，也就是学生解答问题时要有一定的思考性、实践性和探究性。作业的答案要有一定的迁移性、开放性甚至不确定性。

2. 量力性和差异性原则

在容量上要考虑量力性和差异性。既不加重学生学习负担，又尽可能发挥学生的潜能，对学有余力或有特别兴趣的学生可以设计不同形式的作业。要有意识地设计多样化的作业类型，让学生结合自己的情况选择适合自己的作业。作业应有一定的梯度，应使每个学生都有体验成功的机会，能充分发挥学生的主观能动性，利于引导学生积极思考探索。

3. 新颖性和多样性原则

作业设计原则在形式上应体现新颖性和多样性，要改变单一的文字式作业形式，可以布置一些操作、实验、口头完成的作业；可以在课堂内完成，也可以在课外完成；可以由个人独立完成，也可以小组合作完成。作业形式灵活多样、生动有趣，不死板、不机械、不重复、不枯燥、不乏味，能激励学生的学习兴趣，使学生带着愉悦的情感体验完成作业，促进学生学习能力的有效发展。同时作业设计应揭示学习的规律，利于引导学生举一反三，触类旁通。

4. 过程性和激励性原则

作业设计在评判上应重视过程性和激励性，教师可以提供机会让学生参与到作业评判的过程中来，在评判结果上每次作业选择一定的比例，尽量使用激励性语言和个性化评语，保护学生的自尊心和进一步学习的积极性。

5. 实践性原则

教师在进行作业设计时要充分利用各种教育资源开展综合性学习活动，拓展学生的学习空间，增加学生实践的机会；要具有开放性，创设可供学生实践的环境，引导学生与生活为伴、与自然为友、与社会对话，使学生在完成作业的过程中感悟生活、积累语言、培养能力、融入社会；要为学生提供积极思考与探索交流的空间，利于激发学生亲自实践探究和体验，利于引导学生在实践中学习。

6. 创造性原则

作业设计要引导学生在能动的创造性的作业活动中获得生动活泼和谐的发展，不机械重复、单调乏味，不压抑学生的学习兴趣和积极性，不束缚学生思维与创造能力的发挥，不阻碍学生素质的发展。作业应是富于色彩充满情趣的多元的辐射的复合体，不应是单一枯燥的文本，要能使学生乐于做。要使学生在完成作业的过程中形成学习的能力，激发学生的创新意识。

### (二)作业的内容

在设计作业的内容时，就应该充分开发课程资源，力求把课本上的语文转化为学生生活中的语文，既要注意语文听说读写各种能力的综合，也要注意语文学科的工具性、社会性和实践性，突出开放性，切实提高学生的语文素养。内容上涉及多个生活领域，尽量涉及学生关心的话题，接近他们的生活，吸引学生参与，说出心里话。消除作业对学生心理的压力，尽量避免学生粗制滥造甚至抄袭，提高作业效率，学生的声音只有发自内心才能切实锻炼思维、增长智能。

### (三)作业的形式

小学语文作业主要有以下几种形式：演说交际类作业、读写积累类作业、采集编创类作业、考察探究类作业、奇思妙想类作业、学科融合类作业。

1. 演说交际类作业

演说交际类作业主要包括课本剧、辩论赛、看图说话、课文内容补说续说以及佳作欣赏吟诵等，此类作业能够锻炼学生的口语交际和待人处事的能力，提高语言表达水平。

2. 读写积累类作业

读写积累类作业包括摘抄好词佳句名段、写读书心得、课文的续写、精彩片段的仿写以及收集信息等。比如，可以让学生看看电视、听听新闻，并定期进行反馈和交流。

3. 采集编创类作业

采集编创类作业包括采集、剪贴、展评图文资料，书法、绘画创作，上网或上图书馆查找资料等。

4. 考察探究类作业

考察探究类作业包括深入社会观察访谈、实地查看，走进大自然进行考察探究，写观后感。如带领学生参观附近的工厂，就家乡河流的污染和保护问题组织考察探究。

5. 奇思妙想类作业

奇思妙想类作业需要动用学生全部的智慧，是冥思苦想的结晶。

6. 学科融合类作业

学科融合类作业的布置缘于小学各学科之间存在千丝万缕的联系，各学科的学习可以相互促进、相互启发。根据这一特点，设计一些与其他学科知识相互渗透的实践作业，学生会很感兴趣。

### (四)作业的评价

学生通过作业进一步巩固学习效果，要让学生作业产生更好的效果，教师批改作业的评语非常重要。得当的评语能够更好地激发学生的学习热情，让学生变得更自信。

1．肯定式评价

肯定式评价是对学生的作业或作业中的某一方面表示关注和肯定的评价。例如，字迹美观，赏心悦目，给你点个赞；这么端正的作业，一定下了很大功夫；你的努力，老师看在眼里；等等。发自内心的肯定，能够让学生充满自信，继续前行。

2．批评式评价

批评式评价是指一针见血地点明作业中存在的问题，促使学生改进。批评式评价可以在学生成绩下滑，或者骄傲自满的时候起到提醒作用，让学生引以为戒。

3．激励式评价

在批改作业时，教师应该多激励学生，让学生充满斗志。例如：相信你能做得更好；继续努力，下次你就是第一；越努力越幸运，你的努力也一定能收获成功等。

4．说理式评价

说理式评价多引用一些名言名句，通过说明道理，帮助学生战胜困难，转变学习状态。

5．引导式评价

引导式评价是指直接指导学生行为，帮助其学习进步。例如：要结合自己的生活实际谈感受；试着看一些科普类的读物，我觉得你需要这些知识；选择一些文学类的读物，对你的语言表达会有好处等。

## 八、板书设计

### (一)板书设计的原则

所谓板书是指教师在教学过程中为体现教学内容、突出教学重点、解决教学难点而设计的版面书写。教师在课堂教学时为了设计出科学实用的教学板书，应遵循以下原则。

1．目的性原则

板书设计要符合教学要求，体现教学意图，要注重教材特点，注重学生实际，既要与课堂讲授紧密结合，又必须有明确的目的性，切忌舍本求末、无的放矢。

2．启发性原则

好的板书就像一把钥匙，能帮助学生将知识延伸、能力升华，能使学生将知识归类、内容串联，通过区分、对比等激发学生兴趣、启迪学生思维，使学生能用它打开知识的大门，自己去发现知识获得知识。在具体的教学中，教师要使每个字、词、句都具有启发性能，引起学生联想、帮助学生记忆，使课本知识得到拓展，从而使学生形成系统全面的知识网络，养成主动独立获取知识的学习品质。

3．针对性原则

板书设计要紧扣教材特点和学生实际，因人因文而异。要做到重点突出，难易适度，既要正确地将知识传授给学生，又要教给学生学习的方法。

4. 条理性原则

条理是文章的脉络，也是课堂教学的要求。所以，教学板书既要能揭示教材内在联系、作者思路，又要便于学生对知识的理解掌握和记忆。

5. 概括性原则

教学板书要根据教材内容和学生实际，运用简洁易记的词、句、符号等，提纲挈领式地有逻辑地体现教材内容，并指导学生运用于学法之中。板书设计要抓住关键切中要害，归纳概括，厘清思路，开阔思路，学以致用。

6. 灵活性原则

板书应具有一定的灵活性，切忌千篇一律、千文一面、牵强附会。在设计时应注意两点：一是在布局形式上要灵活，二是在内容上要灵活。讲求实用高效，达到激发兴趣、提高效率的目的。

## (二)小学语文教学板书设计的方法

小学语文教学面对的是一到六年级的学生，根据学生的年龄特点，他们对于形象直观的东西记忆会更快，对抽象的文字敏感度比较低，所以在板书设计时可以采用以下几种方式来帮助学生更好地记忆课文的主要内容，激发学生的学习兴趣，提高学生的学习效率。

1. 提取式方法

提取式方法也就是提取课文中的主要内容、主要观点或关键词，通过这样的板书使学生对文章的内容有一个清晰的了解。

2. 图文式方法

图文式方法就是运用图片和文字相结合的方式进行板书设计，通过具体直观的图片和抽象的文字相结合，使图片的形象生动性和语言文字的精练性两者相得益彰。图片的使用也极大地调动了学生学习的积极性。

3. 行文式方法

行文式方法即采用不同的图形加上文字来展示课文的内容和表达作者的情感，不同的图形是一种无声的语言，给学生丰富的想象空间，无声的语言加上有声的语言，两者相互结合，语短情深，语简情长。

4. 色彩式方法

色彩式方法即采用不同颜色的文字来展示课文的主要内容，让学生在不同色彩的对比中知道文中主要讲什么，作者想要突出什么，老师通过板书想让大家重点记住什么。学生对色彩更加敏感更加感兴趣，因此板书设计中的重点词、关键词都可以用彩笔写出，以起到强调作用。

### (三)小学语文板书设计的常见形式

板书的设计形式多种多样，小学语文的板书设计主要有以下几种形式。

1. 标题式板书

标题式板书就是以小标题的形式高度概括课文各部分的主要内容。让学生以较快的速度阅读课文，然后说说课文主要讲了什么内容，并给各部分加上小标题，让学生理清课文的层次意思。

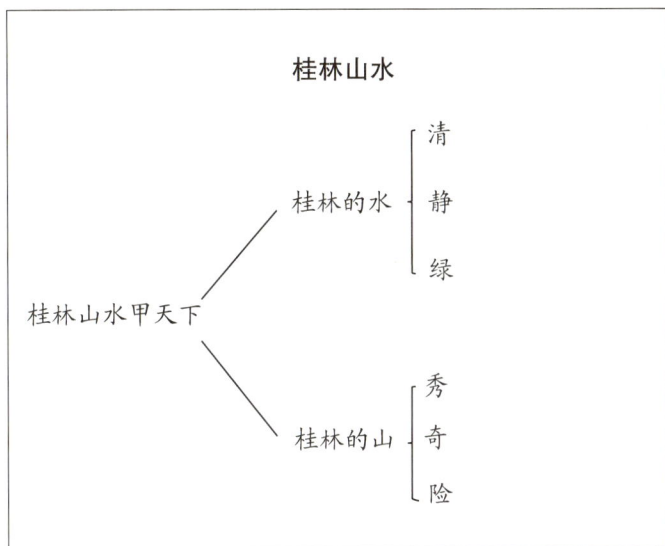

2. 对比式板书

对比式板书将课文内容中容易混淆的知识点和这一事物与另一事物的不同方面加以比较区分，揭示各部分之间的逻辑关系，有助于发展学生的求异思维。

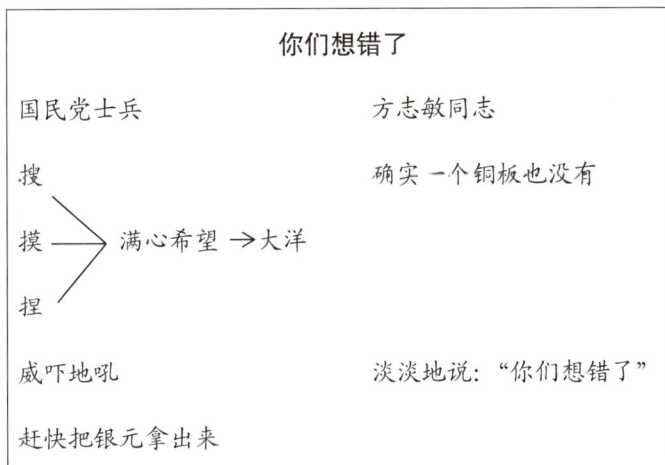

3. 画龙点睛式板书

在板书设计中，我们不仅可以提炼文章中的关键词作为板书内容的主体，而且可以利用一些提示语来对文章内容进行概括和点拨。这样的做法很有必要，能起到画龙点睛的作用。

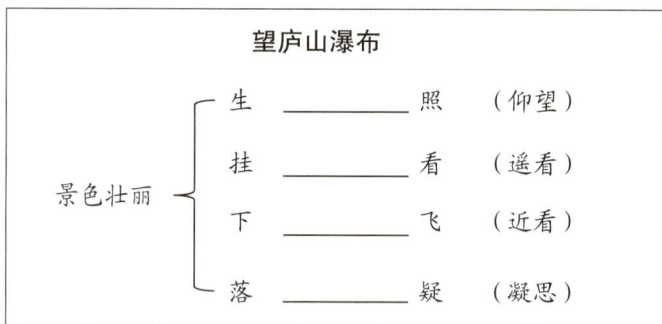

4. 线条连接式板书

在板书设计中借助于各种线条的穿梭和连接，直观而确切地表达出文章各部分内容之间的联系，其中线条可以表示连接、跳跃、总括、强调等多种含义，直观形象，使人一目了然，为学生理解文章内容搭桥铺路，降低了坡度。

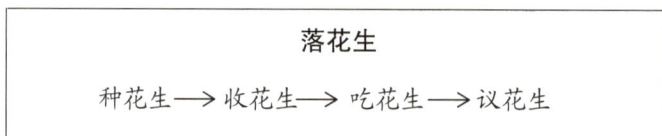

板书设计不能拘泥成法一概而论，也应提倡百花齐放，设计形式远不止这么几种，其他如启发导读式、置疑设问式、线索串联式、寓含中心式、情节展示式等，不管使用哪种方式来设计板书都要因人而异，不必也不能生搬硬套，一切以便于教学为前提。

## 本章小结

在了解语文教学设计的基础上对小学语文教学设计的内涵进行了阐释，即小学语文教学设计是根据小学语文的课程理念和语文课程目标，针对具体的教学内容和教学对象，在课堂教学前为优化教学效果而对课程目标、教学过程、教学方式与方法等相关环节所进行的整体设计和合理策划。其特点主要表现在开放性、互动性、综合性和实践性四个方面。小学语文教学过程的复杂性和内容的丰富性，决定了设计小学语文教学须遵守一定的教学原则。教学原则主要包括可操作性和指导性原则、差异性和因材施教原则、基础性和创造性原则、及时评价原则。

在理解了小学语文教学设计的内涵、特点和原则之后，进一步结合具体教学案例学习小学语文教学设计的八个基本步骤，即教材分析、学情分析、确定教学目标、把握教学重难点、选择教学策略、教学过程设计、作业设计和板书设计。教材是教师展开教学的依据，学生是教学对象，因此对教材和学情进行分析是最基本的。确定教学目标可从单元教学目标、每课教学目标着手制定。教学重难点依据语文课程标准、教材分析、学情分析、教学目标、教学内容五个方面进行设计。教学过程设计是小学语文教学设计中的重点，包括教学导入、感知教材、理解教材、巩固和运用知识、检查知识技能技巧五个环节，每个环节又有各自的设计方法，需要教师在实际教学中灵活运用。

## 关键术语

教学设计；小学语文教学设计；教学过程设计

## 拓展阅读

1. 蒋蓉，李金国主编：《小学语文教学设计》，北京，高等教育出版社，2020。

本教材以教育部《义务教育语文课程标准（2011年版）》为指导，遵循小学语文教学的基本规律，着力突出示范性和实践性，引导学生树立正确的小学语文课程观和教学理念；以小学语文教学设计为主线，着重对小学语文识字写字教学、阅读教学、口语交际教学、习作教学、综合性学习五大板块的目标设计、内容设计、过程与方法设计进行阐述，并结合小学语文教学设计典型案例剖析小学语文各板块的教学设计技巧，切实培养师范生从事小学语文教学的实践能力，以适应基础教育课程改革对小学语文教学的需要。

2. 余立新，缪佳芹主编：《语文教学设计》，重庆，西南师范大学出版社，2014。

本书用跨学科思维，探讨"设计"的本质以及在各学科、各行业之间所具有的相同性。第一章是原理阐释；第二章是基本技术；第三章是现实运用；第四章是理想创意；第五章是问题反思。本书所举实例既有来自语文特级教师的教学案例，也有来自教学一线普通教师的真实课堂记录及研究生的理论演绎和本科实习生的教学尝试，多层次多维度地展示了语文教学设计的方方面面。

3.［美］R. M. 加涅，［美］W. W. 韦杰，［美］K. C. 戈勒斯，［美］J. M. 凯

勒：《教学设计原理（第五版修订本）》，王小明等译，上海，华东师范大学出版社，2018。

　　本书秉承前四版"学习分类"和"教以学为基础"的核心思想，在修订中增加了鲜明的时代特色。一是突出了计算机和互联网等数字时代的信息技术对教学设计的影响。二是从系统的角度提出了教学设计的若干模型，并重点介绍了（分析、设计、开发、实施、评价）ADDIE 模型，从更全面的角度刻画了教学设计的整个过程。三是探讨了建构主义思潮对教育教学尤其是教学设计的重要影响，并对和建构主义者的哲学与实践相联系的问题做了分析。

## 体验练习

1. 如何理解小学语文教学设计的内涵？
2. 小学语文教学设计的特点包括哪些？
3. 如何理解小学语文教学设计所遵循的原则？
4. 完整的小学语文教学设计包括哪些步骤？
5. 教学过程设计包括哪几个环节，如何理解？

# 第二章

# 小学识字与写字教学

## 章结构图

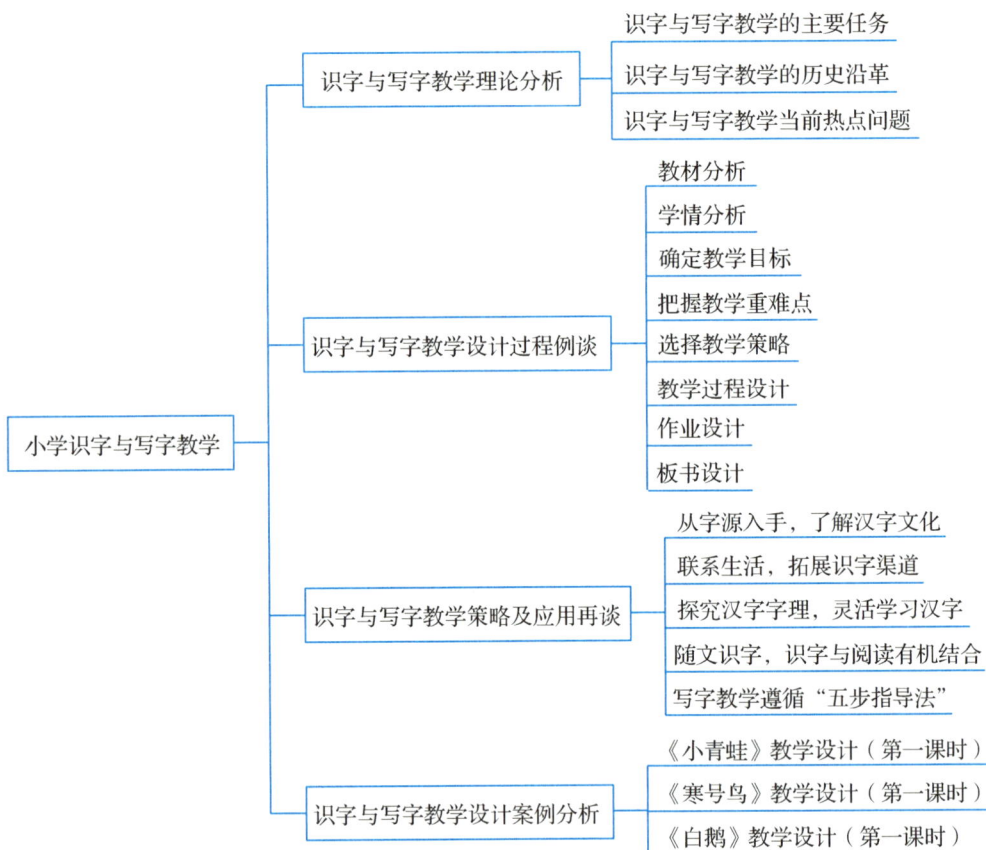

识字与写字教学理论分析
- 识字与写字教学的主要任务
- 识字与写字教学的历史沿革
- 识字与写字教学当前热点问题

识字与写字教学设计过程例谈
- 教材分析
- 学情分析
- 确定教学目标
- 把握教学重难点
- 选择教学策略
- 教学过程设计
- 作业设计
- 板书设计

小学识字与写字教学

识字与写字教学策略及应用再谈
- 从字源入手，了解汉字文化
- 联系生活，拓展识字渠道
- 探究汉字字理，灵活学习汉字
- 随文识字，识字与阅读有机结合
- 写字教学遵循"五步指导法"

识字与写字教学设计案例分析
- 《小青蛙》教学设计（第一课时）
- 《寒号鸟》教学设计（第一课时）
- 《白鹅》教学设计（第一课时）

### 本章概述

识字与写字是阅读和写作的基础，是第一学段的教学重点，也是贯穿整个义务教育阶段的重要教学内容。识字与写字教学的有效性对于学生语文素养的形成与发展至关重要。为了更好地认识识字与写字教学的重要性，把握识字与写字教学设计、实施策略以及实际应用，本章将从识字与写字教学理论、识字与写字教学设计过程、识字与写字教学策略及应用、识字与写字教学设计案例四个方面展开论述。

## 问题情境

小金是一名今年刚刚走上讲台的年轻教师，学校安排她担任一年级的语文教学工作。通过参加学校组织的集体教研，以及自己读书学习，小金明白识字与写字是低年级语文教学的重点。在实际教学中，她发现每篇课文要求会认、会写的生字都在十个左右，面对大量的识字与写字教学任务，小金常常会觉得课堂教学时间不够用，每节课花费在处理生字上的时间都不少于 20 分钟。可是，学生学情程度不一样，学习效果和兴趣并不如人意，小金感觉无所适从。究竟应该如何正确认识识字与写字教学的重要性？在教学实践中，识字与写字教学可以遵循怎样的教学策略来激发学生的学习兴趣？如何依照正确的识字与写字教学理念来做好教学设计呢？请一起走进本章内容的学习。

## 🎯 学习目标

1. 了解《义务教育语文课程标准(2022 年版)》中对于小学各学段关于识字与写字教学的具体目标，了解识字与写字教学的历史沿革和当前最突出的问题。

2. 通过具体课例，掌握识字与写字教学设计步骤。

3. 学习小学识字与写字教学实际操作过程中的常用教学策略。

4. 通过识字与写字教学设计案例分析，掌握教学设计的过程与教学策略的运用方法。

## ✏️ 学习重点

1. 掌握识字与写字教学设计步骤。

2. 学习识字与写字教学策略，并在实际教学设计案例中掌握教学设计的过程与教学策略的运用方法。

## 第一节
# 识字与写字教学理论分析

研究识字与写字教学，首先要分析识字与写字教学理论。《义务教育语文课程标准(2022 年版)》中明确阐释了识字与写字教学在小学各个学段的具体要求和主要教学任务，不同学段会有怎样的区别？识字与写字教学的历史沿革和热点问题又有哪些值得我们注意的呢？在这一节当中我们将具体谈到这些内容。

# 一、识字与写字教学的主要任务

《义务教育语文课程标准(2022年版)》对小学各个学段的识字与写字部分提出了如下具体要求:

第一学段:

1. 喜欢学习汉字,有主动识字、写字的愿望。认识常用汉字1600个左右,其中800个左右会写。

2. 学会汉语拼音。能读准声母、韵母、声调和整体认读音节。能准确地拼读音节,正确书写声母、韵母和音节。认识大写字母,熟记《汉语拼音字母表》。

3. 掌握汉字的基本笔画和常用的偏旁部首,能按基本的笔顺规则用硬笔写字,注意间架结构,初步感受汉字的形体美。努力养成良好的写字习惯,写字姿势正确,书写规范、端正、整洁。

4. 学习独立识字。能借助汉语拼音认读汉字,学会用音序检字法和部首检字法查字典。

第二学段:

1. 对学习汉字有浓厚的兴趣,养成主动识字的习惯。累计认识常用汉字2500个左右,其中1600个左右会写。有初步的独立识字能力。能用音序检字法和部首检字法查字典、词典。

2. 写字姿势正确,养成良好的书写习惯。能用硬笔熟练地书写正楷字,做到规范、端正、整洁。用毛笔临摹正楷字帖,感受汉字的书写特点和形体美。

3. 能感知常用汉字形、音、义之间的联系,初步建立汉字与生活中事物、行为的联系,初步感受汉字的文化内涵。

第三学段:

1. 有较强的独立识字能力。累计认识常用汉字3000个左右,其中2500个左右会写。感受汉字的构字组词特点,体会汉字蕴含的智慧。

2. 写字姿势正确,有良好的书写习惯。硬笔书写楷书,行款整齐,力求美观,有一定的速度。能用毛笔书写楷书,在书写中体会汉字的优美。

整体来看,小学识字与写字教学注重培养学生识字的兴趣,养成独立识字的能力,这需要有效的识字方法的引导。识字量与写字量循序渐进地积累也是小学识字与写字教学中极为重视的一点。三个学段从始至终都注重培养学生良好的书写习惯。

纵观三个学段的识字与写字要求,有以下发现。

第一,第一学段要求认识的字的数量已经占到整个小学阶段的一半还要多。这是因为一、二年级是识字教学的关键期,学生需要在第一学段丰富汉字储备,这样才有能力胜任接下来的语文学习。可以说，第一学段是学生识字与写字兴趣培养、能力形成的关键期。

第二，具体来看课标中的要求，第一学段让学生"有主动识字、写字的愿望"。"愿望"本身有着很强的主观性，刚刚从学前进入正式学习阶段的一年级小学生，学习的愿望需要教师在课堂上进行充分引导。他认为识字与写字这项任务很了不起，学会这种能力，可以帮他做很多更有意思的事情后，自然会有识字的愿望。第二学段对于识字与写字的要求是"有兴趣"，对识字有兴趣意味着学生已经具备了初步的能力，要进一步培养和提高学生的学习能力。第三学段要求学生"有较强的独立识字能力"。如何让愿望和兴趣逐渐转化为能力，就需要孩子们掌握学习的方法。我们要在不同年段的课堂教学中明确目标，达成目标，并不断为下一阶段的教学做好准备。

综上，不同学段进行识字与写字教学时，需要根据学情的不同采取相应的教学策略与教学方式。

第三，关于书写习惯，各年段的要求是一以贯之的。小学生学习写字，要有正确的坐姿和握笔姿势，养成良好的书写习惯。根据写字教学的特点和规律，学生初学写字的阶段，应该格外重视书写基本功的培养，课程标准中从第一学段一直到第三学段，始终强调"写字姿势正确"和"有良好的书写习惯"。书写数量的降低，在一定程度上是为书写质量提供保障，少写，是为了以后能够写好、写快。

## 二、识字与写字教学的历史沿革

识字与写字教学在小学教学中的地位并非一直如此，它随着时代背景的演变经过多番变化。因此，识字与写字教学在历套语文课程大纲（标准）中的要求与体现都有不同。

从中华人民共和国成立到 20122 年，国家颁发的小学语文课程标准和教学大纲前后共有八套。

1950 年 8 月，中央人民政府教育部颁发了《小学语文课程暂行标准（草案）》，其中就将写字教学作为教学目标之一，与阅读、说话和写作并列，并对写字教学提出了十分明确的具体要求。这与我国语文教学重视写字的传统一脉相承。

1956 年，教育部颁发《小学语文教学大纲（草案）》，在教学目的和基本任务中，虽然专门谈到了写字教学的问题，但明显已将"写字"任务淡出。

1963 年出台的《全日制小学语文教学大纲（草案）》中，强调加强语文基础知识教学和基本技能训练，即落实"双基"。大纲指出，为了使学生达到具有初步的阅读能力和写作能力的目的，要着重识字、写字、阅读和作文的训练。

1978 年的《全日制十年制学校小学语文教学大纲（试行草案）》，在识字教学中明确强调"要根据学生认识事物的规律，学习语文的规律和汉字本身的规律，教给学生识字方法，培养识字能力"。重视语文基础训练，各年级训练各有侧重，一、二年级以巩固识字为重点。

1986年国家教委颁发了《全日制小学语文教学大纲》。在识字与写字教学方面，这部大纲把1978年大纲中"学会常用汉字3000个左右"改为认识常用汉字3000个左右，其中要求掌握2500个左右。把"认识"和"掌握"作为两个不同层次的识字教学要求提出来，体现出适当地降低了难度。还有一点值得注意，这部大纲不再提一、二年级以识字为重点，改作"前三年完成大部分识字任务"。

1993年全国开始施行《九年义务教育全日制小学语文教学大纲（试用）》，其中适当地减少了识字量，要求学会常用汉字2500个左右。在识字教学方法改革方面，提出在语言环境中识字，把识字和提高认识能力、发展语言结合起来。进一步强调写字训练的重要性，把写字上升到"提高学生的文化素质修养"的高度来认识。

2011年颁布《义务教育语文课程标准（2011年版）》，关于识字与写字教学的具体要求，此版指出"识字、写字是阅读和写作的基础"。《义务教育语文课程标准（2022年版）》与2011版课标相比无大的变动，其中，第二学段目标要求增加"感受汉字的书写特点和形体美"；"能感知常用汉字形、音、义之间的联系，初步建立汉字与生活中事物、行为的联系，初步感受汉字的文化内涵"。第三学段增加"感受汉字的构字组词特点，体会汉字蕴含的智慧"。这体现了新版课标要求学生在识字、写字的基础上，要加强语言文字的积累、梳理与分类，尝试发现汉字规律，发展独立识字能力。同时，强调在语言文字运用情境中感受汉字的形体美与内在价值，弘扬中华优秀传统文化，建立文化自信，促进学生核心素养的发展。总的来说，凸显以下趋势。

**（一）强调识字与写字的重要性，加强知识的整合与推进**

《义务教育语文课程标准（2022年版）》对语文识字教学提出了很明确的要求：学生要能够认准字的读音、了解字义、认清字形；学过的字、词要能够正确认读，并理解其意思。同时新增基础型学习任务群——语言文字积累与梳理，旨在引导学生通过观察、分析、整理，发现汉字的构字组词特点，掌握语言文字运用规范，感受汉字的文化内涵，奠定语文基础。由此可见，识字是学生阅读的基础，学生会读书就要先识字，识字也是学习其他学科的基础。我国历来就重视识字教学，这会为学生以后的学习奠定基础。识字还是写作教学的基础。在识字中，不仅要求学生掌握汉字的笔画、笔顺规则、偏旁部首、间架结构，而且学过的字要会写会用。学生写作的前提就是要会写字，假如学生不会写字，写作也无从谈起。所以说，识字教学对写作教学也具有重要的意义，教师应该重视识字教学。

各个学段关于识字与写字的学习目标十分明确，阶段性十分明显。无论对老师还是学生，都便于操作。如《义务教育语文课程标准(2022 年版)》要求第一学段"认识常用汉字 1600 个左右，其中 800 个左右会写"，这样的要求，明确地体现了识字与写字不是同步发展，而是在保证一定的识字数量的基础上，使学生能够会写所要求的字，使得识字有一个不断发展的"阶段推移"，遵循了循序渐进的教学原则，符合了学生的认知规律，同时凸显了语文课程的人文内涵。

### (二)要求致力于学生语文学习能力的提高

识字与写字是学生阅读和写作的基础，是语文学习中的重点，是学习文化的起点，是贯穿整个义务教育阶段的重要教学内容。《义务教育语文课程标准(2022 年版)》关于识字与写字明确提出来"认识"与"会写"两种不同的目标，体现了多认少写、认写分开的理念。这种理念的提出实际上是基于学生生理发展的规律以及语文学习的实际需要。

随着社会的发展，孩子在幼儿时期就能接触大量的读物，孩子接受语言文字多以听、看、读为主，通常在学前，孩子的阅读能力就能形成并逐步提高。然而写字这种能力，却是在入学之后，需要在教师的专门指导下，才能逐步掌握成熟的一种能力。因此，多认少写，认写并行不悖，是符合学生成长规律的。

以认为主，认字先行，在阅读中尽可能多尽可能快地认识一定数量的字，有助于形成学生初步的阅读能力。随着阅读能力的发展，表达能力也会一并提高。这种提升对于学生学习书写汉字是基础所在。大量地识字，有助于学生感受发现汉字的意义、汉字之间的关联，带着这种本领和感悟学习书写汉字，效率将大大提高。

### (三)强调识字与写字教学要关注学生的发展

《义务教育语文课程标准(2022 年版)》关于课程基本理念提出，语文学习应注重听说读写的相互联系，注重语文与生活的结合，注重学生文化自信、语言运用、思维能力和审美创造的整体发展，重视学生兴趣的培养。

在识字与写字教学中，应注重培养学生主动识字的愿望和独立识字的能力。汉语言文化是中华民族文化的根基，小学语文教学工作者有义务让学生喜欢学汉字，感受到汉字在中华民族文化中的意义和价值，这是我们教育的根本意义所在。还要让学生感受汉字对于自身发展的重要性，学会识字与写字可以畅游在语言文学的宽广天地中，促进学生主动学习汉字的愿望。

兴趣是推动学生学习的动力，也是学生探究新事物的动力。学生对汉字的学习有了浓厚的兴趣，必然会探求并接受多种多样的识字方法，养成主动识字的习惯，促成独立识字能力的形成与发展。那么相应来说，教师要做的还有，在教学中创设多种多样的识字与写字教学情境，灵活运用方式方法，让学生喜爱学习汉字，并能学有成效。

在写字教学方面，降低写字量，关注写字过程，注重写字基本功的培养。在写字教学的操作中，教师的专业引领占据着很重要的地位，教师要带头写好字，为学生做好示范。在写字教学过程中，基于小学生年龄偏小、好奇心强、爱动、注意力不集中等特征，教师在进行写字教学时，如果只是片面要求学生练习，而缺乏对写字兴趣的激发和培养，势必会导致忽视学生感受的问题出现。所以，教师的灌输往往不能实现提高学生写字能力和水平的目的。小学生的兴趣对实现写字教学的目标是很重要的，在课堂教学环节中，要探寻最佳教学方案，引导学生喜欢写字，把汉字写正确、写规范。

## 三、识字与写字教学当前热点问题

识字与写字作为第一学段语文教学的重点，在教学改革中受到越来越多的重视，但在教学操作层面，理念、经验、习惯等原因造成的问题不容忽视。

### (一)片面追求识字量和识字速度，忽视学生对字义的理解

我们参考《我国小学阶段识字写字教学具体状况的调查问卷》发现，来自全国 28 个省、自治区和直辖市的 4109 位参与调查的教师中有 83.5％认为识记字形、字音是第一学段识字教学的主要内容，86.7％的教师认为第一学段识字教学的目标是识字量越多越好，79.4％的教师认为识字量和识字速度是第一学段识字教学的重点。从中可以看出，识字与写字教学中存在"片面追求识字量和识字速度，忽视学生对于字义的理解"的问题。教师通过多种方法引导学生准确、快速地认识汉字、识记汉字，无可厚非，但不能忽视学生对于字义的理解掌握。汉字是音、形、义的结合体，《义务教育语文课程标准(2022 年版)》提倡学生要感知、发现所学汉字形、音、义之间的联系。因此，识字与写字教学不应该割裂汉字音、形、义的整体。

### (二)教师示范书写意愿不强、书写水平不高的情况较为普遍

板书是教师的一项重要的基本功，尤其对于语文教师来说，能够进行规范、端正、美观的示范书写，对提高学生的写字水平和汉字审美能力起着重要作用。但是，随着现代教育技术的不断普及和发展，多媒体技术在课堂中的广泛应用，越来越多的教学环节被课件演示所代替，一部分教师认为在对学生进行写字指导时，教师的示范书写并不重要，可以借助多媒体课件来完成，这样的认识代表了很多一线年轻教师的看法。因此，当前的识字与写字教学中，教师示范书写意愿不强、书写水平不高的情况较为普遍，进而直接导致学生不能接受规范的书写指导训练，书写水平每况愈下。

# 第二节
# 识字与写字教学设计过程例谈

　　识字与写字是阅读和写作的基础，是第一学段语文的教学重点，也是贯穿整个义务教育阶段的重要教学内容。本节以第一章小学语文教学设计的基本步骤为理论指导，以统编版一年级语文下册第五单元《动物儿歌》的教学设计过程为例，探讨如何将小学语文教学设计的有关理论落实到第一学段识字与写字教学的具体实践中，为进行第一学段识字与写字教学设计提供思路和借鉴。

扫码查看课文

## 一、教材分析

　　从单元分析和课文分析两方面来对本课进行教材分析。

　　本单元是统编版一年级语文下册第五单元，也是本册教材的第二个集中识字单元，包括《动物儿歌》《古对今》《操场上》《人之初》四篇课文，口语交际《打电话》和语文园地五。从人文主题来看，四篇课文通过生动活泼的课文插图，用简洁生动的语言分别向学生介绍了有趣的动物知识、四季交替的美丽景色、丰富多彩的校园生活和基本的为人处世的道理，教学过程中，应适时渗透给学生热爱自然、热爱生活的美好情感。同时，四篇课文在体裁上以儿歌为主，题材丰富，贴近学生生活。其中，《动物儿歌》中学生熟悉的小动物、《操场上》贴近学生生活的校园活动、《古对今》和《人之初》中朗朗上口的韵文等，每一篇课文都具有独特的识字特点。教学时，应抓住这些特点，激发学生的识字兴趣，感受识字的乐趣。从语文要素来看，本单元的教学重点是识字教学，渗透识字方法十分必要。整体来看这些生字，大部分为形声字，因此，在教学时，要继续引导学生通过形声字的构字规律——声旁表音、形旁表意的特点来识字，将前面所学的方法在本单元中进行运用，同时，为后面三个单元的识字做好铺垫。另外，在教学过程中，还要辅以归类识字、比较识字、看图识字、生活识字、字族文识字等多种多样的方法，突出每课的识字特点，让学生逐步提高独立识字的能力。本单元的四篇课文也是学生诵读和积累语言的好材料，在教学过程中，通过不同层次、不同形式的读，让学生正确、流利地朗读课文，既落实随文识字，又能积累语言。

　　基于单元分析，对《动物儿歌》进行教材分析。《动物儿歌》是小学语文统编版一年级下册第五单元的第一篇课文。首先，《动物儿歌》体裁上是儿歌，儿歌具有内容浅显、篇幅简短、语言活泼的特点，适合一年级学生朗读，学生可在朗读中体会优美的旋律、和谐的节奏、真挚的情感，得到美的享受和情感的熏陶，激发出对大自然的热爱。其次，《动物儿歌》里是学生熟悉的小动物，贴近儿童生活，动物的名字都是形声字，例如，"蝴蝶""蜘蛛"等，渗透了形声字规律，让孩子在有趣的儿歌学习中，领略汉字的趣味与精妙。最后，《动物儿歌》课文的插图色彩丰富，场景活泼，描绘的是小动物在夏天快乐、充满童趣的活动场景。结合课文的插图，一方面可以增进学生对识字与写字的兴趣，另一方面可以促进学生产生观察小动物的兴趣。从整体上看，《动物儿歌》讲的是不同动物有不同的活动方式，引起学生观察动物的兴趣，激发学生对大自然的热爱，这属于人文主题的范畴；站在语文要素中识字与写字这条线索上来看，本课教学重点是识字教学，渗透识字方法十分必要。在教学时，要继续引导学生通过形声字的构字规律进行识字，突出本课的识字特点，逐步提高学生独立识字的能力。

## 二、学情分析

　　从学生的知识储备和心理年龄特点两方面出发进行识字与写字的学情分析。从学生的知识储备来看，第一学段识字与写字的教学目标是学生认识常用汉字1600个左右，其中会写800字左右；一年级上学期掌握350字左右，会写150字左右，在识字过程中，还要认识所有的笔画，会说笔画名称，能根据名称写出笔画。小学一年级下学期的学生通过第一学期的学习，已经能认一些复杂汉字，会写结构简单的汉字，并且能借助汉语拼音认读汉字，积累了一定的识字与写字经验。从学生的心理年龄特点来看，小学一年级的学生已经初步认识了一些动物，能说出它们的名字和一些特性，还能简单地表达自己的认识，这有利于对儿歌内容的理解。并且小学一年级的学生对大自然充满着探究的欲望和学习的乐趣，为了使他们正确、规范地学习和运用这些生字，在课堂上可以联系他们的生活实际，创设他们熟悉的生活情境，帮助他们认识、积累和运用这些生字。

## 三、确定教学目标

　　首先确定单元教学目标，再以课后安排为抓手，确定本课的教学目标，最后，根据第一学段识字与写字教学的基本规律和学生学情将本课教学目标分解为具体的课时教学目标。

　　经梳理，本单元的教学目标如下。

1. 认识 49 个生字和 1 个偏旁，会写 28 个生字。

2. 正确、流利地朗读课文，学习用不同的节奏来朗读形式不同的课文；背诵《古对今》和《人之初》。

3. 继续了解形声字的构字规律，并学习运用这一规律自主识字。

4. 了解身边小动物的习性和四季气候、景物的变化，保持探索自然的好奇心。

以课后安排为抓手，确定本课的教学目标。

课后安排有双线格内需要会认读的字和田字格内要求会写的字以及两个课后练习题，这两个课后练习题分别指向朗读课文以及词语的积累。首先，双线格内列举了需要学生会认读的生字、田字格中列举了要求学生会写的生字。由此，我们可以确定第一层的教学目标，会读“蜻、蜓、迷、藏”等 12 个字，读准多音字“藏”，会写“造、迷、运”等 7 个字。其次，课后练习题一“朗读课文”，结合《义务教育语文课程标准(2022 年版)》对第一学段阅读教学目标的要求“学习用普通话正确、流利、有感情地朗读课文”，结合一年级学生的学习基础，可将第二层的教学目标确定为“正确、流利地朗读课文”。可以通过齐读、领读、指名读等多种形式、不同层次的读法来了解儿歌内容、巩固生字。最后，根据课后练习题二“读一读，记一记”，可将第三层教学目标确定为“通过积累词组，了解儿歌中小动物的生活方式，对观察小动物有兴趣，爱护小动物，热爱大自然”。从三维目标的角度看本课的教学目标，识字与写字属于知识与技能方面的目标，采用多种方式朗读属于过程与方法方面的目标，培养观察小动物的兴趣，激发学生对大自然的热爱则属于情感态度价值观方面的目标。综上，将本课的教学目标梳理如下。(见图 2-1)

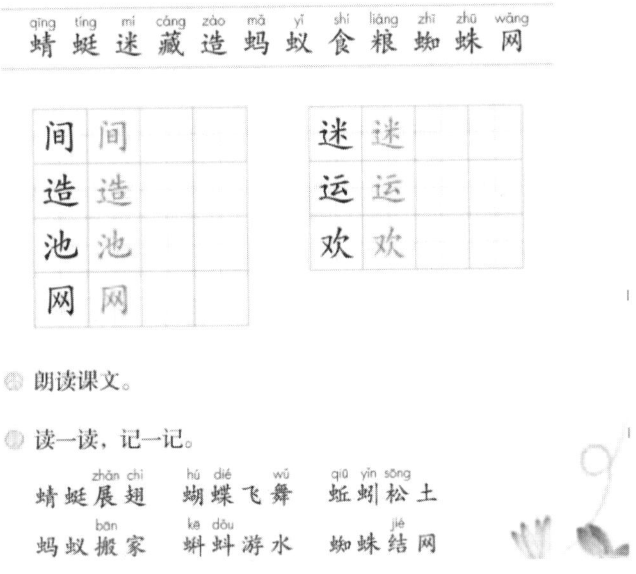
qīng tíng mí cáng zào mǎ yǐ shí liáng zhī zhū wǎng
蜻 蜓 迷 藏 造 蚂 蚁 食 粮 蜘 蛛 网

间 造 池 网　迷 运 欢

朗读课文。

读一读，记一记。

蜻蜓展翅(zhǎn chì)　蝴蝶飞舞(hú dié wǔ)　蚯蚓松土(qiū yǐn sōng)

蚂蚁搬家(bān)　蝌蚪游水(kē dǒu)　蜘蛛结网(jié)

图 2-1　课后练习题

1．会读"蜻、蜓、迷、藏"等12个字，读准多音字"藏"，会写"造、迷、运"等7个字，并掌握带走之旁的字的书写规则。

2．正确、流利地朗读课文，读懂儿歌内容。

3．积累词组"蜻蜓展翅、蝴蝶飞舞、蚯蚓松土、蚂蚁搬家、蝌蚪游水、蜘蛛结网"。了解儿歌中小动物的活动方式，对观察小动物有兴趣，爱护小动物，热爱大自然。

根据教材内容安排以及学生学习情况，本课需要2课时完成，因此将本课的教学目标分解为具体的课时教学目标。根据会认、会读、会写的教学顺序以及一年级学生的学习特点，对教学目标进行课时上的合理安排和划分。

上文梳理的第一个教学目标中包含识字与写字两部分的内容，且数量较多，第一学段学生对同一知识点注意力集中时间较短，所以我们将第一个教学目标拆分为识字、写字两个层次，识字作为第一课时的教学目标，学生完成识字的基础性工作，为正确、流利地朗读课文，初步感受儿歌内容做铺垫。要求会写的字一共有七个，其中三个生字按部首可以划分为走之旁类的生字。为更好地巩固走之旁生字的书写规则，写字部分也可以分为走之旁类的三个生字和其他四个生字，分在2课时进行。第二个教学目标为正确、流利地朗读课文，这是在第一个教学目标完成的基础上实现的。第三个教学目标是在前两个教学目标完成后，进行再一次的巩固和情感态度价值观上的提升，可以放在第二课时最后进行。因此，可将本课课时教学目标确定如下。

第一课时教学目标：

1．会认"蜻、蜓、迷、藏、造、蚂、蚁、食、粮、蜘、蛛、网"12个生字，运用形声字的构字规律识记生字。

2．正确、流利地朗读儿歌，感受儿歌内容。

3．会写"迷、造、运"3个生字，重点巩固带走之旁的字的书写规则。

第二课时教学目标：

1．会写"网、池、间、欢"。

2．积累词组"蜻蜓展翅、蝴蝶飞舞、蚯蚓松土、蚂蚁搬家、蝌蚪游水、蜘蛛结网"。了解儿歌中小动物的活动方式，对观察小动物有兴趣。

教学目标的确定是从单元教学目标到本课教学目标再到课时教学目标，逐步使教学目标具体化。具体来说，首先本课所在单元处于小学语文统编版一年级下册第二个集中识字单元，单元目标统领单课目标，整合本单元课文的教学目标有助于从整体上把握本课的识字与写字教学目标。其次，课后安排是教材文本的重要组成部分，每一个课后安排都是根据本课的教学重点和难点精心设计的，是确立本课教学目标的重要依据。本课的课后安排主要是三方面内容，即识字与写字、朗读、积累，以此为抓手，确定本课的教学目标。最后，根据识字与写字教学规律及一年级学生的学情和特点，将本课的教学目标进一步分解为课时教学目标。

## 四、把握教学重难点

明确教学重难点一般要考虑三个因素，即课标要求、教材内容、学生学情。首先在课标的要求下结合教材内容，确定本课的教学重点。《义务教育语文课程标准（2022年版）》对第一学段提出了这样的要求："喜欢学习汉字，有主动识字、写字的愿望。""学习用普通话正确、流利、有感情地朗读课文。""诵读儿歌、儿童诗和浅近的古诗，展开想象，获得初步的情感体验，感受语言的优美。"可见将识字与写字，正确、流利地朗读课文作为教学重点是合理的。其次，从教材的角度考虑，《动物儿歌》所在单元为统编版一年级语文下册第二个集中识字单元，识字与写字是本课重点要达成的教学目标，再次明确识字与写字是本课的教学重点。最后，从学生的学情考虑，一年级下学期的学生，对于汉字的积累还十分有限，汉字有很多同音字、形近字、多音字，本课生字数量多，且较为复杂，学生要进行明确的识记和辨别较难，所以将利用形声字的构字规律认识生字以及正确书写课文要求会写的生字作为本课的难点。综上，确定本课的教学重难点如下。

1. 能正确认读"蜻、蜓、藏"等12个生字，运用形声字的构字规律识记生字。正确书写"迷、造、运"等7个生字。

2. 能正确、流利地朗读课文。

## 五、选择教学策略

合理的教学策略有助于落实本课的教学重点，突破教学难点。教学策略的选择要能够发挥学生学习的主体性作用，激活学生的学习内驱力，以提高课堂教学质量。教师可以结合语文学科特点、教学内容、学生特点等选择教学策略。

1. 多种方式朗读相结合，随文识字

本课在体裁上是一首儿歌，朗读是学习儿歌的一种重要教学策略。在课程开始时通过指名读或开火车读的方式，了解学生已认识和不熟悉的生字，确定教学中识字重点。学生自由朗读儿歌，初步感受儿歌内容。指名读儿歌，一人一句，以达到正字正音的目的。第二次自由朗读，尽量读出节奏。老师范读重点指导读好节奏。学生齐读，可加上拍手动作，读出节奏。再次自由读，重点了解小动物都有独特的活动方式。通过这样多种多样的朗读，达到随文识字、流畅朗读以及了解儿歌内容的教学目的。

2. 直观演示，图文结合

直观演示是教师通过实物、图片以及多媒体演示等方式，使学生直接利用各种感官感知客观事物或现象而获得知识，形成技能和发展能力的策略方法。一年级的学生思维方式以形象思维为主，借助图片或者小视频的形式，一方面，来加强生字与动物的联系，起到加深对生词记忆的目的，另一方面，促进学生对不同动物的不同活动方式的理解，加强教材说服力，也有助于学生对课文内容的理解。

3. 分步骤指导书写

写字教学的"五步指导法"，即观察、书空、范写、练写、评价，观察主要看字的占格特点，书空重点落实笔顺和笔画名称，范写是发挥教师的示范作用，学生练习的同时教师巡视，发现问题，及时进行纠正。此过程符合学生的认知规律，可以实现课堂上写字教学的科学化、高效化。同时在学生练写之前，教师要讲解写字姿势，边讲解边示范，握笔时大拇指和食指脸对脸，中指指节抵后面，"眼离书本一尺，胸离桌子一拳，手离笔尖一寸"。并且要特别关注学生的坐姿和握笔姿势，出现问题及时纠正。

## 六、教学过程设计

教学过程的设计要紧紧围绕教学目标，通过一系列课堂活动，落实教学重点，突破教学难点。一般来说，教学过程涉及激发学生求知欲、引导学生感知材料、促进学生深入理解、对所学知识的巩固和运用以及检查评价五个步骤。这五个步骤既是层层递进的整体，紧密联系，又可拆分重组，在教学实施中应根据具体情况灵活掌握。现以《动物儿歌》一课为例，具体呈现完整的教学过程设计。

第一课时的教学过程：

1. （课前将会认生字写在黑板上或课件出示）认读生字，了解学情。

2. 板书课题，介绍本课的体裁和儿歌的特点。

3. 观察课文插图，推断儿歌内容，朗读儿歌。

4. 归类认读生词，交流识字方法，识记生字。

5. 指导书写有走之旁的三个生字："造、迷、运"。

第一课时分为五个教学环节。第一个教学环节通过认读生字，了解学情，确定生字教学的重难点。并且通过这一环节让学生做好学习的心理准备，产生知与不知的矛盾，出现内在的动力，引发学生的求知欲。第二个教学环节通过教师的讲解，让学生初步了解本课的体裁和儿歌特点，引导学生树立体裁意识，了解儿歌特点，为接下来的指导朗读做铺垫。第三个环节利用学生对于色彩丰富的插图的兴趣来进行课文内容的初步感知，学生有了必要的感性知识，形成了清晰的表象，理解书本知识就比较容易，这也符合一年级学生学习的特点。第四个环节是在认读生字的基础上，让学生通过观察比较，发现其中的规律，感悟到声旁表音、形旁表意的特点，并为第七、八单元学习"运用形声字的特点猜字音和字义"的方法做好铺垫。第五个环节是在掌握学生学情的基础上，可通过观察、书空、范写、练习、评价五个步骤完成，让学生学会书写"造、迷、运"三个生字。在这个过程中注意采用分类指导书写的方式，突出重点，有的放矢，避免平均使用力量，逐一进行烦琐指导。同时，兼顾学生自主写字的能力。

第二课时的教学过程：

1. 指导书写，会写"网、池、间、欢"。

2. 读一读课后练习二中的词组，说一说小动物的活动方式。

3. 对本课要求会认读的字以及会写的字进行练习、巩固。

第二课时分为三个教学环节，以第一课时的基础为依托，围绕教学重难点展开。第一个教学环节是指导生字书写，这是第一课时指导学生正确书写生字教学任务的延续，同样通过观察、书空、范写、练习、评价五个步骤完成。第二个教学环节是在正确、流利地朗读儿歌，熟练认读生字的基础上，读一读这些词组，起到巩固生字词的目的。引导学生说一说这些词组中所反映出的小动物们的活动方式，教师再顺势进行小结，让学生明白不同的动物有不同的活动方式，要留心观察，从而落实双线教学目标，同时通过第二个教学环节也可以使学生能进一步理解课文内容。第三个教学环节是在基本教学任务已经完成之后，给学生留一部分时间进行练习，在安排上要根据剩余课时灵活掌握，在过程中要注意练习方式的多样化以及对学生的指导，关注不同学生的掌握情况，做到重点指导，因材施教，此环节也是落实教学过程设计中的检查评价。

综上，可以发现《动物儿歌》的教学过程设计在内容以及环节的安排上基本遵循了第一章所论述的教学过程的基本理论和基本程序。本课教学过程主要体现了激发学生求知欲、引导学生感知材料、促进学生深入理解、对所学知识的巩固和运用以及检查评价五个环节。具体概括如表 2-1 所示。

表 2-1　《动物儿歌》教学过程设计

| 课时安排 | 具体教学环节 | | 教学过程原理 |
|---|---|---|---|
| 第一课时 | 第一环节：认读生字，了解学情 | | 引发学生求知欲 |
| | 第二环节：板书课题，介绍本课的体裁和儿歌的特点 | | |
| | 第三环节：观察课文插图，推断儿歌内容，朗读儿歌 | | 引导学生感知材料 |
| | 第四环节：归类认读生词，交流识字方法，识记生字 | | 促进学生深入理解 |
| | 第五环节：指导书写，会写含有相同部件走之旁的三个生字："造、迷、运" | | 对所学知识的巩固和运用 |
| 第二课时 | 第一环节：指导书写，会写"网、池、间、欢" | | |
| | 第二环节：读一读课后练习二中的词组，说一说小动物的活动方式 | | 促进学生深入理解 |
| | 第三环节：对本课要求会认读的字以及会写的字进行练习、巩固 | | 检查评价 |

## 七、作业设计

作业设计分为作业内容和作业评价两方面。合理的作业设计有助于学生加深对所学知识的记忆，使学生对学习到的知识、技能和方法进行实际的应用。据此，我们可以将本课的作业设计如下。

1. 朗读儿歌。

2. 认读生字并口头组词。

针对不同的作业，选择不同的评价方式，以达到作业评价应有的激励效果。教师可以采用让学生给自己父母朗读儿歌的方式进行第一项作业的评价，培养学生自觉学习的良好习惯，且可以加强家校联系。第二项作业可以采用课前随机指认学生进行认读和口头组词的方式进行检查评价，每一次的认读，对于其他学生都是一次知识的重现和巩固，能达到更好的效果。在作业评价的过程中不仅要关注学生知识的获得，而且要注意到学生能力素质的提高，促进学生全面发展。

## 八、板书设计

板书的设计应该条理清晰、结构合理，对本节内容具有高度的概括性，有助于学生把握本课重难点。结合一年级学生学情和学生年龄特点，可以采取图文式方法。以《动物儿歌》第一课时为例，进行如下设计。

《动物儿歌》第一课时的板书，重点体现生字与动物形象的联系。这些字都是形声字，将动物图片和需要认读的生字相结合进行板书设计，将具体直观的动物图片和需要认读的文字相对应。板书中的字又都是形声字，学生通过仔细观察和反复认读，加深了解形声字声旁表音、形旁表意的构字特点。这样板书可以有效提高学生学习的积极性，加深学习印象。

# 第三节
# 识字与写字教学策略及应用再谈

识字与写字是小学语文教学的主要内容，更是第一学段的教学重点。教学策略则成为凝聚学生智慧、发展学生思维、让学生掌握知识和提高能力的关键所在，只有教学策略应用得当，才能提高识字与写字教学效率。

## 一、从字源入手，了解汉字文化

通过对汉字的溯源分析进行汉字识记是一种重要的识字与写字教学策略。它通过挖掘汉字的造字理据与演变特点，把握汉字的文化内涵，构建汉字音形义之间的联系，进而达成识记汉字的教学目标。

教学案例呈现：

小学语文教材统编版三年级上册第五单元第15课《搭船的鸟》教学片段——从字源入手，认识"羽"字。

师：我们来认识一个有趣的字（课件出示甲骨文"羽"），猜猜这是什么字？

生1：这个字像是流动的水。

生2：这个字一定是古代的字。它像是动物身上的长毛。

生3：这个字像是鸟的翅膀，翅膀上还长着羽毛。

师：你们说对了，这个字就是甲骨文"羽"。甲骨文啊，是世界上出现最早的文字之一，它已经有3000多年的历史啦！甲骨文是聪明智慧的中国人创造出来的，最初是写在龟甲和兽骨上，所以叫作甲骨文。甲骨文可是我们中华民族的骄傲。同学们，你们看，随着时间的变迁，"羽"字也发生了变化，慢慢变成我们现在熟悉的"羽"字。

（课件展示"羽"字从甲骨文到金文，再到小篆，再到楷书的演变）

师：我们一起读读这个字。

生齐读：羽。

师：谁会给"羽"字组词呢？

生：羽毛、白羽、羽翼丰满。

师：再来一起读这个字。

生齐读：羽。

教学案例分析：

在上述教学片段中，教师在指导学生认识"羽"字时，采用了字源识字的方法。出示甲骨文"羽"字，让学生猜一猜这像是什么字，调动学生学习汉字的兴趣，继而向学生介绍甲骨文的由来，并让学生了解"羽"字数千年的演变。学生能够感受到汉字文化的博大精深、源远流长，对于"羽"字的印象更加深刻。并且从字源入手，学生更能理解字的本义，对于他们正确运用汉字也是有帮助的。

教学策略总结：

字源识字作为识字方法之一，有助于学生识字，让汉字的发源与演变过程在课堂上"活"起来。教师在识字教学中运用字源识字法能够让学生在学习中加深对传统文化的认识，增强对祖国语言文字的热爱。通过识字教学渗透中国汉字文化，还能有效地激发学生的识字兴趣。

## 二、联系生活，拓展识字渠道

联系生活识字是利用学生生活的大课堂，充分拓展学生识字空间，引导学生在生活中关注汉字的出现和使用，进而掌握汉字的音、形、义。在课堂上引导学生进行联系生活识字的交流，是学生间相互的一种启发，将使识字教学的效率更高。

教学案例呈现：

小学语文教材统编版一年级上册第六单元第 5 课《影子》教学片段——指导学生认识"影"字。

教师指板书"影"字。

师：同学们，这个字，你们在哪里见过吗？

生1：妈妈带我去看电影，我看到电影院的门口有"影"这个大字。

生2：我也去看过电影，电影票上有这个字，而且要拿着我们买的票找到正确的第几号影厅。

生3：我爸爸爱看电影频道，他看这个频道时电视上经常会出现"影"这个字呢。

生4：公交车站的广告牌上就写着"最具影响力的十大人物"，是我妈妈教给我念的。

师：你们都是爱观察的好孩子，善于从生活中学习认字。再来齐读这个字，"影"。

学生齐读：影。

师：谁会用"影"字组词？

生：电影、影响、影子。

教学案例分析：

上述教学片段中，老师引导学生们说一说在哪里见过"影"这个字，调动学生的生活经验。这个字从字形方面来说，较为复杂，不易识记，但在生活中却属于常用字，出现的频率较高。学生描述自己在电影院、广告牌等情境中见过这个字时，其实也是将这个字进一步理解和运用的过程。通过这样的教学环节，让学生认识了生字，同时渗透了在生活中识字的学习方法。

教学策略总结：

《义务教育语文课程标准（2022 年版）》提出第一学段"认识常用汉字 1600 个左右，其中 800 个左右会写。"这就是提倡低年级识字要认写分开，多认少写。"认写分开"就是把认字和写字暂时分开，也就是把生字"四会"的要求分项、分阶段落实，而不是一步到位。其总的原则是先认后写、多认少写、认写分开，这是符合学生认知规律的教学思想。

## 三、探究汉字字理，灵活学习汉字

汉字有着它特有的构字依据和组成规律。字理识字就是依据汉字的构字规律，运用汉字形、音、义的关系进行识字教学的方法。这种识字方法，揭示和解析字理，使学生牢固建立字的音、形、义之间的联系，是核心；启发学生展开想象，是基本和有效的方法。字族识字、形声字识字、字谜识字等都是这种策略下常用的识字方法。

教学案例呈现：

小学语文教材统编版二年级上册识字单元第 2 课《树之歌》教学片段——认识带有木字旁的"杨、桐、松、棉"等汉字。

课件出示汉字"杨、梧、桐、松、棉、枫、柏、杉、桂"。

师：仔细观察这些字，你们有什么发现？

生：这些字都带有木字旁。

师：你们发现了字形里的秘密，再读一读，你还有什么发现？

生 1：梧、桐、枫，我发现这些字的读音就是木字旁旁边的字。

生 2：柏和桂字，它们的发音和右边部分的发音虽然不一样，但是很相近。

师：你们观察得很仔细。这些字左边木字旁表示它们都是树木，右边的字提示了它们的读音，像这样的字，我们把它们叫作形声字。我们可以利用形声字的特点，认识更多的生字。结合图片的提示，猜猜这些字都该怎么读。

出示"棕树、椰树、橡树、香樟、石榴"，学生尝试认读。

教学案例分析：

形声字是汉字中的一个大类，约占汉字总数的 85％。形声字形旁表示字义，声旁表示发音，课例中老师引导孩子们通过认读感受形声字的特点，在头脑中有效地建立汉字音、形、义的联系，遵循识用结合的学习规律，还用所学方法尝试认读其他形旁相同的汉字。学生的认字量和感受力都有提升，这可以大大增强学生识字的效率。

教学策略总结：

我们要教好识字，就不得不研究汉字字理。了解汉字的构造原理及其使用规律，进而从根本上认识把握汉字音、形、义的联系，汉字具有象形-结构性、表意-联想性、构词-组合性三大特点，运用字理识字的教学策略是在不增加学生负担的前提下，调动学生对于汉字的观察力、理解力和想象力，强化学生对于汉字的记忆，能有效预防和减少错别字产生。

## 四、随文识字，识字与阅读有机结合

随文识字就是把生字词放在特定的语言环境即具体的一篇篇课文中来感知、理解和掌握，把识字和阅读结合在一起，识字在语境中进行，既利于在分散中巩固，又利于增进对课文的理解。

教学案例呈现：

小学语文教材统编版四年级下册第 23 课《"诺曼底"号遇难记》教学设计节选。

（一）"难"字释义，导入课题

教师现场板书"难"字，并请学生认读。引导学生了解这是个多音字，读四声时意思是不幸的遭遇，灾难。相机板书词语"遇难"。

师：本文记录的是一艘名叫"诺曼底"号的轮船因为撞击而沉入大海的故事。教师板书补充课题，并请学生朗读课题。

（二）初读课文，认读字词

师：请同学们自己朗读一遍课文，要把字音读正确。

学生自由朗读课文。

师：同学们，课文中出现的这些词语你会读吗？

课件出示生词：

惊恐万状　不可开交　失魂落魄　惊慌失措

师：想一想这些词语的意思，你有什么样的发现？

生：这四个词语都是在描述灾难来临时人们的表现，所有人都慌了神。

师：哈尔威船长和其他人的表现完全不同，他有着怎样的表现呢？请你再读课文，找一找。

学生找出以下词语，并结合词义说明自己的理由。

镇定自若　从容不迫　纹丝不动　犹如铸铁　临危不惧　巍然屹立

师：这些词语都是用来形容哈尔威船长的果敢镇定。正因他的这种品质，大家才能在灾难中顺利脱险。

教学案例分析：

中高年级阅读教学中的识字多体现在随文进行。上述教学片段中，教师引导学生读课文之后找出相关意思的词语，并且交流对于词语的理解，既能在反复的认读中识记生字，又能掌握词义，还可以借由对词语的理解顺理成章地进入后一环节课文内容的学习。

教学策略总结：

随文识字的教学策略重在体现识字、阅读、表达能力三者之间的辩证关系：识字是为了阅读和写作，它为阅读和表达能力的培养提供条件，而通过阅读和说话、造句、写作等练习又巩固了识字。所以说，随文识字实现了识字教学的双重目的：在阅读中识记汉字；通过识字帮助阅读。

## 五、写字教学遵循"五步指导法"

写字教学的"五步指导法"，即观察、书空、范写、练写、评价，这一基本步骤符合学生的认知规律，可以实现课堂上写字教学的科学化、高效化。一年级课堂上，建议每个字都要遵循这样的步骤进行教学，随着年级升高，学生写字能力增强，教材中要求会写的合体字数量增多，可以分类指导、重点指导。

教学案例呈现：

小学语文教材统编版一年级上册识字1教学设计节选——指导书写"一"字。

(一)教师简单介绍中国汉字的特点

师：中国汉字又叫方块字，由一笔一画的笔画组成，不同的笔画有不同的名称。

(二)教师指导学生认识田字格

师：我们在学习写汉字时，有一个很好的"帮手"——田字格。田字格的每一条线、每一个格都有它特有的名称。每一个汉字在田字格当中都有它的固定位置，不能胡乱摆放。

(三)教师指导书写汉字"一"

1. 观察。观察"一"的田字格占格特点，引导学生发现"一"写在横中线上，左右两边留有空间。

2. 书空。学生一边观察一边伸出右手食指书空，边书空边说出笔画名称"横"。

3. 范写。教师范写，边写边强调：横要写在横中线上，从左到右书写，要写平稳。

4. 练写。学生在课本田字格中练习书写，先描红两个，再练写一个，教师巡视指导。

5. 评价。教师展示并请同学交流评价学生的书写，提出修改完善的建议，学生继续练写"一"字。

注意事项：

1. 学生练写之前，教师要讲解写字姿势，边讲解边示范，握笔时大拇指和食指脸对脸，中指指节抵后面，"眼离书本一尺，胸离桌子一拳，手离笔尖一寸"。

2. 教师巡视指导时要特别关注学生的坐姿和握笔姿势，出现问题及时纠正。

教学案例分析：

"一"字是汉字中笔画最为简单的一个汉字，也是小学语文教材统编版中教学生书写的第一个汉字。以上教学设计课例清楚、完整地展示了用"五步指导法"指导学生书写"一"字的过程。学生既有观察交流，又有模仿参照，继而动笔练写，眼、口、耳、脑、手，均被调动起来，全神贯注完成"一"字的书写学习。教师在教学过程中还注重培养学生良好的书写习惯——正确的坐姿和握笔姿势。

教学策略总结：

早在 1962 年，郭沫若就在《人民教育》杂志上题词说："培养中小学生写好字，不一定要人人都成为书法家，总要把字写得合乎规格，比较端正、干净、容易认。"按照"五步指导法"进行书写教学，让书写指导有章可循，学生看写评改一气呵成，又能达到很好的教学效果，提高了课堂教学效率，这是解决教材中大量要求会写字难题的一项重要教学策略。

# 第四节
# 识字与写字教学设计案例分析

识字与写字教学的相关理念与策略方法只有融入具体教学设计中，才会发挥作用。以下将选取第一和第二学段儿歌、童话、故事三种不同文体的具体教学设计，并通过案例分析，分别呈现专门的识字课以及阅读教学中识字写字的教学设计思路和设计意图的异同。

## 一、《小青蛙》教学设计(第一课时)

### [教材分析]

《小青蛙》是小学语文教材统编版一年级下册第一单元识字 3 的课文内容。这是一首儿歌，读起来朗朗上口，表达对小青蛙的喜爱之情。在儿歌中巧妙地编排了"清、晴、睛"等多个以"青"为声旁的形声字。学生在本课的学习中能够了解形声字的构字特点，并在比较中发现本课生字在字音、字形和字义方面的异同，丰富识字经验。

[学情分析]

一年级小学生喜欢朗读节奏感强，并且内容活泼轻快的小儿歌，在朗读过程中增强阅读的快乐体验。在之前的学习中，学生已经接触过形声字，知道汉字中某些特别的偏旁是在表示特别的含义，本课将让学生更深入地了解形声字的特点，感受汉字学习的规律。这对于学生来说既是新知识的学习，又有之前的学习铺垫，所以学生能够轻松掌握。

[教学目标]

1. 会认"清、晴、眼、睛、保、护、害、事、情、请、让、病"12 个生字及 1 个新偏旁病字旁；会写"青"字。

2. 正确、流利地朗读儿歌。

3. 了解形声字形旁表义、声旁表音的特点，感受汉字构字的有趣。

[教学重难点]

在汉字的对比中了解形声字的构字特点，识记本课生字。

[教学策略]

本课时的教学主要集中在指导书写和识字上。在指导书写"青"字的环节，要遵循"五步指导法"的教学策略，写好"青"字将有助于下一课时顺利学习带有声旁"青"的其他生字。

指导学生运用字理识字是本课的又一个教学策略。形声字是汉字中特别有代表性的一种类型，它的形旁表示字义，声旁表示字音，通过字理规律的引导，可以让学生牢固建立汉字音、形、义之间的联系。

[教学过程]

1. 板书课题，指导书写"青"字

(1)板书并读好课题，重点指导读准"青"字。

(2)指导书写"青"。

①观察。学生观察"青"字在田字格中的位置。

②书空。学生边书空边说出笔画名称。

③范写。教师范写强调：横画之间距离要匀称；第四笔横画舒展。

④练写。学生在田字格中描一写二。

⑤评价。展示学生书写并进行评价。

注意事项：

"青"的第三笔竖在竖中线上，第四笔长横起笔在横中线上，左低右高，重点指导横画之间距离要均匀。

设计意图：

重点指导"青"字，会让后面书写形声字"情、晴、清、请"事半功倍。

(3)观察图画，理解"青"的意思。

①"青"表示蓝色、绿色等多种颜色，如青天、青草。

②观察课文插图，说说"青蛙"的"青"是什么意思。

(4)再读课题。

2. 朗读儿歌，达到正确、流利

(1)自由朗读儿歌，遇到不认识的字借助拼音读准字音。

注意事项：

要给孩子充分的时间朗读，教师巡视，进行个别指导。

(2)指名朗读儿歌，正字正音。

注意事项：

"事情"的"情"、"眼睛"的"睛"都读轻声。

(3)再读儿歌，做到正确、流利。

3. 圈画并分组认读生字，交流识字方法，识记生字

(1)小声读儿歌，边读边用横线画出本课的生字或生词，并多读几遍。

(2)分组出示生词，多种形式进行认读。

第一组：

青蛙　清水　眼睛　事情　晴天　心情请坐

①借助拼音自由练习拼读。

②指名认读。

注意事项：

第一，刚开始出示生词时，本课生字要带拼音。

第二，指名认读时，如果出现错误及时纠正。

第三，去掉拼音，指名认读或领读。

第四，保留"青、清、晴、睛、情、请"这六个生字，指名认读。

第五，请学生说说这六个字的共同点，运用

设计意图：

通过多种方式的朗读，让学生随文识字，扫清文字障碍。

设计意图：

归类认读生词，由词到字按照语境由大到小的原则，分类识记生字。

形声字的特点识记生字。

注意事项：

a. 引导学生从字音字形上来找到相同点和不同点：学生会发现每组字的韵母都是"ing"；字形上，都有"青"这个部件。

b. 学生发现"清"与水有关，偏旁是三点水；"晴"与太阳有关，所以是日字旁……

第六，教师小结：一个合体字，如果一部分表示意思，另一部分表示读音，那这个字就叫"形声字"；表示读音的偏旁就是声旁，表示意思的偏旁是形旁。

第七，完成课后习题"练一练，填一填"。

第二组：

保护　害虫　礼让　生病

①借助拼音自由练习拼读。

②指名认读。

③去掉拼音，指名认读或领读。

④认读生字，交流识字方法。

保　护　害　让　病

注意事项：

迁移运用形声字构字规律，识记"眼、护、病"。相机认识病字旁。

设计意图：

"形旁表义"，一定离不开对字义的理解。理解字义，又离不开具体的语言环境。

[作业设计]

本课作为一年级的识字课，教学目标围绕识字写字来确定。这一课时的教学重点是能够正确识记本课生字，本课通过形声字特点的介绍指导孩子们认识了带有声旁"青"的几个生字以及其他生字。因此，设计课后作业时要巩固认识生字。可以让学生继续朗读儿歌，达到正确、流利的要求。本课还学习了会认字"青"，可以让学生在练习本上练习书写"青"字。本课时作业设计如下。

1. 正确、流利地朗读儿歌。

2. 在生字本上认真、规范地书写"青"字。

[板书设计]

本课的会认字集中在"青"和以"青"为声旁的几个汉字。在课堂教学过程中，相机生成以下板书，学生可以通过板书清楚地感受以下汉字在音、形、义等方面的关联，认识以下汉字，落实本课教学重点。

> **3 小青蛙**
>
> 青 清 晴 睛 情 请

## 二、《寒号鸟》教学设计(第一课时)

**[教材分析]**

《寒号鸟》是小学语文教材统编版二年级上册第四单元中第二篇课文。《寒号鸟》是一个耳熟能详的童话故事,故事中的喜鹊勤劳能干,在冬天到来之前早做准备,所以可以住在温暖的窝里。可是寒号鸟却因为懒惰、得过且过,被无情地冻死在赖以藏身的崖缝中。

课文中共有 15 个会认字,8 个会写字。会认字数量比较多,并且其中"衔、趁、哀"等会认字并非常用字,认读有一定的难度,这就需要我们在教学过程中运用科学的教学策略,帮助提高我们的教学效率。

**[学情分析]**

二年级的学生已经在生字积累方面具备了一定的基础,他们在学习新的生字时能够迁移运用之前所学的识字方法。二年级学生喜欢学习故事类课文,在反复朗读课文的过程中能够有意识地随文识字。

**[教学目标]**

1. 认识 15 个生字,会写"朗"字。

2. 能在认读生字的基础上正确、流利地朗读课文。

3. 初步感受故事的主要内容。

**[教学重难点]**

认识 15 个生字,有重点地指导书写"朗"和"夜"两个生字。

**[教学策略]**

本课的生字学习,主要遵循以下教学策略:

1. 对典型汉字"哀"采用"字源识字"的方法,在课堂的开始学习这个生字,增强学生课堂学习兴趣。

2. 联系之前学过的汉字,借助汉字构字特点进行学习。引导学生用加一加、减一减、换一换等方法识记新字。

3. 对本课要求会写的汉字按照结构进行分类,对于个别生字进行重点指导,提高课堂学习效率。

[教学过程]

1. 交流导入

师：同学们，你们很喜欢听故事对不对？老师先给大家讲一个有趣的故事：很久很久以前，有一堵石崖，在这个石崖的崖缝里住着一只小动物，如果冬天你从这座山崖脚下经过，你就会听到崖缝里它哀号的声音，哆啰啰，哆啰啰，这只小动物就是寒号鸟。

师：今天，我们就来一起学习第 13 课《寒号鸟》。小手伸出来，跟老师一起书写课题。

我们一起读课题。"号"这个字是多音字，读二声的时候表示哭叫的意思，谁来给它组个词？

生：号叫、号啕大哭、哀号。

师：真棒！书上也提到了这个词，哀号，那"哀号"是什么意思呢？把字追根溯源，更有利于我们理解记忆，"哀"字中间是一个"口"字，嘴巴张得很大，像是在哭，表示人很伤心。"口"的外面是一件衣服，他在用衣服擦拭眼泪，哀就是伤心哭泣的意思，那么哀号就是伤心地大哭大叫。

师：课文中的主人公是寒号鸟，它还有一位邻居，是谁？

生：喜鹊！

师：你有什么办法记住"鹊"这个字？

生："昔日"的"昔"加上鸟字边就是"鹊"。

生：我和他的说法不太一样。"鸭子"的"鸭"，把左边的"甲"字换成"昔"就是"鹊"了。

生：我是在读书的时候见到了这个字，我就把它记住了。

师：你们说的都对，加一加和换一换都是认识和记住汉字的好方法。

师：请同学们大声地朗读一遍课文，想一想：课文主要写了一个怎样的故事呢？朗读的过程中注意课文中的会认字。

学生交流课文主要内容。

设计意图：

"和老师一起写字"是很有趣的一项课堂活动，让孩子们眼睛、嘴巴、手指都动起来，学习汉字。

从字源角度，认识"哀"字，加深对字义的理解。

设计意图：

启发学生在课堂上交流识字的方法，并鼓励用加一加、换一换等多种方法识记汉字。

2. 认读生字词

出示生词：

寒冬　腊月　北风　狂吼　一堵　石崖
一道缝　劝告　将来　趁　天晴　得过且过
晴朗　衔来　暖和　枯草　当作

师：如果只剩下这课的生字，你还会读吗？

出示生字：腊　狂　吼　堵　道　劝　将
趁　且　朗　衔　枯　当

指名认读生字。

师：接下来我们做一个摘苹果的小游戏，看
看谁认识这些生字又快又多，能摘到最多的大
苹果！

介绍游戏规则，在游戏中巩固识字。

师：游戏大家完成得很棒！生字回到课文中，
我相信你们一定还能读得准。现在请打开课本，
我请同学来朗读课文。

指名分自然段朗读课文，正字正音。

3. 分类指导书写

课件出示本课要求会写的生字：

阵、朗、枯、做、却、将、纷、夜

师：同学们，这些字按照结构可以怎样分
类呢？

生："阵、朗、枯、却、将、纷"都是左右结
构。"夜"是上下结构。"做"是左中右结构。

师：这些字中很多都和我们之前学过的字有
相似之处。谁来说一说？

生："粉红"的"粉"，把米字旁换成绞丝旁，
就是"纷纷"的"纷"。

……

师：那今天，我们重点来学写"朗"和"夜"两
个字。

按照"五步指导法"指导学生书写。

设计意图：

　　游戏能调动起学生的学习兴
趣。在游戏中识字并巩固识字成
果，也是低年级常用的方法。

设计意图：

　　从二年级开始，生字书写指导
就可以有意识地放手。首先进行分
类，再挑选重点字具体详细指导。

**[作业设计]**

作业设计要和教学目标相呼应，巩固课堂教学成果。二年级学生朗读长篇课文的能力需要不断培养加强，因此设计让学生朗读课文的课后作业，并提出具体要求：朗读正确，读准字音，并能朗读流利。本课指导书写了 8 个生字，让学生们在练习本上练写并组词。综上，本课时课后作业如下。

1. 正确、流利地朗读课文。

2. 将本课要求会写的字按照两字一词的格式写在练习本上，书写要工整。

**[板书设计]**

在生字指导书写的教学环节，宜将要学习的生字按结构分类板书出来，左右结构的字有"阵、朗、枯、却、将、纷"，上下结构的字有"夜"，左中右结构的字是"做"。让学生更加直观地感受字形结构方面的不同，分类进行书写指导。

---

**13　寒号鸟**

阵、朗、枯、却、将、纷、夜、做

左右结构　　上下结构　　左中右结构

---

## 三、《白鹅》教学设计(第一课时)

**[教材分析]**

《白鹅》是小学语文统编教材四年级下册第四单元第 15 课。本文作者是著名散文家丰子恺。文章描绘了一只高傲的大白鹅，表达了作者对白鹅的喜爱和欣赏之情。文本语言活泼、诙谐、准确，又极富情趣，运用了多种表达方法。

**[学情分析]**

四年级学生有较强的同理心，喜爱小动物，对文章的描述极感兴趣，并能够在课文学习中体会作者的情感。在生字学习的方面，四年级学生通过课内课外的学习与阅读，识字量已经达到一定的程度，在对生字的字音、字形掌握基础上，要进一步理解字义、词义，这也有助于学生理解课文内容。

**[教学目标]**

1. 会认"嚣、吭"等 13 个生字，读准多音字"看"，正确认读"即将、姿态"等 16 个词语，会写"吠、促"等 15 个生字。

2. 朗读课文，边读边体会语言的趣味，并能结合具体语句说一说。

**[教学重难点]**

朗读课文，边读边体会语言的趣味，并能结合具体语句说一说。

[教学策略]

在第二学段、第三学段的课堂教学中，常会用到随文识字的教学策略。将生字的认读自然地贯穿在教学过程中，与课文朗读、课文理解结合在一起，有助于学生对生字音、形、义全方面学习理解。

[教学过程]

（一）谈话导入，交流资料

师：在前两课的学习中，我们认识了老舍先生笔下性格古怪而又淘气可爱的猫和负责、慈爱、令人敬佩的母鸡。今天我们就走进丰子恺先生的《白鹅》。请同学们打开课本第54页，齐读课题。

师：关于作者丰子恺先生，请你结合课前预习查找的资料，说一说你对作者的了解。

设计意图：

教师引导学生对已学知识进行简单回顾，导入新课。在学生分享资料时，教师可引导学生了解与作者丰子恺有关的内容。

（二）随文识字，指导书写，整体感知课文内容

1. 朗读课文，随文识字

师：请同学们自由朗读课文，要特别注意你在预习时画出的生字、新词，遇到生字比较多的长句子多读几遍，把课文读正确、读流利。

师：课文中的这些词语你能正确认读吗？

课件或板书出示：

高傲 即将 姿态 供养 狂吠 严肃 郑重 厉声呵斥 厉声叫嚣 引吭大叫 左顾右盼 从容不迫 扬长而去 大模大样 不胜其烦

指名认读或指名领读词语。

师：现在我们请这七位同学读课文，每人读一自然段，其他同学认真听他们的读音是否都正确。

2. 指导书写

师：课文里还有两个要求会写的字，笔画很多，又容易写错，需要格外注意。谁来提醒一下大家，怎样把"颇"和"脾"两个字写得既正确又好看？

3. 整体感知课文内容

师：读完了课文，同学们，丰子恺先生笔下的白鹅有着怎样的特点？可以用上板书中的词语

设计意图：

在这一环节，充分利用随文识字的教学策略，引导学生读准课文中的关键词语，为正确流利地朗读课文做好准备；并且在认读词语的基础上理解词义，能够借助关键词语表达自己对大白鹅形象的理解。在第二学段的阅读教学中，提炼关键词语、理解关键词语，为理解课文内容做好准备。

说一说。

师：你说得很准确。大家都感受到了这是一只高傲的白鹅。

（板书：高傲）

（三）朗读课文，体会语言的趣味

1. 关注课文的表达手法

师：同学们，请再次朗读课文，边读边体味语言，然后想一想这篇课文的语言给你留下了怎样的印象。

师：是呢，课文的语言诙谐风趣，准确又极富情趣，请同学们再读课文，边读边找一找语言有趣的地方，一会儿结合具体的语句和大家进行交流。

师：就像同学们说到的，作者运用拟人的手法，把鹅当成人来写，让我们感觉鹅就像他的朋友或者家人一样既亲切又有趣。那课文除了这拟人的手法让你觉得有趣外，还有什么地方让你觉得有意思呢？

师：是啊，作者把白鹅和鸭子、狗做对比，写出了白鹅高傲的特点，读起来特别有趣，让人忍俊不禁。请大家继续来发现。

师：刚才大家说到的词语、句子，从字面上看作者似乎在批评这只白鹅，但其实是非常喜爱它的。作者运用拟人、对比、反语等多种表达手法有趣地写出了白鹅的高傲，我们从课文的语言文字中可以感受到作者风趣幽默的语言风格。

2. 关注课文的结构形式

师：下面请同学们默读课文，边读边思考：课文从哪几个方面写了白鹅的高傲？谁来说一说？

师：你说得很对。作者从叫声、步态、吃相三个方面写了白鹅的高傲。

（板书：叫声、步态、吃相）

师：请结合泡泡中的提示语，思考第二自然段在文中的作用。一会儿我们交流。

设计意图：

　　指导学生在朗读课文的基础上初步感受课文的语言特点，进而根据学生的认知情况，引导学生先抓住课文拟人手法的使用，继而体会对比的写作方法，再次理解明贬实褒的反语运用，环环相扣，逐步加深对课文语言趣味性的理解。如此既引领了学习方法，又丰富了语言积累。"泡泡提示语"是小学语文统编教材中语文要素的表现形式之一，在课堂上，教师要将"泡泡"无痕融入教学，充分体现其提示、探究等功能价值。

师：对了，课文第二自然段是过渡段，起承上启下的作用，那这篇课文的结构你知道了吗？谁来说一说？

师：对了，课文采用总分的结构，先总写白鹅高傲的特点，后面具体抓住白鹅的叫声、步态和吃相进行了分述。这只白鹅虽然很高傲，但依然挡不住丰子恺先生对它的喜爱和欣赏。在作者眼里，它俨然就是一位高傲而固执、忠诚而可爱的朋友。

[作业设计]

本课时重点是指导学生朗读课文，体会文章语言的趣味性，并借助关键词语说说大白鹅，感受作者对于大白鹅的情感。在设计作业时要关注学生是否能够正确认读词语以及整篇课文，是否能理解课文中的情感。故设计作业时，让学生朗读课文，并能达到正确、流利、有感情的朗读要求。对于白鹅特点的把握可以让学生借助简单句式口头说一说。所以本课时作业设计如下：

1. 正确、流利、有感情地朗读课文。

2. 用上恰当的词语说一说这个句式："丰子恺笔下的大白鹅可真是_____。"

[板书设计]

这节课最主要的教学思路就是读通课文，把握文章结构，感受语言的生动趣味，进而理解课文中的情感。因此，板书做以下设计。

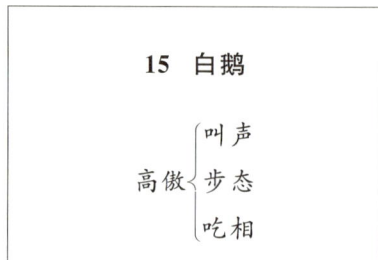

```
            15  白鹅

                  ┌ 叫声
            高傲 ┤  步态
                  └ 吃相
```

## 本章小结

本章主要分识字与写字教学理论分析、识字与写字设计过程例谈、识字与写字教学策略及应用再谈以及识字与写字教学设计案例分析四部分内容展开。

了解识字与写字教学的相关理论，有助于教师对识字与写字教学有更深层次的理解。本章主要是以课程标准为依托，指出识字与写字教学在小学各学段的主要任务；梳理了识字与写字教学从新中国成立至今的历史沿革，并强调了当前识字与写字教学的发展趋势；指出并分析了当前有关识字与写字教学的热点问题。

识字与写字教学设计主要是以第一章小学语文教学设计的基本步骤为理论指导，以小学语文教材统编版一年级下册第五单元《动物儿歌》的教学设计过程为例，详细介绍了识字与写字教学完整、系统的设计过程：教材分析、学情分析、确定教学目标、把握教学重难点、选择教学策略、教学过程设计、作业设计以及板书设计八个步骤。

识字与写字教学策略及应用再谈，指出了识字与写字教学的五个策略：从字源入手，了解汉字文化；联系生活，拓展识字渠道；探究汉字字理，灵活学习汉字；随文识字，识字与阅读有机结合；写字教学遵循"五步指导法"。每一个策略都配合对应的实例，通过教学案例呈现、教学案例分析以及教学策略总结三步来对教学策略进行解析。

识字与写字教学设计案例分析部分，选取了儿歌、童话以及故事三篇不同类型、不同年级的课文，分别通过教材分析、学情分析、教学目标、教学重难点、教学策略、教学过程、作业设计、板书设计进行识字与写字教学设计案例的分析。

## 关键术语

识字与写字；教学过程；汉字字理；随文识字

## 拓展阅读

1. 崔增亮：《汉字学与小学识字教学》，北京，人民教育出版社，2015。

本书是高校小学教育专业卓越教师培养系列教材，建立在科学研究的基础之上。本书包括三个部分。其一，汉字学基本常识，主要介绍汉字的性质、起源、演变、六书等有关汉字学的知识。其二，汉字常见部首的解读，小学语文课标中指定的三百个基本字的解读。其三，识字教学的基本理论及案例分析研究。该书旨在改变目前小学识字教学的弊端，以汉字学为理论依据，确立科学、有趣、高效的识字模式，通过梳理诸多识字教学案例，归纳并制定识字教学的基本原则，以此作为小学识字教学可依循的参考。

2. 王瑜：《小学写字教学设计》，长春，吉林大学出版社，2017。

本书是一线书法教师多年教学经验的总结，具有很强的实操性。本书主要有以下几个特点。第一，重视写字姿势的提醒。针对小学生书写姿势存在的一些问题，作者专门编写了一套写字姿势操，随时提醒学生注意正确的写字姿势。第二，教学方法简明扼要。根据汉字的结构特点，对书写的关键点和易错点进行简明扼要的分析，简单实用。第三，注意新旧知识的联系。作者在编写本书时，注意了新旧知识的联系，合理迁移，举一反三，大大提高了练字的效率。第四，编写了一套书法口诀。运用通俗易懂、朗朗上口的书法口诀指导学生书写，既减少了教师烦琐的讲解，又培养了学生自我检查、自我纠正的能力。

## 体验练习

1. 你知道识字教学中有哪些常用的教学策略？

2. 请你在小学语文三个不同学段的教材中各选择一课的课后生字，设计教学方案，注意要符合各年段不同的教学目标，还要关注学生学情。

# 第三章

# 小学汉语拼音教学

## 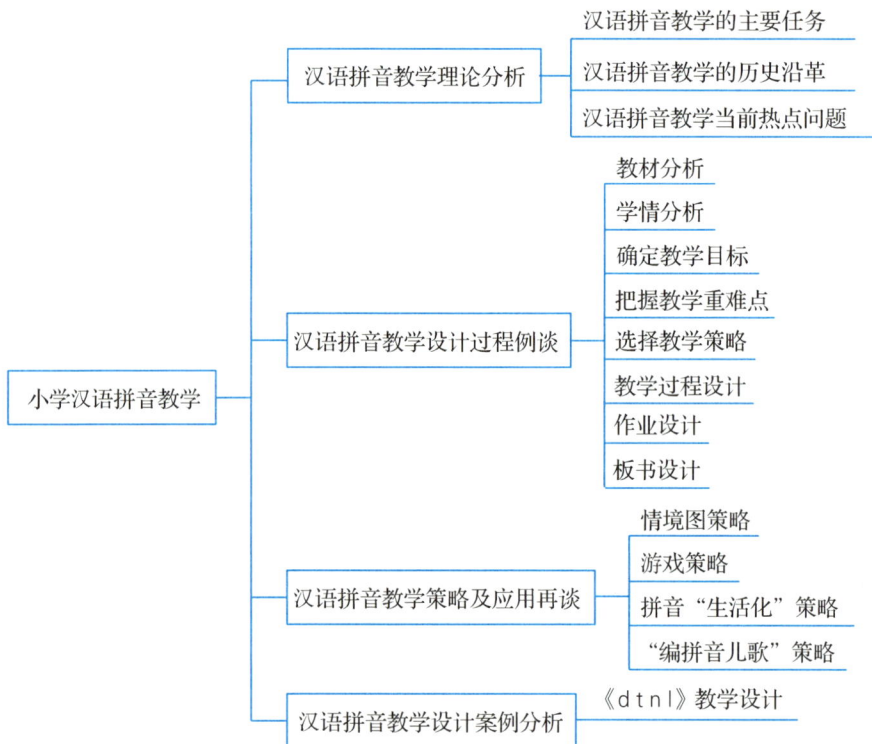 章结构图

小学汉语拼音教学

- 汉语拼音教学理论分析
  - 汉语拼音教学的主要任务
  - 汉语拼音教学的历史沿革
  - 汉语拼音教学当前热点问题
- 汉语拼音教学设计过程例谈
  - 教材分析
  - 学情分析
  - 确定教学目标
  - 把握教学重难点
  - 选择教学策略
  - 教学过程设计
  - 作业设计
  - 板书设计
- 汉语拼音教学策略及应用再谈
  - 情境图策略
  - 游戏策略
  - 拼音"生活化"策略
  - "编拼音儿歌"策略
- 汉语拼音教学设计案例分析
  - 《d t n l》教学设计

### 本章概述

　　汉语拼音是小学生识字和学习普通话的有效工具，是小学语文教学的重要组成部分。在小学第一学段的语文教学中，汉语拼音还是帮助学生识字、增加识字量的主要方式，能够为之后的阅读和写作奠定重要的基础。本章将分汉语拼音教学理论分析、汉语拼音教学过程例谈、汉语拼音教学策略及应用再谈和汉语拼音教学设计案例分析四个部分展开论述。

## 问题情境

　　2019 年秋季开始，语文教材统编版在全国统一投入使用，张老师因此参加了不少有关新教材使用的培训活动，对拼音教学相关理念及要求上的变化有了一定的了解。然而，在具体进行拼音教学时，他总感觉方法单一、课堂比较枯燥，每节课要花费大量时间引导学生识记拼音字母的音、形以及拼读练习，学生学习兴趣并不高，甚至有

的学生说"太没意思了"。这令张老师十分着急。为了解决这一问题，张老师查阅了很多资料，想改变教学现状。那么，到底应该如何在实际的教学中运用有效的拼音教学策略呢？怎样为学生营造快乐的学习情境，避免产生对拼音学习的枯燥感？如何改进拼音教学内容，改善学习效果，增强学习兴趣呢？就让我们一起来学习本章内容并寻找答案吧。

## ◎ 学习目标

1. 了解《义务教育语文课程标准（2022 年版）》有关汉语拼音教学的要求及具体目标。
2. 通过具体案例，明白汉语拼音教学设计步骤。
3. 明确汉语拼音教学的目的，能够掌握有关汉语拼音教学的具体教学策略。
4. 能依据汉语拼音教学的教学设计和案例分析，正确选择及掌握汉语拼音教学的一般步骤。

## ✐ 学习重点

重点：了解汉语拼音教学的具体要求。
难点：掌握汉语拼音教学的基本方法和教学策略。

# 第一节
# 汉语拼音教学理论分析

《义务教育语文课程标准（2022 年版）》是当前拼音教学目标和内容确定的主要依据。不同历史时期的汉语拼音教学因课程标准（或教学大纲）的变化而变化。当前汉语拼音教学存在着拔高要求、方法单一等问题。

## 一、汉语拼音教学的主要任务

《义务教育语文课程标准（2022 年版）》中对拼音教学的要求是：
第一学段：学会汉语拼音。能读准声母、韵母、声调和整体认读音节。能准确地拼读音节，正确书写声母、韵母和音节。认识大写字母，熟记《汉语拼音字母表》。

第二学段：能用音序检字法和部首检字法查字典、词典。

根据汉语拼音教学的具体要求进行拼音教学时要明确以下几点。

第一，正确认读字母的音形是基础。

正确认读字母指对 26 个字母的发音和形状能够一一对应，正确书写。见到字母的形状时能够正确发音，将字母音和形熟练掌握，识记正确。

第二，读准音节为重点，准确拼读为核心。

在拼音教学中，单独的字母音掌握后，要重点指导字母和字母之间组成音节的发音。例如，韵母和整体认读音节，要特别注意学生的发音是否正确。音节发音的准确度会影响到学生后面的拼读能力。准确地拼读音节是拼音教学的核心练习，要在反复的拼读练习中熟练掌握拼读能力，看到音节可以准确地拼读出来，这也是为后面的认字识字做铺垫。

第三，认识大写字母，熟记《汉语拼音字母表》。

掌握《汉语拼音字母表》中的 26 个字母的大小写是音序查字法的基础，学生掌握了音序查字法后，就可以自己查阅不会写的生字，同时音序查字法也为学生的识字和阅读搭起一座桥梁，降低了学生识字和阅读的难度。

对汉语拼音教学目标的分析，更加明确了汉语拼音正字正音的作用，以及为学生识字和阅读发挥其工具性作用的特点。

## 二、汉语拼音教学的历史沿革

1958 年 2 月 11 日，经全国人民代表大会审定批准，我国正式颁布推行《汉语拼音方案》。自此，汉语拼音就一直是小学语文教学的有机组成部分，并发挥了相当重要的作用。但随着时代的发展，语文课程也在不断地改革变化着，拼音教学也由最初的《汉语拼音教学方案》逐步变为汉语拼音模块教学，在不断的改进中形成了现在使用的汉语拼音教材。下面我们主要从改革开放后语文课程标准对汉语拼音教学的要求的变化进行对比简评。

### （一）1978—2001 年语文课程标准对汉语拼音教学的要求及简评

由表 3-1 可见，1978 年改革开放以来，小学汉语拼音教学的基本功能由"正音"和"识字"又增加了"阅读"。也正是增加了"阅读"功能，导致出现了"直呼音节""会写音节"，甚至"学习隔音符号"等更为繁杂的要求，直接增加了汉语拼音教学的难度。1978年、1992 年教学大纲中都有"重视和学习汉语拼音，也有利于为将来实现汉字拼音化打下基础"这样的描述。显然汉字拼音化的思想导致对汉语拼音的定位发生了偏差。

表 3-1　1978—2001 年小学语文课程标准(教学大纲)对汉语拼音教学的要求

| 时间 | 名称 | 目标要求 | 具体内容 | 功能定位 |
|---|---|---|---|---|
| 1978 | 《全日制十年制学校小学语文教学大纲》 | 学会汉语拼音,以帮助识字和学习普通话。 | 一年级学会声母、韵母、声调、拼音和整体认读音节。二年级教学字母表、大写字母。以后各年级教学中,继续运用汉语拼音帮助识字、正音、阅读拼音读物。 | 定位于识字与正音。各学段都有学习汉语拼音的要求。 |
| 1992 | 《九年义务教育全日制小学语文教学大纲》 | 教学生学会汉语拼音,帮助识字、阅读和学习普通话。 | 学会声母、韵母、声调和整体认读音节;能准确、熟练地拼读音节;能默写声母、韵母和抄写音节;低年级学生在写话时可以用拼音代替没学过的汉字;进行直呼音节教学。 | 首次将汉语拼音在各年段单独列出。对字母和音节书写都有要求。 |
| 2000 | 《九年义务教育全日制小学语文教学大纲》 | 学会声母、韵母、声调和整体认读音节,能准确拼读音节,正确书写声母、韵母和音节。 | 低年级要求读准声母、韵母、声调和整体认读音节,正确书写声母、韵母和音节。中高年级要求能利用汉语拼音识字、学习普通话。 | 汉语拼音教学单列;要求降低,提出防止烦琐化教学要求。 |
| 2001 | 《义务教育语文课程标准》 | 学会汉语拼音,能说普通话。 | 读准声母、韵母、声调和整体认读音节。能准确拼读音节。正确书写声母、韵母和音节。 | 定位为识字和正音,无书写要求。 |

资料来源:1. 课程教材研究所:《20 世纪中国中小学课程标准(教学大纲)汇编》(教学卷),北京,人民教育出版社,2001。2. 中华人民共和国教育部:《全日制义务教育语文课程标准》(实验稿),北京,北京师范大学出版社,2001。

　　以至于在 1992 年的教学大纲中,汉语拼音要求作为一项独立的教学内容呈现。在这一时期,汉语拼音不再只是识字的助手,而是与汉字地位相同甚至有取代汉字的倾向。在教学要求中建议:低年级写话时可以用拼音代替没学过的汉字。把拼音当作帮助阅读和作文的有效工具,也就意味着要加强直呼音节和熟练书写拼音的教学。这个大纲要求导致的结果就是,为了做到直呼音节,有的教师就要求学生只读拼音并反复训练,而不重视汉字。学生学会了直呼音节,阅读时关注更多的是汉字上面的汉语拼音,而忽略了汉字本身,这就违背了语文阅读教学的基本规律。学生应该读的和写的是汉字,不应该花大量的时间去读拼音、写拼音。更应注意的问题是,写作时遇到没学过或忘记的字,鼓励学生用拼音代替,一年级学生本来就没有学会写多少汉字,所以写出来的话大多是拼音,这样很容易在以后书写时产生错别字。

2000 年大纲虽与 1992 年大纲同样将汉语拼音作为重要教学内容单列出来，但要求明显降低。首先，2001 年颁布的《义务教育语文课程标准》对汉语拼音教学的功能定位做了较大的修改。汉语拼音成为识字的一项内容。也就是说，汉语拼音最主要的两个功能定位回归到了识字和正音。其次，汉语拼音教学要求降低。降低了记的要求：《汉语拼音字母表》由背诵回到了熟记。降低了写的要求：声母韵母由要求"默写"变成了"正确书写"，音节由熟练书写，可以"代替不会写的汉字"到"正确书写"。降低了拼读要求：音节由要求"直呼""熟练拼读"降低为"准确拼读"。最后，汉语拼音教学要求增强趣味性。

### (二)《义务教育语文课程标准(2011 年版)》对汉语拼音的要求及简评

表 3-2　2011 年版小学语文课程标准对汉语拼音的要求及简评

| 时间 | 名称 | 目标要求 | 具体内容 | 功能定位 |
|------|------|----------|----------|----------|
| 2011 | 《义务教育语文课程标准（2011 年版）》 | 学会汉语拼音，能说普通话。 | 学会汉语拼音。能读准声母、韵母、声调和整体认读音节。能准确地拼读音节，正确书写声母、韵母和音节。认识大写字母。 | 定位为识字和正音，突出趣味性和生活化。 |

2011 年版的课程标准，要求教师教学时注重"四结合"：提倡学习拼音和识字相结合，在学习拼音的同时学习简单的汉字，学习拼音帮助识字，利用汉字巩固拼音；提倡学习拼音和学习普通话相结合，发挥汉语拼音正音功能，学习普通话，读准字音；提倡学习拼音和现实语言生活运用相结合，倡导在生活中学习拼音，在生活中认识拼音，了解拼音在现实生活中的各种用途；提倡汉语拼音教学与游戏相结合，建议教师充分利用课文情境图、各种教具进行各种形式的教学，通过设置丰富的游戏活动，在游戏中认识字母，学会拼读方法，进行汉语拼音教学。

### (三)《义务教育语文课程标准(2022 年版)》对汉语拼音的再要求

表 3-3　2022 年版课标小学语文课程标准对汉语拼音的要求

| 时间 | 名称 | 目标要求 | 课程内容 | 质量评价 |
|------|------|----------|----------|----------|
| 2022 | 《义务教育语文课程标准（2022 年版）》 | 学会汉语拼音。能读准声母、韵母、声调和整体认读音节。能准确地拼读音节，正确书写声母、韵母和音节。认识大写字母，熟记《汉语拼音字母表》。 | 认读拼音字母，拼读音节，认识声调，借助汉语拼音认读汉字，学习音序检字法；在日常交际情境中学习汉语拼音和普通话。 | 借助汉语拼音认读汉字。 |

《义务教育语文课程标准(2022年版)》将"汉语拼音"的目标要求完整保留后，由第5条调序到第2条，凸显了"汉语拼音"是第一学段重要识字工具的意识。为了落实第一学段"汉语拼音"的要求，2022年版课标在基础性学习任务群——语言文字积累与梳理中编排了"认读拼音字母，拼读音节，认识声调，借助汉语拼音认读汉字，学习音序检字法；在日常交际情境中学习汉语拼音和普通话"，同时将"借助汉语拼音认读汉字"作为质量评价的标准，形成"汉语拼音"目标、教学、评价一体化的完整结构。可见，汉语拼音教学应着力凸显其在学生识字和学说普通话方面的重要作用。

### 三、汉语拼音教学当前热点问题

#### (一)教学方法过于单一

在学前阶段，学生的学习环境相对开放、轻松，而步入小学课堂则会受到一定的约束，学生本身对新环境不能较快地适应，教师往往忽略这一前提。在教学中教师常采用死记硬背的传统教学方法，使学生对枯燥且具有一定难度的汉语拼音逐渐失去兴趣，一味地"灌输式"教育非但没有提升学生的学习效率，还有可能适得其反，使学生厌恶拼音的学习。

#### (二)过多重视书写，忽视拼读

从语文课程各方面的关联看，拼音教学本身不是目的，其终极目的是为识字服务，所以《义务教育语文课程标准(2022年版)》将拼音置于识字写字中，其主目的是借助拼音认读汉字。拼音教学重在考察学生的认读和拼读能力。而在实际的教学过程中，教师过度重视拼音的书写和规范，反复要求学生进行抄写拼音的练习。书写过关固然锦上添花，但它不能直接帮助认读识字，认读和拼读过关才能。而在认读和拼读中，认读是基础，其意义和目的在于拼读；会拼读音节才是"学会汉语拼音"的终极标志。

## 第二节
# 汉语拼音教学设计过程例谈

汉语拼音在小学语文教学中占有重要的地位，它不仅可以帮助小学生学好普通话，同时还是学生识字、阅读的有效工具。但拼音教学内容相对集中，在实际教学过程中，许多教师容易把拼音当作一项孤立的教学内容讲授，无法发挥拼音的实际作用。所以处理好拼音与识字、阅读之间的关系，体现出拼音"工具性"的特点一直是拼音教学设计中的重难点问题。本节将以小学语文教材统编版一年级上册拼音单元中《ai ei ui》一课的教学设计过程为例，结合本书第一章所介绍的小学语文教学设计的有关理论，将理论落实到实际应用的过程中，希望为拼音教学的设计提供思路。

扫码查看课文

## 一、教材分析

对本课进行教材分析应从单元分析和课文分析两个方面来展开。首先，从单元的整体角度来分析，《ai ei ui》是统编版一年级上册第二个拼音单元的第一篇课文。本单元安排了 5 个拼音课和 1 个语文园地，学习内容具体包括 8 个复韵母，1 个特殊韵母，9 个鼻韵母和 6 个整体认读音节，其中还穿插有 5 首儿歌、15 个词语和 16 个要求会认的字。从人文主题看，本单元继续延续上一单元"趣味学拼音"的主线，将拼音巧妙地融入情境图中，图画要么贴近学生生活，要么充满想象，生动有趣。之后，应从单元分析聚焦到本课的课文分析。《ai ei ui》一课的内容主要为对"ai、ei、ui"三个复韵母及其四声音调读音的学习，对声母与复韵母拼读的学习，通过儿歌巩固运用拼音、识记生字词的学习，以及对音节词规范书写的学习。课文内容与情境图和儿歌紧密结合，可以借助课文情境图来认读拼音，通过儿歌朗读来识记生字。这样能够增强学生的学习兴趣，符合一年级学生的认知和学习特点。因此可以将教材分析确定如下：

本篇课文为该单元的第一课，课文主要内容为介绍"ai、ei、ui"三个复韵母和它们的四声读音、声母与三个复韵母组成的音节拼读，以及儿歌《洗手歌》和音节词的正确书写示范。本篇课文是学生对复韵母的第一次接触与学习，课文中的拼音知识由浅入深并且结合了生动的情境图和儿歌，符合学生的认知特点。在教学中应延续"趣味学拼音"的单元主线，将拼音的学习融入生活和日常交流中，以更好地让学生掌握拼音知识。

## 二、学情分析

学情分析是教学设计中的重要环节，对于教学目标、教学内容、教学策略等的确定与选择具有重要的导向作用。对于学生的学情可以从学生的发展特征和起点能力两方面来分析。从学生的发展特征分析，一年级的学生活泼好动，自我控制力较弱，注意力集中时间较短，思维方式类型以具体形象性思维为主。所以教师在教学中应注意一年级学生的发展特点，将拼音知识与情境图和儿歌充分结合，将知识具体化并与生活相结合。同时可在教学过程中穿插游戏、讨论等环节，充分调动学生注意力和学习积极性，使课堂更加生动有趣。从学生的起点能力分析，在该单元之前，学生已经完成了对声母和单韵母的学习，对拼音的认读和书写已经有了一定的了解，有助于本课拼音知识的学习。但对于声母与复韵母组成音节的拼读学习是学生第一次接触，同时对声母与韵母的拼读也是整个拼音教学的重点与核心。教师应通过多种方法加强学生对声母与复韵母组成音节的拼读练习，提高学生通过拼读拼音识记字词的能力，为之后的阅读与写作奠定基础。

## 三、确定教学目标

在分析教学目标时，我们应首先从单元目标的整体视角来分析。本单元中共有五篇课文，主要内容为对韵母和整体认读音节的学习。经梳理，单元教学目标如下。

1. 借助情境图正确认读"ai、ei"等 8 个复韵母、1 个特殊韵母"er"，认读"an、en"等 5 个前鼻韵母，"ang、eng"等 4 个后鼻韵母，以及"ye、yue"等 6 个整体认读音节。

2. 读记完整的字母表，能区分声母、韵母、整体认读音节。

3. 在四线三格中正确书写字母表中的字母和音节词，并养成良好的书写习惯。

4. 正确拼读由声母和单韵母、复韵母组成的两拼和三拼音节，在拼读练习的过程中区分形近的复韵母。

5. 结合对照已经认识的生字拼读音节，并写出相应的已经学过的生字。

6. 在观察情境图、谈话交流等学习过程中认识"妹妹、奶奶"等 15 个词语，会读由"车"字组成的 7 个词语，认识"白、皮"等 16 个生字。

7. 在正确拼读的基础上朗读《洗手歌》等 5 首儿歌。

8. 和大人一起读短文《小鸟念书》，体会童真童趣。

单元教学目标和课文具体内容可以为我们确定本课的教学目标提供导向。本课课文的主要内容为认读"ai、ei、ui"三个复韵母和它们的四声，拼读不同声母与三个复韵母组成的音节，规范书写音节词"pái duì"以及朗读儿歌《洗手歌》，识记四个生字。课文第一部分为结合情境图认读"ai、ei、ui"三个复韵母和它们对应的四声音调。之后对声母与复韵母结合拼读的过程进行了展示，如"g→āi→gāi""l→èi→lèi""t→uǐ→tuǐ"，帮助学生理解声母与韵母的结合拼读，并在其后分别列出了 6 个不同声母与复韵母的组合音节供学生拼读练习。（见图 3-1）

图 3-1　课文内容 1

　　之后课文展示了儿歌《洗手歌》以及在本课需要认识的词语"妹妹""奶奶",需要识记的生字"妹、奶"。最后列出了音节词"pái duì"在四线三格中的书写规范。(见图 3-2)

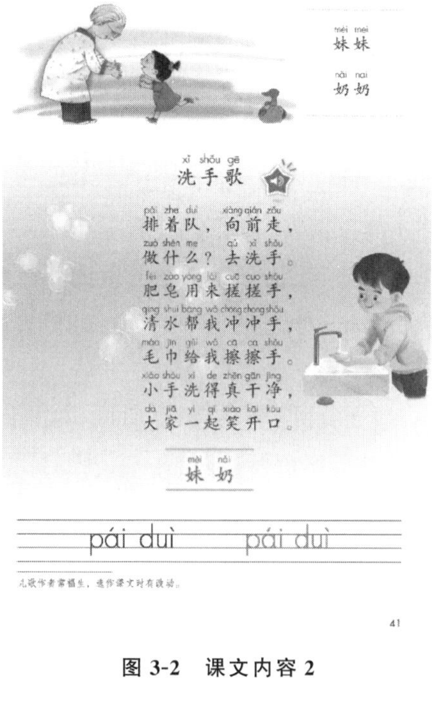

图 3-2　课文内容 2

通过以上对课文内容的分析，可以梳理出本课课文内容的整体思路。首先为认读复韵母及其四声读音，其次为拼读声母与复韵母的组合音节，最后让学生在识字和阅读中巩固对复韵母的认读以及声母与复韵母的拼读。生动有趣的儿歌，可以让学生在阅读儿歌的过程中加强对拼音拼读的练习，体会拼音对于识字的作用，提高学生对拼音的学习兴趣。基于以上对于单元教学目标和本课教学内容的分析，可以将本课的教学目标确定如下。

1. 通过借助情境图、创编儿歌等形式，正确认读复韵母"ai、ei、ui"和它们的四声，体会学习拼音的乐趣。

2. 通过游戏等多种形式，正确拼读声母和复韵母"ai、ei、ui"组成的音节，了解复韵母的标调规则。

3. 能够在四线三格中正确书写音节词"pái duì"，养成良好的书写习惯。

4. 借助课文情境图和拼音，正确认读"妹妹、奶奶"2个词语，朗读儿歌《洗手歌》；会认"妹、奶"2个生字。

在对教学目标和学生学习能力整体分析的基础上，确定对该篇课文的讲解需要 2 课时。由此我们可以将本课的教学目标进一步梳理为课时教学目标。根据课文内容的安排顺序和学生的认知规律，我们可以将前两个教学目标作为第一课时的教学目标。学生正确认读复韵母"ai、ei、ui"和它们的四声，正确拼读声母与复韵母组成的音节，可以为第二课时的规范书写和生字词的识记做知识铺垫。后两个教学目标则为第二课时的教学目标，借助情境图和儿歌，使学生达成正确书写音节词、正确认读生字词的更高水平的目标。由此可将本课的教学目标梳理如下。

第一课时的教学目标：

1. 通过借助情境图、创编儿歌等形式，正确认读复韵母"ai、ei、ui"和它们的四声，体会学习拼音的乐趣。

2. 通过游戏等多种形式，正确拼读声母和复韵母"ai、ei、ui"组成的音节。

第二课时的教学目标：

1. 能够在四线三格中正确书写音节词"pái duì"，养成良好的书写习惯。

2. 借助课文插图和拼音，正确认读"妹妹、奶奶"2个词语，朗读儿歌《洗手歌》；会认"妹、奶"2个生字。

## 四、把握教学重难点

在确定教学重难点时，可以从课标要求、教学目标、学生学情三个角度进行分析。首先，应明确课程标准中对该部分内容的教学要求。课程标准在针对第一学段识字写字方面的要求中提到"学会汉语拼音。能读准声母、韵母、声调和整体认读音节"。能准确地拼读音节，正确书写声母、韵母和音节。从教学目标的角度来看，本课教学目标中的学习内容应作为学生需要重点掌握的内容。将《义务教育语文课程标准（2022年版）》与本课教学目标结合分析，可以得出本课重难点应为能够准确认读复韵母、读准四声音调和声母韵母组合的音节，能够正确书写复韵母和音节词。从教材分析和学情分析的角度来看，该篇课文为该单元的第一课，学生第一次接触复韵母以及声母与复韵母的组合音节，对于一年级的学生来说，在这些内容的学习上可能存在一定的困难。由此，我们可以确定本课的教学重难点如下。

1. 读准复韵母"ai、ei、ui"和它们的四声，了解标调规则。（第一课时）

2. 正确拼读声母和复韵母"ai、ei、ui"组成的音节。（第一课时）

3. 在四线三格中正确书写音节词"pái duì"，字母之间要紧凑，音节之间要空格。（第二课时）

## 五、选择教学策略

在选择教学策略时，教师可根据教学内容、教学重难点以及学生学情等因素来分析把握，以实现最好的教学效果，达到本课的教学目标。根据以上对于教学内容和教学重难点的分析，可将本课的教学策略确定为以下两点。

第一，借助情境图教学，增强对拼音和生字词的识记与掌握。拼音的学习对于一年级的学生来说具有一定的抽象性，拼音在他们之前的生活中并不常见。受到其具体形象性思维的影响，直接让一年级的学生对拼音进行认读和书写具有一定的难度。采用图文结合这一教学策略可以更好地帮助学生理解拼音的含义。教师可以让学生说一说情境图中都有谁，他们在干什么。在交流讨论的过程中可以逐步引出包含本课复韵母的字词，使学生更易于接受。同时借助情境图学习可以激发学生的学习兴趣，增加学习乐趣。

第二，采用多种方式拼读音节。在本课教学的重难点中包含读准复韵母"ai、ei、ui"和它们的四声、正确拼读声母和复韵母"ai、ei、ui"组成的音节两项内容。由此，我们在教学过程中应加强对拼音拼读的讲解与练习，帮助学生实现准确拼读。可以采用"教师领读，学生跟读""自由练读""开火车读""朗读儿歌"等多种方式，来进行对拼音的拼读练习。这一教学策略符合本课教学重难点的要求，使学生在一遍遍的朗读中熟练掌握对拼音的正确拼读，为之后的生字词学习奠定基础。

## 六、教学过程设计

拼音教学过程的设计应同样遵循本书第一章中所阐释的教学过程设计的基本原理

和步骤。在结合学生认知普遍规律的基础上，我们可将教学过程分为五个主要阶段。第一，导入课题，激发学生对于复韵母学习的求知欲。第二，结合本课情境图，引导学生初步感知复韵母的读音，获得感性认识。第三，教师讲解复韵母的读音等本课主要内容，引导学生理解知识，由感性认识向理性认识转化。第四，通过朗读儿歌学习生字词，巩固和运用第一课时所学的声母与复韵母的拼读等知识，加深对知识点的理解。第五，通过学生互测的方式，检查学生对于知识、技能、技巧的掌握情况，安排布置练习。基于以上分析，现以《ai ei ui》一课为例，呈现教学过程设计的思路。

第一课时的教学过程：

1. 复习单韵母，导入本课学习内容。

2. 观察情境图，用词语和句子说一说图中内容。

3. 讲解"ai、ei、ui"的读音和它们的四声。

4. 练习拼读，正确拼读声母与"ai、ei、ui"组成的音节。

第一课时主要分为四个教学环节。第一个教学环节为复习单韵母，导入本课内容。基于学生在上一单元中已经学习过单韵母的学情，在本课中首先对单韵母进行复习，并让学生想一想单韵母与复韵母有什么相似与不同之处，激发学生的求知欲。第二个教学环节为观察情境图，用词语和句子说一说图中内容。让学生观察情境图，说一说图中有哪些人物，他们都在干什么，逐步引导学生由说单个词语到说出一句完整的话。使用情境图谈话，使学生能够初步感知本课所学拼音的读音。第三个环节为讲解认读"ai、ei、ui"和它们的四声。教师可以展示情境图出现的词语以及标有"ai、ei、ui"的拼音卡片，向学生讲解示范读音，带领学生模仿跟读。在掌握三个复韵母的读音后，教师可对其进行四声音调的领读和标号规律的讲解，带领学生掌握四声音调的读音和标号规律。第四个环节为练习拼读，正确拼读声母与"ai、ei、ui"组成的音节。在这一环节中，教师可以通过板书和讲解帮助学生理解声母与复韵母的组合过程及其读音。之后再通过反复朗读，如全班齐读、男女生赛读、小组分读等方式帮助学生不断加深对声母与韵母组合拼读的体会与理解。在这一过程中可以使学生不断将感性认识转化为理性认识，能够较好地掌握不同声母与本课三个复韵母组合音节的拼读。通过开展以上四个教学环节，最终可以达成第一课时的教学目标和教学重难点要求。

第二课时的教学过程：

1. 借助课文情境图和拼音，正确认读"奶奶、妹妹"2个词语，会认"奶、妹"2个生字。

2. 指导书写，练习书写音节词"pái duì"，进行同桌互测。

第二课时分为三个教学环节。在第一课时中，学生已经完成了对三个复韵母的相关拼读内容的学习。在本课时中，主要进行对生字词的认读和对拼音的书写学习。第一个环节为借助课文插图和拼音标注，应用学生在第一课时所学习的声母与复韵母结合拼读的知识，带领学生正确认读"奶奶、妹妹"两个生词。同时可以联系实际生活，用"奶奶、妹妹"口头造句，加强对所学知识的巩固和运用。第二个环节为朗读儿歌。在这一环节中，可以通过教师领读、自由朗读、全班齐读、分组赛读等不同的方式对儿歌进行朗读。第三个环节为指导书写，学写音节词"pái duì"。在指导书写时可以按照观察—书空—范写—练写的步骤展开，在范写时教师还应注意强调书写要点和细节，帮助学生掌握音节词的正确书写。在学生练习一段时间后，可以开展同桌互测的活动，同桌之间互相检查音节词"pái duì"的拼读和书写，对于拼写正确的学生可以进行相应的奖励。通过这一环节，可以检查学生对本课知识内容的掌握情况，帮助教师了解学情，更好地安排之后的教学计划。

以上教学设计过程均围绕本书第一章中有关教学设计理论的五个步骤展开，将具体的教学内容合理贯穿于两个课时中，符合学生的认知规律和特点。另外，需要注意的是，在对教学设计步骤理论的实际应用过程中，应根据具体的课程内容进行灵活调整，以实现教学设计的最优化。由此，可将本课教学环节的设计思路分析如下。（见表 3-4）

表 3-4 《ai ei ui》教学设计

| 课时安排 | 具体教学环节 | 教学设计原理 |
|---|---|---|
| 第一课时 | 第一环节：复习单韵母，导入本课学习内容。 | 引起学生求知欲 |
| | 第二环节：观察情境图，用词、句子描述图中内容。 | 感知教材 |
| | 第三环节：讲解"ai、ei、ui"的读音和它们的四声。<br>第四环节：练习拼读，正确拼读声母与"ai、ei、ui"组成的音节。 | 理解教材 |
| 第二课时 | 第一环节：借助课文情境图和拼音，正确认读"奶奶、妹妹"2个词语，会认"奶、妹"2个生字。<br>第二环节：朗读儿歌《洗手歌》，巩固拼读。 | 理解教材<br>巩固和运用知识 |
| | 第三个环节：指导书写，练习书写音节词"pái duì"，进行同桌互测。 | 巩固和运用知识<br>检查知识、技能和技巧 |

## 七、作业设计

作业设计包含作业内容和作业评价两方面。作业设计应有利于巩固本课的重难点内容，有利于提高学生的各方面能力。作业应结合学生的学情和本课的教学目标来展开设计。另外需要注意的是，根据国家有关文件精神，在小学第一学段中要求不留书面家庭作业。基于以上要求，具体作业内容可从两个维度进行设计：在知识与技能方面，可设计正确认读复韵母、拼读声母与韵母的组合音节等基础性作业；在能力与发展方面，可设计用本课所学生字组词、用词语造句等作业，提高学生的语言表达能力。由此，可将本课的作业设计如下。

1. 认读 ai、ei、ui 及它们的四声音调。

2. 拼读本课中不同声母与三个复韵母的组合音节。

作业评价应根据不同的作业内容进行设计，评价方式应力求准确、方便、客观。针对第一个作业内容，教师可以采用课堂测试的方式进行评价。针对拼音的认读，教师可以对学生进行口头提问，了解学生对复韵母认读的掌握情况。由此完成对第一项作业的评价。针对音节的拼读，可以对学生进行随堂小试，了解学生是否掌握音节的准确拼读。由此完成对第二项作业的评价。针对第三项作业内容，可以请家长对学生的组词、造句等语言表达能力进行口头评价。在单元学习完成后，还应对学生在这一阶段的学习情况进行整体评价。在对知识技能进行评价的同时，还应注意对学生情感态度方面的评价，并给予不同学生有针对性的指导，从而为下一阶段的学习做好准备。

## 八、板书设计

板书设计是教学过程中的一项重要内容，贯穿整个教学过程的始终。板书在内容上应做到科学准确，书写规范，不出现错别字；在结构上应做到条理清晰，表达明确。并注重整体结构的简洁、流畅。（见图 3-3）

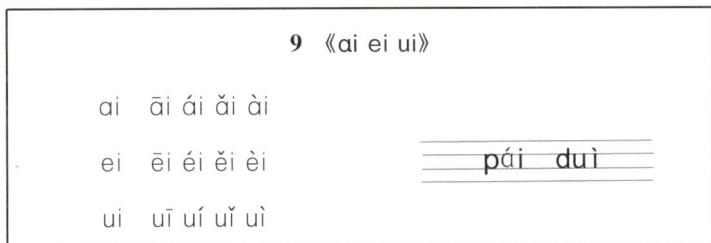

图 3-3

《ai ei ui》一课的板书设计紧紧围绕着本课的教学目标。在板书中清楚地列出了 ai ei ui 三个复韵母及其四声读音，可以帮助教师开展对复韵母的指读、齐读、跟读等认读练习。在课堂教学中，教师可以直接使用已经做好的标有四声音调的拼音图片，节省书写板书的时间，同时还可以吸引学生注意力。之后，针对第二课时的教学目标，在四线三格中书写了"pái duì"的标准写法，可以帮助学生进行观察、书空和模仿练习。本课的板书设计内容完整，条理清晰，体现了板书设计的目的性原则和条理性原则。应用了本书第一章所讲板书设计方法中的提取式方法和图文式方法，可以较好地帮助学生对本课的重难点知识进行学习与掌握。

# 第三节
# 汉语拼音教学策略及应用再谈

拼音教学是第一学段学生进行语文学习的主要内容，对学生的阅读和识字发挥着重要作用。在目前幼儿园去知识化教育的前提下，学生的拼音知识储备被弱化，拼音学习对于他们来说是有一定的困难的。那么如何激发学生对拼音学习的兴趣，让他们掌握好拼音知识呢？我们可以从以下拼音教学策略入手。

## 一、情境图策略

情境图作为拼音教学的重要载体，不仅承载着知识，而且蕴含了语文学习的情趣和方法。在实际教学中，需要老师引导学生仔细观察情境图，从图中发现与拼音字母相关的事物，从而导出本课要学习的拼音内容。先使用情境图完成认识拼音的目标，再通过观察情境图发现拼音，进而用完整的话表达自己的发现，从而将学习拼音和发展语言有效结合。这就是拼音教学的"情境图策略"。

教学案例呈现：

小学语文教材统编版一年级上册《d t n l》的教学片段实录。（见图 3-4）

图 3-4

师：说说图上画着谁？他们都在干什么？

生 1：我看到图上有个小女孩在跳舞。

师：看她手里拿着的东西，猜猜她在跳什么舞？

生2：我看到图上有个小女孩拿着雨伞，在跳雨伞舞。

生3：我看到有个小男孩在敲鼓。

师：你觉得鼓会发出什么声音？（dong，dong，dong。）

师：他们这么隆重地在表演节目，是有什么活动吗？

生1：我看到拱门上写着"艺术节"三个字，他们在参加艺术节。

师：下面哪个同学能把前面三个同学说的话连起来，说一段话？

生：艺术节上有人打鼓，有人跳舞。

师：是呀！艺术节上真热闹，连声母宝宝们也喜欢看，可是他们很淘气，都藏了起来，请你把他们找出来。

生1：我发现大门洞是声母n。

生2：伞柄是声母t。

生3：小鼓是声母d。

生4：鼓棒是声母l。

师：同学们真棒，这几个声母宝宝都找到了，现在我们来认识他们一下。

师指导：声母发音轻而短，看老师读：d、d、d。把小手放到嘴边，感觉不到有气流出来。手放嘴边，d、d、d。

生跟读：d、d、d。

师指导：声母t，别看他个子小，可是力气大，发音时，有较强的气流冲出来。发l的时候，我们把鼻子捏住，体会气流从舌头两边出来。松开鼻子，发n音，体会气流从鼻腔里出来的感觉。

……

师：大家都会读了，知道他们念什么了，那他们的样子有什么特点呢？现在我们看看图，说说你的发现。

生1：d像小鼓。（出示d图)小鼓敲响d、d、d。

生2：伞柄朝上t、t、t。

生3：一个门洞n、n、n。

生4：一根小棒l、l、l。

教学案例分析：

在上面的教学片段中，通过问题"图上画着谁？""他们都在干什么？"创设语言环境，引导学生观察情境图。在仔细的观察中，注重培养学生把话说完整的能力，继而训练学生发展语言能力，把几句话连在一起说一段话。先激起学生认真观察情境图的兴趣，再通过发现和联想找到本课所学声母，并结合音和形加深识记。

教学策略总结：

教师根据教学内容创设情境，将学生带入情境，并帮助学生从情境中展开学习。

教材中共出现 13 幅情境图，紧扣所学内容，图中字母音形融合度高，吸引性强，把当课所学字母的发音、字形的识记都巧妙地蕴含在情境图中，有的一目了然，有的则需要教师引导学生细心发现。在教学过程中，老师可以和学生一起把一幅幅情境图编成一个个生动有趣的故事，让学生在听故事、编故事的过程中，轻松学习、识记字母的音和形。在本片段中，教师先引导学生关注情境图，用自己的话说一说图上都有谁，再通过创设有趣的故事情境——字母捉迷藏将学生的关注点引到观察字母的形状。

## 二、游戏策略

拼音教学是小学语文教学中最枯燥乏味的内容之一，再加上教学对象是刚入学的一年级新生，这就使得本来就不吸引人的汉语拼音教学难上加难。结合一年级学生的心理特点，在组织拼音教学活动中，为了把枯燥的拼音教学内容变得生动有趣，教师们多采取游戏活动的形式进行教学，这种以游戏形式为主导的教学策略称为"游戏策略"。

教学案例呈现：

在拼读教学环节中游戏策略可以怎样使用呢？请看以下教学片段。

片段一：声母韵母找朋友

师将提前准备好的声母 b、p、m、f、d、t、n、l 及带声调的韵母 a、o、e、i、u、ü 做成若干拼音卡片随机发给学生。

师：请同学们大声读一读自己手中的卡片。

生自己读手中卡片，巩固发音。

师请一位手中拿声母 l 的同学上台示范：我是声母 l，谁能和我做朋友？

生：我是 ā，我能和你做朋友。

师请两人上前用固定语式回答。

生 1：我是 l。

生 2：我是 ā。

生 1、2 合说：我俩相拼 l-ā-lā，拉手的拉。

其余学生跟读。

师：现在请同桌两人一起来练习吧。

两人一组练习结束后，老师把本课所学声母 d、t、n、l 通过游戏展示的形式再进行全班跟读巩固练习。

片段二：拼音小闯关

根据一年级学生的年龄特点，他们喜欢挑战、冲关类型的游戏。老师在练习音节拼读时，充分利用多媒体，制作不同拼读关卡进行练习。如"走迷宫"，每拼正确一个音节就前进一格，直到终点。或者"青蛙过河"，将需要拼读的音节在多媒体中设置成石头的样子，通过拼读石头上的音节渡过"小河"。"摘苹果"是老师们常用的一种拼读练习方法，从挂满拼音果实的"果树"上，摘下一个个"音节苹果"进行练习，直至全部摘完。

片段三：拼音"百宝箱"游戏

老师取出制作好的百宝箱，让学生抽取里面的"宝贝"，要想得到宝贝，需要把从百宝箱中抽出的音节拼读准确，并用这个音节说一个词或者一句话，才算成功。

生 1 抽出 zuǐ 的音节。

师：请带着大家拼一拼，跟你读一读。

全班齐读：zuǐ。

师：能用这个音节说一个词吗？或者一句话？

生 1：zuǐ，嘴巴。

师：真好，你用 zuǐ 说了一个词，嘴巴，谁能帮她用这个词说一句话？

生 2：我们用嘴巴吃东西。

教学案例评析：

拼读练习是拼音教学的核心。上述片段一运用"找朋友"的游戏形式，采用同桌合作的方式，增加了学生学习的新鲜感，在游戏中，可以发现一个声母可以找到很多的韵母朋友，与同一韵母不同的声调也可以做朋友，进行拼读，从而巩固了拼读能力。

在片段二中，"拼音小闯关"中的几种设计都是为了提高学生学习兴趣，为准确拼读音节打下坚实的基础。通过一次次的正确拼读最终完成游戏，使学生在拼读练习中体验游戏的成功以及拼读的准确，从而也获得了拼读练习的自信。

片段三"百宝箱"的设计引起了学生的好奇心，学生都想去看一看自己会遇到哪个音节。而抽出"宝贝"后的拼读即考查了学生是否能够准确拼出音节，还有用音节说词语、说句子，告诉学生拼音就在他们身边，发出的每一个音、说出的每一句话都和拼音有关系。这也是拼音生活化的一种表现。

教学策略总结：

拼音教学重在拼读，只有多拼读、多练习才能让学生真正掌握，但是如果只在课上通过教师统一组织教读、练读来学习会显得十分枯燥无趣。结合一年级学生的心理特点，在组织拼读教学活动中，多采取游戏活动为主的方法。上述案例中的"找朋友"、拼读闯关、拼音"百宝箱"等游戏就是为了丰富学生拼读的方式。这些多种多样的汉语拼音拼读游戏活动就是拼音教学中的"游戏策略"，不仅提高了学生学习拼音的热情和兴趣，而且可以使枯燥乏味的拼音学习变得更加生动有趣。在拼读教学中，建议多采取游戏策略进行拼读练习。

### 三、拼音"生活化"策略

学习汉语拼音还要注意和现实生活中的语言运用相结合。倡导在生活中学习拼音，在生活中认识拼音，了解拼音在现实生活中的各种用途。尤其是可以借助拼音进行识字和阅读。这就是拼音"生活化"的教学策略。

教学案例呈现：

准确拼读这些音节，想想我们在生活中有没有见过呢？如何将拼音生活化呢？又要怎样使用情境图将拼音和识字有效结合呢？我们来看《ao ou iu》这一课的片段授课实录。

师将生词"小桥、流水、垂柳、桃花"以情境图的形式展现在多媒体上。

师：图上都出现了哪些景物？

生：小桥、流水、垂柳、桃花。

师将图片出示的"小桥、流水、垂柳、桃花"四个词注音。

生全体拼读词组。在拼读中发现这些音节与本课所学韵母相关。

师在指导学生掌握了拼读词组的能力后，带领学生试着挑战拼读儿歌，将拼音和识字与阅读紧密地联系起来。

教学案例分析：

在拼音教学中安排认字环节。让学生凭借已掌握的音节读词认字，能够有效发挥拼音帮助识字的功能，有助于增强学生学习语文的成就感。掌握生词后，挑战拼读儿歌，不仅巩固了拼读能力，而且训练了学生借助拼音工具进行阅读的能力。拼音只是识字的工具，在掌握了拼读音节后，要学会运用拼音工具进行识字和阅读，从而达到发展学生语言的目的。

教学策略总结：

教师教学时要注重学习拼音和识字相结合，在学习拼音的同时学习简单的汉字，学习拼音帮助识字，利用汉字巩固拼音。同时还要注意学习拼音和现实语言生活相结合，倡导生活中学习拼音，在生活中认识拼音，了解拼音在现实生活中的各种用途。尤其是可以借助拼音进行识字和阅读。这就是发挥了拼音"生活化"的教学策略。

### 四、"编拼音儿歌"策略

将拼音字母的声韵母读法和字母写法与儿歌相匹配，边念朗朗上口的儿歌，边准确认读字母和书写字母。采用这种方式既可以将枯燥乏味的拼音教学变得生动有趣，也可以帮助学生记住字母的读音，掌握字母的标准写法。这就是"编拼音儿歌"的策略。

教学案例呈现：

片段一：在拼音教学中，对字母的规范、正确书写是基本要求，需要让学生能够按照课标中对拼音的书写笔顺及占格的规范要求来书写。那么如何使学生短时间内记清楚字母的书写笔顺和占格要求呢？如何让学生起笔就写规范字呢？我们来看一年级上册《ｄｔｎｌ》的教学实录。

师：在学写字母之前，我们一起复习一下拼音格的小儿歌。

生：拼音格，四条线，拼音字母住里边。住上格的不顶线，住下格的不踩边，中格写满顶两边。

师：下面我们要来写一写这些字母宝宝了，小眼睛快看黑板。认真看，仔细听。

师边范写边念儿歌指导书写：

左下半圆写饱满，小竖不碰第一线。ｄｄｄ

小竖弯弯一点点，小横压在第二线。ｔｔｔ

两笔写成ｎｎｎ，小ｎ占满中间格。ｎｎｎ

小竖直直不打弯，起笔不压第一线。ｌｌｌ

片段二：音序查字法的使用能够帮助学生识字和阅读，是拼音与识字阅读之间的桥梁。那么音序查字法要如何教授呢？学生怎样才能熟练掌握这一方法呢？我们来看《音序查字法》的教学实录片段。

师：同学们，咱们一起唱唱"汉语拼音字母歌"吧！

生齐唱汉语拼音字母表（曲调同儿歌《小星星》）。

师：每一个字母宝宝都有一个大写和一个小写。现在老师出示大写卡片，你们读出它对应的小写发音。

师出示Ｇ、Ｑ。

学生相应读出字母音：ｇ、ｑ。

师以姓氏为例讲解音节，介绍首字母的含义。

……

师：请同学们根据刚才所学的方法，先来查一查字典，自己的姓氏在哪里吧！

生自己动手查阅字典中自己的姓，并找到对应字的解释。

教学案例分析：

在片段一中，学生已经学会了字母的拼读，老师则需要讲解书写的规范。在教学中教师将拼音的书写与占格方法编成儿歌，既朗朗上口便于记忆，也渗透了书写规则和注意事项。教师边念儿歌，边示范书写，每一句儿歌分别对应了字母的书写顺序和占格要求。如ｄ的书写儿歌"左下半圆写饱满，小竖不碰第一线"，学生可以边念口诀边书写，先写左下半圆，既直接强化了ｄ是左下半圆，又有效避开了与ｂ的混淆。要把半圆写饱满，强调了书写的美观。后半句"小竖不碰第一线"强调了拼音书写的占格要求，不可以碰触第一条拼音线。一句朗朗上口的儿歌，将字母的形状和书写规则强调给了学生，从而大大提高了学习效率，增加了学习兴趣。

片段二"音序查字法"的难点是让学生理解什么是音序后，注意在查阅字典时要寻找音节的首字母的大写。这就要求学生熟练掌握字母顺序和大小写。老师通过童谣儿歌复习的方法，帮助大家回忆字母顺序，又采用对答的方式强调大小写差别较大的特殊字母，强化学生记忆，以方便"音序查字法"的教授。

教学策略总结：

儿歌和童谣是小学生喜闻乐见的语文学习体裁。儿童入学前在幼儿园和家中已经掌握了很多儿歌童谣。将拼音字母的写法与儿歌相匹配，边念朗朗上口的儿歌，边书写字母，采用这种方式可以让枯燥乏味的拼音书写教学变得生动有趣，同时也可以帮助学生记住字母的读音，掌握字母的标准写法。此外，还可以让学生自己尝试看图编儿歌，这样可以有效地激发起学生的学习兴趣和创新精神。

同时，《义务教育语文课程标准(2022年版)》要求，在学习拼音的过程中，学生要认识大写字母，熟记《汉语拼音字母表》。对于《汉语拼音字母表》，学生要能够做到熟练地按照顺序说出来。教师在教授过程中用儿歌《小星星》的曲调唱《汉语拼音字母表》的内容，使学生在朗朗上口的儿歌中熟悉了字母表的顺序，这就是采用了拼音教学中"创编童谣儿歌"的教学策略。通过唱歌的方式，学生在不知不觉中掌握了汉语拼音字母的顺序。

# 第四节
# 汉语拼音教学设计案例分析

加强整合是《义务教育语文课程标准(2022年版)》的重要理念。小学汉语拼音教学设计充分体现了课标理念中的整合思想，将汉语拼音学习与识字、学词、阅读、说话、积累语言密切结合，不但丰富了汉语拼音阶段的学习内容，增强了语文学习的趣味性，使初入学儿童就能体验到语文学习的成就感，而且有利于各方面相互促进，整体提高学生的语文素养。

《d t n l》教学设计

**[教材分析]**

《d t n l》是小学语文教材统编版一年级上册第二单元的第4课课文。第二单元为汉语拼音单元，安排了8课拼音和1个语文园地，学习内容包括6个单韵母、23个声母和10个整体认读音节，还穿插安排了儿歌、词语以及认读字。教材在每一课都提供了整合的情境图。在这些整合情境图中出现的字母既表音又示形，符合一年级学生的学习心理，降低了拼音教学的难度，增加了拼音教学的趣味性。呈现全部可拼读音节并带声调，方便学生进行全面的拼读练习。另外，本单元有 6 课安排了词语的拼读，有 5 课安排了儿歌朗读，让学生在读读拼拼中运用、巩固所学拼音，使拼音学习与学生的生活相结合，激发学习兴趣。

《d t n l》这一课有五部分内容。第一部分是 4 个声母，配有一幅校园艺术节的情境图。在情境图中分别以图片的形式展现了本课所学 d、t、n、l 的形。第二部分是 d、t、n、l 和带调复韵母 ɑi、ei、ui 组成的音节。第三部分是"马路""泥土"两个词语，其中"马、土"是本课要认的生字。第四部分是儿歌《轻轻跳》，其中 tù、nǐ 是本课新学的音节，"不"是本课要认的生字。第五部分是本课要求会认的生字"马、土、不"，要求书写的字母 d、t、n、l 的笔顺以及在四线格中的位置。

［学情分析］

学生刚入学半月，对小学生活既感到新鲜好奇，又因环境的改变与学习方式的变化产生不适，加上学生年龄小，活泼好动，所以要在教学中尽可能地通过各种有趣的活动激发他们的学习热情，增强教学活动的趣味性。

另外，学生对拼音的学习程度差异明显，有的几乎是"零基础"，有的已经对字母的读音和音节的拼读比较熟练。因此，教学在集体授课与兼顾个体上有一定的困难。

［教学目标］

1. 正确认读声母 d、t、n、l，读准音，认清形，能正确书写字母。

2. 准确拼读 d、t、n、l 和单韵母 ɑ、o、e、i、u、ü 组成的音节。

3. 借助拼音，正确认读"马路""泥土"2 个词语；正确朗读儿歌《轻轻跳》。

4. 认识"马、土、不"3 个生字。

［教学重难点］

重点：声母 d、t、n、l 和单韵母组成音节的正确拼读。

难点：n、l 的发音；n、l 和单韵母组成音节的正确拼读。

［教学课时］

2 课时

# 一、《d t n l》教学设计（第一课时）

［教学目标］

1. 正确认读声母 d、t、n、l，读准音，认清形，能正确书写字母 d、t。

2. 准确拼读 d、t、n、l 和单韵母 ɑ、o、e、i、u、ü 组成的音节。

[教学重难点]

重点：声母 d、t、n、l 和单韵母组成音节的正确拼读。

难点：n、l 的发音；在拼音格中正确书写 d、t 两个字母。

[教学策略]

为了达到最好的教学效果，完成本课的教学目标，根据学生的学情，本课在第一课时主要采取"情境图策略"，使学生通过认真观察，发现并识记字母音和形，再结合"游戏策略"巩固字母的发音以及音节的拼读，从而达到激发学生的学习兴趣、增加学习乐趣的目的。

[教学过程]

1. 多媒体游戏"摘苹果"，复习导入

师：拼音城堡里的果树上，苹果熟了，请你把它们摘下来，放到正确的篮子里。

生1：韵母 a、o、e、i、u、ü。

生2：声母 b、p、m、f。

全班齐读（复习）：韵母 a、o、e、i、u、ü，声母 b、p、m、f。

注意事项：

注意倾听韵母和声母的发音，出现问题及时纠正。

2. 情境图出示新课，进行字母教学

（1）出示课本上的情境图。

师引导学生观察：图上画着谁？他们都在干什么？

生1：我看到图上有个小女孩在跳舞。

生2：我看到有个小男孩在敲鼓。

师：他们这么隆重地在表演节目，是有什么活动吗？

生3：我看到拱门上写着"艺术节"三个字，他们在参加艺术节。

师：下面哪个同学能把前面三个同学说的话连起来，说一段话？

生4：在艺术节上，有小女孩拿着雨伞在跳舞，旁边有个小男孩拿着鼓槌在敲鼓。

设计意图：

巩固复习之前所学的 6 个单韵母以及 b、p、m、f 四个声母。以旧知导入新课，前后贯通。

设计意图：

情境图教学部分扎实落实"学习拼音与发展语言"的课标理念，采用情境图教学策略，将观察图片与表达语言相结合。

注意事项：

给学生充分观察情境图的时间，先引导学生说一句完整的话，继而提高难度，将前面同学的话连起来说一段完整的话。

(2)发现情境图中的字母。

师：热闹的艺术节吸引了几个声母宝宝，他们在和小朋友们捉迷藏呢！请快点找出他们吧！

生再次观察情境图，找出相应声母。

注意事项：

引导学生把话说完整，例如，"我发现大门洞是声母 n"。

3. 出示本课所学声母，指导读音

(1)师指导声母 d 发音：声母发音轻而短。

看老师读——d、d、d。把小手放到嘴边，感觉不到有气流出来。(手放嘴边，d、d、d)

指读，开火车读，全班齐读。

师指导声母 t 发音：别看他个子小，可是力气大，发音时，有较强的气流冲出来。我们来读 t、t、t。

(2)重点指导 l 和 n。

声母 l 发音：发 l 的时候，我们把鼻子捏住，体会气流从舌头两边出来。l、l、l。

n：松开鼻子，发 n 音，体会气流从鼻腔里出来的感觉。n、n、n。

老师使用拼音卡检查四个声母的认读。

师：这个声母念什么？

生：d、d、d。

生当小老师问大家：这个声母念什么？

大家：t、t、t。

注意事项：

声母发音轻而短。重点帮助学生读准 l 和 n 的读音。n 和 l 发音部位近似。除了可以用前述的"捏鼻法"外，还可以用"掩耳法"指导：捂住耳朵，发 n 时，耳膜可以感到明显的鸣声，发 l 时，耳

设计意图：

初步感受声母 d、t、n、l 的字母形，培养学生仔细观察和发挥想象的能力。

设计意图：

通过动作帮助学生读准声母。

膜没有明显的鸣声。

4. 结合图片识记字母形状

(1)请学生观察声母的样子有什么特点。

(2)引导学生用儿歌的形式说出声母样子的特点。

(3)出示儿歌：

小鼓敲响 d、d、d，

伞柄朝上 t、t、t，

一个门洞 n、n、n，

一根小棒 l、l、l。

5. 学写声母 d、t

(1)引导学生观察声母 d 和 t。

(2)用自己的小手摆成 d 和 t。

(3)认真看老师范写。

师边说儿歌边范写：

左下半圆写饱满，小竖不碰第一线。d、d、d。

小竖弯弯一点点，小横压在第二线。t、t、t。

(4)生自己练写。

注意事项：

指导学生在拼音格把字母写正确、规范。

6. 玩游戏，练拼读

声母和韵母是对好朋友，他们经常一起出来。在拼读的时候要注意："前音轻短后音重，两音相连猛一碰。"

(1)师范读 d-ā-dā，生跟读。

(2)师介绍"声母韵母找朋友"的游戏规则，引导学生练习拼读。

师将提前准备好的声母 b、p、m、f、d、t、n、l 及带声调的韵母 a、o、e、i、u、ü 做成若干拼音卡片随机发给学生。

师示范：我是声母 l，谁能和我做朋友？

生：我是 ā，我能和你做朋友。

设计意图：

在识记声母形状和书写声母的时候，采用"编拼音儿歌"的教学策略，将字母的音和形转化成朗朗上口的儿歌，降低了识记字母的难度，提高了学生学习的兴趣。

设计意图：

在练习拼读的教学环节中采用"游戏策略"，增加了拼读的多样性和趣味性，在学生给手中字母"找朋友"拼读的游戏中，练习了声母和不同韵母之间的拼读。

师请两人上前用固定语式回答。

生1：我是l。

生2：我是ā。

生1、2合说：我俩相拼l-ā-lā，拉手的拉。

其余学生跟读。

请同桌两人一起练习。

两人一组练习结束后，老师把本课所学声母d、t、n、l通过游戏展示的形式再进行全班跟读巩固练习。

注意事项：

先指导学生正确读出自己手中卡片上的字母，再进行同桌之间的拼读练习。注意及时纠正拼读发音。

[作业设计]

为了巩固本课所学内容，提高学生的拼读能力，结合学生学情及本课教学目标，在巩固知识与技能方面主要为学生布置练习拼读音节的基础性作业：熟练拼读d、t、n、l和单韵母组成的音节。

[板书设计]

《d t n l》第一课时的板书设计紧紧围绕本课的教学目标。在板书中清楚地列出了本课所学的四个声母d、t、n、l以及与之相拼的音节，在教学中，可以更直观地进行拼读练习。教师提前画好四线三格，以供在课堂教学中指导书写时使用。

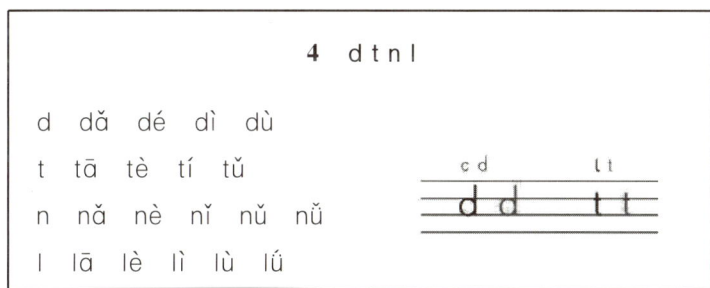

4  d t n l

d  dǎ  dé  dì  dù

t  tā  tè  tí  tǔ

n  nǎ  nè  nǐ  nǔ  nǚ

l  lā  lè  lì  lù  lú

## 二、《d t n l》教学设计(第二课时)

[教学目标]

1.正确认读声母d、t、n、l，能正确书写字母n、l。

2.借助拼音，正确认读"马路""泥土"2个词语；正确朗读儿歌《轻轻跳》。

3.认识"马、土、不"3个生字。

[教学重难点]

重点：借助拼音，正确认读"马路、泥土"2个词语。

难点：在拼音格中正确书写 n、l 两个字母。

[教学策略]

第二课时主要采取"编拼音儿歌"的策略帮助学生规范字母的书写笔顺和占格要求。利用"拼音生活化"的教学策略，引导学生调动多种感官，再现脑中已有的生活经验，将所学新知识与已有的生活经验相结合，在头脑中建立起一座抽象汉语拼音符号与具体事物之间的桥梁。

[教学过程]

1. 复习声母 d、t、n、l，巩固拼读

多媒体出示不同音节，学生反复练习，巩固旧知识。

注意事项：

教师相机把 d、t、n、l 及部分音节书写在黑板上。

2. 利用儿歌，学写 n、l

儿歌复习 d、t 的写法，新授 n、l 的正确写法。

左下半圆写饱满，小竖不碰第一线。d、d、d。

小竖弯弯一点点，小横压在第二线。t、t、t。

两笔写成 n、n、n，小 n 占满中间格。n、n、n。

小竖直直不打弯，起笔不压第一线。l、l、l。

注意事项：

强调 n 的占格要占满中间格，l 的起笔不能压住第一线。

设计意图：

在识记声母形状和书写声母的时候，采用"编拼音儿歌"的教学策略，将字母的音和形转化成朗朗上口的儿歌，降低了识记字母的难度，提高了学生学习的兴趣。

3. 寻找生活中的相同音

师拿声母 l 和韵母 u 的卡片提问：大家在哪里听到过这个音，引导学生联想组词，与 lu 有关的词语。

生1：鹿泉。

生2：马路。

生3：老师也姓路。

注意事项：

老师相机将 lu 的音节写在黑板上，启发学生体会拼音拼出来的字无处不在，拼音是我们生活的好助手。

4. 结合图片认读生字

(1)出示图片及生词。

设计意图：

通过同音组词的方法使学生联想生活中的音，发现拼音就在自己身边，这也是运用了拼音"生活化"的教学策略。

　　马路　泥土

　　讲解实际意思："马路"就是城市里的宽阔平整的道路，我们过马路时要走人行横道；"泥土"就是小草、野花生长的地方。

　　(2)识字教学"马、土、不"。

　　结合学生生活经验进行，例如，用"马"口头组词；在哪里见过"土"；用"不"组词或说话，体会到"不"有表示否定的意味。

　　(3)学生自己练习拼读。

　　(4)开火车拼读词语。

　　5. 指导朗读儿歌《轻轻跳》，感受借助拼音拼读儿歌的乐趣

　　(1)教师示范朗读整首儿童诗。

　　(2)学生自由朗读，体会儿童诗的生动有趣。

　　(3)学生展示朗读。

　　(4)通过诵读儿歌，教育学生要爱护小花小草。

　　注意事项：

　　引导学生体会，遇到不认识的字，可以运用拼音这个工具来帮助我们拼读生字。

设计意图：

　　通过联系生活实际和口头组词的方法，教会学生在生活中识字。

设计意图：

　　由课本引向更宽广的语文学习，运用拼音工具进行文本阅读，同时将儿歌中要爱护小花小草这一人文主题渗透在语文学习的过程中，实现了真正的双线统一。

**［作业设计］**

　　第二课时侧重于训练学生的语言能力，主要采用口头组词或造句的方式来提高学生的语言表达能力。作业设计为：用"马路、泥土"进行口头造句；用"马、上、不"进行口头组词；给家长读一读《轻轻跳》。

**［板书设计］**

```
                        4  d t n l

        t   tǔ      土              in        l

        n   ní      马

        l   lù      不
```

　　第二课时的板书设计与第一课时紧密承接，教师结合多媒体课件帮助学生巩固复习音节的拼读，相机将重点音节"tǔ、ní、lù"等书写在黑板上，引导学生将所学拼音与生活经验相结合，发挥拼音帮助识字的功能。认识本课所学词语"泥土、马路"以及生

字"土、马、不"。这样的板书设计内容完整，条理清晰，将本课的重难点完整地呈现在学生面前。

## 本章小结

汉语拼音是识字和学习普通话的工具。要正确认识汉语拼音的地位与价值，在语文教学中既要注意借助拼音，又要注意及时摆脱拼音，还要注意汉语拼音在现实语言生活中的运用。

在本章第一节中，首先通过分析《义务教育语文课程标准(2022年版)》中对拼音教学目标的具体要求，明确了汉语拼音教学的目标。之后评析了1978—2011年期间颁布的语文课程标准中对汉语拼音教学的要求，梳理了汉语拼音教学的历史沿革。最后对当前拼音教学的热点问题进行了阐述，包含：偏离目标，拔高对学生的学习要求；教学方法过于单一；过多重视书写，忽视拼读等问题。第二节以小学语文教材统编版一年级上册拼音单元中《ɑi ei ui》一课的教学设计过程为例，与小学语文教学设计的有关理论相结合，为拼音教学的设计提供思路。第三节结合案例分析提炼出了拼音教学的具体策略，包含情境图策略、游戏策略、拼音"生活化"策略、"编拼音儿歌"策略等。第四节以小学语文教材统编版一年级上册《d t n l》一课为例，通过对其进行教学设计及分析，进一步说明了在汉语拼音教学中应如何运用以上的教学策略。

## 关键术语

汉语拼音；情境图；教学策略；案例分析

## 拓展阅读

1. 中华人民共和国教育部：《义务教育语文课程标准(2022年版)》，北京，北京师范大学出版社，2022。

《义务教育语文课程标准(2022年版)》全书分为课程性质、课程理念、课程目标、课程内容、学业质量、课程实施以及附录七个部分。前两部分介绍了课程的基本性质和理念。课程目标和课程内容部分介绍了课程总目标以及1～4学段各学段的具体课程目标，并分三个层面设置学习任务群，明确各学习任务群的重点。学业质量部分从学业质量的内涵和描述两方面进行了说明。课程实施部分从教学、评价、教材编写、课程资源开发与利用、教学研究与教师培训几个方面给出了相应的建议。附录部分列举了优秀诗文背诵推荐篇目供教学参考。本书有利于我们更好地把握小学语文拼音的课程目标和内容、教学观念和方式、评价目的和方法等，可以有效地促进教学活动质量的提升。

2. 叶雪冰、施茂枝：《当下汉语拼音教学的问题与破解》，载《语文建设》，2018(34)。

本篇文章主要阐述了三个方面的内容，分别为当下汉语拼音教学中的问题、产生问题的原因以及破解问题的方法。首先，文中提出在拼音教学的所有问题中，拼读问题最为突出和尖锐，是主要矛盾。其次，为认读的问题，也会影响拼读的准确度。之后分别从影响拼读的因素、常见的教学失误、教学手段不恰当、教材编排漏洞四个方面分析了产生问题的原因。最后，结合实践提出了解决拼音教学问题的三大教学策略，以提高拼音教学效果。阅读本篇文章有利于我们注意拼音教学过程中可能出现的问题，避免不利于拼音教学的手段和方法，改善教学策略，提高教学质量。

## 体验练习

1. 小学语文教材统编版与之前的语文教材在拼音教学目标的制定上主要有哪些变化？

2. 请在小学语文教材统编版的拼音单元中任选一课，根据所学拼音教学策略，设计一节完整的拼音教学方案。

第四章

# 小学阅读教学

## 🔍 章结构图

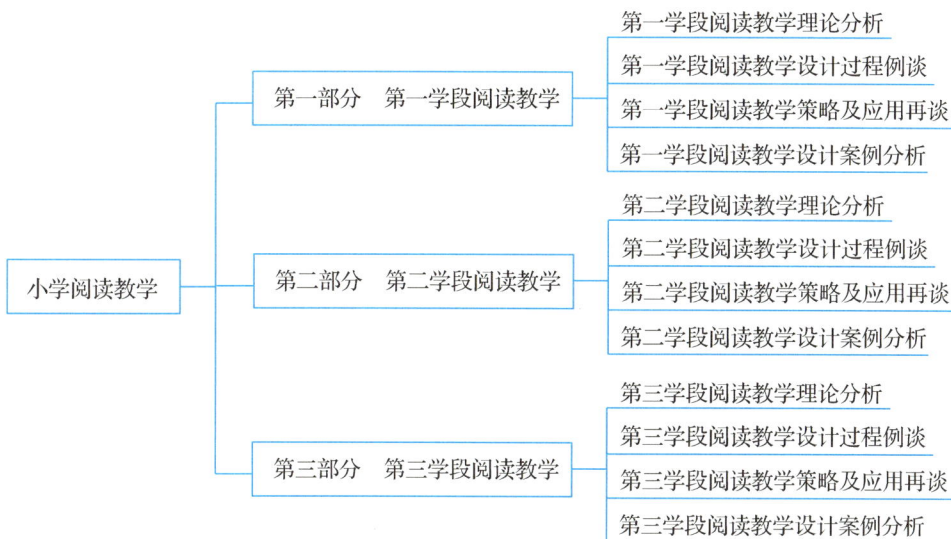

## 本章概述

　　阅读是通过语言文字获取信息、认识世界、发展思维、获得审美体验的重要途径。小学阅读教学是教师在课程标准的总引下，以一定的阅读文本为依托，对学生进行有计划、有目的的听说读写训练，帮助学生掌握阅读方法，提高语文阅读能力的动态生成过程。根据学生身心发展呈现出的年龄阶段特点，遵循课程标准中各学段的不同要求，让语文学习和学生素养的形成循序渐进，是有关阅读教学的共识。因此，在进行小学语文阅读教学的过程中，教师要结合不同学段的课程标准要求、阅读文本内容以及学生学情等，采取恰当的教学策略，有针对性地提高学生听、说、读、写不同方面的能力，使学生在知识、技能、思维等方面都有所发展。本章将从不同学段的阅读教学理论、教学设计过程、教学策略及应用、教学设计案例分析等方面，展开详细论述。

# 第一部分　第一学段阅读教学

　　第一学段作为母语教学的起始阶段，阅读教学具有重要作用。根据《义务教育语文课程标准（2022年版）》的要求，小学第一学段的阅读教学应聚焦在阅读兴趣的培养上和识字写字指导上。在实际教学中，一方面，教师要激发学生的阅读兴趣，充分调动学生的阅读积极性，使学生能够喜欢阅读，感受阅读的乐趣；另一方面，要结合阅读教学内容，采用随文识字，通过相应的教学设计，有目的地教给学生识字写字方法，从而提高阅读能力，为写作、口语交际等能力的发展做好铺垫。

## 🔍 问题情境

前段时间，在全国小学语文阅读教学名师展示课的观摩活动中，小张老师发现第一学段的阅读教学普遍重视朗读和识字写字，对课文内容的理解并不多，几位授课名师都没有针对课文内容的分析讲解，这让小张老师很困惑。自己每节课上总是不停地提问，唯恐学生不理解。日子一天天过去，课堂出现了很多问题：学生好动，注意力分散，兴趣不浓，参与度不高，基础知识把握不牢，学习效率及效果较差。面对这些问题她常常束手无策。那么，究竟应该怎样正确认识并设计第一学段的阅读教学呢？在进行阅读教学时应该抓住哪些重点在课上进行训练？如何处理好阅读教学与识字写字之间的关系？让我们带着这些问题一起进入本部分内容的学习。

## 🎯 学习目标

1. 了解第一学段阅读教学的主要任务及教学历史沿革、当前热点问题。
2. 通过具体案例，明白第一学段阅读教学设计步骤。
3. 结合案例分析，掌握小学第一学段阅读教学常用教学策略。
4. 能运用本节所学策略，完成一篇小学第一学段阅读教学设计。

## ✏️ 学习重点

重点：了解第一学段阅读教学要求。

难点：学习第一学段阅读教学中常用的指导方法，掌握相关阅读教学策略。

## 第一节
# 第一学段阅读教学理论分析

本学段是小学生学习阅读的起始阶段，也是学习阅读的基础阶段。这个阶段的阅读教学，对学生阅读兴趣的提高，朗读技能的获得，字、词、句理解能力的形成和良好的阅读习惯的养成，有着举足轻重的作用。因此，明确第一学段阅读教学主要任务，了解第一学段阅读教学的历史沿革及当前热点话题对于正确认识阅读教学、把握阅读教学定位具有重要的现实意义。

## 一、第一学段阅读教学的主要任务

《义务教育语文课程标准(2022 年版)》在课程总目标中对小学语文阅读教学提出了以下要求："学会运用多种阅读方法，具有独立阅读能力。能阅读日常的书报杂志，初步鉴赏文学作品，能借助工具书阅读浅易文言文。""感受语言文字的美，感悟作品的思想内涵和艺术价值，能结合自己的体验，理解、欣赏和初步评价语言文字作品，丰富自己的情感体验和精神世界。"这段话全面深刻地概括了阅读教学的基本目标。它突出了独立阅读能力的培养和阅读方法的掌握。独立阅读能力的重要内涵是良好的语感和情感体验及理解能力。《义务教育语文课程标准(2022 年版)》对小学语文阅读教学分三个学段提出了阶段目标。

第一学段(1～2 年级)阅读与鉴赏目标如下：

1. 喜欢阅读，感受阅读的乐趣，学习用普通话正确，流利，有感情地朗读课文。学习默读。

2. 结合上下文和生活实际了解课文中词句的意思，在阅读中积累词语。认识课文中出现的常用标点符号，在阅读中体会句号、问号、感叹号所表达的不同语气。借助读物中的图画阅读。

3. 阅读浅近的童话、寓言、故事，向往美好的情境，关心自然和生命，对感兴趣的人物和事件有自己的感受和想法，并乐于与他人交流。诵读儿歌、儿童诗和浅近的古诗，展开想象，获得初步的情感体验，感受语言的优美。

4. 尝试阅读整本书，用自己喜欢的方式向他人介绍读过的书。养成爱护图书的习惯。

5. 积累自己喜欢的成语和格言警句。背诵优秀诗文 50 篇(段)。课外阅读总量不少于 5 万字。

一、二年级是小学生学习语文的启蒙阶段。在这个阶段打好阅读基础，对他们阅读能力的形成和发展起着至关重要的作用。为了充分发挥学生的主体作用，《义务教育语文课程标准(2022 年版)》提出阅读教学的首要目标应该放在阅读兴趣的培养上，让学生"喜欢阅读，感受阅读的乐趣。"兴趣是最好的老师，这一要求符合儿童的心理特点。学生只有感受到了阅读的乐趣，才能真正地喜欢上阅读和语文，这是培养阅读能力与掌握阅读方法的基础。

在这一学段，还应初步培养学生阅读方法和阅读技巧。如"学习用普通话正确、流利、有感情地朗读课文。学习默读""结合上下文和生活实际了解课文中词句的意思"

"认识课文中出现的常用标点符号。在阅读中体会句号、问号、感叹号所表达的不同语气"。在教学中指导学生去学习字、词、句和标点符号等语文知识，让学生学会朗读和默读等技巧，初步培养学生阅读能力。

另外，这一学段的教学目标还十分重视人文教育，培养审美情趣。如"阅读浅近的童话、寓言、故事，向往美好的情境，关心自然和生命，对感兴趣的人物和事件有自己的感受和想法，并乐于与人交流""诵读儿歌、儿童诗和浅近的古诗，展开想象，获得初步的情感体验，感受语言的优美"等。关心自然和生命是一种高尚的道德品质和精神境界，童话、寓言、故事、儿歌、古诗中用优美的语言创设了许多美好的情境，展现了许多美好的品质。引导学生阅读这些作品，能唤起学生对"真、善、美"的向往和追求，能对他们的思想品质进行潜移默化的熏陶。

## 二、第一学段阅读教学的历史沿革

从中华人民共和国成立到 1993 年，国家颁发的小学语文课程标准和教学大纲共有七套。其中对于阅读教学的任务、要求、内容等的规定也不尽相同。

1950 年 8 月，中央人民政府教育部颁发的《小学语文课程暂行标准（草案）》，对阅读的要求比较偏重练习的形式，对质量要求比较笼统，阅读教学只提出了课文篇幅长短，阅读哪些体裁的文章，内容题材的范围等，对读一篇文章，在理解方面应该达到什么程度，很不明确。

1956 年，教育部颁发《小学语文教学大纲（草案）》，这部教学大纲是在我国教育界学习苏联教育理论和经验的热潮中诞生的。李伯棠先生认为这部大纲"是学习苏联小学阅读教学的理论和经验的产物"。这部大纲比较注重文学因素的教学。大纲规定阅读教学的任务是"培养儿童独立的自觉的阅读能力。要求儿童在小学毕业的时候，阅读的内容和语言都是他们可以懂的文学作品和科学书籍"。和这一要求相适应，阅读课本的课文分为两类：一类是文学作品，另一类是科学知识的文章。到了五、六年级，阅读课本就以文学作品为主。由于大纲的提倡，当时的语文课本文学作品特别多，长课文特别多，苏联作品特别多。课堂教学中教师对文学因素的分析也十分重视，特别是在高年级，有把语文课上成文学课的倾向。

1963 年出台的《全日制小学语文教学大纲（草案）》明确反对把语文课讲成文学课。大纲改变了教材选编"以文学作品为主"的提法，提出"课文以散文为主，包括童话、故事、寓言、特写、传记、游记、科学小品以及一般的记叙和论说的文章。全部课文中散文约占 80%，韵文约占 20%"。这使课文选材的面大为扩展，更符合小学生心理特点和语文学习的规律。

1978 年 2 月，教育部颁发了《小学语文教学大纲（试行草案）》。在阅读教学方面，强调"阅读能力要从一年级开始培养。循序渐进,逐步提高"。大纲还规定把课文分为三类,一是讲读课文,二是阅读课文,三是学生自学的独立阅读课文。三类课文所占比重,从低年级到高年级,第一类课文逐年适当减少,后两类课文的比重逐年适当增加。这样做有利于培养学生的自学能力。以上大纲对阅读教学提出了比较高的要求:能正确、流利、有感情地朗读课文,比较熟练地默读课文;能给课文划分段落,概括中心思想。这些要求在新中国成立后的各部大纲中是最高的。

1986 年的大纲基本上沿用了这部大纲在阅读方面的要求,使得我国的小学语文教学在阅读教学要求上形成了一个延续近 20 年的"高原期"。

1993 年秋季全国开始施行《九年义务教育全日制小学语文教学大纲(试用)》,其中提到,阅读教学要加强段落的教学,处理好课文的部分和整体的关系,以及要着眼于逐步培养学生的自学能力,使学生在阅读实践中学习独立思考,学习怎样读书。

早期的语文课程标准(大纲)一般都只规定阅读培养目标的某一方面或者几个方面,1992 年《九年义务教育全日制初中语文教学大纲(试用)》颁布后才逐渐发展为规定阅读素养的三个维度、多个方面,并在 2001 年《全日制义务教育语文课程标准(实验稿)》(后简称《课标(实验稿)》)中更明确、更科学地提出要全面培养学生阅读知识和能力、过程和方法、情感态度和价值观三个维度七个方面的阅读素养。

《义务教育语文课程标准(2011 年版)》(以下简称课程标准)是在对《课标(实验稿)》的充分实验、调研的基础上修订,并没有做颠覆性的修改,原先实验稿提出的基本理念是正确的,修订时进行了保留,但提出的一些新的教育理念,使语文阅读教学的面貌发生了很大的变化,突出语文新课标中阅读教学在教学方法、课堂环境、师生关系等方面的明显优势。

《义务教育语文课程标准(2022 年版)》将原来的"阅读目标"修改为"阅读与鉴赏"目标,这就体现了新版课标要求学生在阅读的同时要有自己的感受、理解和评判。同时,对第一学段阅读的要求,新版课标在 2011 版课标的基础上新增了"尝试阅读整本书,用自己喜欢的方式向他人介绍读过的书。"这一目标,从第一学段开始就注重培养学生读整本书并进行图书分享的意识和能力。

通过对课程标准中阅读教学目标的历时性观察,可以发现第一学段阅读教学在理念、目标和方法上的沿袭与革新,本学段阅读教学的重点可以概括为以下五项。

## (一)激发阅读兴趣

第一学段阅读教学应聚焦兴趣的激发,在进行阅读教学时,一方面,要激发学生的阅读兴趣,让学生喜欢阅读,感受阅读的乐趣;另一方面,教师必须结合阅读教学,有目的地培养学生的阅读技能,让学生掌握阅读的有效方法,运用多种阅读方法进行自主阅读。

### (二)培养朗读能力

在阅读教学中，教师通过种种途径，激发学生的朗读兴趣，从而让学生喜欢朗读，享受朗读的乐趣，培养朗读能力。

### (三)落实语言训练

提高独立阅读能力的同时，教师通过阅读对小学生进行听、说、读、写、思等全面训练，提高他们的认识能力。教会学生结合上下文和生活实际了解课文中词句的意思，在阅读中积累词语。借助读物中的图画、关键词、关键句，落实有效的语言训练。

### (四)重视传统经典阅读

重视培养学生广泛的阅读兴趣，扩大阅读面，增加阅读量，阅读传统经典——浅近的童话、寓言、故事等，提高阅读品位。

### (五)注重语言积累

诵读儿歌、童诗和浅近的古诗，展开想象，获得初步的情感体验，感受语言的优美。

## 三、第一学段阅读教学当前热点问题

第一学段的阅读教学，承载着培养学生阅读兴趣和习惯、教授朗读技能技巧、完成识字写字任务等多重内容，是教学改革的重点。纵观第一学段阅读教学现状，比较受关注的热点问题是：在第一学段的阅读教学中，如何指导学生朗读？

课程标准对第一学段阅读教学中朗读的要求十分明确，即"学习用普通话正确、流利、有感情地朗读课文"。可见，如何指导学生学习朗读是达到这一目标要求的关键。目前，第一学段学生在朗读中存在的较为普遍的问题是拖腔拿调和唱读。综合学者们的研究，指导学生朗读主要围绕以下几个方面进行。

第一，教师要舍得花时间指导学生朗读。教师的着眼点不应放在对课文内容的分析讲解上，而要放在指导学生朗读上。舍得花时间让学生自由朗读，把课文读熟。只有在读熟的基础上学生才能把课文读好，读通，读懂。所以，老师要舍得给学生读书时间，学生读懂课文了也就理解了词句意义，感悟了文本传递的情感，也学习了语言的表达形式。

第二，教师要采用多种方式指导学生朗读。叶圣陶先生说："阅读教学总得读。"张田若先生说："阅读教学第一是读，第二是读，第三还是读。"于永正老师说："学生把课文读得正确、流利、有感情，就证明课文的内容理解了，文章的思想感情体会出来了。"要根据不同文体，不同主题，引导学生选择不同的形式进行朗读练习。多种形式的朗读，不但能激发学生朗读的兴趣，而且有利于学生积累语言，帮助学生理解课文内容，发展语言，培养语感及发展思维。因此，教师引导学生多种形式地读是不可或缺的教学环节。

第三，发挥教师示范朗读的作用。在阅读教学中，范读有着不可思议的力量和巨大的作用。声情并茂、绘声绘色的范读不仅有指导作用，而且有启迪、激趣作用。范读之所以能起到激发学生学习兴趣、诱发学习动机的作用，是因为它顺应了儿童模仿这一天性。由于儿童认知、经验的贫乏，模仿就成了他们学习的心理需要。所以说，儿童的一切学习，最初都是从模仿开始的。学习语言文字各种技能的最初阶段，也都需要借助模仿这个阶梯。因此，阅读教学中教师范读无疑也是落实指导学生朗读的有效途径。

# 第二节
# 第一学段阅读教学设计过程例谈

识字写字是第一学段语文学习的重点，怎样处理阅读与识字写字之间的关系，是第一学段语文阅读教学设计的难点。本节以小学语文教材统编版一年级下册第 19 课《棉花姑娘》的教学设计过程为例，借助本书第一章有关小学语文教学设计的相关理论，分析如何在阅读教学的过程中将朗读、默读、理解、想象、语言积累运用等与识字、写字巧妙结合起来，希望能解决第一学段阅读教学方面存在的困惑。

扫码查看课文

## 一、教材分析

从单元分析和课文分析两方面进行本课的教材分析。

首先，从单元整体视角进行分析。第八单元是本册语文教材的最后一个单元，它围绕着"常识"以及"分角色朗读"进行双线组元。从人文主题看，三篇课文都是围绕着"常识"展开，以童话的方式，将科学常识和生活常识蕴含于故事之中。《棉花姑娘》一课告诉学生"不同的动物消灭不同的害虫"这一科学常识；《咕咚》一课告诉学生"遇事要思考，不盲从"这一科学常识；《小壁虎借尾巴》则让学生知道"不同动物的尾巴有不同的作用，小壁虎的尾巴可以再生"这一科学常识。从语文要素看，本单元要落实以下教学重点：第一，强化体裁意识；第二，重视指导朗读；第三，教给学生"借助插图读懂故事"这一阅读方法。课程标准指出第一学段的阅读教学应聚焦在学习兴趣的培养上和阅读方法的指导上，不仅要激发学生的阅读兴趣，而且要结合课文内容教给学生阅读的方法。

然后，聚焦课文进行教材分析。《棉花姑娘》讲的是棉花姑娘请求小动物给自己治病的故事，告诉学生"不同的动物消灭不同的害虫"这一科学常识，这属于人文主题的范畴，是一条显性的线；站在语文要素中朗读能力这条线索上来看，本课要求学生通过语气语调的变化读好角色之间的对话，这是一条隐性的线。整体来看，读好角色之间的对话是一年级上册读准字音、读好停顿等朗读要求的延续，同时也为二年级上册分角色朗读课文做好铺垫。

据此，可将教材分析确定如下。

《棉花姑娘》是小学语文教材统编版一年级下册第八单元的第一篇课文。第八单元是本册语文教材的最后一个单元，它围绕着"常识"以及"分角色朗读"进行双线组元，一共安排了三篇童话故事。课程标准指出第一学段的阅读教学应聚焦对学习兴趣的培养和阅读方法的指导，不仅要激发学生的阅读兴趣，而且要结合课文内容教给学生阅读的方法。《棉花姑娘》讲的是棉花姑娘请求小动物给自己治病的故事，告诉学生"不同的动物消灭不同的害虫"这一科学常识，这属于人文主题的范畴，是一条显性的线；站在语文要素中朗读能力这条线索上来看，本课要求学生通过语气语调的变化读好角色之间的对话。整体来看，读好角色之间的对话是一年级上册读准字音、读好停顿等朗读要求的延续，同时也为二年级上册分角色朗读课文做好铺垫。

## 二、学情分析

从学生已有知识基础和心理年龄特点切入进行学情分析。从学生已有知识基础来看，本阶段的学生处于一年级的第二个学期，他们对于正确、流利地朗读课文已具有一定的基础。由于一些学生不了解课文中的科学常识，因此可让学生课下查阅相关资料。从学生的心理年龄特点来看，他们对于故事中的角色模仿有极大的兴趣，但是在把握不同角色的语气语调方面仍需要老师进行有效的指导，讲述课文内容的能力也有待提高。

## 三、确定教学目标

首先，根据单元导语和单元整体安排确定单元教学目标；其次，以课后练习题为抓手，确定本课的教学目标；最后，根据第一学段阅读教学的基本规律，将本课教学目标分解为具体的课时教学目标。

经梳理，本单元的教学目标如下：

1. 认识 45 个生字，运用图画和形声字的特点猜字音、字义，复习巩固形声字偏旁表义的规律；认识大字头、户字头和车字旁 3 个新偏旁；会写 21 个生字，学习半包围结构字的笔顺规则，写字姿势要正确。

2. 正确、流利地朗读课文；分角色朗读课文，能读好角色之间的对话，读出疑问、感叹的语气语调。

3. 借助课文插图读懂童话故事、推断故事情节，会讲童话故事。

4. 能结合生活情景，围绕具体心情，进行说话和写话。

5. 朗读并背诵古诗《画鸡》；和大人一起读寓言《三只白鹤》，体会共读的乐趣。

6. 了解身边的科学常识或生活常识，对了解常识充满兴趣。

以课后练习题为抓手，确定本课的教学目标。（见图 4-1）

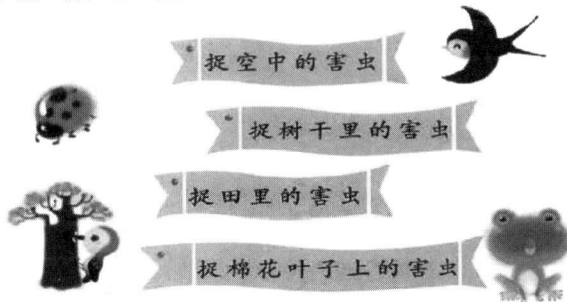

图 4-1　课后练习题

本课课后安排有识字写字和三个课后练习题，分别指向朗读课文、理解故事内容、语言积累三个方面。首先，双线格及田字格中分别列出了学生应该会认、会写的生字，教师在某些重点偏旁、字词上应该进行指导。由此，我们可以确定第一层教学目标：会认"棉、娘"等13个生字以及1个新偏旁大字头；会写"奇、病"等7个生字，掌握病字旁、大字头的写法和"医"字的笔顺。其次，课后练习题一"朗读课文，读好文中的对话"，结合课程标准中对第一学段阅读教学目标的要求，可将第二层的教学目标具体确定为：能正确、流利地朗读课文；读好人物对话，练习分角色朗读。再次，根据课后练习题二"连一连，说一说"，可明确第三层教学目标：读懂故事内容，能够借助关键词说一说棉花姑娘从生病到治好病的过程；通过想象和仿说，懂得不同动物有消灭不同害虫的本领，对学习科学知识有兴趣。最后，根据课后练习题三"读一读，照样子说一说"，我们可将第四层的教学目标表述为：积累"碧绿碧绿、雪白雪白"等重叠词，并能用重叠词说短语。可见，课后练习题是确定教学目标的有效抓手。由于第三层与第四层教学目标都强调学生的表达，再结合有关三维目标的表述要求，我们可将重叠的部分进行整合。经过梳理，将本课的教学目标确定如下。

1. 会认"棉、娘"等13个生字以及1个新偏旁大字头；会写"奇、病"等7个生字，掌握病字旁、大字头的写法和"医"字的笔顺。

2. 能正确、流利地朗读课文。读好人物对话，练习分角色朗读。

3. 读懂故事内容，能够借助关键词说一说棉花姑娘从生病到治好病的过程；积累"碧绿碧绿、雪白雪白"等重叠词，并能用重叠词说短语。

4. 通过想象和仿说，懂得不同动物有消灭不同害虫的本领，对学习科学知识有兴趣。

一般来说，一篇精读课文的教学需要2课时完成。根据阅读教学的基本规律，我们将上述教学目标分解为课时教学目标。第一层、第二层教学目标可确定为第一课时的教学目标，学生将完成认字、写字的基础性任务，正确流利地朗读课文，为第二课时的教学做铺垫。第二层、第三层、第四层教学目标可以确定为第二课时的教学目标，学生将完成分角色朗读、讲故事、了解科学知识等方面的高层次目标。从三维目标的角度看本课的教学目标，识字写字、了解科学知识属于知识与技能方面的目标，采用分角色朗读、讲述棉花姑娘从生病到治好病的故事属于过程与方法方面的目标，学生对学习科学知识有兴趣则属于情感态度价值观方面的目标。因此，可将本课教学目标确定如下。

第一课时的教学目标：

1. 会认"棉、娘"等13个生字以及1个新偏旁大字头；会写"奇、病"等7个生字，掌握病字旁、大字头的写法和"医"字的笔顺。

2. 能正确、流利地朗读课文。

3. 感知教材内容，说一说棉花姑娘生病请谁来帮忙了。

第二课时的教学目标：

1. 读好人物对话，读出感叹的语气和棉花姑娘急切的心情，练习分角色朗读。

2. 读懂故事内容，能够借助"燕子""空中飞的害虫"等关键词说一说棉花姑娘从生病到治好病的过程；积累"碧绿碧绿、雪白雪白"等重叠词，并能用重叠词说短语。

3. 通过想象和仿说，懂得不同动物有消灭不同害虫的本领，对学习科学知识有兴趣。

通过上述分析，可以发现教学目标的确定遵循一定的思路。按照从单元整体教学目标到本课教学目标，再到课时教学目标的逻辑顺序，确定每一层次的教学目标。首先，从单元的整体视角出发，明确整个单元的教学目标。其次，以课后练习题为抓手，确定本课的教学目标。最后，根据阅读教学规律，将本课的教学目标进一步分解为课时教学目标。

## 四、把握教学重难点

根据课标要求、教材内容、学生学情三个因素，确定本课的教学重难点。首先，在课程标准的要求下结合教材内容，确定本课的教学重点。课程标准对第一学段的阅读教学提出以下要求："学习用普通话正确、流利、有感情地朗读课文。认识课文中出现的常用标点符号。在阅读中体会句号、问号、感叹号所表达的不同语气。"可见，将"读好人物对话，读出感叹的语气和棉花姑娘急切的心情"作为本课的教学重点符合课标要求。另外，识字写字也是一年级教学的重点内容。之后根据上述学情分析，确定本课的教学难点。一年级的学生在把握不同角色的语气语调方面仍需要老师的指导，围绕关键词讲故事的能力也有待提高，这是本课的教学难点。经过上述分析，可将本课的教学重难点梳理如下。

1. 会写"奇、病"等7个生字，掌握病字旁、大字头的写法和"医"字的笔顺。（第一课时）

2. 读好人物对话，读出感叹的语气和棉花姑娘急切的心情。（第二课时）

3. 进行拓展说话，借助关键词说一说棉花姑娘从生病到治好病的过程。（第二课时）

## 五、选择教学策略

教学策略的选择要有助于落实本课的教学重点，突破教学难点。结合上述的本课教学重难点，教师可根据教学内容选择以下教学策略。

1. 随文识字，分步骤指导书写。识字是第一学段阅读教学的重点，在阅读教学的过程中，教师要指导学生边阅读、边识字，在读中识字，在读中写字。这样既激发了学生学习汉字的兴趣和欲望，也培养了学生识记生字的能力。总之，将识字和阅读有效结合，是实现识字作为阅读基础这一目标的重要手段。

2. 采用多种朗读方式，训练学生的朗读能力。朗读对于语文教学，特别是对于第一学段学生来说至关重要。朗读能够帮助学生学习语言和积累语言，对于培养第一学段学生的语感有着积极作用。根据课文内容的特点，教师要采取不同的朗读形式对学生进行训练，帮助学生理解课文内容，提高学生的朗读能力。如在教学《棉花姑娘》这一课时，教师可采用"分角色朗读"的形式，让学生读好角色之间的对话，读出疑问、感叹的语气语调。

3. 在阅读中积累词语，重视语言的积累。重视语言积累是第一学段阅读教学的重要指导思想之一。由于阅读的文本不同，语言积累的材料可以是词语、短语、段落等。如在教学《棉花姑娘》这一课时，教师可帮助学生在阅读的过程中积累"碧绿碧绿、雪白雪白"等重叠词。教师要引导学生在阅读课文的过程中，充分积累课内优美的词语，为学生今后语言的发展打下坚实的基础。

## 六、教学过程设计

根据第一章有关教学过程设计的基本理论和步骤，结合第一学段阅读教学规律，其教学过程设计可按如下步骤展开：第一，导入课题，引起学生求知欲；第二，自由读文，初步感知课文内容，随文识字；第三，再读课文，理解课文内容；第四，积累运用语言，巩固和运用知识。以上四个步骤密切联系，形成一个整体。在教学实施中，可根据具体情况灵活掌握，注意不要割裂各个环节之间的内在联系。现以《棉花姑娘》一课为例，具体呈现完整的教学过程设计。

第一课时的教学过程：

1. 导入并板书课题，会认"棉"和"娘"两个字，强调童话体裁。

2. 自由朗读课文，认读生词、生字。

3. 再读课文，初步感知课文内容。

4. 分类指导书写，会写"病、医、别、奇、星、七、干"7个生字。

第一课时分为四个教学环节。第一个环节由谜语激发学生兴趣入手，导入新课，引起学生求知欲。一笔一画地板书课题，指导轻声的读法，让学生充分感受语文课的语文味儿。通过课题分散识字认识"棉"和"娘"，符合低年段学生的年龄特点，提高了识字效率。第二个环节让学生学习自主识字，在识字过程中，特别注重随文识字，让学生在文章、句子、词语等具体的语言环境中认识生字。第三个环节让学生再读课文，初步感知课文内容，学生能够知道棉花姑娘生病了，请求哪些动物来帮助她。第四个环节让学生掌握汉字的基本笔画和常用的偏旁部首，能按照笔顺规则书写，注意字的间架结构，进行生字的学习，体现了低年级教学的重点。

第二课时的教学过程：

1. 自由朗读课文，根据关键词说说棉花姑娘治病的过程。

2. 分角色朗读，读出感叹的语气和棉花姑娘急切的心情。

3. 展开想象，进行仿说练习。

4. 积累"碧绿碧绿"等重叠词，试着用重叠词说短语。

第二课时分为四个教学环节。第一个环节借助课文中对情节发展有特别作用的关键词梳理主要内容，并在交流过程中训练提高学生的语言表达能力，落实教学目标。第二、第三个环节在分角色朗读过程中指导学生理解文中角色特点，读出感叹的语气和棉花姑娘急切的心情。教学过程中要有扶有放，增强学生的自主学习意识，让学生体会反复式的故事结构，降低对课文理解的难度，并尝试创编仿说，语言运用能力逐步提高。第四个环节训练学生积累语言，以实现知识的巩固和运用。

综上，可以发现第一学段精读课文 2 课时的教学过程设计在内容以及环节的安排上遵循了第一章所论述的教学过程的基本理论和基本程序。本书第一章论述了教学过程设计的五个基本步骤，分别是引起求知欲、感知教材、理解教材、巩固和运用知识以及检查知识、技能和技巧。一般来说，第一课时主要围绕引起学生求知欲、初步感知课文内容展开教学。第二课时主要聚焦对教材的理解、相关知识的巩固和运用以及检查知识、技能和技巧。具体如表 4-1 所示。

表 4-1　《棉花姑娘》教学过程设计

| 课时安排 | 具体教学环节 | 教学过程原理 |
| --- | --- | --- |
| 第一课时 | 第一环节：猜谜导入课题 | 引发学生的求知欲 |
| | 第二环节：自由读文，随文识字<br>第三环节：再读课文，初步感知课文内容 | 感知教材 |
| | 第四环节：分类指导，书写生字 | 理解教材 |
| 第二课时 | 第一环节：自由朗读课文，根据关键词说说棉花姑娘治病的过程 | 理解教材 |
| | 第二环节：分角色朗读，读出感叹的语气和棉花姑娘急切的心情<br>第三环节：展开想象，进行仿说练习 | 理解教材<br>巩固和运用知识<br>检查知识、技能和技巧 |
| | 第四环节：积累"碧绿碧绿"等重叠词，试着用重叠词说短语 | |

关于第一学段阅读教学过程设计，需要特别说明的是，实际教学中会在遵循第一章教学设计过程的基本理论和步骤的基础上进行微调。例如，对知识、技能和技巧的

检查，可采用学生展示朗读、讲述棉花姑娘治病的过程、说一说其他带有重叠词的短语等方式进行，这些检测渗透在学习新知识的过程中。

## 七、作业设计

作业设计分为作业内容和作业评价两方面。语文作业的设计在内容上要注重提高学生听说读写综合能力，也要注重语文学科的工具性、社会性和实践性，突出开放性，切实提高学生的语文素养。根据教学目标和学生的学情，可从以下三个方面布置作业：一是知识与技能方面的作业，如教师可要求学生完成认识生字、背写生字等基础性作业；二是能力方面的作业，如教师可要求学生向他人讲述棉花姑娘治病的故事，提高学生的表达能力；三是发展方面的作业，如教师可要求学生阅读与本课相关的课外文章，拓展学生们的视野。围绕本课的教学目标和学生的学情，将作业设计如下。

1. 认读"棉、娘"等 13 个生字，背写"奇、病"等 7 个生字，每个生字口头组词两个并写下来。

2. 请把今天学到的科学常识讲给家人听，并和家庭成员分角色朗读。

3. 请阅读《一粒种子的旅行》，并将你的收获写下来。

围绕作业的设计，选择不同的作业评价方式。对于第一项作业，教师可采用检查性评价，如听写、随堂测试等，了解学生对本课重点字词的掌握程度。对于第二项作业，教师可以请家长和学生互评，对彼此分角色朗读的表现进行简单的口头评价。对于第三项作业，教师可以采用展示性评价，把优秀的作业张贴在班级的作业展示墙上，让同学们交流学习。通过不同的评价方式对学生的作业进行全面评价，关注学生对知识的掌握、作业态度、意志等各种因素，激发学生的学习热情，促进学生发展提高。

## 八、板书设计

板书设计要符合教学要求，体现教学意图，注重教材特点，联系学生实际。板书既要揭示文章脉络，又要便于学生对知识的理解掌握和记忆。由于教学内容的不同，板书的形式也灵活多样。本课的板书设计如下。

---

**19 棉花姑娘**

燕子　捉空中的害虫

啄木鸟　捉树干里的害虫

青蛙　捉田里的害虫

七星瓢虫　捉棉花叶子上的害虫

---

《棉花姑娘》这一课的板书设计围绕棉花姑娘治病的过程层层展开，在学生读书交流的过程中，提炼出与不同的动物相对应的关键词，构建棉花姑娘治病的整个过程。本课的板书属于"画龙点睛式"，设计清晰简明，根据故事的发展层层推进，突破本课的教学难点，为学生顺利讲述棉花姑娘治病的故事打下基础，并有助于学生掌握相关的科学常识。

# 第三节
# 第一学段阅读教学策略及应用再谈

第一学段阅读教学是通过阅读培养小学生的阅读兴趣及阅读习惯，习得初步的阅读技能，掌握有效的阅读方法，通过阅读对学生进行听说读写思等全面训练，提高他们的认知能力，并完成规定的识字任务，调动小学生的学习积极性，帮助学生扎扎实实识字累词，指导学生认认真真读好课文，踏踏实实积累语言，借助文本让学生学会表达及写话。因此，阅读教学中应根据课型的特点采取相应的策略来进行教学，从而达到提升学生语文素养的目的。

下面，借助板块教学来呈现第一学段阅读教学策略及案例分析。

板块教学，就是将一堂课的教学过程划分成若干个板块，每一个板块聚焦一项目标展开教学。第一学段阅读教学采用板块教学设计模式的最大优点就是教学目标明确集中，将每一个板块教学瞄准一个目标设计教学，教师教什么，学生学什么，使复杂的语文教学设计变得相对简单，更容易把握，更大程度上简化语文教师教学设计和课堂教学的复杂程度。执教老师可根据不同课文的特点，灵活设计出不同的板块组合，以便更好地落实第一学段的阅读教学。现在借河北师范大学附属小学王丽华老师的课例（小学语文教材统编版一年级下册第14课《要下雨了》）来呈现板块教学，课例分为四部分。

## 一、抓文体，导入课题

课堂导入是语文阅读教学中多环节中的起始环节，对语文课堂教学效果能产生重要的影响。著名的语文特级教师于漪老师将导入比作课堂的第一槌，只有敲在学生的心坎上，才能迸发出智慧的火花，也只有这样语文课才能如黏合剂一样，紧紧地黏着学生，学生学习的主动性才能得到更有效的激发。

教学案例呈现：

师：请同学们睁大眼睛，看王老师在黑板上写一个词。（师板书：童话）你读！

生：童话。（分别找三位同学读）

师：童话是小朋友们最喜欢的一类故事。在童话里，小动物们会思考、能说话，和我们人类一样，特别有趣。能不能告诉大家你都读过什么童话故事？你先来！

生：我读过《格林童话》。

师：说话真完整！《格林童话》可是全世界小朋友都喜欢的童话故事集呢！

师：（继续）你读过什么童话故事？

生：我读过《安徒生童话》。

师：好了不起呀！这是丹麦著名作家安徒生的作品。那今天我们一起来学习一篇我们中国作家写的童话故事，题目在这里，（师指板书）你来读！

生：《要下雨了》。

师：还有一个数字呢！第 14 课，你再来！

生：14《要下雨了》。

师：请你跟老师读：第 14 课《要下雨了》。

生：第 14 课《要下雨了》。

师：你是特别聪明的孩子！上课认真倾听，你能有更大的进步！（师俯下身子）

师：我们一起读课题，第 14 课《要下雨了》，预备起——

生：（齐）第 14 课《要下雨了》。

师：可以不喊，声音会更好听，再试一试！

生：（齐）第 14 课《要下雨了》。

师：对于这篇童话故事啊，同学们可不陌生，因为你们已经在课前预习过了，谁还记得这篇童话故事里都出现了哪些小动物？你来！

生：兔子、燕子、小蚂蚁、小鱼。

师：有点犹豫，王老师告诉你，你说得很对，你还可以把刚才的话说得更完整，比如：《要下雨了》这个童话故事里有谁、谁、谁和谁。明白了吗？来试一试吧！（师轻拍生肩膀）

生：《要下雨了》这个童话故事里有小白兔、燕子、小鱼、蚂蚁。

师：你能说好的！我再来找一个小朋友，能比他说得更完整、更流利。

生：第 14 课《要下雨了》这个童话故事里有燕子、有小鱼、有小白兔、有蚂蚁。

师：这样说也可以，但有点啰唆。回答问题和说话一样，听老师说给你。

师：（师示范）《要下雨了》这个童话故事里有小白兔、燕子、小鱼和蚂蚁。能自己独立说吗？

生：能！

师：好的，想好了，把这句话说好。

生：第14课《要下雨了》，这个童话故事里有小白兔、燕子、小鱼和蚂蚁。

师：你看，努力了就进步了，我们一年级的小朋友要在课上试着学会说完整的话，我们再读课题。

生：（齐）第14课《要下雨了》。

师：刚才王老师就纠正了，不用喊，声音会更好听，再试一次。第14课《要下雨了》，预备起——

生：（齐读）第14课《要下雨了》。

教学案例分析：

1. 上课伊始，老师抓住文体"童话"进行课题导入。对于一年级的学生来说，童话是他们最熟悉和喜爱的文学体裁。王老师巧妙地借助"童话"点题，既激发了学生的学习兴趣，又拉近了师生与文本之间的距离，还用通俗自然的语言点明了童话的特点，可谓是"一箭三雕"。借助同学们喜欢的童话进行了口语表达训练。

2. 拖腔、拿调地朗读和说话是当前小学生在语文课堂上存在的较为普遍的问题。为解决这一问题，王老师从读课题开始，就十分注重教学生怎么读：完整、轻快、不大声喊。

3. 在整体感知课文的环节，老师借助"这篇童话故事里都出现了哪些小动物?"这一问题让同学们整体感知课文，理清文章脉络，为下面的精读打下基础。同时，借此问题还对学生进行了口头表达能力的训练，即怎样说一句完整的话。

教学策略总结：

第一，导入设计要因文而异，针对文本的不同内容选择适当的课堂导入方法，尽量灵活多样，要引起学生兴趣，如抓"题眼"，儿歌，猜谜语，讲故事，实验导入法等。导入应简洁、新颖、妥帖、自然，尽可能保持导入这个教学环节的新颖性，不但是吸引学生、激起学习兴趣的有力保证，而且会使学生在这个基础上产生更强烈的求知欲，使直接兴趣变为间接兴趣。导入方法在选择上要遵循以下原则：导入要有启发性；导入要充分发挥学生的主体性；导语的选择要精练、灵活，不能喧宾夺主，要体现和把握住文本的中心。这样才能真正地发挥导入的作用。

第二，教师要引导学生用适当的速度朗读课题或文章，不能过慢，也不能过快。可采用听录音，教师示范读、带读等形式进行。经过一段时间的训练，学生就能克服点读、唱读，拖腔、拿调的缺点。

第三，阅读教学以学生"实践"为主线，重视学生口头表达。阅读与表达是紧密联系的，是完整的阅读过程，只吸收不倾吐，不是高品质的阅读教学。因此，老师在课堂教学中，要抓住训练学生口语表达的机会，以提升学生的表达能力。这样，阅读课才厚实、有效。

## 二、字词积累，夯实基础

字词积累是第一学段阅读教学中非常重要的内容之一。字词教学重在理解、运用和积累，就学生而言，是知识的积累，语言的积累，基础的积累。因此，落实字词，积累字词，对于提高第一学段学生的语文基础，有着非同寻常的意义。

教学案例呈现：

师：在这篇课文里，还有很多生词呢！你们能不能把这 10 个生词的字音都读准呢！（师指板书）第一行，谁来？

生：阴——沉——沉，弯——腰（生拖长音）。

师：这样不好。应该是弯腰。你再试试。

生：阴沉沉，弯腰。

师：你是个聪明的孩子，还要努力！

师：（继续）第二行。

生：响起，山坡。

师：你比他读得更好了。

师：第三行。

生：潮湿，伸腰。

师：很好！你是目前读得最好的，王老师奖励你，第四行，你也来读！

生：闷得很，有空。

师：真不错！（师轻拍生肩膀）最后一行，你来。

生：搬东西，消息。

师：老师要表扬你，读得很好。

师：现在一列同学一人读一行，开始！

生：阴沉沉，弯腰。

师：第二行。

生：响起，山坡。

师：第三行。

生：潮湿，伸腰。

师：第四行。

生：闷得很，有空。

师：第五行。

生：搬东西，消息——（拖长音）

师：（师纠正）消息。

生：搬东西，消息。

师：（师指板书）最后一行的词，我们在读的时候要格外注意了，它是轻声词，听老师读，然后跟读，准备——搬东西。

生：（齐）搬东西。

师：这边读得好。（师指中间）

师：搬东西。

生：（齐）搬东西。

师：很好！消息。

生：消息。

师：搬东西，消息。

生：（齐）搬东西，消息。

师：老师起头，看看你这两个字，能不能读好，轻声、尾音处理得又轻又快。搬东西，消息，预备起——

生：搬东西，消息。

师：在这些生词中，我们还要格外注意第四行的两个词，谁有发现？

生："闷得很"有三个字，"有空"是两个字。

师：不是因为字数的问题，请大家特别留意这两个词中的黄色字。（板书中"闷得很"中的"闷"和"有空"中的"空"是黄色字）

生：黄色的字是多音字。

师：让我们把掌声送给他，他能够有新的发现，这两个字是多音字。（师指板书）我们来读，闷得很。

生：（齐）闷得很。

师：还是这边的声音最好听。（师指中间）我们请中间的同学读给大家，闷得很。

生：闷得很。

师：请你们读这个词，有空。（师指右边）

生：有空。

师：不如他们读得好，我请那边的同学读。（师指左边）

生：闷得很，有空。

师：真棒！人少声音大。

师：（继续）"闷"是指空气不流通，让人觉得喘不过气来。除了闷得很之外，谁还会用"闷"组词？

生：（踊跃地）闷热！

师：对了！还有？

生：闷死了。

师：对了！它还有一个音读什么？好像这个小朋友手举得最高。

生：闷(mèn)。

师：那你会组词吗？

生：郁(yú)闷。

师：老师告诉你，应该是郁(yù)闷，不是郁(yú)闷。天气特别热，我们的心情会很烦——

生：(齐)烦闷！

生：(把话筒递给另外一位同学)闷闷不乐。

师：我们把掌声送给他。他不仅会组词，而且还是四字词语，很了不起！来，我们再读，闷得很。

生：闷得很。

师：那这个词对于你们来说就容易得多了。(师指板书"有空")除了"有空"之外还能组什么词？

生：空地。

生：空……

师：一着急忘了，再想想，如果想上来了举手。(师轻摸学生小手)

生：天空。

师：四声，这上面说有空，如果你要没有时间，就可以说——

生：没空。

师：对呀，要想，空——还能组什么词？那个纸呀，一个字都没有，白白的，那叫什么？你来。

生：(踊跃地)空白。

师：对！它的另外一个读音，对你们来说太容易了吧。

生：(纷纷)空气。天空。空军。空中。(师分别找了四个同学组词)

师：(师指板书)有空。

生：(齐)有空。

师：闷得很。

生：(齐)闷得很。

师：你们看多音字在不同的词语中，它的读音会发生变化，我们读书的时候要特别认真，再读一遍这个词，闷得很。

生：(齐)闷得很。

师：有空。

生：(齐)有空。

师：还有一个词，王老师特别用红笔写出来了，表示很重要，我们来读这个词。

生：(齐)阴沉沉。

师：阴沉沉，这是一个叠词，你们平时在读书的时候，有没有见过和它结构一样的词语呢？

生：(纷纷)亮晶晶。绿油油。慢吞吞。红彤彤。白花花。金灿灿。(师分别找了六个同学组词)

师：在平时读书的时候，大家要特别注意积累这样的词，这对你们今后写作是很有好处的。

师：弯腰，山坡。(师范读)我们按着这个节奏读第一列。

生：(齐)弯腰、山坡、伸腰、有空、消息。

师：第二列准备(师指板书)。

生：(齐)阴沉沉、响起、潮湿、闷得很、搬东西。

教学案例分析：

1. 字词教学扎扎实实，没有繁文缛节，实实在在的教学环节，把轻声词的读法教给学生；同时，王老师注重评价语的运用，及时、具体、准确，具有激励性和启发性，边教边评，对学生充满鼓励和指导，让学生在学会的基础上稳步提升。

2. 在多音字的教学环节中，联系学生的生活经验，创设具体语言环境，营造识字氛围，拓宽词语积累的渠道，顺应学生学习心理，让学生在不知不觉中体验多音字的乐趣，有助于学生理解和识记生词。

3. 由"阴沉沉"一词，让学生口头进行拓展积累，以学生的语文学习为例，引导学生善于总结归类，指向阅读和写作，为学生更高年级的语文学习做好铺垫。

教学策略总结：

组块识记词语。组块识记就是指教师要将课文中有教学价值的言语材料提取出来重新组合成有序的、有内在联系的板块，以帮助学生理解和记忆言语材料。组块识记可以用在字、词、句甚至篇章中，老师在教学中要善于将这些言语材料进行重组形成更大的组块，在教学中高效快速地引导学生进行识记，大大提高了课上识记字词的效率。

## 三、指导朗读，落实重点

当前的阅读教学的核心理念是以读代讲。以读代讲不是只读不讲，而是以"读"为主，以"讲"为辅。"读"要目的明确，讲求时效；"讲"要恰到好处，真正促进学生的读。通过读，学生能领悟教师不易讲清的语感，从而提高课堂教学效果。

教学案例呈现：

师：同学们有进步了，你看，不喊了，把字音读得更清晰了。生词会认了、会读

了，那课文也一定能读好，第一自然段，谁来？（生快速拿出阅读纸）

师：第14课《要下雨了》，（师示范）干净、利索，记住了吗？再来。

生：第14课《要下雨了》，小白兔弯着腰在山坡上割草。天阴沉沉的，小白兔直起身子，伸了伸腰。

师：有进步，比她读得更好。尝试第二自然段。

生：小燕子从他头上飞过。小白兔大声喊："燕子，燕子，你为什么飞得这么低呀？"

师：我找了两个同学，是大家刚才推荐的读得最好的两个女生，说真的，王老师不是特别满意。请所有的小朋友把阅读纸拿起来，王老师示范给大家读，希望聪明的孩子能够特别快地有进步、有改变。

师：（有感情地）小燕子从他头上飞过。小白兔大声喊："燕子，燕子，你为什么飞得这么低呀？"燕子边飞边说："要下雨了。空气很潮湿，虫子的翅膀沾了小水珠，飞不高。我正忙着捉虫子呢！"请大家像王老师这样从头至尾大声地把课文朗读一遍。（生自由读，师巡视）

师：好了，这才像读书的样子。我发现了三个同学有进步。（师把三位同学请上讲台）现在我们请他们三个同学一人读一个自然段。（师依次安排）

生：第14课《要下雨了》，小白兔弯着腰在山坡上割草。天阴沉沉的，小白兔直起身子，伸了伸腰。

师：你做到的一点是，不那么拖长音了，但还要再努力，你请回。

师：第二自然段，看你能不能比她读得更好。（师蹲下身子）

生：小燕子从他头上飞过。小白兔大声喊："燕子，燕子，你为什么飞得这么低呀？"

师：现在重任落到你的身上了，第三自然段，好好发挥。

生：燕子边飞边说："要下雨了。空气很潮湿，虫子的翅膀沾了小水珠，飞不高。我正忙着捉虫子呢！"

师：真好！我们把掌声送给他。到目前为止，你是朗读得最好的，奖励你再读第四自然段给大家听。

生：是要下雨了吗？

师：听！这个语气语调把握得多好！这是小白兔心中的疑问，你们听他的语气语调，再读。

生：是要下雨了吗？小白兔往前边池子里一看，小鱼都游到水面上来了。

师：你特别有潜力，老师希望你今后可以成为班里朗读最好的孩子。很好，请回。接下来，谁愿意和他PK一下？（分别找了五个学生到讲台上，朗读第五、六、七、八、九自然段）

生：小白兔跑过去，问："小鱼，小鱼，今天怎么有空出来呀？"

师：王老师这回必须大大地表扬你，你和刚上课时，拖腔拿调地读，像是换了个人，你再读给大家听，目前好像你的进步是最大的，你再读。

生：小白兔跑过去，问："小鱼，小鱼，今天怎么有空出来呀？"

师：太棒了！站好了！

师：看你的啊，能不能超过他，准备——

生：小鱼说："要下雨了。水里闷得很，我们到水面上来透透气。小白兔，你快回家吧，小心淋着雨。"

师：你不如他读得好，请回。

生：小白兔连忙挎起篮子往家跑。他看见路边有一大群蚂蚁，就把要下雨的消息告诉了蚂蚁。一只大蚂蚁说："是要下雨了，我们正忙着搬东西呢！"

师：你也很有进步，站到旁边。

生：小白兔加快步子往家跑。他一边跑一边喊："妈妈，妈妈，要下雨了！"

师：请回。

生：轰隆隆，天空响起了一阵雷声。哗，哗，哗，大雨真的下起来了！

师：请回。

师：你读最后一个自然段，看看能不能比他读得更好，准备——

生：轰隆隆，天空响起了一阵雷声。哗，哗，哗，大雨真的下起来了！

师：请回！在刚才所有朗读的同学中，这两位同学是读得最好的，也是进步最明显的！（指着留在讲台上的两名学生）请大家把手里的东西放下，马上坐好，我要奖励他们读句子。看屏幕，看他们是不是能起到示范作用，你来读这句话，想好了。（师出示幻灯片上的句子）

生：燕子，燕子，你为什么飞得这么低呀？

师：真好！第二句。你来读。

生：我正忙着捉虫子呢！

师：太棒了！你来读第三句。

生：是要下雨了吗？

师：对呀！第四句你来读。

生：小白兔，你快回家吧，小心淋着雨。

师：好的。我们把掌声送给这两位同学，请回到座位上，王老师记住你们两个了，希望你们一会儿有更好的表现。屏幕上的四个句子在这个童话故事里特别重要，它们都带有语气词，请大家看屏幕，把四个语气词读一遍，准备——

生：（齐）呀、呢、吗、吧。

师：对了！我们一起读，呀、呢、吗、吧。（学生跟读）它们在不同的句子中当然语气语调会有变化，你们再看这四个生字。（显示田字格中的四个生字）不但在句子中出现得多，而且它们还是课文中要求会写的字。请大家看屏幕，仔细观察这四个生字，谁发现了它们的共同特点？

生：它们都有口。

师：那不叫都有口，都带有口字旁。

生：它们都带有口字旁。

师：这样说话就专业了。除此之外，你还有什么发现？别人说过的不重复。

生：并且它们的口字旁都在田字格的左半部分。

师：是在左上格，你刚才用了个特别好的词——并且，你把他说的和你说的连在一起，重新说一遍，水平就不一样了，试试！"这四个字……"

生：这四个字都带有口字旁并且口字旁都在田字格的左上格。

师：请把掌声送给他，请坐。现在请同学们看黑板，老师就挑选其中的一个字"吗"写给大家，在田字格中书写最重要的是观察它的占格，口字旁在左上格，然后"马"，竖中线上起笔写横折，竖折折钩沿着横中线，最后一笔横。（师在田字格中示范写"吗"）现在打开你的阅读纸，一看，二描，三写，每个字只写一个，写完就坐好。（生开始写字，师巡视指导）

教学案例分析：

第一，老师的教学片段中突出了以"读"为主线的阅读教学特点。在"读"的教学过程中，王老师不但教给学生正确的朗读方法，让学生获得有效的进步，而且在学生朗读表现不是很理想的时候，及时进行示范读，根据学生需要实实在在地发挥老师的示范和指导作用，使"读"有的放矢，落实教学目标。

第二，教学思路由指导学生分自然段朗读全文过渡到指导学生朗读重点句子，看似平常的朗读环节，却是不一样的体验：老师组织得有声有色，颇具艺术性、人文情怀，学生兴趣盎然；同学依次读下来，老师时而指导，时而鼓励，时而示范，学生们认真聆听，全心投入，彼此相互较劲，努力呈现出最好的状态。

第三，由指导朗读到指导书写，自然流畅；在写字环节，将观察、表达巧妙结合起来；写字要求少而精，注重过程指导。

第四，巧妙的评价：读得最好，奖励再读第四自然段。看似不经意的举动，却能发挥奇效：一方面树立学生榜样，让学生来影响学生；另一方面激发学生的积极性和内在动力，营造快乐向上的课堂氛围。

教学策略总结：

第一，以读为主，理解课文。朗读对于语文教学，特别是对于第一学段的学生而言，称得上是阅读教学中的利器，对于帮助学生理解字、词、句意义，传递文本情感，学习语言形式等方面都有十分重要的促进作用。

第二，在阅读教学中老师一定要舍得花时间指导学生把课文读对，读好。尤其一年级的学生，他们掌握的词汇量少，对句子结构也不熟悉，而且内部语言还未很好地发展起来。学生们读不好，老师不能着急，要耐心地指导。著名语文教育家张田若先生说："语文老师的着眼点放在哪里？放在语言文字上。那么首先要指导全班学生把课文读懂，读熟。阅读教学，第一是读，第二是读，第三还是读。"由此可见，读才是学习语言的根。

第三，巧用评价。老师在教学中巧用评价语言，激活课堂，营造一个良好的阅读氛围。如进行阅读比赛，将学生划分为不同的小组，每组派出一位参赛代表，并对阅读表现好的同学进行表彰和奖励，激发学生的阅读兴趣。

## 四、理解课文，训练语言

理解课文时，避免碎问、碎答，而是从整体入手，自然地由理解过渡到读说的训练，把理解课文与语言实践结合起来训练学生说的能力。根据一年级学生的实际情况，按照先用关键词说一句话，再将一句一句的话连起来变成一段话的层次，逐步实现"讲故事"这一教学目标。

教学案例呈现：

师：好，孩子们把笔收起来，阅读纸合上，我们再来读黑板上的生词。第一列弯腰、山坡——

生：（齐读）弯腰、山坡、伸腰、有空、消息。（师相机擦掉这一列）

师：读剩下的五个词。

生：（齐读）阴沉沉、响起、潮湿、闷得很、搬东西。

师：我看谁的耳朵最会倾听：请根据课文的内容，用上这些词各说一句完整的话。比如说："要下雨了，天……"

生：天阴沉沉的。

师：自己独立把话说完整。（师轻拍学生肩膀）

生：（响亮流利地）要下雨了，天阴沉沉的。

师：我们把掌声送给他。（师搂住学生）就得这样，上课学习，不着急，不是举手说半截儿，明白了吗？我看你后边能不能表现更好。

师：刚才这位小同学说的话，谁听清了，谁能重复一遍？你来。

生：要下雨了，天阴沉沉的。

师：很好。第二句，"要下雨了，……"你来！

生：要下雨了，天空响起了一阵雷声。

师：太棒了！我们的这个童话故事就是在天阴沉沉的，响起了雷声要下雨的情况下发生的。接着往下说。

生：要下雨了，空气很潮湿。

师：王老师提议你可以把句子说得更精彩。这个句子和前面不一样，童话故事里的这句话是小燕子说的。

生：燕子说："空气很潮湿，虫子的翅膀沾了小水珠，飞不高。我正忙着捉虫子呢！"

师：太棒了！你看，认真读书的孩子说得就好，我们把掌声送给他。谁能像他一样说下一句话，那你可就了不起了。（师指板书"闷得很"）

生：小鱼说："要下雨了。水里闷得很，我们到水面上来透透气。"

师：最热烈的掌声送给他。第一要表扬他会听，前面的同学说得好，他能比前面的同学说得更好，这就叫进步，那谁能比他还有进步，下一句。

生：是要下雨了，我们正忙着搬东西呢。

师：王老师不能送给你掌声，你好好想想你遗漏了什么？

生：一只大蚂蚁说："是要下雨了，我们正忙着搬东西呢！"

师：出现小问题没关系，静下来想一想就能做得好，这次我们可以送给他掌声了，因为他是通过自己的努力做得完美的。那么下面我要提高难度了，谁能说三句话？听清楚了："要下雨了，小燕子怎么样、小鱼怎么样、蚂蚁怎么样。"

生：（踊跃地）要下雨了，小燕子说："空气很潮湿，虫子的翅膀沾了小水珠，飞不高。我正忙着捉虫子呢！"小鱼说："要下雨了。水里闷得很，我们出来透透气。"一只大蚂蚁说："是要下雨了，我们正忙着搬东西呢！"

师：好，我们把掌声送给她，她能够根据课文内容，独立说一段话，真好。

请看，王老师有一个变化，去掉了题目中的"要"（师擦掉板书中的"要"），读这个词。

生：（齐读）下雨了

师："要下雨了"和"下雨了"有什么不一样？

生：要下雨了，就是还没有下雨；下雨了，就是正在下雨。

师：汉字就是这么有意思，一字之差，表示的意思会完全不同。（师板书横线）现在谁能以"下雨了"开头，说一句完整的话？

生：下雨了，乌云来了。

生：（把话筒递给另外一位同学）下雨了，路上的行人急急忙忙地往回赶。

师：你真是会观察的孩子。

生：下雨了，小蚂蚁撑不住，我们得帮小蚂蚁。

师：说得很好，你是个有爱心的孩子！

生：下雨了，小蜗牛躲在房子里看雨花。

师：因为时间关系，不再让你发挥了，雨没了（师擦掉板书"雨"），时间也到了，我们该下课了！小朋友再见！

生：（齐）老师，您辛苦了！

教学案例分析：

1. 教学片段中，王老师根据课文内容，运用关键词，训练学生说话，将学生的认知、理解和想象结合起来，从中提高学生的口头表达能力，进而提升学生的语文素养。

2. 王老师在教学中创设情境，由词到句、由句到段，鼓励学生大胆想象，调动学生认知的积极性，触发了学生的情感，使学生的思维、想象、口语表达特别活跃，回归课文融入课文中，从而达到情景交融，人文交融，是一种升华。

3. 王老师精心创设情境，让学生有身临其境之感，为他们插上想象的翅膀在课堂中翱翔，课堂上小同学们情绪高涨，积极踊跃，自我表现欲望强，成功地让学生们带着情感，怀着兴趣，深深地融入课文中，体现了"教材只是一个例子"的思想。

4. "要下雨了"和"下雨了"有什么不一样？一字之差，相差甚远，这正是培养学生对语言文字敏锐的感受力，对学生学习语文至关重要。语文课上哪怕一个细小的地方都是充满语文气息的，王老师通过一步步的引导，让语文的最终目的和要求落实在具体的学习行为上，养成语文意识。

教学策略总结：

第一，借助教材，将琐碎的、无效的提问变成简单的、有效的语言训练。抓住语言训练这条线，使学生逐渐习得表达，形成能力，从而更好地发展学生的语言和思维。因此，教师要立足于教材，捕捉训练点和空白点，对学生进行有效的表达能力训练，以提升学生的表达能力，使学生的语言表达能力呈螺旋上升。

第二，第一学段阅读教学的过程中，老师要重点培养学生的语言表达、读说的能力。读说结合中"读"是对信息的输入，而"说"则是对信息的输出。在教学实践中重视学生"读"与"说"的有机结合，不仅能扩宽学生的视野，还能提高学生说的能力。

第三，阅读教学关注的是"实践"，是"语文的实践"，是"读、写、听、说的实践"，是"语言的输入与输出的实践"。阅读教学凭借字、词、句、段、篇，听、说、读、写、思，在具体的行为表现中，使儿童语言能力的发展落到实处。


# 第四节
# 第一学段阅读教学设计案例分析

儿童诗、寓言故事是第一学段阅读教学中常见的文体，这两种文体的教学都强调朗读和语言积累。同时，第一学段的阅读教学还承载着识字写字的任务。因此，教学设计应基于学生学习兴趣，凸显多种形式、多层次的朗读以及随文识字的基本理念。

## 一、儿童诗教学设计——《青蛙写诗》

**［教材分析］**

《青蛙写诗》是语文教材统编版一年级上册第六单元的第三篇课文。《青蛙写诗》是一首轻快、活泼的儿童诗，共五节，生动地描绘了青蛙在下雨天"呱呱"如作诗一样鸣叫的情景，形象地将小蝌蚪、水泡泡和一串水珠比作诗歌中的逗号、句号、省略号，读来让人浮想联翩。教材图文并茂，富于童趣，富于想象，富于创造，适合天性活泼、充满好奇的一年级学生学习。教学时，教师要引导学生边读边想象，训练学生的想象能力和朗读能力。

**［学情分析］**

从学生已有知识基础来看，本阶段的学生处于一年级的第一个学期，他们对于正确、流利地朗读课文还不具备很强的能力。因此，从学生的心理年龄特点来看，他们对于童话故事中的角色模仿有极大的兴趣，但是在把握不同角色的语气语调方面仍需要老师进行有效的指导，讲述课文内容的能力也有待提高。

**［教学目标］**

1. 通过分散识字等方法会认"写、诗"等 11 个生字，了解汉字的上下结构，认识 2 个新偏旁秃宝盖、四点底；会写"下、个"等 4 个生字。

2. 朗读儿童诗，感受诗中丰富的想象；借助具体事物认识逗号和句号，能圈出青蛙写的诗中的逗号和句号。

3. 结合插图，理解儿童诗内容，知道青蛙写诗的时候谁来帮忙了，帮了什么忙。

**［教学重点］**

1. 会认"写、诗"等 11 个生字，了解汉字的上下结构；认识 2 个新偏旁秃宝盖、四点底。

2. 理解儿童诗的内容，知道小蝌蚪、水泡泡和水珠分别帮了什么忙。

**［教学难点］**

1. 写好"们、雨"。

2. 感受诗中丰富的想象，借助具体事物认识逗号和句号，能圈出青蛙写的诗中的逗号和句号。

**［教学策略］**

基于本课文体特点，主要采用多种形式朗读和以读代讲两种教学策略。一方面，在教学过程设计中体现读的不同层次，比如，初读，随文识字，再读，正确朗读等；

另一方面，体现读的不同形式，比如，自由朗读、个体朗读、齐读、教师范读等。在以读为主线的教学中，体现学生主体性，激发学习兴趣。

［课时安排］2 课时

## 第一课时

［教学目标］

1. 通过分散识字等方法会认"写、诗、点、要、过、给、当、串、们、以、成"11个生字，了解汉字的上下结构，认识 2 个新偏旁秃宝盖、四点底；会写"雨"1 个生字。

2. 正确朗读儿童诗，读准轻声词"我们"、儿化音"雨点儿"。

3. 结合插图，理解儿童诗内容，知道青蛙写诗的时候都有谁来帮忙了。

［教学重点］

1. 会认"写、诗、点、要、过、给、当、串、们、以、成"11 个生字，了解汉字的上下结构，认识 2 个新偏旁秃宝盖、四点底。

2. 理解儿童诗内容，知道青蛙写诗的时候都有谁来帮忙了。

［教学难点］写好"雨"这个字。

［教学过程］

| | |
|---|---|
| 1. 板书课题，会认"写、诗"2 个生字和 1 个新偏旁秃宝盖 | 设计意图： |
| (1) 板书"青蛙"并认读。 | "青蛙"是《四季》这一课中已经会认的词语，以旧知导入新课，前后贯通。 |
| (2) 请学生说一说青蛙的样子和特点。 | |
| (3) 板书"写诗"并认读。 | |
| 注意事项： | |
| 板书时顺势给"写诗"两个字标上拼音。 | |
| (4) 认识"写、诗"和新偏旁秃宝盖。 | |
| 注意事项： | |
| 宝盖是第 5 课《影子》中已经学过的偏旁，教学时可将秃宝盖与宝盖进行比较识记。 | |
| (5) 齐读课文。 | |
| 2. 初读课文，认识"点、要"等 9 个生字及 1 个新偏旁四点底，会写"雨" | 设计意图： |
| (1) 自由朗读课文，借助拼音，读准字音。 | 识字教学部分扎实落实"运用多种识字教学方法"的课标理念，采用多种方法识记生字。分组认读生词，将儿化音、轻声词等有序渗透，使认词环节重点突出。 |
| 注意事项： | |
| 给学生充分的朗读时间，教师巡视，特别要关注对学困生的个体指导。 | |
| (2) 带拼音分组出示生词并认读，认识新偏 | |

旁四点底。

第一组：

写成　　当成　　过来

可以　　我们　　要是　　给你

①学生自由认读生词。

②指名认读，读准字音。

注意事项：

"我们"是轻声词。

③学生齐读词语。

第二组：

一串

①指名认读。

②教师帮助学生理解"串"的意思，请学生用"一串"说短语。

例：一串糖葫芦、一串烤羊肉、一串灯笼、一串鞭炮……

第三组：

雨点儿

①指名认读，指导读好儿化音。

②认识新偏旁四点底。

（3）出示本课生字并认读，口头组词，巩固识记。

例：以　以后　以前

（4）指导书写独体字"雨"。

① 出示"雨"字，并口头组词。

② 字源识字，了解"雨"字从甲骨文到楷书的演变过程，知道"雨"是从云层中落下来的水滴。

③ 出示带有田字格的"雨"，指导书写。

观察：

（1）请学生观察"雨"的笔顺：横、竖、横折钩、竖、点、点、点、点。

（2）学生观察"雨"字在田字格中的位置：第四笔竖写在竖中线上。

书空：学生边书空边说出笔画名称。

设计意图：

　　将写字作为低年级教学的重点，在指导时，结合具体学情，运用字源识字识写生字，扎实有效地落实写字，体现课标中提倡的理念——掌握汉字的基本笔画和常用的偏旁部首，能按基本的笔顺规则用硬笔写字，注意间架结构，初步感受汉字的形体美。努力养成良好的写字习惯，写字姿势正确，书写规范、端正、整洁。

范写：教师一边示范书写"雨"，一边强调中间的四点分布要均匀。

练写：在田字格中描红两个，练写一个。

评价：展示学生书写并进行评价。

3. 再读课文，做到正确朗读，知道青蛙写诗的时候谁来帮忙了

(1)学生自由朗读课文，边读边思考：青蛙写诗的时候谁来帮忙了？

(2)指名发言，训练学生说话。

例：青蛙写诗小蝌蚪来帮忙了。

青蛙写诗水泡泡来帮忙了。

青蛙写诗一串水珠来帮忙了。

青蛙写诗小蝌蚪、水泡泡和一串水珠来帮忙了。

注意事项：

引导学生把话说完整。

(3)指名分小节朗读课文，相机正字正音。

(4)教师朗读课文。

注意事项：

指导学生将课文读正确的基础上，教师再次朗读课文，让学生感受诗歌的生动有趣。

设计意图：

在识词、认字的基础上，引导学生整体感知课文内容，这既符合阅读规律，又符合学生的阅读心理，落实"结合上下文和生活实际了解课文中词句的意思，在阅读中积累词语，借助读物中的图画阅读"。

## 第二课时

[教学目标]

1. 会写"下、个、们"3 个生字。

2. 朗读儿童诗，感受诗中丰富的想象，借助具体事物认识逗号和句号，能圈出青蛙写的诗中的逗号和句号。

3. 理解儿童诗的内容，知道小蝌蚪、水泡泡和水珠分别帮了什么忙。

[教学重点]

理解儿童诗的内容，知道小蝌蚪、水泡泡和水珠分别帮了什么忙。

[教学难点]

1. 写好"们"这 1 个生字。

2. 感受诗中丰富的想象，借助具体事物认识逗号和句号，能圈出青蛙写的诗中的逗号和句号。

[教学过程]

1. 理解儿童诗，知道青蛙写诗的时候小蝌蚪、水泡泡和一串水珠分别帮了什么忙，认识逗号、句号

(1)回忆第一课时内容，青蛙写诗的时候谁来帮忙了。

注意事项：

教师相机把小蝌蚪、水泡泡和一串水珠对应的图片贴到黑板上。

(2)看图片训练学生说话。

例：青蛙写诗的时候，小蝌蚪来帮忙了。

青蛙写诗的时候，水泡泡来帮忙了。

青蛙写诗的时候，一串水珠来帮忙了。

注意事项：

指导学生用上课文题目和图片提示说一句完整的话。

(3)追问：小蝌蚪、水泡泡和一串水珠分别帮了什么忙？

①学生发言，教师相机将逗号、句号、省略号的图片贴在相应位置。

②训练学生说话。

例：青蛙写诗的时候，小蝌蚪来帮忙了，它来当小逗号。

青蛙写诗的时候，水泡泡来帮忙了，它来当小句号。

青蛙写诗的时候，一串水珠来帮忙了，它来当省略号。

(4)认识逗号、句号、省略号。

①教师借助图片示范说话。

例：我发现逗号长得像小蝌蚪。

②学生仿照教师示范进行说话。

例：我发现句号长得像水泡泡。

我发现省略号长得像一串水珠。

③巩固认识逗号、句号。

设计意图：

理解课文时，围绕"青蛙写诗的时候小蝌蚪、水泡泡和一串水珠分别帮了什么忙"这一中心问题，训练学生理解和运用语言的能力，并在其中自然而然地认识逗号、句号，落实教学目标。

设计意图：

通过言语的训练，在理解儿童诗内容的过程中，相机引导学生感受儿童诗中丰富的想象，并在下一环节的仿说中，将想象这一人文主题的目标渗透在语文学习的过程中，实现双线统一，落实"诵读儿歌、儿童诗和浅近的古诗，展开想象，获得初步的情感体验，感受语言的优美"这一课标理念。

2. 指导朗读儿童诗，感受诗歌的生动有趣

(1)指名分小节朗读儿童诗，教师相机进行指导。

①第一小节：重点指导读出"淅沥沥，沙啦啦"下雨声音的动听以及"我要写诗啦"小青蛙的兴奋，教师可范读。

②第二、三、四小节：重点指导读出小蝌蚪、水泡泡和一串水珠的语气语调。

③第五小节：指导读出停顿。

(2)教师示范朗读整首儿童诗。

(3)学生自由朗读，体会儿童诗的生动有趣。

3. 再读诗歌的最后一小节，体会逗号、句号的停顿作用

(1)再读青蛙的诗，圈出诗中的逗号、句号。

(2)改变青蛙的诗中逗号的位置，齐读。

例：呱呱呱，呱，呱呱呱。呱，呱呱，呱呱，呱呱……

注意事项：

引导学生体会标点符号位置变了，停顿就要发生变化。

(3)仿说：小鸭子也要写诗，会是什么样的呢？

例：嘎嘎，嘎嘎，嘎嘎嘎。嘎嘎，嘎嘎，嘎嘎嘎……

(4)小结：同学们，写诗、读诗都需要标点符号来帮忙，青蛙和小鸭子都会写诗了。我们记住这三位新朋友(指板书：逗号、句号、省略号)，今后，我们写诗也需要它们来帮忙。

4. 分类指导书写，会写左右结构"们"，独体字"下、个"

(1)指导书写左右结构"们"。

观察：

①请学生观察"们"的笔顺：撇、竖、点、竖、横折钩。

设计意图：

指导朗读时，适时发挥教师的示范作用。通过指名和自由朗读，让学生读出不同角色的语气语调。

设计意图：

由课本引向更宽广的语文学习，发散学生思维，通过"仿说"落实"用教材教而不是教教材"的语文理念，同时将想象这一人文主题的目标渗透在语文学习的过程中，实现了真正的双线统一。

②观察"们"在田字格中的占格位置：左窄右宽，第三笔点落在竖中线上，第四画的竖靠近竖中线。

书空：学生边书空边说出笔画名称。

范写：教师一边示范书写，一边强调第三笔点的起笔要略低于撇，第四画的竖收笔要略高于第二画的竖。

练写：在田字格中描红两个，练写一个。

评价：展示学生书写并进行评价。

（2）用以上方法指导书写独体字"下、个"。

注意事项：

①"下"的笔顺是横、竖、点，强调横要长，竖写在竖中线上，点从竖的中上部起笔。

②"个"的笔顺是撇、捺、竖，强调竖写在竖中线，对准撇捺的交叉点，但不能碰到。

[作业设计]

根据教学目标和学生的学情，可从以下两方面布置作业：一是知识与技能方面的作业，如教师可要求学生完成认识生字、背写生字等基础性作业；二是能力方面的作业，如教师可要求学生向他人讲述，小蝌蚪、水泡泡和一串水珠分别帮了什么忙，提高学生的表达能力。围绕本课的教学目标和学生的学情，将作业设计如下。

1. 会认"写、诗"等11个生字，每个字口头组两个词。正确书写"下、个、们"3个生字，每字写2个。

2. 正确朗读课文。

[板书设计]

板书设计符合教学要求，体现了教学意图，注重教材特点，联系学生实际。板书既揭示了文章脉络，又便于学生对知识理解掌握和记忆。本课的板书设计如下。

| 7 青蛙写诗 | | |
| --- | --- | --- |
| 小蝌蚪 | 逗号 | ， |
| 水泡泡 | 句号 | 。 |
| 一串水珠 | 省略号 | …… |

《青蛙写诗》这一课的板书设计围绕青蛙写诗时小蝌蚪、水泡泡和一串水珠分别来帮忙的过程层层展开，在学生读书交流的过程中，以贴标点符号图片贴的方式让学生

认识逗号、句号、省略号。本课的板书属于"图片趣味式"，设计清晰简明，突破本课的教学难点，为学生进行讲述青蛙写诗时小蝌蚪、水泡泡和一串水珠分别来帮忙的说话练习打下基础。

## 二、寓言故事教学设计——《乌鸦喝水》

[教材分析]

《乌鸦喝水》是小学语文教材统编版一年级上册第八单元的第二篇课文。《乌鸦喝水》是一篇有趣的伊索寓言，故事以"喝水"为线索，采用简洁生动的语言，描绘出乌鸦机灵智慧的形象，说明遇到困难时只有积极想办法才能解决问题的道理。

课文语言简洁，浅显易懂，生动活泼，贴近儿童生活。教学时，教师创设情境，引导学生抓住"到处"一词感受乌鸦非常口渴，好不容易找到水却喝不到水的焦急；抓住"乌鸦就喝着水了"，体会乌鸦喝到水的喜悦，也可让学生边读边表演，在表演中理解课文，懂得道理。

[学情分析]

从学生已有知识基础来看，本阶段的学生处于一年级的第一个学期，他们感性认识较强，而理性思维较弱。虽然经过多半个学期的学习，学生初步具备了拼音识字的能力，但识字、朗读能力都较为薄弱。在教学设计时，要考虑识字教学，只有识字教学落实到位了，才能为阅读打下良好的基础。因此，老师在生字教学时，应引导学生在阅读中随文识字，并借助生动形象的图片、多媒体课件激发学生识字兴趣，逐步培养学生自主识字的能力。从学生的心理年龄特点来看，他们对于故事类的文本有极大的兴趣，但对于正确、流利地朗读课文还有一定的难度，朗读方面仍需要老师进行有效的指导。

[教学目标]

1. 通过"加一加"等方法会认"乌、鸦"等11个生字和1个新偏旁反文旁；会写"只、石"等5个生字，重点掌握"出"的笔顺。

2. 朗读课文，读好停顿。

3. 读懂故事内容，能说一说乌鸦是用什么办法喝着水的，从而懂得遇到困难应认真思考、积极想办法解决的道理，初步了解寓言故事的特点。

[教学重点]

1. 会认"乌、鸦"等11个生字和1个新偏旁反文旁。

2. 会写"只、石"等5个生字，重点掌握"出"的笔顺。

3. 初步了解寓言故事的特点。

［教学难点］

1. 了解乌鸦喝水的过程，能说一说乌鸦是用什么办法喝着水的。

2. 懂得遇到困难应认真思考、积极想办法解决的道理。

［教学策略］

1. 随文识字。第一学段阅读教学中，教师可充分运用课文、句子、词语等具体的语言环境，渗透识字，采用借助拼音尝试读、去掉拼音认读、口头组词、交流识字方法等方法巩固识记生字。

2. 连词成句，训练说话。童话的故事性强，是训练学生说话表达的良好的语言素材。教学设计时，遵循以读代讲的基本理念，引导学生借助生词发现故事的线索，然后连词成句进行说话练习，不知不觉中读懂故事，发展语言能力。

［课时安排］2 课时

［教学过程］

<h3 style="text-align:center">第一课时</h3>

［教学目标］

1. 会认"乌、鸦、处、找、办、旁、许、法、放、进、高"11 个生字及 1 个新偏旁反文旁。

2. 会写"多、出"2 个生字，掌握"出"的笔顺。

3. 朗读课文，初步了解乌鸦喝水的过程。

［教学重点］

1. 会认"乌、鸦、处、找、办、旁、许、法、放、进、高"11 个生字及 1 个新偏旁反文旁。

2. 会写"多、出"2 个生字，重点掌握"出"的笔顺。

［教学难点］

了解乌鸦喝水的过程。

［教学过程］

1. 板书课题，认识"乌、鸦"

(1)教师板书"乌"，一边写一边说笔画名称。

(2)指名认读"乌"，并说一说自己见过哪种乌。

例：我见过麻雀。(喜鹊、鹦鹉……)

注意事项：

让学生说一句完整的话，锻炼学生说话能力。

(3)教师小结：鸟的种类很多。今天我们一起来认识一种普通而特别的鸟。

（4）教师板书"乌鸦"，学生齐读。

①师生说一说，乌鸦是什么样子的。

例：它是黑色的……

②出示"乌鸦"的图片，认识乌鸦。

（5）分散识字，认识"乌、鸦"。

①比较"乌"和"鸟"，用"减一减"的方法识记"乌"。

②用"乌"口头组词。

注意事项：

教师相机渗透乌的意思就是黑。

③比较"鸦"和"鸟"，用"加一加"的方法识记"鸦"。

④再读"乌鸦"。

（6）补全课题并齐读。

2. 初读课文，认识"处、找、办、旁、许、法、放、进、高"9个生字及1个新偏旁反文旁

（1）初读课文，圈画生词。

①自由朗读课文，借助拼音读准字音。

②圈画本课生字或生词，自主拼读。

注意事项：

给学生充分的朗读时间，教师巡视，特别要关注对学困生的个体指导。

（2）分组认读生词，认识反文旁。

第一组：到处　升高　找到

自由认读。

指名认读。

齐读。

去掉拼音，开火车认读。

注意事项：

①刚开始出示生词时，本课生字要带拼音。

②指名认读时，如果出现错误及时纠正；学生齐读时容易拖长音，应给予指导和示范。

第二组：旁边　许多　办法　放进

①指名认读。

设计意图：

通过课题分散识字认识"乌"和"鸦"，符合低年段学生的年龄特点，提高了识字效率。

设计意图：

学习自主识字，在识字过程中，特别注重随文识字，让学生在文章、句子、词语等具体的语言环境中认识生字，让学生喜欢学习汉字，有主动识字的愿望。

注意事项：

区分韵母，读准"办、旁、放"；"进"要读准前鼻音。

②认识新偏旁反文旁。

(3)认读生字，交流识字方法，识记生字。

①教师逐一书写或看教材双线格中生字，学生自由认读。

②交流识字方法。

例：猜字谜"水边去一去——法""中午说说话——许"等。

注意事项：

鼓励学生运用多种识字方法识记生字。

(4)整体感知故事内容：说一说这是一只怎样的乌鸦。

例：这是一只聪明的乌鸦，因为它口渴了，能想出办法喝到瓶子里的水。

注意事项：

指导学生把话说完整。

(5)教师小结：遇到困难，如果你能够找到解决困难的办法，那你就是聪明的、有智慧的。

3. 再读课文，知道乌鸦喝水的过程

(1)指名分自然段朗读课文。

第一自然段：关注"渴、喝"的发音；读好结尾的疑问语气。

第三自然段：

①教师提问：乌鸦是用什么办法喝着水的？

②相机积累"一颗一颗"短语。

例：一颗一颗葡萄、一颗一颗牙齿、一颗一颗星星……

(2)整体感知故事内容。

例：找水喝

喝不着水

喝着水了

注意事项：

教师引导学生找出文中带有"喝"的词语，依次将相应词卡贴在黑板上。

4. 指导书写，会写"多、出"

(1)指导书写"出"，掌握笔顺。

观察：

①请学生观察"出"的笔顺：竖折、竖、竖、竖折、竖。

②观察"出"在田字格中的占格特点：第一笔竖折的横段要写在横中线上，中间的竖要写在竖中线上。

书空：学生书空，边书空边说出笔画名称。

范写：教师范写。

练写：在田字格中描红两个，练写一个。

评价：展示书写并进行评价。

(2)按照以上步骤指导书写"多"。

注意事项：

"多"的笔顺是撇、横撇、点、撇、横撇、点，强调"多"字要摆好两个"夕"的位置，两个点画写在竖中线上，上下要对齐，不要横向平行摆放。

## 第二课时

[教学目标]

1. 会写"只、石、见"3个生字。

2. 朗读课文，读好停顿。

3. 读懂故事内容，能说一说乌鸦是用什么办法喝着水的，从而懂得遇到困难应认真思考、积极想办法解决的道理，初步了解寓言故事的特点。

[教学重点]

1. 会写"只、石、见"3个生字。

2. 初步了解寓言故事的特点。

[教学难点]

1. 能说一说乌鸦是用什么办法喝着水的。

2. 懂得遇到困难应认真思考、积极想办法解决的道理。

[教学过程]

1. 指导朗读，读好停顿

(1)学生自由朗读课文，试着读出停顿。

（2）指名分自然段朗读课文，相机指导并示范。

注意事项：

提示学生在出现逗号、句号的地方要有适当的停顿，尤其出现句号的地方停顿时间稍长。

（3）教师范读全文。

（4）学生自由练读。

2. 说一说乌鸦是用什么办法喝着水的，明白其中的道理，渗透体裁

（1）出示上节课已经提炼出的关键词语。

找水喝

喝不着水

喝着水了

①指名学生读。

②根据课文内容，围绕着每个词语说一说故事内容。

例：一只乌鸦口渴了，到处找水喝。

乌鸦看见一个瓶子，可是瓶子里水不多，瓶口又小，乌鸦喝不着水。

乌鸦看见旁边有许多小石子，想出办法来了，它把石子一颗一颗放进瓶子里，瓶子里的水渐渐升高，乌鸦就喝着水了。

注意事项：

描述内容的时候可以用原文的话，也可以用自己的话，更加鼓励学生用自己的话。

③将每一部分的故事内容连起来讲《乌鸦喝水》的故事。

（2）说一说学完《乌鸦喝水》这个故事的收获。

例：当我们遇到困难时，不要着急，要像乌鸦一样开动脑筋，总会想出办法解决的。

（3）教师小结，渗透体裁。

①总结《乌鸦喝水》这个故事渗透的道理：遇到困难，要学会动脑筋想办法。

②强调体裁——寓言。

设计意图：

凭借教师范读的示范作用，让学生初步感知课文朗读的语气及感情的变化，为后面课文朗读的指导做铺垫；同时整体感知课文讲的是一只可爱的乌鸦，一只爱动脑筋的乌鸦。

注意事项：

内容浅显易懂，却能告诉人们深刻的道理，这样的故事叫寓言。

(4)拓展阅读：告诉学生本课选自《伊索寓言》，相机推荐，进行课外阅读。

3. 指导书写，会写"只、石、见"这3个生字

(1)指导书写上下结构"只"。

观察：

①请学生观察笔顺：竖、横折、横、撇、点。

②观察"只"字在田字格中的占格特点：上下两部分以横中线为界。

书空：学生书空，边书空边说出笔画名称。

范写：教师一边示范书写，一边强调"口"的大小要适中，撇与点要对称。

练写：请学生先描红两个，再练写一个。

评价：展示书写并进行评价。

(2)按照以上步骤指导书写独体字"石、见"。

注意事项：

①"石"的笔顺是横、撇、竖、横折、横，强调第一笔横不要过长，撇要舒展，从竖中线起笔。下面的"口"要写得略扁。

②"见"的笔顺是竖、横折、撇、竖弯钩，强调竖撇和竖弯钩两个笔画的位置要摆好，起笔都落在竖中线上。竖弯钩要写得舒展。

设计意图：

学习语言是为了运用语言。在学习了故事后，让学生说一说收获，既有效地检验了他们对课文的理解，又能帮助他们锤炼语言，真正将语文要素落地。

[作业设计]

根据教学目标和学生的学情，从以下三个方面布置作业：一是知识与技能方面的作业，要求学生完成认识生字、书写生字等基础性作业；二是能力方面的作业，要求学生向他人讲述乌鸦喝水的故事，提高学生的表达能力；三是推荐学生阅读课外书籍《伊索寓言》，扩大阅读量，体验阅读的快乐，感受语言的魅力。

围绕本课的教学目标和学生的学情，作业设计如下。

1. 认读"乌、鸦、处、找、办、旁、许、法、放、进、高"11个生字，每个生字口头组两个词；正确书写"多、出"2个生字，每个写2个。

2. 请把今天学习的《乌鸦喝水》的故事讲给家人听。

3. 阅读《伊索寓言》一书。

[板书设计]

板书设计符合教学要求，体现了教学意图，注重教材特点，联系学生实际。板书既揭示了故事脉络，又便于学生对故事内容进行掌握和记忆。本课板书设计如下：

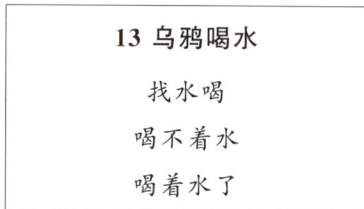

**13 乌鸦喝水**

找水喝

喝不着水

喝着水了

《乌鸦喝水》这一课的板书设计围绕乌鸦喝水的过程层层展开，在学生读书交流的过程中，提炼出乌鸦如何喝到水相对应的关键词，构建乌鸦喝到水的整个过程。本课的板书属于"提炼关键词式"，设计清晰简明，根据故事的发展层层推进，突破本课的教学难点，为学生顺利讲述乌鸦喝水的故事打下了基础。

# 第二部分　第二学段阅读教学

小学第二学段阅读教学承担着从第一学段向第三学段阅读教学"过渡"的任务，具有承前启后的作用。第二学段阅读教学是小学阅读教学的发展阶段，也是提高阅读能力的黄金时期。增强阅读意识，丰富学生的情感体验与精神世界，是第二学段阅读教学的重要任务。

小学语文教材统编版从第二学段起出现了精读课和略读课两大主要课型，学生语文知识与技能的学习、阅读能力的训练与培养、阅读习惯的养成以及语文素养的形成与发展和精读课、略读课的学习密不可分。因此，充分发挥精读课与略读课的不同价值与功能，对提高学生语言能力、阅读能力、鉴赏和审美能力有着重要意义。

## 🔍 问题情境

小学语文教材统编版特别强调不同文体、不同课型的教学。小 A 老师作为一名刚入职不久的新手老师，在本月的青年教师汇报课中，她执教了一节略读课《月是故乡明》。课后，教研主任反映：精读课和略读课课型区分不清，把略读课上成了精读课，教学时讲得过细。小 A 老师进行了调整，听课教师又告知她：略读课等同于了自学课，放手过多，教师只扮演了听众的角色。她困惑了：精读课和略读课究竟该怎么上呢？一节略读课，何处"精"，何处"略"，怎样做到省时高效呢？如何做好第二学段阅读教学设计，顺利实现从第一学段阅读教学向第三学段阅读教学的"过渡"呢？一起来学习本部分内容就能找到答案。

1. 了解《义务教育语文课程标准(2022 年版)》中对第二学段阅读教学的要求，知道精读和略读的阅读教学理念。

2. 通过具体案例，明白第二学段阅读教学设计步骤。

3. 结合案例分析，掌握精读和略读课文的阅读教学策略。

4. 能运用本节所学策略，完成一篇第二学段阅读教学设计。

重点：了解第二学段精读课文、略读课文的阅读教学要求。

难点：学习第二学段阅读教学中常用的指导方法，掌握相关阅读教学策略。

# 第一节
# 第二学段阅读教学理论分析

阅读教学是语文教学的基本环节，是培养学生语文能力的重要基础，是母语教育的主要载体。在小学语文课堂教学中，阅读教学比重最大，用时最多。[①] 阅读教学的效率，很大程度上决定着整个语文教学的质量。因此，进行第二学段阅读教学，明确阅读教学的主要任务、课程目标，了解这一学段阅读教学的历史沿革和热点问题就具有重要的现实意义。

## 一、第二学段阅读教学的主要任务

语文课程标准把语文素养具体化为"课程目标"。作为语文课程的重要组成部分，阅读教学应为全面达到语文课程总目标做出特殊的贡献。

语文课程总目标对中小学学生的阅读能力提出了明确的要求："具有独立阅读的能力，注重情感体验，有较丰富的积累，形成良好的语感。学会运用多种阅读方法。能初步理解、鉴赏文学作品，受到高尚情操与趣味的熏陶，发展个性，丰富自己的精神

---

① 吴忠豪主编：《小学语文课程与教学论》，北京，北京师范大学出版社，2008。

世界。能借助工具书阅读浅易文言文。九年课外阅读总量应在 400 万字以上。"

这段话全面、深刻地概括了阅读教学的基本目标。它突出了阅读能力和方法、个性及文化底蕴等要素。阅读教学的主要任务是培养学生的独立阅读能力。独立阅读能力的重要内涵是情感体验、丰富积累、良好语感。为了实现这一总目标,《义务教育语文课程标准(2022 年版)》提出了第二学段阅读与鉴赏的目标:

1. 用普通话正确、流利、有感情地朗读课文。初步学会默读,做到不出声,不指读。学习略读,粗知文章大意。

2. 能联系上下文,理解词句的意思,体会课文中关键词句表达情意的作用。能借助字典、词典和生活积累,理解生词的意义。在理解语句的过程中,体会句号与逗号的不同用法,了解冒号、引号的一般用法。

3. 能初步把握文章的主要内容,体会文章表达的思想感情。学习圈点、批注等阅读方法。能对课文中不理解的地方提出疑问,乐于与他人讨论交流。

4. 能复述叙事性作品的大意,初步感受作品中生动的形象和优美的语言,关心作品中人物的命运和喜怒哀乐,与他人交流自己的阅读感受。诵读优秀诗文,注意在诵读过程中体验情感,展开想象,领悟诗文大意。

5. 阅读整本书,初步理解主要内容,主动和同学分享自己的阅读感受。

6. 积累课文中的优美词语、精彩句段,以及在课外阅读和生活中获得的语言材料。背诵优秀诗文 50 篇(段)。养成读书看报的习惯,收藏图书资料,乐于与同学交流。课外阅读总量不少于 40 万字。

## 二、第二学段阅读教学要求的解读

1. 三、四年级是小学生学习语文的过渡、发展阶段。这个学段要继续重视培养学生的兴趣。《义务教育语文课程标准(2022 年版)》提出"初步感受作品中生动的形象和优美的语言,关心作品中人物的命运和喜怒哀乐,与他人交流自己的阅读感受。诵读优秀诗文,注意在诵读过程中体验情感,展开想象,领悟诗文大意"等。根据这些目标,在阅读中要十分注重情感投入,从中获得情感体验和思想领悟。在阅读童话、寓言、故事等叙事性作品时,要集中心思,注入情感,"关心作品中人物的命运和喜怒哀乐",用心感受人物的情感,想象他们的命运和故事,以及与作品中人物的思想感情产生共鸣,真正读懂作品。

2. 第二学段阅读教学要帮助学生掌握阅读方法,初步形成阅读能力,养成良好的阅读习惯。第二学段学生应掌握的阅读方法是初步学会默读,能对课文中不理解的地方提出疑问;能联系上下文,理解词句的意思,体会课文中关键词句表达情意的作用。能借助字典、词典和生活积累,理解生词的意义;学习略读,粗知文章大意等。掌握了默读、质疑、查字典等方法，能有效地提高学生阅读的质量和独立阅读的能力。

3. 小学语文教材统编版视角下的第二学段语文教学，区分精读课和略读课两种课型。

精读课就是运用精读法阅读的课。精读法就是要读得精细，理解深入，使学生掌握读书方法，形成独立阅读能力。如叶圣陶先生所说："应当条分缕析的，能够条分缕析；应当综观大意的，能够综观大意；意在言外的，能够辨得出它的言外之意；义有疏漏的，能够指得出它的疏漏之处；到此地步，阅读书籍的习惯也就差不多了。"这是针对阅读习惯、阅读能力而言的，如果学生在学习过程中达到这样的阅读水平，也就达到了精读课的教学目的。这类课就是读书指导课。

略读，就是只求概览大意的读，这是一种快速地、提纲挈领地把握文本的主要内容、思想感情和写作特点的阅读方式。如果说精读课的教学目的在于教给学生阅读方法，形成阅读能力，那么略读课的教学目的，就在于使学生运用已掌握的精读方法，提高学生的独立阅读能力。略读课不是完全由学生自己去读，也需要有老师的指导，只是指导得不那么细致而已，其教学目的主要还在于锻炼学生的独立阅读能力。略读，是一种重要的阅读方法，是现代社会对人的语文能力的新要求。小学生学会略读，能较快地阅读，获得更多的信息，是很有用的读书方法。

## 三、第二学段阅读教学的历史沿革

国家课程标准是教材编写、教学、评估的依据，是国家管理和评价课程的基础。它是教学改革的"纲领"。通过对语文课程标准中阅读教学目标的历时性观察，能够发现第二学段阅读教学在理念、目标和方法上的沿袭与革新，从而可以形成对阅读教学的科学合理化认识，更好地指导阅读教学。

早期的语文课程标准（大纲）一般都只规定阅读培养目标的某一方面或者几个方面，1992 年《九年义务教育全日制中学语文教学大纲（试行）》颁布后才逐渐发展为规定阅读素养的三个维度、多个方面，并在 2001 年《全日制义务教育语文课程标准（实验稿）》（以下简称《课标（实验稿）》）中更明确、更科学地提出要全面培养学生阅读知识和能力、过程和方法、情感态度和价值观三个维度七个方面的阅读素养。2011 年《义务教育语文课程标准（2011 年版）》（以下简称课程标准）是在对《课标（实验稿）》充分实验、调研的基础上的修订，并没有做颠覆性的修改，原先实验稿提出的基本理念是正确的，修订时进行了保留，但提出的一些新的教育理念，使语文阅读教学的面貌发生了很大的变化。

### （一）淡化段落教学，强调对课文主要内容的整体把握

《课标（实验稿）》中关于第二学段的阅读教学目标，没有分段、概括段落大意等有

关段落教学的要求，而是提出了把握主要内容、体会思想情感的要求："能初步把握文章的主要内容，体会文章表达的思想感情。"在课程标准中继续保留。可见，没有把段落作为第二学段阅读教学的重点是阅读教学整体理念发生变化的结果，是阅读教学理念改革的直接体现。打破了原来侧重词、句、段、篇的阅读教学顺序，不再以词、句、段、篇作为阅读能力发展的外显标志。学生的阅读能力发展并不一定遵循词、句、段、篇这样的线性发展，阅读的初始阶段，对文本的整体感知恰恰是重点。《课标（实验稿）》、课程标准都强调在阅读教学的开始就注重对文本的整体感知，第二学段也自然贯彻、延续这样的理念。同时，这样的要求对学生降低了标准，避免烦琐化，为学生能够直接与文本进行对话提供空间。在阅读教学中，如果把原来侧重了解段与段的关系、分段、概括段落大意等程序简化，不再被这样程式化的操作所牵制，学生会有更多的时间和机会阅读文本。对于三、四年级的学生，能够对课文有初步的把握和体会就可以了，应符合学生的实际，不能拔高或要求太多。

### （二）重视复述，鼓励学生与他人交流、分享自己的阅读感受

课程标准要求："能复述叙事性作品的大意，初步感受作品中生动的形象和优美的语言，关心作品中人物的命运和喜怒哀乐，与他人交流自己的阅读感受。"可见，课程标准都重视复述，鼓励学生与他人交流、分享自己的阅读感受。在第二学段把叙事性作品的阅读目标进行单独表述，也意味着对阅读内容的指向。经过第一学段的识字和阅读教学，学生具备了阅读的基础，因而独立阅读能力的发展应该成为第二学段阅读教学的重要任务。为了完成这样的任务，阅读动力和阅读量是关键。根据阅读心理特点，学生喜欢具有生动的形象、故事性较强的作品。所以，这样的作品应该成为这个学段阅读内容的重要组成部分，在实际的教学中也要根据这些作品的特点设计教学活动。在课程标准中出现了新的理念，那就是强调，阅读是个性化行为，尊重学生阅读的感受，老师应加强指导，但不应当以教师的分析代替学生的阅读实践，不要以模式化的解读代替学生的体验与思考。

课程标准把复述作为第二学段阅读教学的重要内容，这是因为复述直接体现着对课文理解的程度，同时也是促使学生更为深入理解课文的主要途径。在实际的教学中，可以根据学生的水平和课文特点采取不同的要求，将复述分为简要复述、详细复述和创造性复述。另外，学生对课文的复述一方面是对课文理解的直接体现，同时也为学生相互交流提供了素材和机会。

《义务教育语文课程标准（2022 年版）》在第二学段的"阅读与鉴赏"目标中，新增了"学习圈点、批注等阅读方法。""阅读整本书，初步理解主要内容，主动和同学分享自己的阅读感受。"这就是在阅读方法上对学生提出具体的要求，并且沿袭了第一学段关于整本书阅读的要求，在此基础上引导学生读后积极分享自己感受。

从语文课程标准的演变历史可以看出，第二学段阅读教学在教学目标、阅读能力发展阶段划分和教学方法上有继承也有革新。全面提高学生的阅读素养，意味着阅读教学必须整体发展学生的阅读素养，也意味着阅读教学要与传统彻底决裂，还意味着阅读教学必须与语文课程改革同步。

## 三、第二学段阅读教学当前热点问题

新课改的背景下，对于小学生语文阅读素养，更加注重于理解、欣赏、感悟、思考、探究与创新能力的培养，让学生在课堂阅读教学中能够学会学习、学会阅读、喜爱阅读，将学生培养成为一个真正会阅读的人。阅读能力的培养，第一学段是启蒙阶段，第二学段作为承上启下的过渡阶段，则是基础阶段，如果在第二学段学生的基本理解能力还没有形成，就很难达到第三学段乃至中学阶段的阅读要求。可见，第二学段阅读能力训练是否到位，直接决定第三学段阅读能力的发展。目前，第二学段阅读教学中关于强调课堂教学中问题设置要体现整体性、避免琐碎提问，重视学生主体地位、充分调动学生积极性等问题都已经达成共识，但仍有些热点问题需要共同探讨。

### (一)第二学段阅读教学，字词学习还应不应该作为重点?

字词教学是阅读教学的重要内容。课程标准从第一学段到第三学段都对字词教学提出了明确的要求，字词教学是语文教学最根本的基础，不容忽视，也不能忽视。但当下字词教学还存在诸多问题，有碍落实"语言文字运用能力提升"的课程目标。

在第二学段，许多教师往往高估了学生的能力，认为字词教学只是低年级教学的重点，到了中年级，字词可以交给学生自己去学习，去掌握，不必占用课堂宝贵的时间。因此，往往不把字词教学当作一个重要的教学环节来处理，大多数情况下，仅仅是借助工具书来了解一下词语本身的意义，或者简单地带领学生造几个句子，然后就进入课文内容的分析。词语的意义、意味、意蕴，都没有得到应有的开掘。面对课文中数量剧增的新词，学生有的一知半解，有的根本就是不解其意，含混而过，使学生无法感受语言情境、体味语言情感、理解作品韵味。

词句学习一直是语文学习的重点，只是各个学段词语的学习各有侧重而已。第一学段字词教学的重点在形，到第二学段词句教学的重点由字形转到字义的理解。在词语的选择方面是"课文中的关键词句"；在理解程度的要求方面是"关键词句表达情意的作用"；在理解词语的方法上，是"联系上下文""借助字典、词典和生活积累，理解生词的意义"。这一要求，往下延续和发展了第一学段的"结合上下文和生活实际了解课文中词句的意思"，往上则为第三学段的"理解词语在语言环境中的恰当意义，辨别词语的感情色彩""推想课文中有关词句的意义，体会其表达效果"打基础。因此，在第二学段的阅读教学中，教师应引导学生在理解词语意思的基础上，体会词语在表情达意方面的作用，必要时还可以加以运用。

### (二)提高第二学段学生阅读能力的关键是什么?

第二学段是学生从具体形象思维过渡到抽象逻辑思维的阶段，是思维能力开始迅速发展的阶段。在这个阶段，教师需要挖掘适于指向思维能力的文本或寻找文本中有利于培养学生思维能力的因素，以学生的具体形象思维为起点设计与开展教学，培养学生的理解分析能力、判断推理能力、归纳概括能力等思维能力。可见，提高第二学段学生阅读能力的关键是将语言学习与思维发展紧密结合起来。"语言学习"和"思维发展"是语文学习的双翼，应该比翼齐飞。

## 第二节
# 第二学段阅读教学设计过程例谈

作为"过渡"阶段的第二学段，初步把握文章的主要内容，体会文章表达的思想感情等是阅读教学的主要目标。本书第一章已经论述了小学语文教学设计的基本步骤，本节以小学语文教材统编版三年级上册第 21 课《大自然的声音》的教学设计过程为例，探讨小学语文教学设计理论、课标要求等在第二学段阅读教学实践中的具体落实，希望能为教师们进行第二学段阅读教学设计提供思路。

扫码查看课文

### 一、教材分析

从单元分析和课文分析两方面确定本课的教材分析。

首先，从单元整体视角对本课进行初步分析。由单元导语可知，本单元围绕着"我与自然"以及"生动的语言"进行双线组元。(见图 4-2)从人文主题看，本单元编排的三篇课文都体现了人与自然和谐相处的美好情感。《大自然的声音》通过描写自然界的各种声音，表达了用心体验大自然的乐趣；《读不完的大书》体现了大自然中的无穷奥秘和极大的学问；《父亲、树林和鸟》表达了父亲对树林和鸟的热爱与了解。从语文要素看，本单元围绕感受和积累"生动的语言"展开，分别聚焦"描写声音的词语""连续使用

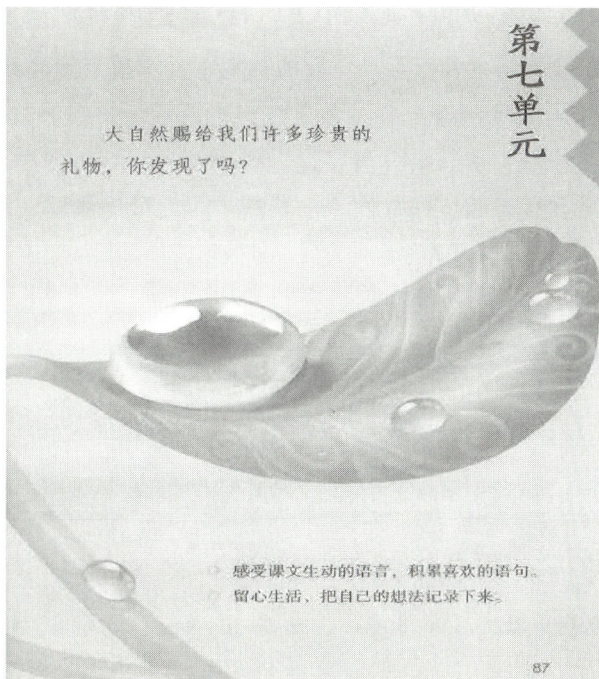

图 4-2　单元导语

修饰语的生动词语"等。

聚焦本课内容进行教材分析。本单元的三篇课文均为精读课文，且围绕着"生动的语言"各有新的教学点。以语文要素中"生动的语言"为线索，《大自然的声音》采用人格化的写法，运用大量形象鲜活、有新鲜感的语句，分别从风、水和动物三个方面描写了大自然美妙的声音，把人们习以为常的声音写得丰富鲜活，妙趣横生。课文既契合了本单元"人与自然"的主题，又引导学生领略了生动语言的魅力。

据此，可将教材分析确定如下。

《大自然的声音》是小学语文教材统编版三年级上册第七单元的第一篇课文。本单元围绕着"我与自然"以及"生动的语言"进行双线组元，一共安排了三篇课文。《大自然的声音》以独特的视角，将大自然中的事物比作音乐家，把风、水、动物发出的声音描绘成各种美妙生动的乐曲，体现了大自然的美丽，这属于人文主题的范畴，是一条显性的线；站在语文要素中"感受课文生动的语言"这条线索上来看，课本要求学生体会描写声音词语的生动。整体来看，感受课文生动的语言是三年级上册第一单元关注有新鲜感的词语和句子的延续，同时也为四年级上册准确生动的表达做好铺垫。

## 二、学情分析

从学生的知识储备和心理年龄特点两方面出发，进行学情分析。从学生的知识储备来看，三年级的学生已经掌握了学习生字的方法，但本篇课文易错字较多，教师应适当进行指导。此阶段的学生处于第二学段的初期，学习重点转移到"学阅读"和"学表达"，经过第一学段的学习，学生已经具备关注一些新鲜感的词句的敏感度，但在阅读文学作品时，体会并运用生动的语言仍存在一些困难。从学生的心理特点来看，三年级的学生天生就对大自然充满了探究发现的乐趣，可充分利用这一特点，激发他们学习本文的兴趣。

## 三、确定教学目标

首先根据单元导语和单元整体安排确定单元教学目标，再以课后练习题为抓手，确定本课的教学目标，最后，根据第二学段阅读教学的基本规律，将本课教学目标分解为具体的课时教学目标。

经梳理，本单元的教学目标如下。

1. 认识 24 个生字，读准 1 个多音字，会写 36 个字，会写 47 个词语。

2. 正确、流利地朗读课文，背诵《大自然的声音》第二、三自然段。

3. 借助图表理解课文的大致内容。

4. 能明白大自然里有无穷的奥秘和极大的学问，大自然是一本读不完的大书的道理。

5. 默读课文，能说出"我真高兴，父亲不是猎人"这句话的含义，辨析对文中人物的判断。

6. 能体会课文生动的语言，摘抄自己喜欢的句子。

7. 能在小组中简单讲述身边不文明或令人感到温暖的行为，并汇总小组意见。

8. 能清楚写下生活中某种现象及自己对此的想法，并以书面形式与他人交流。

9. 能了解撇和捺要舒展的书写要点，以及朗读、背诵古诗《采莲曲》。

以课后练习题为抓手，确定本课的教学目标。（见图 4-3）

本课课后安排有识字写字和三个课后练习题，练习题分别指向朗读、梳理课文关键词句以及体会声音的美妙三个方面。首先，双线格及田字格中分别列出了学生应该会认、会写的字词，教师在某些重点偏旁、字词上应该进行指导。由此，我们可以确定第一层教学目标：认识"妙、奏"等 7 个生字，读准多音字"呢"，会写"妙、演"等 13 个字，会写"美妙、音乐家"等词语。其次，根据课后练习题一"朗读课文，体会大自然声音的美妙。背诵第 2～3 自然段"，再结合课程标准中对中段阅读教学目标的要求，可将第二层的教学目标具体确定为：有感情地朗读课文，背诵第二、三自然段。再次，根据课后练习题二"填一填，再说一说课文写了大自然的哪些声音"，可转化成第三层教学目标：能找到第二、三、四自然段的关键句并填在图表中，借助图表说出课文写

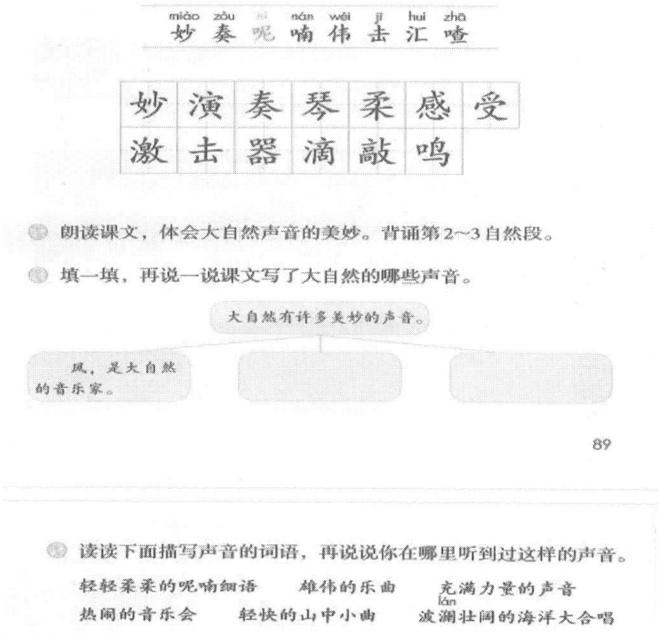

miào zòu ní nán wěi jī huì zhā
妙 奏 呢 喃 伟 击 汇 喳

| | | | | | | |
|---|---|---|---|---|---|---|
| 妙 | 演 | 奏 | 琴 | 柔 | 感 | 受 |
| 激 | 击 | 器 | 滴 | 敲 | 鸣 | |

朗读课文，体会大自然声音的美妙。背诵第2~3自然段。

填一填，再说一说课文写了大自然的哪些声音。

大自然有许多美妙的声音。

风，是大自然的音乐家。

89

读读下面描写声音的词语，再说说你在哪里听到过这样的声音。

轻轻柔柔的呢喃细语　雄伟的乐曲　充满力量的声音
热闹的音乐会　轻快的山中小曲　波澜（lán）壮阔的海洋大合唱

图 4-3　课后练习题

了大自然的哪些声音。最后，根据课后练习题三“读读下面描写声音的词语，再说说你在哪里听到过这样的声音”，我们确定第四层的教学目标：能联系生活经验，体会课文中描写声音的词语的生动；能仿照课文，围绕一种听过的声音写几句话。可见教学目标和课后练习题一一对应，再结合三维目标的表述要求，将本课的教学目标确定如下。

1. 认识“妙、奏”等 7 个生字，读准多音字“呢”，会写“妙、演”等 13 个字，会写“美妙、音乐家”等词语。

2. 有感情地朗读课文，背诵第二、三自然段。

3. 能找到第二、三、四自然段的关键句并填在图表中，借助图表说出课文写了大自然的哪些声音。

4. 能联系生活经验，体会课文中描写声音的词语的生动。能仿照课文，围绕一种听过的声音写几句话。

一般来说，一篇精读课文的教学需要两个课时完成。根据阅读教学的基本规律，我们将上述教学目标分解为课时教学目标。从第一层、第二层以及第三层教学目标可确定第一课时的教学目标，学生完成认字、写字的基础性工作，正确流利地朗读课文，初步感知课文内容，为第二课时做铺垫。从第二层、第四层教学目标可以确定第二课时的教学目标，学生将达成背诵课文重点段落、体会文中的生动语言等方面的高层次目标。从三维目标的角度看本课的教学目标，识字写字属于知识与技能方面的目标，采用多种方式朗读、找出文中关键词句属于过程与方法方面的目标，体会文中的生动语言则属于情感态度价值观方面的目标。因此，可将本课教学目标确定如下。

第一课时的教学目标：

1. 认识"妙、奏"等7个生字，读准多音字"呢"，会写"妙、演"等13个字，会写"美妙、音乐家"等词语。

2. 能找到第二、三、四自然段的关键句并填写在图表中，借助图表说出课文写了大自然的哪些声音。

3. 有感情地朗读课文，体会课文中描写声音的词语的生动，背诵第二自然段。

第二课时的教学目标：

1. 有感情地朗读课文，再次体会课文中描写声音的词语的生动，背诵第三自然段。

2. 能仿照课文，围绕一种听过的声音写几句话。

一般来说，从明确单元目标到确定本课目标，再分解为课时教学目标，这是确定教学目标的逻辑顺序。具体来说，"正确、流利地朗读课文，背诵《大自然的声音》第二、三自然段。借助图表理解课文的大致内容"是本单元教学目标中明确表述的内容。厘清单元教学目标，有助于从整体上把握本课的教学目标。本课的课后安排了四个方面内容，分别是识记生字、朗读与背诵、梳理关键词句以及体会生动的语言，以此为抓手，可确定本课的教学目标。最后，根据第二学段阅读教学规律，将本课教学目标分解为课时教学目标。

## 四、把握教学重难点

明确教学重难点一般要考虑三个因素，即课标要求、教材因素、学生学情。首先在课程标准的要求下结合教材内容，确定本课的教学重点。课程标准对第二学段的阅读教学目标提出以下要求：能初步把握文章的主要内容，体会文章表达的思想感情，初步感受作品中生动的形象和优美的语言等。可见，将"生动的语言"作为教学重点是符合课标要求的。从教材的角度看，本单元语文要素是"感受课文生动的语言，积累喜欢的语句"，因此根据教材，应将"感受课文生动的语言"定为教学重点，对于三年级的学生来说，学习"生动的语言"是学生第一次接触，在学习过程中会有一定的难度，将其列为本课的教学难点也是符合学情的。同时第一课时也要进行字词方面的基础性教学。通过上述分析，将本课的教学重难点确定如下。

1. 有感情地朗读课文，体会课文中描写声音的词语的生动，背诵第二自然段。（第一课时）

2. 再次体会课文中描写声音的词语的生动，背诵第三自然段。（第二课时）

3. 仿照课文，围绕一种听过的声音写几句话。（第二课时）

## 五、选择教学策略

教学策略的选择要有助于落实本课的教学重点，突破教学难点。结合上述的本课教学重难点，教师可根据教学内容选择以下教学策略。

1. 采用多种方式朗读课文，使学生有感情地朗读课文。教师可指导学生开展小组合作、组间合作等多种形式的朗读，在反复朗读中体会生动的语言。学生在初步接触课文时，可自由朗读，了解课文大致内容；教师在围绕本课重难点展开教学时，需要学生再读课文，进行自学思考；学生进一步对课文内容有了整体感知之后，需要学生有感情地朗读"生动的语言"；等等。

2. 读说结合，采用关键词串联文章内容。教师要引导学生抓住关键词，遵循正确的思路，说出课文的主要内容，帮助学生正确理解文意。这一策略可提高学生理解和运用语言的能力，读说结合中的读侧重对信息的输入，而说则是对信息的输出，侧重学生个人的阅读感悟。阅读教学中将读和说结合起来，不仅能提高学生的口语表达能力，而且能扩展学生的思维。

## 六、教学过程设计

根据第一章有关教学过程设计的基本理论和步骤，结合第二学段阅读教学规律，其教学过程设计可按如下步骤展开：第一，导入课题，引起学生求知欲；第二，初读课文，感知教材；第三，借助关键词句，理解课文内容；第四，学习、积累语言以及读说、读写结合，巩固和运用知识。以上四个步骤密切联系，形成一个整体。在教学实施中，可根据具体情况灵活掌握，注意不要割裂各个环节之间的内在联系。以《大自然的声音》一课为例，具体呈现完整的教学过程设计。

第一课时的教学过程：

1. 谈话激趣，引入课题。

2. 初读课文，学习字词。

3. 借助图表，厘清文脉。

4. 品读课文，背诵积累。

第一课时分为四个教学环节。第一个教学环节导入课题，导入的形式多种多样，如游戏导入、谈话导入、设疑导入等，引起学生的求知欲。第二个教学环节通过指导学生学习重点字词，突破生字教学的重难点。第三个教学环节借助图表，聚焦生动的语言，了解课文内容。第四个教学环节是让学生在体会生动语言的基础上熟读成诵，最终达成第一课时的教学目标。

第二课时的教学过程：

1. 创设情境，巩固字词。

2. 品读感悟，积累语言。

3. 运用写法，练笔提升。

4. 总结写法，拓展延伸。

第二课时分为四个教学环节，围绕教学重难点层层展开，学生在第一课时已经了解了课文内容，本课时第一个教学环节的设计旨在帮助学生在创设的情境中巩固重点字词。第二个教学环节"积累语言"以及第三个环节"练笔提升"，学生能更进一步掌握课文内容，实现知识的巩固和运用，进而达成本课教学目标。第四个教学环节通过课堂总结写法，进一步发展学生的思维。

综上，可以发现第二学段阅读教学的教学过程设计在内容以及环节的安排上紧紧围绕本书第一章阐释的教学过程设计的基本理论和步骤展开。本书第一章论述了教学过程设计的五个基本步骤，分别是引起求知欲、感知教材、理解教材、巩固和运用知识以及检查知识、技能和技巧。一般来说，第一课时主要围绕引起学生求知欲、初步感知课文内容展开教学，第二课时主要聚焦对教材的进一步理解、巩固和运用知识，以及检查知识、技能和技巧。具体如表 4-2 所示。

表 4-2 《大自然的声音》教学过程设计

| 课时安排 | 具体教学环节 | 教学过程原理 |
|---|---|---|
| 第一课时 | 第一环节：谈话激趣，引入课题。 | 引起学生的求知欲 |
| | 第二环节：初读课文，学习字词。 | 感知教材 |
| | 第三环节：借助图表，厘清文脉。 | 理解教材 |
| | 第四环节：品读课文，背诵积累。 | |
| 第二课时 | 第一环节：创设情境，巩固字词。 | 巩固和运用知识 |
| | 第二环节：品读感悟，积累语言。 | 理解教材 |
| | 第三环节：运用写法，练笔提升。 | 巩固和运用知识 |
| | 第四环节：总结写法，拓展延伸。 | 检查知识、技能和技巧 |

关于第二学段阅读教学过程设计，需要特别说明的是，实际教学过程会在遵循第一章教学设计过程的基本理论和步骤的基础上进行微调。例如，对知识、技能和技巧的检查，采用学生展示朗读及背诵、聚焦并仿写生动的语言等方式进行，这些检测渗透在学习新知的过程中。

## 七、作业设计

作业设计分为作业内容和作业评价两方面。作业设计要有助于达成本课的教学目标，符合语文课程标准的广度和深度，有助于学生对"双基"的掌握，启发学生思维。语文作业内容要侧重学生听、说、读、写练习，根据学生的学情，作业内容可从以下三方面布置：一是知识与技能方面的作业，如教师可要求学生完成认识生字、口头组词等基础性作业；二是能力方面的作业，如教师可要求学生向他人背诵重点段落，提高表达能力；三是发展方面的作业，如教师可要求学生阅读与本课相关的课外文章，拓展学生的视野。围绕本课的教学目标和学生的学情，将作业设计如下。

1. 认读"妙、奏"等7个字，每个生字口头组词2个并写下来。

2. 背诵《大自然的声音》第二、三自然段。

3. 读一读阅读链接中的《瀑布》。

围绕作业的设计，选择不同的作业评价方式。教师可采用听写的方式，进行检查性评价，了解学生本课重点字词的掌握程度，完成对第一项作业的评价。第二项作业可以请家长对学生的表现进行简单的口头评价。第三项作业可以采用生生互评与教师评价相结合的方式进行评价。生生互评可以让学生在互评的过程中，学会与他人交流沟通，了解其他同学的观点。之后教师可以根据每位同学的表现进行比较全面的评价，评价时不仅要关注学生对知识的掌握，而且要关注作业呈现出的学习态度、意志等非智力因素，促进学生发展提高。

## 八、板书设计

板书的设计在内容上要用词准确，体现科学性；在层次上，要条理清楚，重点突出，有鲜明性。在课堂教学中，教师要根据教学的具体内容和学生思维的特点，运用好板书。

> **21 大自然的声音**
>
> 　　　风，是大自然的音乐家。
> 美妙　水，也是大自然的音乐家。
> 　　　动物，是大自然的歌手。

《大自然的声音》这一课的板书设计紧紧围绕大自然声音的"美妙"展开，从风、水和动物三个方面描写了大自然美妙的声音。在学生读书交流的过程中，梳理出关键词句。本课板书设计不仅主线突出，板块清晰，设计简明，而且有助于突破本课的教学难点，为学生想象并仿写生动的语言打下基础。

# 第三节
# 第二学段阅读教学策略及应用再谈

课型的区分在一年级还不太能看出来，到了三年级，课文就分为两种类型，或者两种课型，一是精读课，二是略读课。精读课主要是老师教，一般要求讲得比较细、比较精，就是举例子、给方法，激发读书的兴味；而略读课主要让学生自己读书，把精读课学到的方法运用到略读课中，自己去试验、体会，很多情况下，略读课就是自主性地泛读。课型不同，功能也不同，彼此配合进行，才能更好地完成阅读教学。① 教学策略是教师对教学活动整体性把握和推进的一系列措施。对于不同的课型，所使用的教学策略也会不同。

## 一、精读课文的教学策略及案例分析

精读就是读得精细，理解深入，使学生掌握读书方法，形成独立阅读能力。教师在讲述、讲解过程中，指导运用多种阅读方法，把阅读材料的内容有机结合起来。

### (一)采用多种朗读形式，达到有感情朗读课文

讲读是语文学科教学的一种基本方法。它是指教师在讲述、讲解的过程中，指导学生通过朗读、默读等多种形式的读，把阅读材料的内容有机结合起来的一种讲授方式。讲读法的应用有利于发挥教师的主导作用，提高课堂效率。但单纯的讲读应用形式较为单调，不利于学生主动学习。

教学案例呈现：

在教学过程中，教师应该如何进行讲读，以扬其长，避其短，发挥优势作用呢？以小学语文教材统编版三年级下册第二单元第 7 课《鹿角和鹿腿》为例。

片段一：

师：这篇课文主要讲了一件什么事情呢？快速读一遍课文，借助拼音把字音读准确，难读的句子多读几遍，试着读出感情来。

（学生快速自由朗读课文）

师：谁来试着读一读第一、第二自然段。

---

① 温儒敏：《如何用好统编版小学语文教材》，载《课程·教材·教法》，2018(2)。

（生1读第一、第二自然段）

师：了不起，读书就要这样，正确，流利。谁再来读一读？

（生2读第一、第二自然段）

师：他不仅读得很流利，而且把疑问的语气读出来了。接着来读第3自然段。

（生1读第三自然段）

师：小鹿可是在"对着池水欣赏自己的美丽"啊，想一想该怎么读才能读出他的心情呢？

（生2读第三自然段）

师：你看看，小鹿那种骄傲的感觉就让他读出来了。读书的时候啊，就要想一想人物的心情，就能读好了。第四自然段，再来读一读。

（生读第四自然段）

师：哎呀，小鹿嫌弃自己的腿的语气让他读得惟妙惟肖。人物的情绪变化，就是要靠朗读来体现的。第五自然段可不好读，要读出紧张的气氛。

（生1读第五自然段）

师：不够紧张，听老师来读一读。（师范读）谁也能像老师这样读一读。

（生2读第五自然段）

师：够紧张了，谁像他一样再来读一读。

（生3读第五自然段）

师：第六自然段就更紧张了。

（生4读第六自然段）

师：不错，一学就会。最后一段最难读，读起来会有"喘气""叹气"的感觉，谁能读出来。

（生5读第七自然段）

师：我们一起齐读最后一个自然段。

教学案例分析：

这个教学片断中，教师突出以读为主线进行教学。应用了多种形式的读，包括自由朗读、指名读、齐读、范读等，并将读贯穿于教学过程中的不同环节中，突出了以读为主的阅读教学特点。同时体现了以学生为中心的理念，让学生在朗读的时候也注入情感，更好地理解文章深意。同时，在读的过程中，要求读准字音、读通句子、读好停顿、边读边想等，有的放矢，落实教学目标。

教学策略总结：

采用多种朗读形式，达到有感情朗读课文，要注意两个问题。第一，什么时间读？语文教学基本遵从"整体感知——细部研读——回归整体"的阅读思路，因此，在学生初步接触课文，要了解大致内容时需要读（浏览）；围绕重难点进行自学思考时需要读

（默读）；理解了内容，体会了情感时也需要读（朗读）……可以说，讲读教学中，读无处不在。第二，用什么方式读？语文课程标准中明确规定了不同学段读的不同形式和要求，在讲读教学中，根据不同的教学任务和目标，通常会采用不同形式的读，比如朗读：初读课文，读准字音，采用自由朗读；正字正音，运用指名个体朗读；教师指导就要进行示范朗读；增强情感、渲染气氛则需要集体齐读，等等。除此之外，默读、浏览等也有其适合的运用方式。

### （二）提取关键信息，复述课文内容

教学案例呈现：

片段二：

师：如果让你用一个词形容鹿角的样子，你会用？

生：美丽。

（师板书美丽）

师：鹿腿呢？

生：难看。

（师板书难看）

师：没错，这个就是鹿角和鹿腿的特点。不仅如此，小鹿对它们的态度也是有所变化的。请从课文中找出一开始小鹿对它们态度的句子读一读。

生1：小鹿一开始对鹿角是欣赏的。"他不着急离开了，对着池水……好像两束美丽的珊瑚。"

（师板书欣赏）

生2：小鹿一开始对鹿腿是抱怨的。"鹿忽然看到了自己的腿，不禁……怎么配得上这两只美丽的角呢？"

（师板书抱怨）

师：（指板书）围绕这四个词，我们就能知道小鹿一开始对它们的态度以及原因。谁能来说一说。

生1：小鹿因为鹿角美丽而欣赏它，而且他还抱怨自己的鹿腿特别难看。

师：总结的很到位，如果你能把小鹿说的话换成自己的语言，再加上小鹿在哪看到了自己的鹿角和鹿腿就更好了，谁再来试试？

生2：一天小鹿在池边喝水，从池水的倒影中看到了自己的鹿角和鹿腿。他特别欣赏自己的鹿角，因为鹿角太美丽了，他说自己的鹿角像两束美丽的珊瑚一样。然后他又看到了自己的鹿腿，他觉得自己的鹿腿太难看了，就抱怨说自己的鹿腿根本配不上自己美丽的鹿角。

师：掌声送给他！（生鼓掌）后来小鹿对它们的态度产生了变化。

是因为什么呢？

生1：因为鹿角差点让他送了命，而鹿腿把它救了。

师：对，因为鹿腿让他狮口逃生。（板书：差点儿送命，狮口逃生）我们一起再来读一读第五、第六自然段，回忆一下当时的场景。

（生齐读第五、第六自然段）

师：读故事不仅要会读，还要会讲。看着黑板上这两个提示，来说一说小鹿狮口逃生的故事吗？同桌之间互相练习一下。

生：小鹿突然听到了脚步声……好在他有长长的鹿腿，让他狮口逃生。

师：精彩，掌声送给他。（生鼓掌）看，我们通过读课文，找到了鹿角和鹿腿的特点，以及小鹿对它们的态度和态度变化的原因，并且用这些提示分两部分讲了讲这个故事。谁能把这两部分连在一起，用自己的话讲一讲这个故事。

（生讲故事）

师：太了不起了，不知不觉，大家就能根据提示用自己的话来讲这个故事了。

教学案例分析：

这个片段又突显了讲读的另一个重要特点，就是抓重点精讲。本课的教学重点是：根据提示，用自己的话讲故事。在整体设计上，教师让学生借助鹿角和鹿腿的特点以及小鹿对它们的态度变化来提取信息，通过信息提示，先串联，再丰盈故事，最终达到用自己的话讲故事。如果一节课教师提出的问题过于琐碎或者逐句逐段地分析讲解，那么精讲就无从谈起，所以，围绕教学重点确定中心话题是精讲的前提。在具体操作上，教师先引导学生找到鹿角和鹿腿的特点，再通过特点找态度及变化，在这个过程中，学生学习的难点是讲故事，而此处正是教师抓住重点进行精讲的关键，借助提示所形成的故事线索，引导学生从梳理线索，到丰盈内容，最后将两部分合二为一完整掌握故事内容，从而帮助学生突破教学难。因此，紧扣教学难点帮助学生理解是精讲的关键。

教学策略总结：

第二学段文本的内容和意义都能与学生已有的知识经验建立联系，一篇课文的大意，学生在初读之后便可基本了解，教师若继续按部就班、滔滔不绝地灌输或解释，会影响学生思维的发展，对学生自主学习能力造成破坏，不利于学生语文核心素养的形成和发展。在文章中或某个片段中，总会有一些对故事发展起关键作用的重点词语，这些关键词语，按心理学的说法就是人记忆时的"明显注目的标志"，好比开车时路上有了引路的标志，就能引导司机顺利到达目的地一样，讲解时抓住了这些特点能引导学生循着正确的思路快速理解文意。课文中的标题、对话、情节、态度变化都是关键性内容，教师要引导学生从课文关键语句信息切入，进行思考、提炼，以起到画龙点睛的作用。

### (三)读写结合，深悟课文思想感情

教学案例呈现：

师：小鹿终于还是靠着自己一开始不喜欢的鹿腿救了自己一命，小鹿回到家把今天的经历告诉了自己的朋友，如果你是小鹿的朋友，那么你想对小鹿说什么呢？请同学们拿出卡片，替小鹿的朋友写下他们想说的话。（师巡视指导，挑选五名学生到台前）

生1：小鹿啊，不要光图美丽的外表，更要讲实用。

生2：小鹿你好，不要因为它的长处而看不见它的短处，也不要因为它的短处而否定它的长处。

生3：你好！小鹿，漂亮的东西不一定有用，难看的东西可能有很大的用处。看事物不能光看外表，还要看用途。

师：没错，这就是这则寓言故事要告诉我们的道理——美和实用在不同的环境和不同的条件下都有存在的价值。

教学案例分析：

片段中，教师的教学又反映出了讲读教学的一个重要特征：读写结合。在这节课中，读虽贯穿了教学的始终，但在读中提炼关键词，抓住关键词进行朗读练习，把讲渗透在读的过程中，以讲促读。当学生借助关键词讲故事，体会到寓言故事所讲述的道理时，教师让学生替小鹿的朋友给小鹿写想说的话，通过写作拓展来强化理解。这样，就实现了读写结合。

教学策略总结：

读写结合，实现读写水乳交融、同步发展。以读为基础，读中学写，以写促读，突出重点，多读多写，阅读和写作有机地融合在一起。在具体操作中，读写结合教学策略常常将读写听说、字词句篇，观察、思维等认知发展，感情、意志等个性发展，思想品德教育、科学文化知识学习等有机地优化组合，使之成为一个较科学的有序整体。

## 二、略读课文的教学策略及案例分析

略读课文是精读课文的有机延伸，是将精读学习所习得的方法进行实践运用。叶圣陶在《略读指导举隅》中也说到，学生从精读方面得到种种经验，应用这些经验，自己去读长篇巨著以及其他的单篇短什，不再需要教师的详细指导，这就是"略读"。就教学而言，精读是主体，略读只是补充；但是就效果而言，精读是准备，略读才是应用。

### (一)学生交流讨论，整体把握文章内容

《义务教育语文课程标准(2022年版)》与以往各时期的课标相比，淡化了段落教学，更强调对课文主要内容的整体把握。能初步把握文章的主要内容既是阅读理解、概括能力的基本要求，又是阅读训练的规范性要求。而第二学段阅读教学的概括能力训练是否到位，直接决定着第三学段阅读能力的发展。略读课文是精读课文的延续与深化，略读课教学更注重引导学生从学习转向运用，切实提高阅读方法的运用能力。因此，充分利用略读课教学，提高第二学段学生整体把握文章内容的能力，凸显统编教材"整体性"的特点，是略读课文教学策略的必然选择。

在小学语文教材统编版四年级上册第15课《女娲补天》的教学过程中，教师要让学生"了解故事的起因、经过、结果，学习把握文章的主要内容"，这是该单元语文要素的应有之义，也是落实"能初步把握文章的主要内容"的学段要求。学生交流分享，既检验阅读效果，又激发阅读兴趣，强化阅读动力。

教学案例呈现：

片段：

师：请同学们默读课文第二自然段，边读边思考这段话写了哪些内容。

学生默读课文。

生：水神共工和火神祝融打得异常激烈。

生：水神共工惨败，又羞又恼，一头撞断了撑天柱子不周山。

师：还有补充吗？

生：天上露出大窟窿，地上裂开了深沟，洪水从地下喷涌而出，各种野兽残害人类。

生：整个世界陷入了一片混乱和恐怖之中。

师：同学们说得很全面，这就是女娲补天的起因。谁能用自己的话把故事的起因讲述一下？

生：水神共工在激战中惨败，撞断了撑天柱子不周山。天上露出大窟窿，地上裂开了深沟，洪水泛滥，野兽残害人类，世界陷入了混乱和恐怖之中。

师：故事的起因看来大家已经很清楚了。我们继续默读课文第四自然段，边读边思考这段话是怎么写女娲补天的。

生默读课文第四自然段。

师：默读结束后，小组讨论课文是按什么顺序写女娲补天的经过的。

小组学生自由讨论交流。

生：女娲补天的经过顺序是四处捡石—冶炼补天—斩腿撑天—杀死黑龙—烧灰堵缝。

师：你总结得很到位。如果能在中间用上连接词，句子就更连贯了。

教师板书：先 随着 接着 最后

生：女娲先四处捡石，燃起神火熔炼，随着神火熄灭，女娲冶炼补天完成。女娲斩龟腿撑天，以防天再塌下来。接着，她杀死黑龙，吓跑了其他野兽。最后，女娲烧灰堵缝，天、地恢复了平静。

师：他用上连接词和课文中的语言，把女娲补天的过程讲述得更具体、有序了。故事的结局是女娲冒着生命危险成功地补天救世，使得万灵安居。那现在谁能完整地讲一讲女娲补天这个故事呢？

生：水神共工在激战中惨败，撞断了撑天柱子不周山。天上露出大窟窿，地上裂开了深沟，洪水泛滥，野兽残害人类，世界陷入了混乱和恐怖之中。女娲决定修补天与地。她先四处捡石，燃起神火熔炼，随着神火熄灭，女娲冶炼补天完成。女娲斩龟腿撑天，以防天再塌下来。接着，她杀死黑龙，吓跑了其他野兽。最后，女娲烧灰堵缝。天、地恢复了平静。

师：真棒！阅读的过程中，我们可以通过搜集基本要素（如人物，事件起因、经过、结果等）从整体上把握文章的主要内容。

教学案例分析：

作为一篇略读课文，要继续讲述故事的起因、经过、结果，学习把握文章的主要内容，在落实单元语文要素的同时，培养学生自主复述的能力。在教学中，教师适时引导学生到达了概括全文的彼岸，帮助学生厘清事情发展顺序，并借助连接词把句子说连贯。由于第二学段的学生总结课文主要内容的能力不足，可以让学生借助书上的语言，从而降低总结概括课文的难度。整个教学过程，让学生充分地读，互相交流、补充，不断完善，在略读课文的阅读训练中，不断提升阅读能力，而教师只是适时地给予指导，把课堂更多地让位于学生。

教学策略总结：

课程标准在"教学建议"中这样表述："各个学段的阅读教学都要重视朗读和默读""加强对阅读方法的指导，让学生逐步学会精读、略读和浏览"。在"评价建议"中这样表述："略读的评价，重在考察学生能否把握阅读材料的大意。浏览的评价，重在考察学生能否从阅读材料中捕捉有用信息。"可见，略读课更注重略读方法的运用，梳理故事情节框架，把握课文大意。整体把握文章大意，除了案例中提到的搜集基本要素这种方法外，还有捕捉题目信息、扩充题眼，利用串联词语概括课文，分解目标、归并段意，寻找中心句段等方法帮助学生从整体上把握文章的主要内容。

## （二）发挥学生主动性，迁移运用新授方法

在小学语文教材统编版三年级上册第14课《不会叫的狗》的教学过程中，教师就是

让学生继续迁移运用本单元学过的预测方法，预测故事结局。让学生自读课文，一边读一边预测，并以旁批的形式简要记下预测的内容。学习过程中，充分发挥学生的主动性，让学生充分讨论、交流，互相启发，在梳理课文内容的同时，增强了预测的趣味性。

教学案例呈现：

片段：

师：今天上课之前，老师想先给同学们讲个故事，这个故事需要同学们配合才能讲得有声有色。同学们要注意听故事的内容，每当老师讲到"叫"这个词的时候，同学们就按照老师的提示来模仿两声小狗叫。看看我们配合得怎么样。（有一天，小狗外出散步，它发现了一根肉骨头，它高兴地叫——，突然不知从哪里窜出来一只大狗，把肉骨头抢走了，它发怒地叫——，大狗一会儿就把肉骨头吃完了，小狗只能眼巴巴地望着委屈地叫——）

我们配合太默契了！狗都是会叫的，这节课我们却要认识一只不会叫的狗（板书课题），请大家齐读课题。

生：（齐读）不会叫的狗。

师：这个单元我们学习了《总也倒不了的老屋》《胡萝卜先生的长胡子》，我们学到了一种学习的方法，叫——

生：（齐声回答）预测。

师：很好。那怎么预测呢，你都学到了哪些预测的好方法？谁来告诉大家？

生：我们可以根据插图来预测。

生：我们可以根据题目来预测内容。

生：我们可以根据上文来预测内容。

生：我们还可以根据想象来预测内容。

师：看来同学们学到了很多预测的方法。我们来看，预测的方法有（课件展示）——

预测故事的方法：

1. 根据文章题目；

2. 观察文中插图；

3. 联系上文内容；

4. 发现语言规律；

5. 发挥想象拓展。

师：那这节课的学习，希望大家用到这些方法。我们一起走进这个故事。

师：大家都知道狗是会叫的，那看到这个课题，你有什么猜测，有什么想问的？

生：狗都是会叫的，为什么它不会叫呢？

生：它不会叫，也不会交流，那它有朋友吗？

生：这只不会叫的狗是不是发生了什么事，所以就不会叫了？

师：这一个个小问号在我们脑海里出现。同学们，通过课题，我们就会来预测故事会有怎样的发展。这条小狗会有怎样的经历呢？现在请同学们打开书本，默读课文第一至九自然段，想一想这是一只怎样的小狗。

生默读课文。

师：这是一只什么样的小狗呢？你从哪里看出来的？

生：这是一只想学会叫的狗。我这么猜，是因为我在课文里找到了相关的内容。

生：这是一只孤零零的小狗。因为它来到了一个没有狗的国家，只有它一个是狗，所以它很孤独。

师：这只小狗很孤独很难过，你觉得接下来这只小狗会怎么做呢？

生：去找其他小伙伴来帮忙，帮它学叫。

师：你们是依据什么做出这样的预测呢？

生：因为书上说，它也不知道怎么叫，肯定得需要别人帮它。

师：你是通过书上的叙述知道的，你们还有借助其他的方法猜想的吗？

生：它肯定会去请教别人的，因为我们生活中也是，当我们不会的时候，我们会请教别人。

师：这个同学，他就会联系生活中的实际情况来进行预测。那小狗接下来到底经历了什么呢？请同学们默读课文第十至三十七自然段，同学们借助表格（向谁学叫？又遇到谁？结果怎样？预测的依据），边读边预测。

生默读课文。

师：大家都读完了，我们小组讨论一下。

学生小组内自由讨论。

师：好，老师先问大家，我们读完了第三十七自然段，这个故事基本的主体就讲完了，你们能大概告诉我这篇课文主要讲了一件什么事吗？

生：一条不会叫的狗分别向小公鸡、杜鹃学叫却遭到嘲笑和有被猎杀的危险。

师：同学总结得太好了！那么具体看看这个表格怎么填。

生：小狗向小公鸡学叫，接下来又遇到了狐狸，结果受到了狐狸的嘲笑。

师：那你能说说你是怎么这么快预测到的吗？

生：我看到的是书上的插画，有只小公鸡。

师：你根据的是书上小狗和小公鸡在一起的插画。那它还向谁学叫？

生：小狗向杜鹃学叫，接下来又遇到了猎人，结果受到猎人的射杀。

教学案例分析：

略读课文教学，重在培养学生迁移从精读课文中学到的方法，强调以点带面，迁移运用。在前两课《总也倒不了的老屋》《胡萝卜先生的长胡子》的学习中，学生已经学会预测的基本方法。预测是一种逻辑思维能力的训练，是运用思维进行深层次学习的过程，其结果具有迁移性。本环节重在体现预测的实践与运用。学生先回顾已学过的预测方法，再自读课文，利用题目、生活、插图进行预测，这是对精读课文中习得的预测策略的运用。让学生采用小组讨论等形式，在与同伴交流的过程中，互相启发，不断丰富阅读经验，以便更好地迁移运用于今后的阅读实践。

教学策略总结：

略读课略的是教师的教，不能略的是学生的学。通过自主阅读获取信息，培养独立阅读能力是根本。略读课教学的目的是培养学生独立阅读的能力，略读课教学是教师引导学生从学习转向运用的过程，学生能够根据特定的情境，实现对学习成果的迁移和运用。同时，略读课也是学生独立阅读的实践机会，个体自读和合作交流是略读课文学习的重要方式，课堂上充分发挥学生的主动性，培养自主探究的精神。当然，也应很好地体现教师的引导作用。这样，既能发挥学生的潜能，又能发展学生独特的语言思维能力和语言感受能力。

"教学有法，教无定法，贵在得法。"语文教育家吕叔湘先生说过，如果一种教学方法是一把钥匙，那么，在所有方法之上还有一把总钥匙，它的名字就叫"活"。教学方法的选择必须因文而异，因人而异，因课而异。任何一种阅读教学方法，都是长短共存，它能有效地解决某些问题，却不能解决另外一些问题。因而，课堂上不能是一种方法的"独奏"，而应该是各种方法的"交响"，使不同方法得以优配和互补。教师应在理解教材、掌握学情的基础上，充分发挥自身的特长和能动作用，相机、灵活、创造性地运用教学方法，并注意各种方法的灵活搭配，发挥其综合效能，以获得最佳的教学效果。

# 第四节
# 第二学段阅读教学设计案例分析

精读课文中的以读代讲，借助关键词句体会文章情感、内容，略读课文中新授方法的迁移运用，这些都是阅读教学中经常使用的策略。下面分别选择优秀教师有代表性的阅读教学案例供大家学习。

# 一、精读课文教学设计——《灰雀》《清平乐·村居》

## 案例一：灰雀

**[教材分析]**

《灰雀》是小学语文教材统编版三年级上册第八单元的第三篇课文。本单元以"美好品质"为主题进行编排，旨在引导学生关注不同人物的美好品质和伟大精神，受到高尚的情感熏陶。语文要素是"学习带着问题默读，理解课文的意思"。教学时要注意，一要重视培养学生的默读习惯，帮助他们提高默读效率；二是引导学生运用比较的方法学习、理解课文。本课在写作上特色鲜明，通过对人物对话的描写，栩栩如生的人物形象跃然纸上。在本课的课后习题中，要求边默读边揣摩人物的内心活动，思考列宁和小男孩的内心想法；找出列宁和小男孩喜爱灰雀的相关词句，体会它们表情达意的作用。这也是对本单元语文要素习得的体现。

选编这篇课文的目的，一是让学生把握课文内容，感受列宁的善解人意、对男孩的尊重与呵护，以及男孩的诚实和天真；二是学习作者通过对人物对话的描写刻画人物形象的写法，以及感受关键词句在表情达意、体现文章情感方面的作用。

**[学情分析]**

三年级的学生对于识字和分角色朗读对话已有了一定的基础，通过查阅资料，对列宁也不再陌生，学生对于文本的学习有了认知基础。学生和文中的小男孩年龄相仿，加之对事物充满了探究发现的乐趣，因此对于灰雀是否被男孩抓走充满好奇，教学时可充分利用这一特点，激发学生学习本文的兴趣。

**[教学策略]**

1. 以读为主线，采用多种朗读形式理解课文内容。通过不同形式、不同层次的朗读，学生的朗读水平随着对课文理解的深入逐步提高，学生的理解能力也在"读准、读懂、读好"的递进性活动中得到提高，这是一个相辅相成的过程。

2. 借助关键词句，理解人物内心情感。关键词句之所以关键，就在于它最能表达作者情感，反映文章的核心意义。通过对文中小男孩和列宁对话的对比分析，把语言与内心联结起来，体会男孩的心理变化，从而将男孩的诚实流露出来。

**[教学目标]**

1. 分角色朗读课文，能读出对话的语气。

2. 默读课文，边读边揣摩人物的内心想法，体会列宁对男孩的尊重和呵护、男孩的诚实与天真。

3. 能找出体现列宁和小男孩喜爱灰雀的语句。

[教学过程]

一、聚焦重点段落，交流感受

1. 齐读课题，听写生字词：郊外、养病、跳动、谷粒、或者、严寒、可惜、肯定、诚实。

2. 上节课我们初读了课文，你对这篇课文哪一个地方最感兴趣，还有哪些不懂的问题？

3. 现在请同学们自由朗读课文，要注意人物的语言，对列宁和男孩的对话部分，要慢慢地读，细细体会。

4. (课件出示课文二至十自然段)老师在课前读了几遍课文，特别是列宁和男孩对话部分，发现许多有趣的问题。你们刚才也读了几遍，发现什么问题了吗？

学生可能质疑的问题有：

(1)那只灰雀不见了，到底飞到哪里去了呢？

(2)男孩为什么肯定地说"一定会飞回来的"？

(3)列宁怎么知道灰雀是被男孩捉走了呢？

......

5. 讨论交流：对同学提出的问题，你是怎么理解的，说说理由。

二、适时点拨，初步感受"爱"

1. 听了同学们刚才的交流，我把大家的感受浓缩成了一个字，要写在黑板上。注意，这个字不是随随便便写的，同学们要认真思考。

(板书：爱)

2. 你猜想一下，老师为什么要把一个简单的"爱"字写在黑板上，你从这个字体会到什么了？讨论一下。

(小组讨论，结合具体语句体会列宁爱鸟，男孩爱鸟，相机指导朗读。)

3. 其实，我们通过读列宁和男孩的对话，就能感受到列宁对灰雀的爱。不过，我们还有一个问题需要弄明白：列宁爱灰雀，男孩就不爱灰雀吗？

设计意图：

通过自读课文，让学生思考产生种种疑问，从而引起了探究欲望，产生阅读期待，为下文的学习做了很好的铺垫。

设计意图：

这是进行语言训练的契机，引导学生对提示语的理解，揣摩列宁和男孩的心理活动，让学生带着不同的感受和体验朗读，在读中又加深了理解，从而将读与思有机地融合在了一起。

（学生交流汇报，进一步理解"爱"）

小结：列宁爱鸟，男孩也爱鸟。只不过两个人爱的方式不同。列宁爱鸟，给它自由。男孩爱鸟，把它捉回家，虽然每天能看到它，却使它失去了自由。因此说他们爱的方式不同。

三、朗读课文，品读对话中的"爱"

1. 引读对话。刚才老师和同学们一起研究了列宁和男孩的这段对话，大家体会得非常好。接下来，我们要把这一部分好好读一读，这次老师想和同学们一起读。我在读的时候，加一些提示性的语言，大家要认真听。

一只灰雀不见了，列宁找遍了树林也没找到，他看到一个男孩，就着急地问——（"孩子，你看见过一只深红色胸脯的灰雀吗？"）

面对列宁的发问，男孩含含糊糊地说——（"没看见，我没看见。"）

可怜的小生命究竟怎样了，列宁担忧地说——（"那一定是飞走了或者是冻死了。天气严寒，它怕冷。"）

那个男孩本来想告诉列宁灰雀没有死，但又不敢讲。面对男孩的沉默，列宁自言自语地说——（"多好的灰雀呀，可惜再也不会飞回来了。"）

列宁爱鸟的真情打动了男孩，他看着列宁，再也忍不住了。说——（"会飞回来的，一定会飞回来的。它还活着。"）

列宁惊奇地问——（"会飞回来？"）

男孩肯定地说——（"一定会飞回来！"）

针对学生朗读中出现的问题进行指导。

2. 练读对话。刚才老师和大家一定读了这一部分，现在请同学们练习读一读，读出提示语所表达的那种语气来。

（学生练读课文）

3. 分角色朗读。现在我们把叙述语去掉，直接读两个人的对话，同桌两位同学可以分角色互换朗读。

（指名分角色朗读）

四、创设情境，深入体验"爱"

1. 同学们，如果课文写到这里就结束了，你们同意吗？为什么？

2. 看来写到这里结束同学们是不会满意的，因为同学们都非常喜欢这只灰雀，关心灰雀的命运。让我们一起来听一听。（课件播放鸟叫声）

3. 三只灰雀又欢蹦乱跳地在枝头歌唱起来。你听到它们刚才都说些什么了吗？

（引发学生想象，通过灰雀的话为课文补白）

4. 这时候列宁看看灰雀，又看看男孩，微笑着说："你好！灰雀，昨天你到哪去了？"（课件出示课文第十二自然段内容）读到这里，你有什么疑问？（列宁为什么不问男孩，却要问不会说话的灰雀呢？）

5. 是啊，老师也弄不明白，列宁为什么不问男孩，却问不会说话的灰雀呢？讨论讨论。

（学生讨论，教师巡视并加入讨论。交流：感受体会列宁保护男孩的自尊心的良苦用心。）

6. 灰雀回来了，男孩认识到自己的错误了，我们应该为他感到高兴。我们就来高高兴兴地读一读这一段。

（齐读第十二自然段）

7. 灰雀、列宁、男孩，一颗爱心就构成了一个生动的小故事。同学们，学到这里，你想对灰雀、列宁、男孩说点什么？说一句你最想说的话。

总结：人与人、人与动物、人与大自然之间，构成了一个爱的世界，但愿这颗爱心永驻同学们的心间。①

---

① 王廷波：《读中悟"爱" 以读促思——〈灰雀〉教学设计》，载《小学语文教学》，2008(9)。

[作业设计]

布置作业是教学过程必不可少的一个重要环节，也是课堂教学内容的有效延伸，更是学生对课堂教学当中学习到的知识、方法、技能进行巩固训练的有效方式。在设计本课作业时，要注重学生对基础知识的掌握，在课上听、说、读的基础上也要注重"写"的训练。因此，本课的作业设计如下。

1. 和父母一起分角色朗读课文。

2. 文章写了第1天、第2天……以后围绕列宁、男孩、灰雀，还会发生什么有趣的事呢？请你把它写下来吧。

[板书设计]

板书是把教学内容有序、精练地呈现在黑板上，对学生理解内容、开拓思路起着画龙点睛的作用。本课的教学重点是边默读边揣摩人物的内心想法，能体会列宁对男孩的尊重和呵护及男孩的诚实与天真。文中提示语位置不同，体现出小男孩心理的变化。因此，提炼出关键性的词语形成板书，可以让学生对本课重点一目了然。

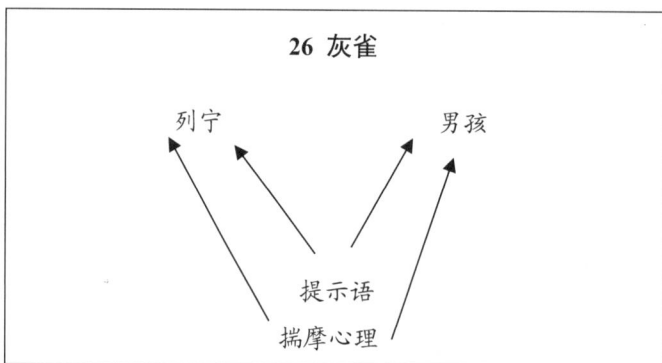

案例二：古诗词三首

清平乐·村居

[教材分析]

《清平乐·村居》是小学语文教材统编版四年级下册第一单元第一课《古诗词三首》中的第三首。本单元主要围绕"走进田园，热爱乡村"这个专题进行编排，旨在引导学生感受语言的魅力，激发美感，感受乡村的美妙。语文要素是"抓住关键语句，初步体会课文表达的思想感情"。教学时，要注意联系上下文，理解词句的意思，体会课文中关键词句在表情达意方面的作用。《清平乐·村居》这首田园词通过对农村清新秀丽、朴素恬静的环境描写以及对翁媪、三个儿子的形象刻画，抒发了词人喜爱农村安宁、平静生活的思想感情。它好似一幅栩栩如生、有声有色的农村风俗画。

选编《清平乐·村居》这首词的目的，一是让学生通过本首词了解"词"这种题材，通过和前面两首诗《宿新市徐公店》《四时田园杂兴(其二十五)》的比较，进而明确诗词的不同点；二是引导学生利用有限的诗词充分朗读，展开想象，同时感受关键词句在表情达意、体现文章情感方面的作用。

[学情分析]

四年级的学生已学过很多古诗，他们能借助注释、工具书、想象画面等多种方法来读懂古诗的大意，对古诗的学习也抱有一定的热情。但是本课是学生第一次接触"词"，对"词"这种题材不了解，对"词"背后蕴含的诗人情感不能深刻体会，需要老师进行适当引导。

[教学策略]

1. 以读为主，读悟结合。通过不同要求、不同层次的朗读，读出诗词的韵律和节奏，感受诗词的韵味。

2. 读写结合，以写促读，读写同步发展。在学生充分朗读、感知文本的基础上，挑选最喜欢的画面进行描写，感受画面中的乐趣，从而实现读以致用，让学生创造性地学习。

[教学目标]

1. 会写"茅、檐、翁、锄、赖、剥"6个生字，理解"相媚好、翁媪、亡赖"等词语。

2. 正确、流利、有感情地朗读并背诵全词。

3. 能结合注释了解词意，想象词中田园生活的意境和农家人的生活情态，体会作者对闲适和谐的田园生活的向往之情。

[教学重难点]

1. 结合注释了解词意，想象、感悟词中田园生活的意境和农家人的生活情态。

2. 感受词中田园生活的情景，体会作者对闲适和谐的田园生活的向往之情。

[教学过程]

1. 板书课题，介绍本课的体裁及词的特点

(1)教师谈话导入：你们去过乡村吗？乡村好玩吗？

(2)板书并齐读课题：清平乐·村居。

(3)介绍文章体裁及特点。

本文是一首词，词的标题一般分为两部分："清平乐"是词牌名(正音：清平乐"yuè")；"村居"是这首词的题目。词牌名：就是词的格式的名称，它规定了词的曲调、句数和字数。

(4)了解词人辛弃疾。

辛弃疾：字幼安，别号稼轩居士，南宋豪放派词人的代表。

设计意图：

学生第一次接触词，要让学生有体裁意识，初步了解词的特点，为接下来的朗读做铺垫。

2. 朗读课文，读准字音

(1)自由朗读课文，边读边把不清楚的字音圈画出来。

(2)指名朗读，相机正音。

①翁媪：强调读音，老翁老妇。

②剥：表示把东西的皮去掉，在这首词中念 bō，是文读。"剥 bāo"是白读，用于口语。

③亡赖：同"无赖"，这里指顽皮、淘气，"亡"读作 wú。

(3)教师范读，指导读出韵味、节奏。

注：词一般分上阕和下阕两部分，朗读时，上、下阕之间要停顿。

(4)指名读。

(5)齐读。老师引读，用手势舞出节奏指挥学生朗读上阕。学生手拍节奏读下阕。

3. 再读课文，借助插图，想象画面。

(1)请学生再读全词，借助插图，想象词中都有哪些画面。

(2)同桌之间互相交流。

(3)指名回答问题，教师提炼出关键词。

茅檐图　翁媪图　大儿锄豆图　中儿织笼图　小儿剥莲图

(4)挑选你最喜欢的画面进行描写，感受画面中的乐趣。

注：重点引导学生分析茅檐图、翁媪图和小儿剥莲图。参照茅檐图，体会乡村环境的朴素恬静之美。参照翁媪图，引导学生猜想老两口在干什么、聊什么，体会他们的相亲相爱、亲密无间。参照小儿剥莲图，引导学生说出小儿剥莲子的姿势动作是什么样的，从而感受小儿的自由自在、无忧无虑。

(5)指名朗读自己的习作，读出他们的快乐。

(6)同学合作，一人读词中的画面，一人读习作画面，体会文、白两种文体情感表达的异同。

4. 抓词眼，升华感情

设计意图：

诗词具有韵律美，读来抑扬顿挫。通过各种形式的朗读，由读正确、读流利到读出节奏，层层深入，使学生感受词的韵味。

设计意图：

课程标准指出，学生的语文能力只有在语言实践的基础上才能获得。因此，结合课文插图再现语境，让学生充分想

（1）再读课文，体会词人眼中的乡村生活是怎样的。

注：乡村生活充满温馨、幸福、和谐、美好。

（2）指名回答问题。

（3）请学生找出文中哪些字能体现词人的这种感情。

（4）同桌讨论，推选学生回答。

注：醉，不仅是指酒醉，还指陶醉在这幸福的生活里，陶醉在这美好的村居里。喜，是很和谐、很温馨、很惬意的，是心里幸福的感受。

（5）教师小结：普通的农村生活，在词人眼里为何如此温馨美好呢？这是因为辛弃疾出生于被金兵侵占的北方，目睹了北方人民妻离子散，家破人亡，他十分渴望百姓能过上安宁的生活。

（6）配乐，再齐读全词，体会更加深刻。

象画面，体会田园的恬静和谐。同时，教师不做过多讲解，以读代讲、以读代思，读写结合，让学生在读中感悟，在写中想象。

设计意图：

抓住关键语句、词眼体会课文的思想感情，在自由表达中发散思维，激发学生潜在的个体语文素养，同时又紧紧抓住课文主旨，引导学生感受词人抒发的感情。

[作业设计]

本课是一首词，基本要求是背诵，其教学重点是想象、感悟词中田园生活的意境和农家人的生活情态，因此，在作业设计中要体现这一重点。但是作业的设计要形式多样，富有创造性，充分调动学生学习热情。所以，作业既要求学生掌握基础，又要让学生发挥想象扩宽理解范围，于是将此次的作业设计如下。

1. 背诵《清平乐·村居》。

2. 学完了这首词，你的眼前浮现出怎样的画面呢？请用图配文的形式记录下来。

[板书设计]

板书要条理清晰地呈现教学的具体内容，本课的板书紧紧围绕农家人悠闲的田园生活情态进行设计，在学生诵读交流中，将词中田园风光和农家人的生活状态提炼成关键词，呈现出词中人与景和谐统一。

| 1　古诗词三首 |
| --- |
| 清平乐·村居 |

| | |
| --- | --- |
| 茅檐 | 溪　　草 |
| 翁媪 | 相媚好 |
| 大儿 | 锄豆 |
| 中儿 | 织鸡笼 |
| 小儿 | 卧剥莲蓬 |

## 二、略读课文教学设计——《胡萝卜先生的长胡子》

### 案例：胡萝卜先生的长胡子

[教材分析]

《胡萝卜先生的长胡子》选自小学语文教材统编版三年级上册第四单元，本单元是阅读策略单元，围绕"预测"这一阅读策略进行编排。这篇课文是继《总也倒不了的老屋》之后，又一篇未讲完的童话故事。课文由中国著名儿童作家王一梅的童话故事《胡萝卜先生的胡子》改编。故事讲述了胡萝卜先生有一根不断变长的胡子，胡子被吹到了身体后面，被小男孩当作风筝线，而后鸟太太对胡子是如何处置的，胡萝卜先生还会遇到哪些小动物，胡子又会被如何处置，这种"反复结构"的故事篇章布局，给了学生无限的想象空间和续编童话故事的空间。

这是一篇略读课文，在本单元起到运用方法，练习预测的作用。课前导语要求——读下面的故事，一边读一边想："接下来可能会发生什么事情？"可引导学生运用前一篇精读课文中学到的方法，抓住题目、插图、故事内容里的一些线索预测，鼓励学生和同学交流预测方法。

课后习题1和2要求引导学生联系上下文或者根据文章或书的题目进行预测，并能验证自己的预测是否和原文一样，引导学生在验证预测、修正预测中继续预测，激发阅读的兴趣。

[学情分析]

三年级学生思维活跃，求知欲强，乐于表达，已经有了一定的阅读能力，能够在老师的指导下进行阅读，并形成自己的感悟。"预测"是语文教材统编版第一次安排的阅读策略单元。在前一篇精读课文《总也倒不了的老屋》中，学生已经了解了"预测"和怎样进行预测，能照样子说说文中旁批的其他预测是怎样得出的，对于"预测"的方法，学生已经大概了解。但是"真正能够根据预测的方法，预测后来可能会发生的事情，并与同学们交流自己这样预测的依据；对照老师讲的故事，看看和自己的预测有哪些相同和不同"还是一个挑战。学生需要在阅读中充分地去实践，从而积累阅读经验，提升阅读预测能力。

[教学策略]

1. 通过自主学习发挥学生的主动性，体现学生的主体地位。学生自主学习由易入难、由表及里，在教师的引导下，在讨论交流中互相启发，将"预测"的策略真正内化，变为实践。

2. 迁移运用新方法。在精读课文中习得的方法，迁移至略读课文的学习中，让学生在实践中掌握"预测"策略，提高阅读能力。

[教学目标]

1. 认识"萝、卜"等 5 个生字。

2. 能边读边预测故事的内容，感受边读边预测的好处和乐趣，预测能有一定的依据，并能根据故事的实际内容及时修正自己的想法。

3. 能尝试根据文章或题目预测故事内容，对预测的故事产生继续阅读的兴趣。

[教学重难点]

1. 练习一边读一边根据故事题目、插图、故事内容、生活经验等有依据地预测故事后来可能会发生的事情，并与同学交流自己这样预测的依据。

2. 对照老师讲的故事，看看自己的预测与原文有哪些相同和不同并及时修正预测，加强对故事的理解。

[教学流程]

1. 回顾方法，读课题预测

(1)回顾方法。

①回顾从《总也倒不了的老屋》这篇童话故事中学到的预测故事情节的方法。

②指名回答。

③总结预测故事情节的方法。

注：文章的题目、插图、内容中的一些线索可以帮助预测。

(2)读课题预测。

①读课题，猜测故事内容。

②小组自由讨论。

③各小组推选代表回答问题。

2. 练习预测，交流方法

(1)引导运用，做好铺垫。

①自由朗读课文第一、二自然段，猜测故事怎样发展。教师引导学生根据上节课"预测是怎样得出来的表格"来梳理预测。

| 预测的依据 | | 预测的内容 |
|---|---|---|
| 故事里的内容 | 生活经验和生活常识 | 一定是这根漏刮的胡子发生了什么事情 |
| 漏刮了一根胡子 | 以往读童话的经验 | |

②教师小结：抓住文章的重点词，结合生活

设计意图：

引导学生回忆前一篇课文中学到的预测课文情节的方法，并结合课题进行预测，为后面环节的预测做好铺垫。

设计意图：

在《总也倒不了的老屋》中，学生已经对边读边预测的方法有所了解，对于略读课文，可以尝试逐步放手让学生去预测交流。先由老师带着结合故事的开头进行预测，复习重温预测是怎么得出来的，然后经验和常识进行分析、想象，对故事进行有理有据的预测。

（2）放手自读，完成练习。

①自由朗读第三至八自然段，完成学习单。

| 预测的依据 | | 预测的内容 |
| --- | --- | --- |
| 故事里的内容 | 生活经验和生活常识 | |
| | | |

| 故事几种可能的发展（遇到了谁） | 预测的依据 |
| --- | --- |
| | |

②小组自由讨论。

③各小组推选代表回答问题。

（3）预测结尾，交流反馈。

①继续预测：胡萝卜先生遇到鸟太太以后，又会发生什么故事呢？

②结合前面的故事与生活经验、生活常识，合理预测，模仿第六自然段续编故事。

③胡萝卜先生还可能遇到谁呢？又会发生什么故事呢？

3. 验证预测，修正预测

（1）阅读原文，验证预测。

引导学生思考：你的预测和故事原文里写的有哪些相同和不同的地方？为什么作者要这样写？哪些地方出乎你的意料？哪些地方给了你意外的惊喜又觉得意料之中？

（2）小组讨论，并推选代表回答。

（3）当预测与故事的实际内容有些不一样时，该怎么办？

注：引导学生重点思考修正了哪些想法，谈谈对故事的理解。

4. 拓展延伸，读题预测

（1）拓展练习：读读下面文章或书的题目，猜测可能写了什么。

自主阅读课文后面内容，学习运用预测。在此基础上，尝试续编故事，引导学生体会文本的篇章模式，对故事结尾进行预测。

设计意图：

预测内容和故事不同时，要及时修正预测，是本课教学新的知识点。在引导学生对比相同和不同的基础上，重点引导思考作者这样写的目的，体会故事构思的奇妙。让学生在主动积极的思维和实践中，学习及时修正预测，继续预测。

设计意图：

根据课后提供的题目，猜测故

《躲猫猫大王》《柔软的阳光》《帽子的秘密》《夏洛的网》《小灵通漫游未来》《团圆》

注：允许学生有多种预测，只要有一定的依据就可以。

（2）验证预测，激发阅读兴趣。出示故事梗概、目录或片段，学生验证自己的预测是否与原文一样，如果不一样，猜测作者为什么要这样写。

（3）鼓励学生阅读以上故事，一边读一边预测，体验阅读的快乐。

事内容，引导学生在课外阅读整本书，感受猜测与推想给阅读带来的快乐。

**[作业设计]**

本课的教学重点是能够运用预测的方法，预测故事后来可能会发生的事情，因此，在本课的作业设计中要强化落实"预测"这一阅读策略，不仅可以将课文内容进行延伸练习，而且可以进行课外练习拓展，真正发挥作业巩固知识和强化技能的作用。因此，将本课的作业设计如下。

1. 胡萝卜先生的长胡子真的神奇啊，帮助了那么多人，让那么多人快乐。胡萝卜先生继续往前走，还会发生什么神奇的故事呢？请你预测一下，并写下来吧！

2. 阅读自己喜欢的书目，一边读一边预测，感受预测带来的愉悦体验。

**[板书设计]**

板书作为课堂教学内容与教学过程的缩影，对学生知识的掌握和记忆具有重要意义。本课教学运用预测的方法，预测故事后来可能会发生的事情。因此，学生在讨论交流预测方法的过程中梳理出故事内容，并呈现出来，从而让学生感受到预测的重要性和趣味性。

13　胡萝卜先生的长胡子

常常为刮胡子而发愁
胡子沾果酱快速变长
男孩剪胡子放飞风筝
鸟太太剪胡子晾尿布
｝帮助别人，快乐自己

# 第三部分　第三学段阅读教学

阅读的重要意义决定了阅读教学的重要意义。在小学语文教学中，阅读教学历时最长，课时最多，占有举足轻重的地位。第三学段是衔接小学和初中的桥梁，阅读教学更是重中之重，使学生掌握阅读的方式方法，形成阅读能力，丰富学生的情感体验与精神世界，培养学生的文化理解力，是第三学段阅读教学的基本任务。[①]

## 🔍 问题情境

　　小李老师新学期被安排教五年级语文。虽然在正式接班之前他也跟着不少老师听过课，但是一个月后，他发现自己的课堂存在一些问题：高年级语文教材统编版选文突出了不同文体，可是他个人的备课思路及讲课方法基本雷同，因此，学生课堂参与度不高，主要靠自己"满堂灌"，一节课下来自己讲得口干舌燥，而学生们的听课效率很低；在进行课堂训练的时候，学生们抓不住阅读学习的要点，答非所问……小李老师陷入了困惑：究竟应该怎样正确认识第三学段的阅读教学？面对五年级的学生，在进行阅读教学时究竟应该抓住哪些重点在课上进行精讲？在教授不同文体的课文时应该怎样区别对待，进行有针对性的教学设计？……让我们一起进入本部分内容的学习，来寻找解决问题的办法。

## 🎯 学习目标

　　1. 明确第三学段阅读教学的目标和要求，了解其历史沿革及当前热点问题。
　　2. 通过具体案例，明白第三学段阅读教学设计步骤。
　　3. 结合案例分析，掌握第三学段不同文体阅读教学的策略。
　　4. 能依据第三学段不同文体的阅读教学设计及分析，采用适当的教学策略和方法进行第三学段的阅读教学设计。

## ✏️ 学习重点

　　重点：了解第三学段不同文体阅读教学的要求。
　　难点：学习第三学段阅读教学中常用的指导方法，掌握相关阅读教学策略。

---

①　徐林祥主编：《小学语文课程与教学论》，北京，教育科学出版社，2014。

# 第一节
# 第三学段阅读教学理论分析

要进行第三学段的阅读教学，必须明确《义务教育语文课程标准（2022 年版）》对小学第三学段阅读教学提出的具体目标要求，了解这一学段阅读教学的历史沿革和当前热点问题，从而更好地把握第三学段阅读教学的特点。

## 一、第三学段阅读教学的主要任务

语文课程总目标对中小学学生的阅读能力提出了明确的要求：《义务教育语文课程标准（2022 年版）》在课程总目标中对小学语文阅读教学提出了以下要求："学会运用多种阅读方法，具有独立阅读能力。能阅读日常的书报杂志，初步鉴赏文学作品，能借助工具书阅读浅易文言文。""感受语言文字的美，感悟作品的思想内涵和艺术价值，能结合自己的体验，理解、欣赏和初步评价语言文字作品，丰富自己的情感体验和精神世界。"

这段话全面、深刻地概括了阅读教学的基本目标。它突出了阅读能力和方法、个性及文化底蕴等要素。阅读教学的主要任务是培养学生的独立阅读能力。独立阅读能力的重要内涵是情感体验、丰富积累、良好语感。而要有独立阅读的能力，就要掌握正确的阅读策略，学会运用多种阅读方法。①

《义务教育语文课程标准（2022 年版）》对第三学段的阅读与鉴赏要求是这样描述的：

1. 熟练地用普通话正确、流利、有感情地朗读课文。默读有一定的速度，默读一般读物每分钟不少于 300 字。学习浏览，扩大知识面，根据需要搜集信息。

2. 能联系上下文和自己的积累，推想课文中有关词句的意思，辨别词语的感情色彩，体会其表达效果。在理解课文的过程中体会顿号与逗号、分号与句号的不同用法。

3. 在阅读中了解文章的表达顺序，体会作者的思想感情，初步领悟文章的基本表达方法。在交流和讨论中，敢于提出看法，作出自己的判断。

4. 阅读叙事性作品，了解事件梗概，能简单描述印象最深的场景、人物、细节，说出自己的喜爱、憎恶、崇敬、向往、同情等感受；阅读诗歌，大体把握诗意，想象诗歌描述的情境，体会作品的情感。受到优秀作品的感染和激励，向往和追求美好的

---

① 吴忠豪主编：《小学语文课程与教学论》，北京，北京师范大学出版社，2008。

理想。

5. 阅读说明性文章，能抓住要点，了解文章的基本说明方法。阅读简单的非连续性文本，能从图文等组合材料中找出有价值的信息。尝试使用多种媒介阅读。

6. 阅读整本书，把握文本的主要内容，积极向同学推荐并说明理由。

7. 背诵优秀诗文 60 篇（段），注意通过语调、韵律、节奏等体味作品的内容和情感。扩展阅读面，课外阅读总量不少于 100 万字。

《义务教育语文课程标准（2022 年版）》对第三学段阅读的目标要求，主要是在了解叙事性文章表达顺序的基础上，了解事件梗概，能说出自己的理解、感受。这就对教师的阅读教学提出了更高的要求，要让他们走进文章，和作者产生情感的共鸣；同时通过语调、韵律、节奏等方面体味优秀诗文的内容和情感；能抓住说明性文章的要点，了解文章的基本说明方法。

《义务教育语文课程标准（2022 年版）》提出：第三学段侧重考察对文章表达顺序和基本表达方法的了解领悟；第四学段侧重考察理清思路、概括要点、探究内容等方面的情况，以及读懂不同文体文章的能力。结合《义务教育语文课程标准（2022 年版）》对三、四学段阅读的要求来看，小学第三学段学生应初步掌握常见文体的阅读方法。文体是文章在结构形式和语言表达上所呈现的具体样式或类别。不同的文体有独特的功能和语体特点。因此，文体的差异决定了在具体教学过程中应结合文本来确定教学价值、教学方法和教学目标。了解课文的文体特点，无论是对教师的教还是对学生的学都是大有裨益的。一方面，可以帮助教师确定教学目标、明确教学内容，更准确地把握教材编者的设计意图。另一方面，有利于指导学法，使学生掌握不同文体作品的学习方法，因而有利于学生从学会一篇到会学一类。因此，我们应当把这些文体阅读的要求与方法贯穿于相应的文体教学之中。

同时，在小学五、六年级语文教材统编版的编排中，阅读教学也是紧扣文体来进行的。如六年级上册单独安排了小说单元，对于不同的文体的阅读教学也要根据其特点采用不同的方法，以达到不同的阅读目标。

## 二、第三学段阅读教学的历史沿革

第八次课程改革后，我国语文教育界发生了一场从理论到实践的变革，特别是随着 2001 年《全日制义务教育语文课程标准（实验稿）》的颁布，小学语文课程标准阅读部分的内容也体现着这种变化，主要包括两方面。

一方面，强调阅读素养。与以往的大纲相比有了许多变动，首次提出的"语文素养"具体到阅读领域即为"阅读素养"，《义务教育语文课程标准（2011 年版）》中提到"语文素养是学生学好其他课程的基础，也是学生全面发展和终身发展的基础"。发展学生的阅读素养就是发展学生在当前以及未来社会生活中理解和运用任何印刷文本、手写以及电子材料的能力。

另一方面，强调阅读对话。《义务教育语文课程标准(2011 年版)》在教学建议中指出："阅读教学是学生、教师、文本之间对话的过程。"这是此版语文课程标准中关于阅读教学提出的一个新说法，与以往的课程标准(大纲)中关于阅读教学的规定只单方面体现教师的主导权不同，此版语文课程标准提出的"对话"彰显了学生在教学过程中的主体地位。要求给予学生在阅读课堂上发言、对话交流的机会，教师要重视学生的独特体验，将课堂上的"言语权"还给学生。

《义务教育语文课程标准(2022 年版)》在第三学段的"阅读与鉴赏"目标中，新增了"尝试使用多种媒介阅读。""阅读整本书，把握文本的主要内容，积极向同学推荐并说明理由。"当下，各种新的阅读媒介纷纷出现，新课标也与时俱进，倡导积极拓展阅读渠道，提高阅读兴趣。同时，对于第一学段、第二学段提出的整本书阅读，又提出了更高层次的要求：结合主要内容和自己的感受进行图书推荐。

从历届教学大纲的演变过程来看，小学语文阅读教学长久以来身处语文教育改革的中心，小学语文阅读教学的改变反映着语文教育改革的前进方向。

## (一)从只关注"理解和方法"到全面关注

阅读教学目标对阅读教学活动起着重要的导向作用，小学语文教师在阅读教学时如何正确、科学地选择教学目标是十分关键的。而确定阅读教学目标最主要的依据是教学大纲。从中华人民共和国成立早期的教学大纲来看，阅读教学目标通常强调的是学生对课文的理解以及通过朗读、背诵等阅读训练掌握阅读方法。

以 1956 年小学语文大纲阅读教学的基本任务为例："了解读物的内容，领会读物的基本思想，并且能够用普通话朗读。"关于课文理解，有学者指出"学生的学习任务，就是理解、感受这篇课文"，让学生理解课文，是阅读教学的基本；而掌握一些基本的阅读技能和方法，则为学生日后自主阅读和在生活中阅读打好基础。随着"文化大革命"的结束，我国小学语文教育迎来了新的发展时机，从 1976 年到 1985 年颁布《中共中央关于教育体制改革的决定》期间，教育界主要进行了一系列拨乱反正的举措，1985年"素质教育"正式在国家发布的教育文件中被提出，小学语文教学改革朝着素质教育的方向前进。素质教育的特点之一就是关注学生的全面发展。1986 年大纲强调培养学生的独立阅读能力和阅读习惯，1992 年大纲指出让学生在实践中学习独立思考，"着眼于逐步培养学生的自学能力"。可以看出，阅读教学目标由关注学生阅读方法以及学生对课文的理解，新增了对阅读习惯、阅读能力、智力发展等方面的关注。

## (二)从强调"讲读"到"导读"再到"对话"

我国语文教育界中被称作"传统"教学的指以教师讲授为主、满堂灌的"填鸭式"教学。这种教学一般分为两个方面，一是教师的讲解，二是学生的诵读。从中华人民共和国成立初期的几部大纲中即可看出讲读教学的倾向，这种以教师为绝对主导、忽视学生阅读主体地位的教学方法一直到 20 世纪 70 年代后期才开始逐渐转化。

20 世纪 70 年代末我国基础教育新一轮改革开启，语文教学的整体改革包含着阅读教学改革。其中阅读教学方法的改革最活跃，方法数量增多，而这些方法的共同特征表现为"从研究教师的教法，转向研究学生的学法"。

从 20 世纪 70 年代末到 90 年代末国内开展了许多阅读教学改革实验，这些实验也体现了以往教师对课堂的绝对统治开始发生转变，学生的学习成为重点研究对象，以 1978 年四川省内江市开展的为时 11 年的"读启式"教学改革实验为例，这个实验的理念是"读是基础，启中有读，读启结合，贯穿始终"，让学生在教师"扶、引、放"这种帮助的前提下逐步学会自己阅读，这种"寓启于读"的阅读教学方法有效地提高了当地农村小学阅读课的教学质量。通过教师的"导读""启读"，小学生逐步掌握阅读方法并学会自主阅读，这样的阅读教学方法在我国 20 世纪八九十年代一直占据着主流地位。到了 20 世纪末，我国开始进入新一轮的基础教育改革，在 2001 年的语文课程标准中首次提出"阅读教学是学生、教师、文本之间对话的过程。"这是关于阅读教学的重要创新，将阅读教学看成对话过程，首先体现了对学生阅读主体地位的重视，其次体现了阅读教学需要通过情感交流和共鸣来获取信息。

## (三)从以讲读型教学模式为主到阅读教学模式多元化

我国自 20 世纪 50 年代开始，小学语文阅读课堂基本上照搬苏联的模式，表现为教师揭示课题—阅读课文—划分段落—概括和复述段落及文章大意—进行练习和总结—布置作业。随着新课改的开展，教师在现代教学理念的指导下开始转变原来的传统阅读教学模式，主要表现为以下几种：

一是注重学生自主探究的阅读教学模式。《义务教育语文课程标准(2011 年版)》提出"积极倡导自主、合作、探究的学习方式"，这个课程理念就是指要以学生为主体，让学生在教师的指导下自己去发现并解决问题，这与传统的以理解课文内容为主要教学目标的阅读教学是不同的。其过程大致如下：教师导入，激发兴趣—学生自读，发现问题—细读交流，合作解疑—深化拓展，迁移练习。

二是注重诵读感悟的阅读教学模式。顾明远在《教育大辞典》中这样定义诵读："通过让学生高声朗读文字，熟读成诵，在反复朗读中正读音，理解情感表达、写作风格，培养语感，达到顺于口、熟于心的目的。"可以看出，诵读的基础是熟练朗读，且重点在于理解。诵读与感悟是相辅相成、不可分割的，这种教学模式的步骤大致如下：导入初读—诵读领悟—细读深悟—巩固积累。

三是注重欣赏体验的阅读教学模式。阅读教学应该让学生通过优秀文化的熏陶感染来提高其道德情操和审美情趣，这种模式更适合文学性阅读文本，大致步骤为情境导入—初读想象—引导体验—获得美感，强调学生的想象、联想，以及联系学生自身生活实际。教师在引导学生对文本的写法和语言进行赏析的过程中，使学生获得自己对文本的独特理解和情感体验。

通过八次课程改革以及语文课程标准的历时性变革，《义务教育语文课程标准（2022年版）》最终明确了第三学段阅读教学的重点。

第一，关注课文中的人文因素对学生健全人格形成的重要作用。

《义务教育语文课程标准（2011年版）》提出"阅读叙事性作品，了解事件梗概，简单描述自己印象最深的场景、人物、细节，说出自己的喜欢、憎恶、崇敬、向往、同情等感受"。阅读诗歌，大体把握诗意，想象诗歌描述的情境，体会诗人的情感。"受到优秀作品的感染和激励，向往和追求美好的理想"，"诵读优秀诗文，注意通过诗文的声调、节奏等体味作品的内容和情感"等。要引导学生通过阅读，丰富自己的精神世界，充实思想内涵，提升文化品位，增厚文化底蕴，促进健全人格的形成。

第二，加强语文能力的培养，积极推进学生的整体发展。

《义务教育语文课程标准（2011年版）》强调要掌握阅读方法，加强阅读能力，并提出"默读有一定速度"，"学习浏览"等，要求加快阅读速度，提高阅读效率。还提出"联系上下文和自己的积累，推想课文中有关词句的意思，体会其表达效果"，这里提出的"推想"和阅读方法中的"猜读"相似。所谓猜读，就是在阅读时从"已知"猜测"未知"，进行合乎情理、合乎逻辑的推测，最终理解文章的基本意思和深刻含义。"猜读"是一种通过熟读精思、细心揣摩把握文章的内容形式的阅读方法，学生学着运用这种方法，对强化理解力、扩大阅读面是很有好处的。另外，还要学会区分"叙事性作品"和"说明性作品"的体裁特点，用不同的方法学习不同文体的课文，以达到不同的阅读目标。

从语文课程标准的演变历史可以看出，第三学段阅读教学的目标和内容越来越全面，教学方法也更灵活多样，注重全面提高学生的语文素养，使语文课程更加开放而有活力。

## 三、第三学段阅读教学当前热点问题

### （一）不能依据文体有侧重地进行阅读教学

不同文体有不同的语体，但大多数小学教师几乎每节课都千篇一律地参照同一种教学模式进行阅读教学，一般都是先齐读课题，学习生字词，然后给课文分段，找中心句或中心段落并概括段意。最后，概述整篇课文主要讲了什么，升华情感。

教师在阅读教学中不能因文而异，无法根据文体有侧重地培养学生的语文核心素养，很大一部分原因在于文体意识淡薄。全国小语理事长陈先云认为 21 世纪初的语文教育改革存在的问题之一就是文体意识淡薄。他指出，很多教师常无视教材中文体知识的存在，不管什么文体都按照记叙文的方法教，以至于出现"千课一面"的现象，造成这种现象的原因就是文体意识淡薄。

针对这个问题，一方面，教师教育培训中要增加文体教学方面的知识，让教师对小学语文教材中不同文体的特点和阅读要求有所了解，在理解和丰富文体知识的基础上，扭转现有的教学观念，从而学会在语文阅读课堂上渗透文体知识。另一方面，管理者可以组织相关专家学者或者优秀教师录制不同文体的阅读示范课，给广大一线教师提供一些方向指引与教学参考。

### (二)没有真正发挥学生的主体作用

在阅读教学中，教师没有真正发挥学生的主体作用，仍主要采用传统的讲授法与对话法，很少会用到体验法、讨论法。以讲读为主的教学模式下，学生能够迅速地接受系统的、大量的语文知识，看起来教学效率很高，但实质上学生们却没有足够的时间消化和吸收知识，也没有足够的时间思考、分析问题。另外，讲授新课时，教师都是和学生一起理解、分析课文，但是当教师的授课内容和学生自己的理解有差异时，教师却没有进行解释，学生也不追问原因。这样的阅读教学没有真正发挥学生的主体作用，不利于学生阅读能力的提高。

进入第三学段后，学生学习的自主性增强，在阅读教学中就应发挥好学生的主体作用，多引导学生自主阅读并在课堂中提倡合作探究，让学生充分参与到阅读活动中，这样才利于阅读教学效率的提升。

## 第二节
# 第三学段阅读教学设计过程例谈

与传统的教材相比，小学语文教材统编版古诗文篇目大幅增加，体裁多样。小学 6 个年级 12 册共选优秀古诗文 124 篇，占课文总数的 30%，比原有人教版增加 55 篇，增幅达 80% 左右，每个年级 20 篇左右。古诗文教学在阅读教学中，占有非常重要的地位。第三学段古诗文教学要注意通过语调、韵律、节奏等体味作品的内容和情感。本节在第一章小学语文教学设计理论的基础上，以小学语文教材统编版五年级下册第 21

课文言文《杨氏之子》的教学设计过程为例，探讨如何将小学语文教学设计的有关理论落实到第三学段阅读教学的具体实践中，希望能为教师们进行第三学段的阅读教学设计提供参考。

扫码查看课文

## 一、教材分析

从单元分析和课文分析两方面确定本课的教材分析。

图 4-4　单元导语

　　首先，从单元整体视角对本课进行初步分析。根据单元导语，我们要明确本单元围绕"风趣与幽默"以及"感受课文风趣的语言"进行双线组元。（见图 4-4）从人文主题看，本单元编排的三篇课文旨在让学生体会文中具有趣味性的语言，激发学习语言的兴趣和热情。《杨氏之子》是一篇文言文，描写了主客双方围绕姓氏展开的巧妙对话；《手指》采用拟人手法和有趣味的语言，描写了五个性格各异的手指形象；《童年的发现》用俏皮的语言讲述了作者九岁时发现胚胎发育规律的有趣过程。从语文要素看，本单元围绕"风趣的语言"展开，《杨氏之子》引导学生通过对话内容，感受杨氏之子的机智；《手指》引导学生通过灵动鲜活、富有生趣的语句，体会语言的风趣；《童年的发现》引导学生体会课文的趣味，进一步交流感受。此前，三年级上册的教材已经安排了"关注有鲜感的词语和句子""感受课文生动的语言"等语文要素，本单元再次聚焦文本语言，引导学生体会语言的风趣。

其次，基于单元分析，对本课进行教材分析。《杨氏之子》是小学语文教材统编版五年级下册第八单元的第一篇课文。本文选自南朝刘义庆的《世说新语》，该书是一部主要记载汉末至晋代士族阶层言谈逸事的小说集。《杨氏之子》讲述了梁国姓杨的一户人家中的九岁男孩与客人孔君平机智对话的经过。故事情节简单，语言幽默，颇有趣味。选编本课的目的，一是引导学生理解古文的意思，二是使学生感受故事中人物的特点。

据此，可将本课的教材分析确定如下：

《杨氏之子》是小学语文教材统编版五年级下册第八单元的第一篇课文。本单元的语文要素为"感受课文风趣的语言"。三年级上册的教材已经安排了"关注有新鲜感的词语和句子""感受课文生动的语言"等语文要素。本单元再次聚焦文本语言，引导学生体会语言的风趣幽默。《杨氏之子》选自南朝刘义庆的《世说新语》，该书是一部主要记载汉末至晋代士族阶层言谈逸事的小说集。《杨氏之子》讲述了梁国姓杨的一户人家中的九岁男孩与客人孔君平机智对话的经过。故事情节简单，语言幽默，颇有趣味。选编本课的目的，一是理解古文的意思，二是使学生感受到故事中人物的特点。

## 二、学情分析

从学生的知识储备和心理年龄特点两方面分析，进而确定学情分析。从学生已有的知识储备来看，他们在三年级已经开始初步接触小古文，同时，五年级学生通过学习已掌握了一些理解古诗词句的方法，如借助插图、参照注释、查阅字词典等，具备了一定的独立阅读能力，这为学生进行自主学习文言文提供了方便。从学生的心理特点来看，五年级的学生学习古文难免有畏难情绪，在文章的理解上存在着一定困难。所以帮助他们消除畏难情绪，让他们在整个学习过程中保持高昂的学习兴趣，达到思维兴奋点是组织教学的关键。

## 三、确定教学目标

首先，根据单元导语和单元整体安排确定单元教学目标，再以课后练习题为抓手，确定本课的教学目标，最后，根据第三学段阅读教学的基本规律，将本课教学目标分解为具体的课时教学目标。

第一，经梳理，本单元的教学目标如下：

1. 认识25个生字，读准1个多音字，会写18个字，会写9个词语。

2. 正确、流利地朗读课文，背诵《杨氏之子》。

3. 体会课文中风趣的语言，并结合生活实际，说出自己的阅读感受。

4. 摘抄课文中风趣的句子。

5. 能仿照《手指》一文的表达特点，从人的五官中选一个，写一段话。

6. 能讲述两三个收集到的笑话，避免不良的口语习惯，并用心倾听别人讲笑话。

7. 在读懂图意的基础上，能写清楚漫画的内容和可笑之处，以及受到的启示。

8. 能交流、总结本单元课文中风趣语言的特点。

9. 能体会不同例句的表达特点，并选择情景仿说。体会先概括后举例的段落表达方法，并照样子写一段话，表达自己的想法。

10. 能了解颜体楷书的基本知识，并朗读、背诵"为人"的 5 条名言。

第二，以课后练习题为抓手，确定本课的教学目标。（见图 4-5）

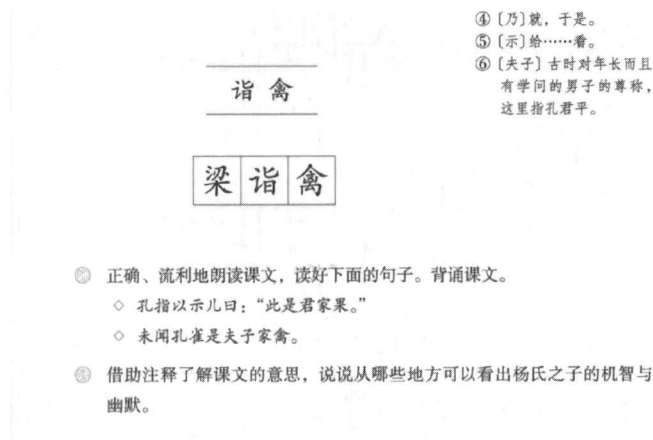

图 4-5　课后练习题

本课课后安排有识字写字和两个课后练习题，分别指向朗读及背诵课文、理解文意并体会杨氏之子的机智三个方面。首先，双线格及田字格中分别列出了学生应该会认、会写的生字，教师应该在某些字词上进行指导。由此，我们可以确定第一层教学目标：认识"诣、禽"2 个生字，会写"梁、诣"等 3 个生字。其次，根据课后练习题一"正确、流利地朗读课文，读好下面的句子。背诵课文"，再结合课程标准中对第三学段阅读教学目标的要求，可将第二层教学目标具体确定为：正确、流利地朗读课文，读好停顿并背诵课文。最后，根据课后练习题二"借助注释了解课文的意思，说说从哪些地方可以看出杨氏之子的机智与幽默"，我们可确定第三层教学目标为结合注释理解课文意思，了解课文内容，感受孔君平和杨氏之子语言的风趣幽默；第四层教学目标为通过抓关键词句，理解杨氏之子机智的特点。可见，课后练习题是确定教学目标的有效抓手。从三维目标的角度看本课的教学目标，识字写字、背诵课文属于知识与技能方面的目标，朗读课文等属于过程与方法方面的目标，感受语言的风趣幽默、体会杨氏之子的机智则属于情感态度价值观方面的目标。结合三维目标的表述要求，可将本节课的教学目标梳理如下：

1. 认识"诣、禽"2 个生字，会写"梁、诣"等 3 个生字。

2. 正确、流利地朗读课文，读好停顿。背诵课文。

3. 结合注释理解课文意思，了解课文内容，感受孔君平和杨氏之子语言的风趣幽默。

4. 通过抓关键词句，体会杨氏之子机智的特点。

经过上述分析，可以发现教学目标的确定需要遵循以下逻辑顺序：从本单元的教学目标到本课的教学目标，最后分解为课时教学目标。具体来看，"识记生字、朗读并背诵《杨氏之子》、体会文中风趣的语言等"是本单元教学目标中明确表述的内容，借此可从整体上把握本课的教学目标。本课的课后安排了识记生字、朗读及背诵课文、理解文意并体会杨氏之子的机智等内容，以此为抓手，可将本课的教学目标具体概括为上述四点。由于本课教学只需要一课时，因此本课的教学目标也是本课时教学目标。

## 四、把握教学重难点

教学重难点的确定一般要考虑三个因素，即课标要求、教材因素、学生学情。首先，结合课程标准确定本课的教学重点。《义务教育语文课程标准（2022 年版）》对第三学段的古诗文阅读教学提出了以下要求："阅读诗歌，大体把握诗意，想象诗歌描述的情境，体会作品的情感。""背诵优秀诗文 60 篇（段），注意通过语调、韵律、节奏等体味作品的内容和情感。"再结合教材中本单元导语"感受课文风趣的语言"，可以确定本节课的教学重点是通过抓关键词句，理解杨氏之子机智的特点，感受人物语言的风趣幽默。结合上述学情分析，对于五年级的学生来说，学习古文难免有畏难情绪，学生在文章的理解上存在着一定困难。因此，将其列为本课的教学难点符合学情。最后，将本课的教学重难点确定如下：

通过抓关键词句，理解杨氏之子机智的特点，感受人物语言的风趣幽默。

## 五、选择教学策略

教学策略的选择要有助于落实本课的教学重点，突破教学难点。结合本课教学重难点，教师可根据教学内容选择以下教学策略：

1. 以"读"为主线进行教学，采用多种形式朗读课文。以"读"为主线进行教学，可应用多种读的形式，包括自由朗读、指名朗读、老师范读、齐读、默读等，并将"读"贯穿于教学过程的不同环节中，突出以读为主的阅读教学特点。同时，在读的过程中，教师应明确要求读准字音、读通句子、读好停顿、熟读成诵、边读边想等，使"读"有的放矢，从而落实教学目标。

2.确定中心话题，抓重点精讲。本课的教学重点是理解杨氏之子机智的特点。在整体设计上，教师可以请学生围绕中心话题"你从什么地方体会出杨氏之子是一个机智的孩子？"来理解课文内容。如果一节课教师提出的问题过于琐碎或者逐句逐段地分析讲解，那么精讲就无从谈起，所以，围绕教学重点确定中心话题是精讲的前提。另一方面，在具体操作上，教师可以引导学生通过中心句、重点词提炼出关键字"惠"，再通过理解"惠"的意思来建构中心话题，此处是教师抓住重点进行精讲的关键。

3.读中有讲，以讲促读，读讲结合。读中有讲，"读"虽贯穿了教学的始终，但应当在"读"中穿插讲解字音、字义，抓关键词句讲解人物特点，把"讲"渗透在"读"的过程中；以讲促读，当学生通过"为设果""应声""未闻孔雀是夫子家禽"等重点词句逐步理解了杨氏之子机智的特点时，教师可提示学生先读后说，说后再读，通过"读"来强化理解。这样，就真正做到了读讲结合。

## 六、教学过程设计

根据第一章有关教学过程设计的基本理论和步骤，结合第三学段阅读教学规律，其教学过程设计可按如下步骤展开：第一，检查预习，落实指导，引起学生求知欲。第二，结合注释理解课文意思，帮助学生感知教材。第三，指导朗读、熟读成诵，帮助学生理解教材。第四，以关键词句为抓手，理解人物特点（杨氏之子的机智）。第五，练写生字，检查背诵，巩固和运用知识。以上五个步骤密切联系，形成一个整体。在教学实施中，可根据具体情况灵活掌握，注意不要割裂各个环节之间的内在联系。现以《杨氏之子》一课为例，具体呈现完整的教学过程设计：

1.检查预习，正字正音，学习生字。

2.结合注释，理解课文意思。

3.指导朗读，熟读成诵。

4.抓住关键词句，理解杨氏之子的机智。

5.练写生字，检查背诵。

本课分为五个教学环节。第一个环节，通过检查预习，正字正音，学习生字，了解学生们的预习情况，确定教学起点，引起学生求知欲。适时渗透学习文言文的方法——读准读通，借助注释，初步读懂文言文。第二个环节，结合注释，理解课文意思，初步感知教材。第三个环节，通过多种形式的朗读，让学生体会文言文的恰当停顿，进而熟读成诵，快速积累语言。第四个环节，通过中心话题，抓关键词句体会杨氏之子机智的特点，进一步理解课文内容。在师生、生生分享交流的过程中，渗透指导、训练学生说话。第五个环节，通过练写生字，检查背诵，以检查学生知识、技能和技巧的掌握程度。

结合上述分析，可以发现第三学段古诗文的教学过程设计遵循第一章所论述的设计教学过程的基本理论和基本程序。本书第一章论述了教学过程设计的五个基本步骤，分别是引起求知欲、感知教材、理解教材、巩固和运用知识以及检查知识、技能和技巧。具体概括如表 4-3 所示：

表 4-3 《杨氏之子》教学过程设计

| 课时安排 | 具体教学环节 | 教学过程原理 |
|---|---|---|
| 一课时 | 第一环节：检查预习，正字正音，学习生字。 | 引起求知欲<br>检查知识、技能和技巧 |
| | 第二环节：结合注释，理解课文意思。 | 感知教材 |
| | 第三环节：指导朗读，熟读成诵。 | 理解教材 |
| | 第四环节：抓住关键词句，理解杨氏之子的机智。 | 理解教材 |
| | 第五环节：练写生字，检查背诵。 | 巩固和运用知识<br>检查知识、技能和技巧 |

关于第三学段古诗文阅读教学过程设计，需要特别说明的是：实际教学过程会在遵循第一章教学设计过程的基本理论和步骤的基础上进行微调。例如，对知识、技能和技巧的检查，可采用检查预习、学生展示朗读及背诵、说一说杨氏之子的机智体现在哪里等方式进行，这些检测渗透在学习新知的过程中。

## 七、作业设计

作业设计应包括作业内容和作业评价两方面。语文作业设计是语文课堂教学的延伸和继续，是课堂内容的提升和综合。语文作业内容要侧重学生听、说、读、写不同方面，力求学生在知识、技能、思维等方面都有所发展，并体现出语文的趣味性、生活性、层次性以及实践性。根据学生的学情，作业内容可从以下两方面布置：一是知识与技能方面的作业，如教师可要求学生完成背写课文等基础性作业；二是发展方面的作业，如教师可要求学生根据课文内容，展开合理的想象，把本文改写成一篇现代文。围绕本课的教学目标和学生的学情，将作业设计如下：

1. 请背写《杨氏之子》这篇课文。

2. 请你根据课文内容，展开合理的想象，把本文改写成一篇现代文。

根据不同的作业设计选择不同的作业评价方式。对于第一项作业，教师可采用随堂听写、做测试题等方式，进行检查性评价。对于第二项作业，教师可以采取展示性评价，将优秀的作业张贴在班级作业墙上，让同学们互相交流借鉴。总之，教师要根据作业特点，选择多样化的评价方式，关注学生个体差异，提高学生的学习热情。

### 八、板书设计

板书的设计要有明确的目的，主次分明、条理清晰、重点突出。板书的内容应简明扼要，便于归纳总结，同时要紧紧围绕教学目标，为教学内容服务。本课的板书设计如下：

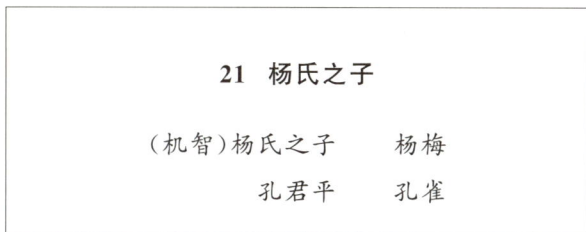

**21　杨氏之子**

（机智）杨氏之子　　　杨梅

孔君平　　　孔雀

本课的板书设计围绕杨氏之子体现出的机智展开，在学生读书交流的过程中，梳理出故事发展的关键词，体会杨氏之子应答的巧妙之处，帮助学生了解课文内容。借助关键词，有助于更全面地认识杨氏之子，进而实现本课的教学目标。

## 第三节
# 第三学段阅读教学策略及应用再谈

根据《义务教育语文课程标准（2022 年版）》对三、四学段阅读的要求，小学第三学段应初步掌握常见文体的阅读方法。同时，在小学语文教材统编版第三学段的编排中，阅读教学也是紧扣文体来进行的。如六年级上册单独安排了小说单元。对于不同文体的阅读教学也要根据其特点采用不同的方法，以达到不同的阅读教学目标。

根据《义务教育语文课程标准（2022 年版）》的要求及小学语文教材统编版编排的特点，我们将结合叙事性记叙文、诗歌、小说这三种主要文体形式进行第三学段阅读教学策略及应用的分析与说明。

### 一、叙事性记叙文的阅读教学：把握叙事脉络，理清事件梗概，体会情感

教学案例呈现：

在小学语文教材统编版六年级上册第二单元第 6 课《狼牙山五壮士》的教学过程中，

教师通过让学生默读课文给全文划分大段，概括每大段的意思，然后串联起来说一说故事梗概，从而了解课文讲述的主要内容。再通过给每部分列小标题的方式，让学生最后明晰本文是按照事情发展的顺序来描写的。

师：默读课文，思考每个自然段的意思。

然后想一想：课文可以划分成几个部分？之后概括每部分的主要意思，在每个部分空白的地方写上一两个词提醒自己。

同桌交流，指名回答，反馈指导。

[预设：第一部分为第一自然段；主要意思是七连六班接受了掩护群众和连队转移的任务。（板书：接受任务）第二部分为第二自然段；主要意思是七连六班五位战士把敌人引上狼牙山，利用险要地形痛击敌人。第三部分为第三自然段；主要意思是五位战士完成了掩护任务，准备把敌人引向绝路。第四部分为第四、第五自然段；主要意思是五位战士把敌人引到了狼牙山峰顶，英勇杀敌。第五部分为剩余部分；主要意思是五壮士英勇壮烈地跳下了悬崖。（板书：跳下悬崖）]

师：一个部分讲一个主要意思，讲同一个主要意思的自然段归并成一个部分。同学们做得真好。你能借助各部分主要意思，说说课文主要内容吗？

指名回答，反馈指导。

（预设：1941年秋的一天，七连六班五位战士接受了掩护群众和连队转移的任务。他们为了拖住敌人，把敌人引上了狼牙山，利用险要地形痛击敌人。当完成了掩护任务后，他们准备把敌人引向绝路——顶峰棋盘陀。到了狼牙山峰顶，五位战士居高临下英勇杀敌，弹尽粮绝后，相继英勇壮烈地跳下了悬崖。）

师：我们梳理了课文，把握了课文主要内容，请同学们回忆一下给各部分起小标题的方法，参照例子，给课文的其他部分起小标题，然后思考课文是按照什么顺序记叙的。

出示任务：（PPT出示课后练习1）参照第一、五部分的小标题，给其余部分起小标题填空，然后想一想课文是按照什么顺序记叙的。

指名回答，反馈指导。

（预设：第二部分痛击敌人；第三部分引上绝路；第四部分顶峰杀敌。）（板书小标题）

生：按事情发展顺序记叙。

师：你根据什么判断是事情发展顺序呢？

指名回答。

（预设：课文第一部分交代了事情的起因，或事情的发生；第二、三、四部分讲述了事情的经过，或事情的过程；最后一个部分写了事情的结果，或事情的结束。所以是按事情发展顺序记叙的。）

教学案例分析：

在这个教学片段中，教师通过让学生划分大段、概括每大段意思、把握主要内容、厘清表达顺序几个教学环节的设计，让学生了解了事件的梗概，也让他们明白第二部分"痛击敌人"是本文重点要学习和把握的内容，从而能更好地体会作者要表达的思想感情。

教学策略总结：

文章的表达顺序体现了作者行文的思路，展现了文章主旨的脉络。这个"思路"和"脉络"就是作者写文章时构思的顺序和写作步骤。阅读一篇文章，除了要从整体上把握文章的主要内容和中心思想，还应该进一步理解文章是按照怎样的顺序表达的。这是小学生应该形成的一种良好的阅读习惯。小学语文教材统编版中大量的记事文以及用一件事写人的记叙文，大多是按事情发展的顺序来写。所以我们引导学生把握了文章的表达顺序，也就是摸准了作者写作的"脉络"，从而更容易从作者的角度去体会和理解文章表达的思想感情。

## 二、诗歌的阅读教学：递进式朗读，感受诗歌情感

教学案例呈现：

以下是王崧舟老师在执教小学语文教材统编版五年级上册第七单元第 20 课纳兰性德的《长相思》中的一个片段。引领学生诵读是诗词教学之根本，王老师通过一步步提升读的要求，从读的实践中要求学生"争取读出你的味道和感觉来"。读的层次分明，步步递升，引导学生在诵读中真真切切体悟到词人"身在征途，心系故园"的乡愁。

师：同学们，在王安石的眼中，乡愁是那一片吹绿了家乡的徐徐春风。而到了张籍的笔下，乡愁又成了那一封写了又折、折了又写的家书。那么，在纳兰性德的眼中，乡愁又是什么呢？请大家打开书本，自由朗读《长相思》这首词。注意，仔仔细细读上 4 遍，读前两遍的时候，注意词当中的生字和多音字，要把词念得字正腔圆；读后两遍的时候，要注意把它念通顺，注意词句内部的停顿。明白吗？

生：（齐答）明白。

师：自由朗读《长相思》，开始。

生：（自由读课文《长相思》。）

师：（课件出示《长相思》这首词。）好，谁来读一读《长相思》？其他同学注意听，这首诗当中有一个生字，一个多音字，听他有没有读准了。

生：（朗读）长相思，清，纳兰性德。山一程，水一程，身向榆关那畔行，夜深千帐灯。风一更，雪一更，聒碎乡心梦不成，故园无此声。

师：读得字正腔圆，真好，"风一更"这个"更"是多音字，"聒碎乡心"的"聒"是个生字，他都念准了。来，我们读一读，"风一更，雪一更，聒碎乡心梦不成"。预备起。

生：（齐读）风一更，雪一更，聒碎乡心梦不成。

师：再来一遍，预备起。

生：(齐读)风一更，雪一更，聒碎乡心梦不成。

师：很好！谁再来读一读《长相思》？请你来，其他同学注意听，特别注意，他在读词句的中间时是怎么停顿的，是不是读得有板有眼。

生：(朗读)长相思，清，纳兰性德。山一程，水一程，身向榆关那畔行，夜深千帐灯。风一更，雪一更，聒碎乡心梦不成，故园无此声。

师：真好，你们有没有注意到，这位同学在读"身向榆关那畔行"的时候，哪个地方停顿了一下？

生：他在"身向榆关"的后面停顿了。

师：你有没有注意到，他在读"夜深千帐灯"的时候，哪个地方又停顿了一下？

生：他在"夜深"后面停顿了一下。

师：你们听出来了吗？

生：(齐答)听出来了。

师：对，这样读就叫有板有眼。我们读这两句词，"身向榆关那畔行，夜深千帐灯"。读。

生：(齐读)身向榆关那畔行，夜深千帐灯。

师：再来一遍，"身向榆关那畔行，夜深千帐灯"。读。

生：(齐读)身向榆关那畔行，夜深千帐灯。

师：真好，同学们，读古代的诗词，不但要把它读正确，读得有节奏，还要尽可能读出它的味道来。比如"长相思"这个题目，我们可以有许多种读法，有的读长相思(快速而平淡地)，有长的味道吗？有相思的感觉吗？

生：(齐答)没有。

师：比如你这样读，长相思(缓慢而深情地)，有感觉吗？有味道吗？

生：(齐答)有。

师：读词就要读出这样的味道来。你们试着读一读，争取读出你的味道和感觉来。

生：(自由读《长相思》。)

师：谁来读一读《长相思》？读出你的味道、你的感觉来。注意听，你听出了什么味道？什么感觉？

……

师：真好！同学们，词读到这儿为止，你的脑海里面留下了什么印象和感觉，谁来说一说？

生1：我感到纳兰性德非常思念家乡。

师：这是你的感觉。谁还有别的印象和感觉？

生2：我感觉到纳兰性德思念家乡，梦都睡不好了。

师：不是梦都睡不好，是觉都睡不好，根本就没有梦。同学们，梦都做不成，觉都睡不好，带着这种感觉，我们再来读一读《长相思》，把这种感觉读进去，读到词的字里行间去。

生：（齐读）长相思，清，纳兰性德。山一程，水一程，身向榆关那畔行，夜深千帐灯。风一更，雪一更，聒碎乡心梦不成，故园无此声。

教学案例分析：

王崧舟老师说，一个有智慧的语文老师，教诗的最好途径就是不教诗。让"诗"凭着自己的言语存在说话，让学生直接贴在诗的面颊上感受她的诗意。保护"诗"，就是保护"诗"作为一种"完形"的存在，这种保护的最佳策略就是诵读。我们可以从"器"和"用"的层面理解"诵读"，但那是远远不够的。我们更有必要从"道"和"体"的高度看到"诵读"对诗作为一种完形存在的本体论上的意义。诗活在诵读的当下，诵读保护了诗的存在，诗即诵读。

于是，我们看到，在王老师执教的《长相思》一课上，不管学生懂与不懂，先让学生读了再说。让诗歌在诵读中流淌，这也是对诗作为一种完形存在的深刻尊重和理解。上课伊始，王老师首先要求学生仔仔细细读上 4 遍，由读准生字、多音字开始，再要求读得字正腔圆，读得抑扬顿挫、停顿适当。同时结合学生的朗读及时进行精准的点评，并鼓励学生大胆展开想象，一层一层体会诗人浓浓的思乡之情。

教学策略总结：

诗歌声韵动人，具备节奏美、韵律美，在进行诗歌的阅读教学时应指导学生注意抓住重音、停顿、速度、语调，以入情入境的诵读鉴赏声韵美，增加语言积累，增加文化积淀，并进一步感受诗歌的意象、情绪、韵味，受到心灵的滋养。

《三国志·魏志·王萧传》云："书读百遍，其义自见。"诗歌的情感不是外在的东西，不是教师三言两语就能强加给学生的，只有通过指导学生进行分层深入的递进式朗读，从朗读时语气的轻重缓急、声调的抑扬顿挫、表情的喜怒忧伤中体味情感，才能获得与作者情感上的共鸣，受到熏陶。

## 三、小说的阅读教学：重视情节发展和环境描写，感受人物形象

小学语文教材统编版六年级上册单独编排了小说单元，语文要素是：读小说，关注情节、环境，感受人物形象。这就是对《义务教育语文课程标准（2022 年版）》中第三学段阅读与鉴赏的目标之一——"能简单描述印象最深的场景、人物、细节"，提出了更具体、可操作的训练要求。

教学案例呈现：

小学语文教材统编版六年级上册第四单元第 12 课《桥》是一篇小小说，文中安排了

多个情节矛盾，跌宕起伏，扣人心弦，同时通过环境描写烘托紧张的气氛，推动情节的发展，老支书的高大形象和人格魅力也随之凸显出来。蒋军晶老师在执教这一课时借助对环境描写的赏析，让学生感知人物形象。

……

师：下面，大家来读一读这些句子，想一想，这些句子是讲什么的？

（师出示短句）

黎明的时候，雨突然大了。像泼。像倒。

山洪咆哮着，像一群受惊的野马，从山谷里狂奔而来，势不可当。

近一米高的洪水已经在路面上跳舞了。人们又疯了似的折回来。

死亡在洪水的狞笑声中逼近。

木桥前，没腿深的水里，站着他们的党支部书记，那个全村人都拥戴的老汉。

水渐渐蹿上来，放肆地舔着人们的腰。

小伙子瞪了老汉一眼，站到了后面。

老汉似乎要喊什么，猛然间，一个浪头也吞没了他。

一片白茫茫的世界。

生朗读句子，一人一句。（师指导朗读句子的语气、语调、语速，应该与当时所处的情境相符合）

师：请你在文中画出这些句子，看看这些句子都分布在文中的哪些地方。（生在文中画出句子）

师：通过画句子，我们发现，这些描写洪水的句子分布在文章的各个部分。

师：这些句子写出了什么？

生：这些句子写出了当时的洪水很大。

生：这些句子都描写了洪水来临时的场面。

生：这些句子写出了洪水非常凶猛，当时情况非常危险。

师：同学们说得很好，这些句子是对当时环境的描写。是环境描写（师板书），那么，在这些句子中，你最欣赏的是哪一句？

生：我最喜欢的是这一句——"一片白茫茫的世界"，因为这句话写出了这次的洪水非常大，把整个村庄都淹没了，一个村庄竟然成了一个水世界。

生：我最喜欢的是这一句——"死亡在洪水的狞笑声中逼近"，"狞笑"这个词写出了洪水到来时的那种恐怖的感觉。"狞笑"是一种拟人的写法。

师：类似于这样的拟人的写法还有，你发现了吗？

生：我最喜欢的是这一句——"水渐渐蹿上来，放肆地舔着人们的腰"，"放肆"这个词写出了洪水丝毫不会顾及人们的感受，疯狂地往上涨，也体现了洪水的恐怖。

师：请你读一读这个句子。（生读）

师：你读得还不够放肆，再读。（生再读，全班一起读，读出洪水的放肆）

师：总而言之，这样的环境描写，让我们感觉到此时此刻是非常危险的。同时，我们可以想象此时此刻的村民是多么惊慌恐惧。下面，请同学们再次跳读课文，找出文中描写村民慌张、恐惧的句子。

（生在文中找出相关语句）

一百多号人你拥我挤地往南跑。

人们又疯了似的折回来。

人们跌跌撞撞地向那木桥拥去。

竟没人再喊。一百多人很快排成队，依次从老汉身边奔上木桥。

……

师：从这些句子中的哪些词中你特别能感受到村民的惊慌恐惧，把它圈出来。（生圈出了：你拥我挤、疯了似的、跌跌撞撞、竟……然后谈自己的感受）

师：那么，这篇文章，重点是写环境危险吗？

生：不是。

师：是写村民慌张吗？

生：不是。

师：那重点到底是写什么呢？

生：是写老汉。

……

教学案例分析：

在这个教学片段中，蒋老师让学生找出描写环境的句子，并进行朗读、体会、交流，引导学生明白本文的重点并不是突出环境的危险和村民的慌张，而是通过这些描写让我们非常真切形象地感受到洪水的肆无忌惮，突出了情况危急，渲染紧张气氛，从而衬托出老汉的镇静和人格的伟大。

教学策略总结：

周健在《论小说三要素之间的多边关系》一文中指出："小说中的人物与情节是相辅相成的关系，这是因为人物的性格是依靠故事情节来具体展现，故事情节又是通过不同的人物之间的性格冲突而产生，这两者之间互相依托，相得益彰……小说中的环境不同于生活中的环境，它是为创造人物形象而设置的典型化的环境，是具有某种表现力的艺术化的环境。典型环境中的典型人物性格，是对人物与环境之间的关系的高度概括。"[1]这与小学语文教材统编版提出的小说单元语文要素也是一致的。教材在安排课后学习提示的时候，启示我们应该如何引导学生去思考环境与人物的关系、情节与人

---

[1]　周健：《论小说三要素之间的多边关系》，载《大连教育学院学报》，2008(2)。

物的关系，情节关系对表现人物特点所起的作用。

例如《桥》的习题要求：

这篇小说写了一位怎样的老支书？找出写老支书动作、语言、神态的句子，结合相关情节说说你的理解。

画出描写雨、洪水和桥的句子读一读。再联系老支书在洪水中的表现，说说这些描写对表现人物的作用。

这两道题有这样的共同点，都是围绕着"老支书"来设计问题，第 1 题"写了一位怎样的老支书"，学生通过圈画描写老支书动作、语言、神态的句子，结合相关情节来说说自己的理解。哪方面的理解呢？写了一位怎样的老支书，落脚点在人物形象上。同样，第 2 题，"画出描写雨、洪水和桥的句子"是指环境描写，最后还是体会环境描写对表现人物的作用。《桥》这篇课文里，多次出现了关于描写洪水、大雨的句子，是为了更加突出洪水来势凶猛，把洪水疯狂、肆虐的魔鬼形象表现得淋漓尽致，渲染了紧张气氛，反衬了老支书的威严、冷静。

## 第四节
# 第三学段阅读教学设计案例分析

小说、诗歌是第三学段阅读教学中常见的文体，不同文体有不同教法、不同学法，这就是语文教学所强调的文体意识。下面分别选择有代表性的阅读教学案例供大家学习。

### 一、小说教学设计——《穷人》(第一课时)

[教材分析]

《穷人》是小学语文教材统编版六年级上册第四单元的第二篇课文。第四单元的语文要素为"读小说，关注情节、环境，感受人物形象"。本课在写作手法上特色鲜明，通过对环境和人物心理、对话的描写，刻画了栩栩如生的人物形象。在本课的课后习题中，要求找出描写人物对话和心理活动的句子，体会桑娜和渔夫是怎样的人；找出环境描写的句子，体会它们对刻画人物形象的作用。这也是对本单元语文要素习得的体现。

选编这篇课文的目的，一是让学生把握课文内容，感受桑娜和渔夫的勤劳、淳朴和善良，学习他们宁可自己受苦，也要帮助他人的美德；二是学习作者通过对环境和人物心理、对话的描写，刻画人物形象、抒发真情的写法。

[学情分析]

六年级的学生基本上已经具有一定的自主、合作、探究的学习能力，在实践中也积累了一些好的学习方法，比如列提纲、写批注笔记和心得笔记等。这些都为本课的学习奠定了良好的基础。但是现在的孩子们生活条件优越，不容易体会生活在社会底层的穷人再收养邻家孤儿这种义举的美德，这是本课教学时需要把握的一个突破点。另外，本文篇幅较长，环境描写、语言描写、心理描写较多，学生阅读时不易把握，在教学过程中需要教师进行指导。

[教学目标]

1. 会写"汹、涌"等 14 个字，会写"渔夫、汹涌澎湃"等 18 个词语。

2. 快速默读课文，能说出课文大意。

3. 体会环境与心理描写的作用，初步感受桑娜和渔夫的形象。

[教学重难点]

会环境与心理描写的作用，初步感受桑娜和渔夫的形象。

[教学策略]

1. 启发质疑、以读促悟、层层深入，引导学生领悟文章的内涵。《义务教育语文课程标准（2022 年版）》强调，阅读教学是学生、教师、文本之间对话的过程。如何将这三者之间的对话落到实处？对于第三学段的阅读教学，感悟品味是我们在课堂教学中常使用的方法。本课从"穷"字入手，引导学生自主学习探究，通过对有关桑娜与渔夫"穷"与"不穷"的探讨，指导学生朗读、品味相关语句，从而一步一步地感受他们善良美好的心灵。

2. 重视情节发展和环境描写，感受人物形象。文中对故事情节的发展、环境以及人物心理、对话的描写，是体会人物美好心灵的关键，因而也是研读的重点。

[教学过程]

一、导入课题，了解作者

1. 导入：读小说《桥》，我们感动于老支书的高尚品质，也初步领略了小说的魅力。今天我们来学习另一篇小说《穷人》。

2. 学生读资料袋，了解作者。

二、初读课文，感知内容

1. 学生快速默读全文，想想课文主要讲了一件什么事。

2. 学习生字新词。

风暴　糟糕　汹涌澎湃　寒风呼啸　潮湿阴

设计意图：

认读词语时将词语分成环境、人物两组，凸显小说在环境、人物方面的描写。借助主要人物概括课

冷　波涛轰鸣

心惊肉跳　忐忑不安　沉思　抱怨　倾听
探望　照顾　忧虑

(1)指名读。

(2)引导学生发现第一组词语描写环境，第二
组词语描写人物。

(3)学生有感情地朗读，体会环境的恶劣和人
物内心的不安。

(4)学生根据课文内容选择相应的词语填空。

海面上波涛(　)，天气非常(　)，桑娜在家
里等得(　)。她认真(　)屋外的动静，又起身去
(　)生病的邻居。

(5)提醒注意"汹涌澎湃"的写法，学生再选择
生字表中觉得难写的字写一写。

3. 概括课文大意。

(1)学生找出课文主要写了哪几个穷人。(板
书：桑娜　渔夫　西蒙)

(2)学生利用这些人物之间的关系，说一说课
文讲了一件什么事。(渔夫和桑娜一家生活贫困艰
难。邻居西蒙去世后，他们毅然收养了西蒙家的
两个孩子。)

(3)小结：阅读小说时，抓住小说中的主要人
物，就能很快把握小说的情节。

三、品读语句，初步感受人物形象

1. 学生自主学习：课文的题目是"穷人"，可
文章当中没有一个"穷"字。你从哪里看出他们确
实很"穷"？画出有关句子，圈出关键词，准备
交流。

2. 交流中引导发现。

渔夫的妻子桑娜坐在火炉旁补一张破帆。屋
外寒风呼啸，汹涌澎湃的海浪拍击着海岸，溅起
一阵阵浪花。海上正起着风暴，外面又黑又冷，
这间渔家的小屋里却温暖而舒适。地扫得干干净
净，炉子里的火还没有熄，食具在搁板上闪闪发

文内容，使学生在概括中习得
方法。

亮。(抓住"补一张破帆""屋外寒风呼啸""海上正起着风暴"等体会"穷",结合屋内环境描写体会桑娜的勤劳能干。)

桑娜沉思:丈夫不顾惜身体,冒着寒冷和风暴出去打鱼,她自己也从早到晚地干活,还只能勉强填饱肚子。孩子们没有鞋穿,不论冬夏都光着脚跑来跑去;吃的是黑面包,菜只有鱼。不过,感谢上帝,孩子们都还健康,没什么可抱怨的。(抓住"冒着寒冷和风暴出去打鱼""勉强填饱""光着脚""菜只有鱼"等词句体会"穷",抓住"没什么可抱怨的"体会桑娜的乐观与对生活的热爱。)

屋子里没有生炉子,又潮湿又阴冷。……她头往后仰着,冰冷发青的脸上显出死的宁静,一只苍白僵硬的手像要抓住什么似的,从稻草铺上垂下来。就在这死去的母亲旁边,睡着两个很小的孩子,都是卷头发、圆脸蛋,身上盖着旧衣服,蜷缩着身子,两个浅黄头发的小脑袋紧紧地靠在一起。显然,母亲在临死的时候,拿自己的衣服盖在他身上,还用旧头巾包住他们的小脚。孩子呼吸均匀而平静,睡得正香甜。(抓住"又潮湿又阴冷""稻草铺"等词体会"穷",抓住"在临死的时候,拿自己的衣服盖在他们身上,还用旧头巾包住他们的小脚"体会西蒙伟大的母爱。)

3. 小结:不管是桑娜的沉思还是恶劣的环境,都让我们感受到了桑娜和西蒙家的穷。在这样穷的情况下,桑娜一家做出收养孩子的决定容易吗?我们下节课继续讨论。

设计意图:

抓住环境与心理描写进行品读,初步感受桑娜夫妻的形象,同时也为后面感受桑娜和渔夫宁可自己受苦也要抚养孤儿的高尚品质做铺垫。

[作业设计]

本课的教学重难点中有一项是学习作者通过环境和人物心理的描写,表现人物品质的写法。作为小说单元,语文要素也是通过情节和环境描写,感受人物形象。而本课对人物的心理活动描写也非常多,渔夫夫妇的善良品质也是在环境描写和心理描写中得到了很好的体现。综上,本课的作业可设计如下:

1. 渔家的小屋"温暖而舒适",说一说这样的环境描写对刻画桑娜这个人物有什么作用。

2. 抄写课文中其他描写环境的句子，并写出它们的作用。

**[板书设计]**

板书的设计要有明确的目的，主次分明、条理清晰、重点突出。本课主要抓住题目中的"穷"字，让学生去寻找文中描写渔夫夫妇贫穷的内容加以体会，第二课时将提出"穷人""不穷"的说法，引发学生思考讨论，体现出他们乐于助人的善良本质。因此，本课的板书设计如下：

```
                    13  穷人

        穷                        不穷

    屋内的摆设                  乐于助人
    孩子的吃、穿                勤劳善良
    夫妇俩忙碌
```

## 二、古诗教学设计——《枫桥夜泊》

**[教材分析]**

《枫桥夜泊》是小学语文教材统编版五年级上册第七单元第 2 课《古诗词三首》中的第二首古诗。本单元的语文要素是"初步体会课文中的静态描写和动态描写"。《枫桥夜泊》这首古诗在二十八个字的有限空间中，展示了无限的时空图景，描写了一个秋天的夜晚，诗人泊船苏州城外的枫桥，借自己的所见所闻，抒发了难以言说的满腹愁情。

**[学情分析]**

五年级学生已经能借助注释、工具书，想象画面等多种方法来读懂古诗的大意，对学习古诗也有一定的热情，而且已积累了许多不同内容的古诗，这为读诗、品诗、悟诗奠定了基础。但是对于多层次地品读、读懂诗歌背后的故事、读出韵味还有欠缺，对于诗中景物动态和静态描写的语句也需要在教师的指导下细细品味，体会诗人思乡、忧愁的情感。

**[教学目标]**

1. 能正确、流利、有感情地朗读并背诵古诗，会写"泊、愁、寺"。

2. 理解词义、句意，通过作者对静态和动态景物的描写，体会诗人因思乡、忧愁而辗转反侧难以入眠的情感。

**[教学重难点]**

通过作者对静态和动态景物的描写，感受古诗意境，体会诗人的孤寂忧愁。

[教学策略]

1. 递进式朗读，感受诗歌情感。《义务教育语文课程标准(2022年版)》在第三学段阅读与鉴赏的目标中提出："背诵优秀诗文60篇(段)，注意通过语调、韵律、节奏等体味作品的内容和情感。"在本课的教学中将采用不同层次、递进式朗读的方法，让学生在读中明晰诗歌大意，在读中感悟诗人的孤寂忧愁。

2. 在读与想象中体会诗中的动态描写和静态描写。设置意象是诗歌中常用的一种表达情感的方法，诗人对霜天残月、江枫、渔火、古寺、客船进行了静态描写，又写出了乌啼、钟声的动态变化，要体会这些意象所蕴含的情感，就要让学生在多层次朗读的基础上，边读边想象它们描绘出的画面，加深对诗歌的体会。

[教学过程]

1. 导入，认识张继，理解题意

(1)有一首诗，让一位诗人名垂千古，让一个城市名扬天下，让一座桥梁成为当地三百余座名桥之首，让一座寺庙成为中外游人向往的胜地，这首诗就是《枫桥夜泊》。

(2)出示课件，板书课题，强调"泊"的读音和写法。同学们看看图，你知道"泊"是什么意思吗？(停靠)

设计意图：

随文进行识字、写字教学，在理解字义的基础上更便于记住字形。

(3)这首诗的作者是唐朝的张继。(出示张继的图片)张继的诗作并不多，然而他却能像诗仙李白、诗圣杜甫一样名垂千古，由此可见《枫桥夜泊》的影响是多么深远。

(4)通过预习，你们还知道哪些跟作者、诗句有关的内容？

设计意图：

通过介绍本诗的深远影响，让学生产生强烈的学习兴趣。汇报预习成果，使学生积极主动地学习，养成自主学习习惯。

2. 初读，读准诗句，读通读顺

(1)下面请同学们听老师的朗读。(教师范读诗句)

(2)请大家自由练读这首诗，这首诗里面有几个生字，老师都把它们注上音了，你们在读的时候可以借助这些拼音，把这首诗读正确。(出示带拼音的古诗)

(3)学生自由练读。

(4)指名2～3人读。齐读。

设计意图：

通过听老师的诵读，让学生对本诗的感情基调有个初步的感受。初读诗句时只要求学生读通读顺，从而体现出学习目标的层次。

3. 再读，读懂诗句，读出韵味

(1)师范读全诗，同时出示不带注音的古诗。

(2)介绍四声读法，试着朗读。

四声读法，一声二声可以拉长声音读；三声四声读得短促一点。所以我们可以这样读：月落乌——啼——霜——满天。

(3)同学们，请大家在书上为每个字标上调号，然后根据老师的提示，并模仿老师的读法来练读这首诗。

(4)学生练读。

(5)指名读2~3人。(出示带节奏的诗句)

(6)自由品读古诗，读不懂的地方先做上记号，一会儿同桌互相交流。

(7)学生自学，老师巡视指导。

(8)同桌交流，汇报自学情况。

教师重点讲解"对"的意思，讲解"愁"的造字特点。(古人有伤春悲秋的情怀，所谓秋心。意为秋天之心绪，故曰愁。愁也，心上之秋也。秋日叶落，心里自是有一番感慨，因此心情也会受到影响，故曰愁也。)指导读好"月落""霜满天""对愁眠""夜半钟声到客船"。

(9)指名读，齐读。

4. 三读，读出愁思，读懂作者

(1)边读边想象诗句所描绘的画面。(出示课文插图)

(2)"月落乌啼霜满天"——你想到了什么？

(3)讲解"江枫渔火对愁眠"。

(4)从"姑苏城外寒山寺，夜半钟声到客船"你想到了什么？提示注意"寺"字的写法。

(5)教师总结全诗：深秋的夜晚，月亮西沉，寒霜满天，诗人张继孤身在外，只有小船、渔火相伴，愁思满怀，辗转反侧，难以入眠。姑苏城外的寒山寺传来的钟声，沉重而悠远，使诗人张继感到非常惆怅。

设计意图：

给学生充足的时间，让他们充分读书，通过合作学习，讨论交流，初步想象古诗描绘的画面，初步体会诗人的"愁"。借机讲解"愁"的造字特点，指导写好这个字。

设计意图：

更深层次地再读古诗，引导学生想象古诗画面，感受诗人通过"月落""乌啼""寒霜""钟声"等意象表现出来的深深的"愁"。结合诗文中的动态和静态描写，引导学生感受诗人漂泊在外、四处奔波的寂寞之愁、思乡之愁。然后，介绍作者，补充相关资料，引导学生把对这首诗的理解和对作者怀才不遇的忧愁带入诗中再读，熟读成诵，感受诗人忧国忧民的愁、人生求索的愁。

（6）指导学生找出在这幅画里诗人看到的景物——静态描写（霜天残月、江枫、渔火、古寺、客船——凄凉、孤单、忧愁）。

出示诗句，学生齐读。

（7）指导学生找出诗人又听到了哪些让他感到忧愁的声音——动态描写（乌啼、钟声——孤单、凄凉）。

播放钟声，感受诗人的忧愁。

出示诗句，学生齐读。

（8）拓展补充诗人真正忧愁的原因。

学生回答，老师随后讲解张继落榜的小故事。

张继和好友一起进京赶考，结果同窗好友一个个榜上有名，张继却名落孙山。落榜后，张继非常失望，他独自来到苏州，想借苏州的美景，排解心中的烦闷，可看着眼前的美景，他情不自禁地联想到别人的风光和自己的落寞，不但没有解去心中的烦闷，反而新增了许多忧愁，正是借景消愁愁更愁啊！于是就带着这份愁思写下了《枫桥夜泊》。

指名读，师生点评。再次齐读，读出作者的忧愁。

（9）带着对整首诗的理解，试着背诵。配乐齐诵。

[作业设计]

本课的教学重难点是透过作者对静态和动态景物的描写，感受古诗意境，体会诗人的孤寂忧愁。本课作业的设计也要体现这一教学目标，除了背诵、默写这项基本的知识与技能层面的作业之外，诗中对景物进行的动态、静态描写也是体会诗歌表达的情感的主要依据，所以还要围绕这一点进行作业设计。本课作业设计如下：

1. 背诵、默写《枫桥夜泊》。

2. 请你想象诗中描绘的景象，找一找哪些景物是静态的，哪些是动态的。

[板书设计]

这首诗中运用了很多表达忧愁之情的意象，这些意象既有动态描写，又有静态描写，抒发了诗人思乡的忧愁之情。了解诗人的写作手法，体会诗中情感也是本课的教学重难点所在。为了突出重难点，让学生更好地掌握、体会诗意、诗情，本课的板书设计如下：

---

**1　枫桥夜泊**

静态描写　　　　　　　　　动态描写

霜天残月　　　　忧　　　　乌啼

江枫　　　　　　愁　　　　钟声

渔火

古寺

客船

---

## 本章小结

　　本章分三部分阐述小学三个学段阅读教学的目标、历史沿革、当前热点问题、教学设计过程及分析，以及阅读教学策略和阅读教学案例分析。

　　首先，对各个学段阅读教学的目标进行了说明和解读，从中华人民共和国成立以来颁布的教学大纲及课程标准来看阅读教学目标、内容和方法的历史沿革，并聚焦各学段阅读教学的热点问题。其次，结合课程标准、教学重难点、学生学情等，以某一篇课文为例，分析如何进行完整的教学设计。再次，针对三个学段不同的阅读教学的特点，分别从板块教学、精读课文与略读课文以及不同文体的角度论述了各个学段阅读教学的策略。最后，根据各自提出的阅读教学策略，选取了完整的或者片段式的阅读教学设计进行分析，旨在介绍小学阅读教学设计的要点和特色，供大家学习参考。

## 关键术语

　　阅读教学；精读课；略读课；文体与课型

## 拓展阅读

　　1. 蒋蓉编：《小学语文课程与教学论》，北京，北京师范大学出版社，2015。

　　本书是义务教育后高等师范院校初中起点六年制本科小学教育专业的一门基础课程。本书根据《义务教育语文课程标准(2011年版)》的精神，基于当代教育理论和教学实践，吸收本学科教学(法)的研究成果，将新课程改革的理念融于教材教法的基本理论之中，阐述在新课程改革目标下小学语文教学的基本理念及其具体实施。

2. 孙凤岐主编：《小学语文课程与教学论》，北京，北京师范大学出版社，2016。

本书为高等院校小学教育专业教材，其内容为语文课程性质、语文课程标准、语文教育文化、语文课程资源、语文教材建设、语文教育智慧、语文教学目标、语文学习指导、语文教学内容、语文课外阅读、语文教学评价、语文文本解读、语文课堂任务、语文课堂构建、语文教学设计、语文课堂形态、语文课堂诊断。本书的编写遵循小学语文课程改革的新理念，探索小学语文教学理论与实践的问题，力图做到内容丰富、材料翔实。

## 体验练习

1. 根据本章所学，请你对第一学段导入、字词教学、指导朗读、读说结合中的一个板块进行教学设计。

2.《义务教育语文课程标准(2022年版)》对第二学段阅读有什么具体要求？

3. 请结合本节所提供的教学策略，完成一篇第三学段阅读教学设计，注意结合课文内容，突出文体特点。

# 第五章

# 小学习作教学

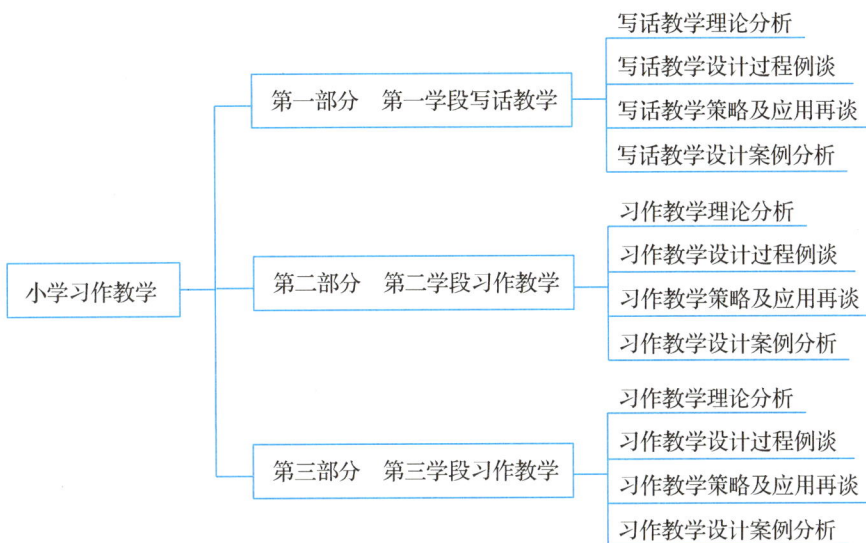

## 章结构图

小学习作教学
- 第一部分　第一学段写话教学
  - 写话教学理论分析
  - 写话教学设计过程例谈
  - 写话教学策略及应用再谈
  - 写话教学设计案例分析
- 第二部分　第二学段习作教学
  - 习作教学理论分析
  - 习作教学设计过程例谈
  - 习作教学策略及应用再谈
  - 习作教学设计案例分析
- 第三部分　第三学段习作教学
  - 习作教学理论分析
  - 习作教学设计过程例谈
  - 习作教学策略及应用再谈
  - 习作教学设计案例分析

## 本章概述

习作教学是教师引导学生运用语言文字进行表达和交流的书面活动，它既能培养学生用词造句、连句成段、连段成篇的能力，又能培养学生观察事物、分析事物的能力，是小学语文教学的重要组成部分。本章将从三个不同学段的习作(写话)教学理论分析、习作教学设计过程例谈、习作教学策略及应用再谈以及习作教学设计案例分析四个方面展开论述。

## 问题情境

小 A 老师对写话教学颇为用心，一直努力探索如何在日常语文教学中激发学生写话兴趣，提升学生写话能力。在一次写话训练课上，她围绕一则看图写话进行了如下教学。

"小朋友们，你们看，这是什么地方？"

"公园！"

"动物园！"

"花园！"

……

"嗯，这里啊应该是动物园，瞧，有那么多的猴子在呢！那你们说现在应该是什么时候?"

"早晨!"

"春天!"

......

"嗯，最好是写星期天吧，那你们看这图上有什么?"

"有假山，有草，有树。"

"有好多猴子，还有很多小朋友。"

"对，我们来看看这些小猴子，多可爱啊！它们在干什么?"

"它们在吃东西。"

"它们在玩。"

"你看这两只猴子，是不是在挠痒痒啊?"

"是!"

"小朋友们，我们已经找到了时间(星期天)、地点(动物园)、什么人(小朋友们)、在干什么(在看猴子，有的猴子在挠痒痒，有的猴子在吃东西，还有的猴子望着远方)。"

"小朋友们，想把这幅有趣的图写下来吗？开始动笔吧!"

一节课下来，学生完成了写话练习。可是，交上来的写话却千篇一律，缺乏趣味，甚至有些同学就是把课上老师提问的答案全部写了出来。这让小 A 老师十分困惑。那么，究竟应该如何设计第一学段的写话教学？可以运用哪些策略来激发学生的写话兴趣？让我们带着这些问题一起来学习本章内容。

# 第一部分　第一学段写话教学

第一学段写话教学是第二、第三学段习作教学的基础，也是具有挑战性的一项教学内容。写话能力的培养，需要有目的、有层次、有步骤地系统进行。《义务教育语文课程标准(2022 年版)》对第一学段写话的要求中分别提出"对写话有兴趣""在写话中乐于运用阅读和生活中学到的词语"。由此可见，学习激发学生写话兴趣的具体策略十分必要。

## 🎯 学习目标

1. 了解小学第一学段写话教学目标、历史沿革及研究热点。

2. 通过具体课例，学习掌握第一学段写话教学设计步骤。

3. 掌握第一学段写话教学中常用的教学策略。

4. 通过第一学段写话教学设计案例分析，掌握本学段写话教学设计的过程与教学策略的运用方法。

## ✎ 学习重点

1. 掌握第一学段写话教学策略。

2. 参照具体课例，学习运用第一学段写话教学策略进行教学设计。

# 第一节
# 写话教学理论分析

写话教学是小学第一学段教学的难点，对写话教学理论的把握有利于教学目标的确定和教学策略的选择。本节从第一学段写话教学的主要任务、历史沿革以及当前写话教学中的热点问题三个方面展开论述。

## 一、写话教学的主要任务

对于写作文而言，写话是最初步的训练，有助于培养第一学段学生的认知能力、形象思维能力、想象能力和表达能力，为以后的写作打下坚实的基础。课程标准中写话教学的教学目标有三点，分别是：

1. 对写话有兴趣，留心周围事物，写自己想说的话，写想象中的事物。

2. 在写话中乐于运用阅读和生活中学到的词语。

3. 根据表达的需要，学习使用逗号、句号、问号、感叹号。

《义务教育语文课程标准（2022 年版）》明确地把小学作文定位于"写话"和"习作"，第一学段是写话即学生把自己想说的话写下来。第一学段写话的中心是"对写话有兴趣"，第一学段的写话教学目标中首要强调了"兴趣"，其次要求在写话教学中进行知识积累，进行词汇积累和学习使用。

## 二、写话教学的历史沿革

小学习作教学的研究成果颇丰，相较而言，对低年级的写话教学研究较为薄弱，低年级的写话教学研究也是近十几年才逐渐进入大家的研究视野当中，而且低年级写话教学研究作为习作教学研究的一部分，更多的是语文教学一线的教师对自己教学实践的思考，仍然缺乏系统的研究成果。

1956 年大纲和 1963 年教学大纲都以传授"双基"（基础知识和基本技能）为核心概念。习作教学要求从说到写，从述到作。习作从三年级开始，一、二年级则练习看图说话和书面回答等，做一些习作的准备。在这里，还没有明确提出写话教学，但是已经明确提出说话、写话是习作的基础。

1978 年颁布的大纲既传承中国的传统经验，又迎合世界教学论发展的潮流，以"新双基"（即知识技能和智力能力）为核心概念。一方面，它继续强调习作要"言之有序"，即一年级要求说完整的话，写完整的句子，二年级要进一步加强词和句的训练，要求说话写话时语句通顺，前后连贯；但是另一方面，它又提出了习作要"言之有物"的明确要求，即习作教学既要培养学生用词造句、布局谋篇的能力，又要培养学生观察事物、分析事物的能力。这两种能力从一年级起就要注意培养。看图说话、看图写话就是习作最初步的训练。

2001 年 7 月颁布的《义务教育语文课程标准（实验稿）》对习作教学提出新要求，明确了对第一学段学生进行写话教学，明确了低年级的习作教学从写话教学开始。《义务教育语文课程标准（2011 年版）解读》一书中认为，由于低年级的小学生掌握的字词较少，观察能力、思维能力、语言表达能力还停留在较低的层次上，所以让他们写话是存在一定难度的。低年级学生的"写话"虽篇幅不长，但写话时，从字到组词，到连词成句，再至连句成段，一词一句必须根据要表达的内容，通过思考去组织语言，再用文字写下来。[①] 写话对于低年级学生具有较高挑战，学生也容易有畏难情绪，所以低年级的写话教学中，激发学生的兴趣，让学生有话可写，易写乐写是低年级写话教学的难点。

《义务教育语文课程标准（2022 年版）》与《义务教育语文课程标准（2011 年版）》相比，在内容要求上基本保持一致，但将"写话"目标融入"表达与交流"目标之中，实现听说读写的结合，这体现了口头表达与交流之间的密切关系，其中在书面表达及写话方面，鼓励学生尝试写自己想说的话，写想象中的事物，这是对学生进行写话能力培养的基本理念和路径。

---

① 教育部基础教育课程教材专家工作委员会：《义务教育语文课程标准（2011 年版）解读》，北京，高等教育出版社，2012。

### 三、写话教学当前热点问题

#### (一)写话教学的目标欠清晰

小学语文的习作教学经过多年的探索已经有了清晰的教学目标和成熟的阶段教学成果。然而第一学段的写话教学虽然《义务教育语文课程标准(2022 年版)》中已经有了明确的教学目标,但是在实际写话教学中,依然存在着写话训练随意性强、目标欠清晰。首先,写话教学的写话内容随意性强,常常和教师的经验感受相关。其次,写话教学的评价标准不清晰,也和教师的经验喜好相关。写话教学教什么、怎么教,怎么评,仍然依靠教师的教学经验积累与探索。

#### (二)写话教学让学生产生畏惧感

第一学段写话教学的主要目标是培养学生写话兴趣,然而在实际教学中常常出现本末倒置的情景。第一学段的学生识字、写字量有限,写话对于他们而言是非常有难度的学习任务。教师经常为了在规定的课时内达到教学目标,忽略学生的学情和调动学生写话兴趣的目标,拔高要求,强化训练,使得学生畏惧写话。因此,教师在写话教学中,可适当降低难度,采用多种形式培养学生写话兴趣。

## 第二节
# 写话教学设计过程例谈

第一学段写话教学是第二、第三学段习作教学的基础,如何培养学生的写话兴趣以及怎样写想象中的事物,是第一学段写话教学的重要内容。本节借助第一章关于小学语文教学设计的相关理论,以统编版教材小学语文二年级上册第七单元《语文园地七——看图写话》的教学设计过程为例,探讨如何把小学语文教学设计的有关理论落实到第一学段写话教学的具体实践中,希望能为学习者进行第一学段写话教学设计提供思路。

扫码查看课文

## 一、教材分析

教材分析要依据单元分析和写话要求两方面来进行。

首先，从单元整体视角对本节课内容进行初步分析，《语文园地七——看图写话》是小学语文教材统编版二年级上册第七单元的教学活动。从本单元的人文主题来看，本单元以"想象"为主题，侧重于体现想象之美：《古诗二首》中的想象能让人入情入境，《雾在哪里》中的想象充满童真童趣，《雪孩子》中的想象美好纯真。从语文要素来看，本单元的教学重点是要"展开想象，获得初步的情感体验"。《古诗二首》是利用文中插图，引导学生想象诗句描绘的画面，感受山寺的高耸和草原的辽阔；《雾在哪里》在理解课文内容的基础上，引导学生仿照课文句式想象说话，体会雾的顽皮淘气；《雪孩子》则利用学习伙伴的提示，让学生在想象中续编故事，感受美好的心灵。语文园地中的看图写话，以猫和老鼠为话题，引导学生展开想象，续编故事。本单元主要以"想象"为基调，引导学生通过观察，发挥自己的想象，将自己所要表述的内容表达出来。

之后，聚焦写话要求进行教材分析，《语文园地七——看图写话》旨在引导学生如何通过想象，感知图画内容，体会想象的乐趣，这属于人文主题的范畴；站在语文要素这条线索上来看，本课要求学生通过观察图片，展开想象，并将看到的、想到的内容写出来。基于这两点来看教材内容，会发现编排的意图和特点：一是利用看图写话，激发学生兴趣；二是掌握写话方法，享受表达乐趣。对于第一学段的看图写话，通常要求让学生"对写话有兴趣，写自己想说的话，写想象中的事物，写出自己对图片的认识和感想"，这是教学环节步骤中要体现的关键内容。整体来看，学会观察图片，展开想象并能够写出自己所想是第一学段写话教学的要求，同时也为第二、第三学段的习作学习奠定了基础。

## 二、学情分析

学情分析需要教师从学生的知识储备和心理年龄特点两方面进行考虑。从学生的知识储备来看，本阶段的学生处于二年级的第一个学期，对于他们而言，所积累的相关写话练习的经验还不充足，在学习"看图写话"的过程中仍然会存在一些困难，需要教师对其进行指导。从学生的心理特点来看，二年级的学生能够将自己观察后的想法简单记录下来，他们的个人能力和思维方式较一年级相比有了很大的提高。教师可以通过引导的方式，激发学生对看图写话的兴趣，从而为今后的习作学习打下坚实的基础。

## 三、确定教学目标

接下来，以本课的单元目标、课前问题为抓手，确定本课的教学目标。

我们首先要有单元整体视角，明确本单元的教学目标。经梳理，本单元的教学目标如下。

1. 会认"宿、寺"等 46 个生字，读准多音字"呀"，会写"危、敢"等 24 个字，会写"于是、无论"等 28 个词语。

2. 能在反复诵读古诗的基础上，想象诗句描绘的画面；背诵古诗《夜宿山寺》《敕勒歌》。

3. 能在读好长句子停顿的基础上，想象人物自言自语的情态，读好角色陈述、疑问的语气；了解并学习默读的读书方法，试着做到不出声。

4. 能借助课文内容进行拓展想象，并利用"无论……还……都"的句式说话；能根据插图想象创编故事情节，并用文字写下来。

5. 体会到事物加上修饰的词语更加具体生动；能联系生活简单描述"云开雾散、冰天雪地"等景象，了解"云开雾散、冰天雪地"等词语大意，积累词语；能体会到"把物当人写"的趣味。

6. 能用部首查字法查独体字；了解改正错别字的方法，复习巩固易错字。

7. 积累民谣《数九歌》；能在朗读《分不清是鸭还是霞》中了解"绕口令"，感受绕口令的趣味。

| 写话 |

同学们一定看过猫和老鼠的故事，这些故事妙趣横生，带给我们许多乐趣。

这一次猫和老鼠又发生了什么有趣的故事呢？看看下面这幅图，想想小老鼠在干什么，电脑屏幕上突然出现了谁，接下来会怎样……

快将你想到的故事写下来吧！

99

图 5-1 写话

以看图写话所给问题为抓手，确定本课的教学目标。（见图 5-1）本课共有三个问题，分别指向观察、思考以及表达自身看法三个方面。首先，根据问题"这一次猫和老鼠又发生了什么有趣的故事呢？看看下面这幅图"，我们可确定第一层的教学目标为：仔细观察图画，识别图画中的主要内容。其次，根据问题"想想小老鼠在干什么"再结合课程标准中对第一学段写话教学目标的要求，可将第二层的教学目标具体为：要求学生展开丰富的想象。最后，根据问题"电脑屏幕上突然出现了谁，接下来会怎样……"，我们可确定第三层的教学目标为：让学生用自己的话写下来，在写话中能做到句子通顺，能正确使用逗号、句号等标点符号，能段前空两格等。通过梳理我们不难发现，教学目标的确立实际上是可以和问题有所对应的。因此，我们将本课的教学目标整理为以下几点。

1. 仔细观察图画，能说出图画中有谁、在干什么。

2. 能展开想象，说一说猫和老鼠之间发生了什么故事。

3. 用自己的话将想象到的内容写下来，能做到句子通顺，正确使用逗号、句号等标点符号，段前空两格等。

一般来说，看图写话的讲解需要一个课时完成。教师在实际的教学过程中，需要依据习作教学的基本发展规律，对教学目标之间的关系进行梳理。前两个教学目标让学生观察图画，展开想象，是在为第三个教学目标做铺垫。前三个教学目标又在为第四个教学目标打基础。

通过上述分析，可以发现教学目标的确定遵循一定的思路。按照从单元整体教学目标到本课教学目标的逻辑顺序，确定教学目标的层次，为教学环节设计做好铺垫。

## 四、把握教学重难点

明确教学重难点一般需要考虑诸多因素，包括课程标准的要求、教材因素以及学生学情、教学内容及目标等。首先在课程标准的要求下结合教材内容，确定本课的教学重点。课程标准对第一学段的写话教学提出以下要求：对写话有兴趣，留心周围事物，写自己想说的话，写想象中的事物，写出自己对所观察事物的认识和感想，并且在写话中乐于运用阅读和生活中学到的词语。因此，将"观察图画，展开想象，写出自己的认识和感想"作为教学重点符合课程标准的要求。之后，结合学情对本节课的教学内容进行分析，确定本课的教学难点。二年级的学生还处于身心发展不成熟的阶段，他们对于看图写话没有过多的经验，因此，让二年级的学生通过观察图画，用简单的几句话把自己所想象的内容写清楚、写完整是有一定难度的。所以，将"观察图画，展开想象，写出自己的认识和感想"列为本课的教学难点。通过上述分析，我们可将本课的教学重难点梳理如下：

1.指导学生认真观察图画，抓住动物表情，展开丰富的想象。

2.引导学生把想象的内容写下来，在写话中能做到句子通顺，能正确使用逗号、句号等标点符号，能段前空两格等。

### 五、选择教学策略

教学策略的选择要有助于落实本课的教学重点，突破教学难点。结合上述的本课教学重难点，教师可根据教学内容选择以下教学策略。

1.观察图片，激发学生想象，提高学习兴趣。看图写话之前先要观察，有了良好的"观察"，心里才会形成清晰的影像。二年级的学生观察能力不强，没有形成系统的观察方式，捕捉图画信息能力不强。因此，以《语文园地七——看图写话》为例，在教学过程中，教师通过指导学生观察图片的内容，让学生说说老鼠和猫都在干什么以及它们的表情又是怎么样的，从而激发学生对于图片的想象，以此提高学生对于看图写话的学习兴趣。

2.以说促写。语文看图写话教学中，"说"和"写"的关系密切，前者是口语表达，后者则是书面表达，二者同属于语言表达形式。将二者联系起来，可以有效提高学生的写话能力，有利于培养学生"我手写我口"的良好写话习惯。在看图写话的教学中，首先让学生经过自己的思维加工把图片所传达的意思用自己的语言表述出来，教师进行适时点拨，在表达形式上不要多加限制，让学生各抒己见，畅所欲言，即使说得不完整，也要给予鼓励，之后，再让学生进行正式写话。

### 六、教学过程设计

教学过程的设计要紧紧围绕教学目标，通过一系列课堂活动，落实教学重点，突破教学难点。本课的教学目标是引导学生学会识别图画的重要信息，展开想象，教师针对学生所想，进行点评，让学生了解所想内容必须要和图画内容有所结合，并将所想运用到实际写话过程中。最后，请学生独立完成一篇符合要求的看图写话的小短文。本课教学的核心任务是让学生学会观察图画、学会展开合理想象，并进行写话。因此，基于教学目标，围绕教学重难点，以《语文园地七——看图写话》为例，呈现完整的教学过程设计如下。

1.谈话导入，激发学生的兴趣。

2.出示图画，仔细观察，提取信息。

3.展开合理想象，并说一说自己想象中的故事。

4.出示写话要求，学生尝试写话。

第一个教学环节是教师通过谈话法导入，调动学生的学习兴趣，引入新课简单明了。第二个教学环节是通过出示图画，对猫和老鼠进行观察，突出猫和老鼠的神情、动作等，目的是达到认真观察图画的教学目标。第三个教学环节是引导学生展开想象，想象一下接下来猫和老鼠之间会发生什么事情，目的是达到学会合理想象的教学目标。第四个教学环节是让学生根据写话的相关要求，写一篇符合"猫和老鼠"的小短文，旨在达到写话的教学目标。

综合来看，可以发现第一学段写话教学过程设计在内容以及环节的安排上遵循了第一章所论述的设计教学过程的基本理论和基本程序。看图写话是小学习作学习的起始阶段，学好写话可以为学生打下扎实的习作基础。所以在写话教学过程设计中，我们要把握好三个环节：一是学会观察；二是展开想象；三是指导写话。看图写话的教学聚焦于"写"，从观察图画到展开想象，最后到学生下笔去写。以图画为前提，以"写"为主线，体现了写话教学在第一学段的基本特点。

## 七、作业设计

作业设计分为作业内容和作业评价两个方面。对于第一学段的学生而言，我们不再布置相关看图写话的书面作业。根据教学目标和学生的学情，我们将本节课的作业布置为：

请学生把《语文园地七——看图写话》这个精彩的故事讲给家人，听听家人的评价。

围绕作业的设计，教师应该选择最为恰当的作业评价方式。针对本节课布置的作业内容，教师请家长对孩子的表现进行简单的口头评价，通过家长对学生的作业进行评价这种方式，可以有效提高学生的口语表达能力。由于说是写的基础，这种评价方式也可以间接地提高学生的写话能力。

## 八、板书设计

板书的设计要符合教学要求，体现教学意图。在内容上，要用词准确，体现科学性；在层次上，要条理清楚，重点突出，有鲜明性。在课堂教学中，教师要根据教学的具体内容和学生思维的特点，运用好板书。由于教学内容的不同，板书的形式也灵活多样。以《语文园地七——看图写话》为例，进行如下板书设计：

---

语文园地七　看图写话

老鼠(惊吓)

↓ 看

电脑

↓ 出现

猫(开心)

---

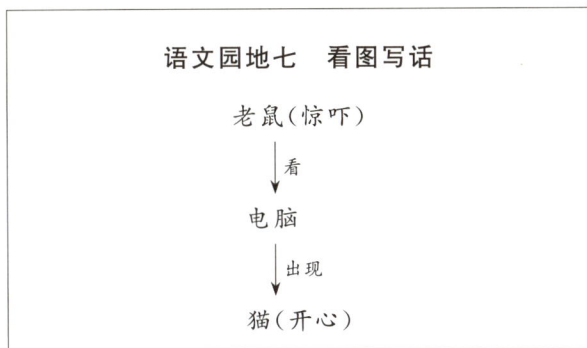

《语文园地七——看图写话》的板书设计围绕图画所展示的内容展开，学生在观察图片的过程中，紧紧围绕问题去思考，去构思自己认为这幅图画所要表达的含义。本课的板书属于"线条连接式"，设计清晰简明，直观形象，使人一目了然，为学生理解内容搭桥铺路，降低了坡度，有助于学生展开想象并进行创作。

# 第三节
# 写话教学策略及应用再谈

《义务教育语文课程标准(2022年版)》提出第一学段表达与交流的要求："对写话有兴趣，留心周围事物，写自己想说的话，写想象中的事物。在写话中乐于运用阅读和生活中学到的词语。"这个目标的达成，需要大语文写话环境，需要有利于发展语言的氛围，从而激发学生说话、写话的兴趣，调动生活经验和情感体验，掌握恰当的说话技巧，学会正确的写话方法，享受表达的乐趣，陶冶情感、美化心灵。所以第一学段的写话教学中应该根据儿童的心理特点，激发学生想说、愿写的兴趣；重视积累，随堂训练，依据阅读教学开展说话、写话训练。

## 一、依据学生心理特点，激发说、写兴趣

教学案例呈现：

### 教学片段：读绘本故事，认识留言条

师：今天我们来听一个绘本故事《留下一点冬天》。在这个故事中，我们会看到今天要学写的"留言条"哦。

师：冬天到了，小刺猬要冬眠了，冬眠就要错过整个冬天。小刺猬多么希望小兔子能给他留下一点冬天。因为他想知道冬天是什么样的。可是小兔子的记性真的很差。

于是，小刺猬想了一个办法……大家猜猜看，小刺猬想到的是什么办法呢？

师：没错，小刺猬在一棵大树的树干上写了"留言条"。大家看，小刺猬的"留言条"是这样写的。（出示"留言条"，生读。）

亲爱的兔子：

　　请你在我醒过来的时候，留下一点冬天给我。

师：小刺猬为什么要写留言条呢？

师：是呀，写留言条真的太有用了！生活中我们也经常会遇到这样的情况，需要借助留言条帮助我们传递信息。

教学案例分析：

上述课例中，写留言条是小学语文教材统编版二年级上册写话的第一个题目，对二年级学生来说，留言条是新知识，写留言条是新能力。留言条是我们生活中常用的一种文字沟通方式，但是对于第一学段孩子来说却是陌生的。如何让二年级学生愉快地练习？这个年龄段的孩子喜欢读绘本，喜欢小动物，所以这节课的设计就从动物绘本切入，以动物绘本设置情境认识留言条，进而想要学习写留言条。将留言条嵌入绘本的故事情境中，让教学有趣。最后提出问题："小刺猬为什么要写留言条呢？学生为什么要学写留言条？"因为有用。有用就会有成就感，学生就会感兴趣，激发了学生写作内驱力。

教学策略总结：

语文新课程标准强调低年级学说话写话兴趣的重要性，如何激发学生说话写话兴趣？该课例是二年级的写话训练课，二年级的学生有了一定的识字量，具备了一定的读书能力，对图画书和桥梁书最感兴趣，对生活充满好奇心和求知欲。根据二年级学生的心理特点，了解学情，分析学情，选择绘本导入，适当降低教学要求，逐步提高能力等级，让学生在不断体验成就感的同时，激发学生愿说、想写的兴趣。

选择绘本的目的是通过创设情境激发学生兴趣，通过角色带入让学生对"留言条是什么？怎么写留言条呢？"这些问题充满兴趣。创设情境的方法，不论日常的阅读教学还是说话写话教学都非常适用。低年级的语文课文多选儿童诗、童话体裁，读来朗朗上口，符合第一学段学生阅读期待，课文中的插图多用来引导学生发挥想象，尽量选择贴近学生生活的说话、写话的主题。教师备课时，可以根据教材特点，深入思考、挖掘教材，结合学生学龄特点和喜好，贴近生活，激发学生表达兴趣。

课例中最后说"写留言条真的太有用了！生活中我们也经常会遇到这样的情况，需要借助留言条帮助我们传递信息"，将留言条和生活经验相结合，巧妙地调动学生的生活经验和情感体验。说话、写话的兴趣基于生活经验，源于情感体验，来自于语言表达的快乐体验。"情动辞发""言为心声"，文学创作的理论其实同样适用于第一学段说话写话。第一学段学生正处于乐于表达、想象力飞升的时期，所以如何调动学生的生活经验和情感体验，是我们教学的重点与难点。让学生自己去体验、去发现、去表达，去探索自我生活世界和情感世界。

## 二、依据阅读教学，开展说、写训练

语文是听、说、读、写综合能力的培养，任何语言的学习都需要在一定的输入基础上，才能有与之相匹配的输出，所以第一学段写话能力，需要读和说的大量输入和有效积累。语文课本就是最优秀的阅读材料，在日常的阅读教学中渗透"以读促说"，每篇课文可以谈感想，说收获，也可以结合具体内容进行引申，进行说话训练。在此基础上，"以说促写"，说完之后，随堂或者课后，把想说的进行文字加工，记下来，写出来。由此将读、说、写结合在一起，进行说话、写话训练。

教学案例呈现：

师：昨天同学们已经预习了第 3 课《植物妈妈有办法》，通过预习，谁还记得文中主要写了哪几位植物妈妈？植物妈妈分别用了什么办法，让种子宝宝去旅行呢？

生：（回答）

师：谁能把老师手中的生字卡片贴在相应的图片后面？

师：蒲公英妈妈用了什么办法呢？谁来贴一贴？

蒲公英图片　　　蒲公英　　　降落伞　　　风

苍耳图片　　　苍耳　　　铠甲　　　动物毛发　　　旅行

豌豆图片　　　豆荚　　　太阳　　　豌豆

师：谁能看着生字卡片，把蒲公英妈妈的办法用一句话说一说？

生：蒲公英妈妈准备了降落伞，只要有风吹过，蒲公英宝宝就可以乘着风去旅行。

师：说一说苍耳妈妈、豌豆妈妈。

生：苍耳妈妈准备了铠甲，只要挂住动物的皮毛，苍耳宝宝就可以跟着他们一起去旅行。

生：豌豆妈妈准备了豆荚，只要晒在太阳底下，豆荚裂开，豌豆宝宝就蹦着跳着去旅行。

教学案例分析：

《植物妈妈有办法》是小学语文教材统编版二年级上册中的一篇课文，上述课例中，通过"植物妈妈分别用了什么办法，让种子宝宝去旅行呢？"这个中心问题，帮助学生理解课文，同时将课文作为语言材料进行语言训练也就是说话训练，学生不仅理解了课文内容，更提升了说话能力。说话、写话训练不仅是作文课的教学内容，同时也应该是阅读教学的教学目标之一，在随堂中结合课文进行训练，日积月累，事半功倍。

教学策略总结：

上述课例中学生先读课文，了解课文内容，然后围绕中心问题"植物妈妈分别用了什么办法，让种子宝宝去旅行呢？"进行看图说话训练，这样可把说话练习落实到笔头上。第一学段学生学习语言，主要是通过对语言的感受和积累。他们记忆好，形象思维佳，精彩的语言尽管理解不够透彻，但要求他们熟读成诵并不困难。熟读成诵才能将课文中的语言变成自己的语言，成为自己的语言储备，有了丰富的语言储备才能提高语言运用的能力。而朗读能激发学生阅读兴趣，帮助理解，培养语感。所以写话教学的基础是引导学生朗读，通过朗读积累词句。在朗读的基础上进行随文说话，最后落实到随文写话。读、说、写结合是一种重要的语言训练，紧扣阅读教学且训练点小而精。第一学段的教材大多数都是图文并茂，随堂的说话训练可以结合插图进行，有些课文可让学生进入角色，体会感情，激活学生思维，顺势引导学生进行说话训练。第一学段的说话写话应该是存在于每天的语文教学中，而不仅仅出现在每单元的作文课堂中。

# 第四节
# 写话教学设计案例分析

我们常说语文教学是"教学有法，教无定法，贵在得法，妙在导法"，第一学段的写话教学同样如此。教学策略在实际教学中需要根据学情、根据学习内容，因时因地地进行调整。本节将通过具体教学设计来呈现不同教学策略的应用。

## 一、《营救小兔子》教学设计

[素材分析]

第一学段的写话训练是为了降低第二学段习作起始阶段的难度，重在把几句话说连贯。看图写话，内容比较开放，《营救小兔子》是适合二年级学生看图写话的一篇自选素材，画面内容是三个小朋友和一只掉到坑里的小兔子，话题是：如何营救小兔子。学生围绕话题展开想象，只要能把自己营救小兔子的办法说出来就应该加以鼓励，不过多强调是否合理。同时，渗透学会帮助别人、乐于合作等人文精神。

[学情分析]

二年级学生求知欲强、善于模仿，喜爱表达，喜欢天马行空的想象，但有序的观察能力需要训练和提升，在把一句话说完整的基础上，把几句话说连贯方面还存在一定问题。

[教学目标]

1. 知识与能力：能通过教师创设的情境，说出自己的营救办法。

2. 过程与方法：通过小组讨论、汇报，选出最佳营救方案，学会合作，发挥集体智慧。

3. 情感态度与价值观：具有合作精神和合作意识。

[教学重难点]

讨论并写出小组营救办法。

[教学策略]

创设情境、角色扮演。本课例从学生喜欢的小动物——小兔子导入，仿佛小兔子朋友就在学生身边，创设了一个和图中一致的动物世界，学生仿佛也是这个动物世界的一员，后面如何营救小兔子的教学环节中，学生采用角色扮演的方法演一演，这也是创设情境的一种方式，但是它是基于教师创设情境学生自主创设的情境。通过情境创设的教学策略，充分激发学生看图的兴趣。

[教学流程]

1. 谈话激趣

(1)同学们，在动画片里，在课外书中，你们一定认识了许多小兔子朋友，能不能说说你对小兔子的了解？

(2)有一首儿歌写出了小兔子的特点，你们能背出来吗？

师生一起背诵："小兔子，白又白，两只耳朵竖起来。爱吃萝卜爱吃菜，蹦蹦跳跳真可爱。"

(3)从你们的表情、语气、声音中，老师感受到你们对小兔子十分喜爱。既然大家都这么喜欢小兔子，那么当小兔子遇到困难时，你们愿意帮助她吗？

生：愿意。

(4)有一只可爱的小兔子不小心掉进了一个坑里，我们赶快去救救她吧。

板书课题：营救小兔子

教学生识记"营"字。

2. 指导看图

(1)打开书 66 页，请同学们仔细看图：图上

设计意图：

儿歌导入，引发兴趣，创设情境，带入体验，激发学生的生活经验和情感体验。

有谁？他们在哪里？都在干什么？

学生看图交流。

(2)仔细观察小兔子的表情，想想她是怎么掉进坑里的。她哭得那么伤心，我们该怎样劝她？

生交流。

(3)再观察几个小朋友，他们是怎么来到这里的？他们心里是怎么想的？他们会想些什么办法来救小兔子？在脑子里想一想。

3.设计营救方案

(1)在同学们的劝说下，小兔子终于不哭了。现在以小组为单位，抓紧时间设计营救方案。要求：①每个人都要有自己的想法；②根据组里成员的意见，商量出最佳营救方案；③可以上台表演。

出示评价标准：

①积极参加，加一分；

②方案可行加一分；

③认真倾听加一分；

④说话有序加两分；

⑤抓住重点加三分。

(2)交流营救方案。

可以合作表演，也可一边演示一边讲。

学生的方案可能有：用篮子往上提，用绳子往上拉，找梯子下去抱……

师：对于同学们的方案，你有什么建议？

(认真倾听别人的想法，总会有许多收获。)

其他组补充。

(教师根据情况板书)

(3)交流营救经过。

师：就在大家刚才营救小兔子的时候，不知道谁拨打了新闻热线，现在记者来采访你们了。

(师扮演记者采访学生)

师：听说刚才你们救了一只小兔子，能讲讲事情的经过吗？越详细越好。请几名层次不同的

设计意图：

观察图画，渗透读图方法指导，引发想象。

设计意图：

第一学段的学生非常喜欢表演的形式学习，这也是创设情境的方法之一，但是在表演之前，教师一定要明确评价标准，保证学生有序进行，同时有所思考，有所收获。

学生说一说营救经过。

师：你们真是一群乐于助人的好孩子。

（统计各组得分情况）

4. 书写营救之事

（1）亲爱的同学们，拿起你们手中的笔，把你们做的好事写下来吧，一会儿我们要看看谁把救小兔子的经过写得详细，语句通顺。

（2）教师辅导学困生。

[作业设计]

课程标准强调"留心周围事物，写自己想说的话，写想象中的事物"，因此本课的写话练习应鼓励学生发挥想象，把想法说出来并写下来，在同学们互相分享和老师有针对性地指导后，作业可以这样设计：

请把你的营救办法讲给同学们听一听，看看谁的营救办法更有创意。

[板书设计]

二年级的学生活泼好动，好胜心强，参与活动积极，但是注意力集中时间有限，板书设计应简洁明了，重点突出。本课的板书设计分为两部分：一是根据本课重点"设计小组营救计划，讨论小组营救方案，写营救过程"，把营救的主线理清呈现出来；二是在小组合作探究的过程中记录各组得分和呈现方式，采取过程性评价，更好地进行课堂管理。板书设计如下：

```
          营救小兔子
            谁？
         发生了什么？
          怎么办？
```

## 二、《秋天的图画》教学设计

[素材分析]

《秋天的图画》是一篇适合二年级学生学习的小美文。"秋天的图画是一幅色彩艳丽的图画：画上有金黄的梨和红红的苹果，有稻海翻起的波浪和高粱举起的火把……"《秋天的图画》描述了秋天的景象，也是写话的好素材。本文采用"总—分"的形式，第一句总写秋天的山野是美丽的图画，然后依次列举事物说出山野的美丽，此处正是训练学生说话的兴趣点，还有哪些事物让山野如此美丽，写话训练由此展开。

[学情分析]

说话是写话的先导,写话是说话的发展。对于第一学段的学生来说,比较喜欢说话、写话。一方面,教材美文朗朗上口,易读易背,学生喜欢;另一方面,学生模仿能力强,不管是课文中的语言,还是教师的示范,很容易被学生接受,课堂生成容易激发学生兴趣。

[教学目标]

1. 品读优美语句,激发积累好词佳句的兴趣,丰富语言。

2. 能仿写秋天的景色,感受秋天的美丽,懂得勤劳创造美的道理。

[教学重难点]

重点:品读优美语句,丰富语言积累。

难点:仿写,描写秋天景色。

[教学策略]

读说写结合。《秋天的图画》一文语言优美,描写生动,书中配有插图,教学中用了读说结合、读写结合的教学策略。首先引导学生观察书中插图,有序观察,进行口头表达。然后回到课文,品读解析作者的精妙描写。最后教师出示一幅相同主题的图画,引导学生进行观察,仿照《秋天的图画》中的精彩描写,先说一说,再写一写。

[教学过程]

一、复习导入,检查读书情况

师:这节课,我们继续学习《秋天的图画》,先跟我们的老朋友打声招呼吧。(课件出示词语:图画、梨树、波浪、燃烧、勤劳、灯笼、高粱)

师:谁先来?他读对了,其他同学跟读。(听"灯笼、高粱"轻声是否准确,相机正音)

师:一起读两遍。

师:整篇课文会读吗?(指名读课文,相机正音,评议是否正确、流利)

二、图文并茂感受美

1. 看图说美景

师:今天,老师给大家带来一幅图。(课件出示课文插图)图上有些什么呢?你可以按照从上到下或从下到上的顺序说说,也可以按照从远到近或从近到远的顺序说说。

学习第一句:秋天来啦,秋天来啦,山野就是美丽的图画。

设计意图:

读准生词,读通句子,是学生应具备的基本能力。检查学生读书情况,是了解学生学习情况的必要手段,有助于将学生的语文基本能力训练扎实,为深入学习课文做好铺垫。

设计意图:

引导学生观察图画,使学生明白图意,教给学生按一定顺序观察事物的方法,有助于增强他们口头表达的条理性。

师：这是一幅什么季节的图画？你怎么知道的？

师：果园里的果子成熟了，田野里的庄稼丰收了，这番景象美吗？看着这番美丽景象，你的心情怎样？

师：是呀，秋姑娘已经不知不觉地来到我们的身边，她还给我们带来一个好消息呢！（课件出示句子：秋天来啦，秋天来啦，山野就是美丽的图画。）

师：谁愿意把这个好消息告诉大家？（指名读，相机指导有感情朗读）

师：一起把这个好消息告诉全校的同学吧。（齐读）

2. 品佳句、析好词

师：我们的课文里就有一句话写出了图上的美丽景色，快到课文中找找，一边读一边用铅笔把它画出来。

学生读找到的句子，课件出示第 2 句：梨树挂起金黄的灯笼，苹果露出红红的脸颊，稻海翻起金色的波浪，高粱举起燃烧的火把。

师：这句话里写了哪些景物？请读一读，想一想。

师：这些景物是怎样的呢？这些句子有什么共同特点呢？（初步感受比喻句、颜色词语的作用，相机理解"稻海"，借助插图认识"高粱"）

师：为什么把梨比作灯笼？为什么把苹果比作脸颊？为什么把高粱比作火把？为什么说稻海翻起波浪呢？

去掉颜色词语前后对比，深入感受色彩的美丽。课件出示：梨树挂起灯笼，苹果露出脸颊，稻海翻起波浪，高粱举起火把。

师：读读这句话，你发现和文中有什么区别？加上表示颜色的词语好还是不加好？为什么？

师：有了这些表示颜色的词语，把景物染上

设计意图：

拉近学生与文本的距离，激活学生情感，真切地感受"美丽"，激发学生学习兴趣，让学生在有情感体验的基础上进行有感情朗读，提高读的效率。

设计意图：

引导学生自主探究语言文字特点，培养学生自主学习的能力，训练学生对语言文字的敏感度，同时了解比喻句的特点——本体和喻体有相似特点，领略遣词造句的准确性。

设计意图：

低年级学生阅读量少，语言表达能力较弱，通过对比分析让学生感受把句子写具体的妙处，渗透把句子描写具体的技巧，同时帮助学生积累词汇，久而久之，学生的描写技巧会逐步提高。

了丰富的颜色，图画更美了，句子也更美了，我们该带着什么样的心情来赞美这美丽的秋天呢？（有感情朗读）

课件出示：梨树挂起金黄的灯笼，苹果露出红红的脸颊，稻海翻起金色的波浪，高粱举起燃烧的火把。（"挂起、露出、翻起、举起"四个词用红色字体）

师：红色的词有什么共同特点？那就让我们加上动作再读一读吧。

师：谁愿意一个人来读读这句话？比一比谁读得最好。

指导背诵。

师：多么美的图画呀！让这么美的景色，这么美的句子牢牢地留在我们脑海里吧。老师想了两个办法来帮助大家。

课件出示：

方法一：我会填

梨树（　）金黄的灯笼，苹果（　）红红的脸颊，稻海（　）金色的波浪，高粱（　）燃烧的火把。

说说填进去的都是什么词。

方法二：我会填

梨树挂起（　）灯笼，苹果露出（　）脸颊，稻海翻起（　）波浪，高粱举起燃烧的火把。

说说填进去的都是什么词。

师：你会背了吗？比比谁是背书大王。

3. 悟情感

师：真是好一幅秋收的美丽画卷！是谁使秋天这样美丽呢？大雁会告诉你们答案的。读课文找出答案吧。

师：为什么说是勤劳的人们画出这美丽的图画呢？

师：秋天里还有哪些美丽的图画是勤劳的人们画出来的呢？你想对勤劳的人们说些什么？

设计意图：

　　背书是学生积累语言文字的重要方式，但机械识记的效率较低，会给学生带来压力，而采用填空形式帮助背诵既可以降低背诵难度，激发学生自信，又可以渗透背书方法的指导，同时也是对本课文本特点的再一次回顾，学生熟练地掌握了写作技巧，小练笔部分的仿写训练才能水到渠成。

设计意图：

　　教材本身是"文"和"道"的统一体。让学生感受秋天丰收之美的同时，渗透了勤劳才能创造美的思想教育，做到既教书又育人。

三、小练笔，仿写

师：勤劳的人们画出的图画还有许多许多，老师就拍下了几张，让大家欣赏一下。

1. 说图

（1）课件出示橘树图，让学生说说，看到了什么？怎样的橘子？

（2）课件出示桂花图，让学生说说，看到了什么？怎样的桂花？

2. 练写

出示橘树图、桂花图、菊花图等。

师：请你也来写一写秋天的图画，可以写屏幕上出现的景物，也可以写自己看到的喜欢的景物。

3. 小组先交流再动笔写

4. 教师巡视指导，读优秀作品

设计意图：

先说后写，先扶后放，循序渐进帮助学生攻克写话难关，实现习作指导梯度上升。并尊重学生意愿，让学生写自己想写的，激发学生的写话兴趣。

[作业设计]

本课是一节读写指导课，在最后进行读说写结合，进行仿写练习。由于课堂时间有限，一般而言随堂练笔内容可以延伸为课后作业，但是书写或者修改的要求要更加具有针对性。本课的重难点是"品读优美语句，丰富语言积累；通过仿写练习，尝试描写秋天景色"。所以本课的仿写是建立在品析语言的基础上，重点进行景色的描写，所以作业中一定要强调这个要求。那么，作业设计如下：

尝试仿照本课的好词好句，写出你所看到的秋天美景，再配上一幅美丽的秋天的画。

[板书设计]

本课的学习重点是"品读优美语句，丰富语言积累"，通过板书，让学生感受语言的特点并进行仿说、仿写。

板书设计如下：

| 秋天的图画 | |
| --- | --- |
| 梨树 | 灯笼 |
| 苹果 | 脸颊 |
| 稻海 | 波浪 |
| 高粱 | 火把 |

### 🔍 问题情境

　　小 A 老师是一位善于思考的青年教师。本周她要上一节习作汇报课。小 A 老师认真研读完教材，信心满满地备课上课，但是课堂中学生参与度不高，很少有人举手发言，课堂练笔仍然是千篇一律，不能表达自己的独特感受。小 A 老师没有灰心，认真批阅每篇习作后，专门上了一节作文评改课。评改课后，看到学生的评改作业，小 A 老师更加困惑了。课堂上老师提到的修改点，学生按老师讲的改正，老师没有提到的评改点，学生依然没有发现，作文整体上没有大的改观。小 A 老师很困惑，请教教研组长。教研组长看了小 A 老师的教案后，带着小 A 老师梳理本课在教材中习作能力养成的序列位置，并让她来自己班中听课，学习评改习作的方法。那么，第二学段应该如何有层次、有方法地指导习作？如何培养学生养成良好的评改习惯？相信学习完本部分内容，你一定会有所收获。

## 第二部分　第二学段习作教学

　　课程改革的基本理念之一就是要"全面提高学生的语文素养"，习作占据语文教学的半壁江山，是体现语文素养的重要方面之一。从小学第二学段起学生正式学习习作，只有让学生快快乐乐地踏入习作的大门，易于动笔，乐于表达，才能激发起学生习作的欲望，保持爱表达、爱写作的热情。

### 🎯 学习目标

　　1. 了解小学第二学段习作教学目标、历史沿革及研究热点。

　　2. 通过具体课例分析，掌握第二学段习作教学设计步骤。

　　3. 掌握第二学段习作教学策略。

　　4. 通过第二学段习作教学设计案例分析，掌握本学段习作教学设计的过程与教学策略的运用方法。

### ✏️ 学习重点

　　1. 掌握第二学段习作教学设计步骤。

　　2. 通过具体课例，学习运用第二学段习作教学策略并进行教学设计。

# 第一节
# 习作教学理论分析

第二学段习作教学在整个小学阶段的习作体系中起着承上启下的作用，上承第一学段的说话、写话，下接第三学段的完整篇章，学生经历从句到段再到篇的过程，因此这一学段的习作教学具有重要的过渡意义。

## 一、习作教学的主要任务

三、四年级的学生具备独立识字、写字的能力，正在进入大量积累词汇的时期，处于从写话步入写文的过渡期，《义务教育语文课程标准（2022年版）》中对第二学段习作教学提出了以下要求：

1. 观察周围世界，能不拘形式地写下自己的见闻、感受和想象，注意把自己觉得新奇有趣或印象最深、最受感动的内容写清楚。能用便条、简短的书信等进行交流。尝试在习作中运用自己平时积累的语言材料，特别是有新鲜感的词句。

2. 学习修改习作中有明显错误的词句。根据表达的需要，正确使用冒号、引号等标点符号。课内习作每学年16次左右。

《义务教育语文课程标准（2022年版）》明确地把小学作文的第二、第三学段称为习作，即学习和练习简单的写作。小学第二学段是写话教学转向习作教学的过渡阶段。为了适应第二学段学生的身心发展特点以及学习需求，《义务教育语文课程标准（2022年版）》在第一学段基础上做了相应提升。与第一学段习作目标相比，第二学段除了要求具备原有的习作技能与习作态度外，还增添了对习作修改以及习作次数的具体要求。可见，步入第二学段的习作教学开始注重对学生习作习惯的培养以及习作能力的训练。

## 二、习作教学的历史沿革

习作教学一直是语文教学中极为重要的一部分。不同历史时期的语文教学具有不同的核心概念，也因此形成不同的习作教学理念。1904年颁布《奏定学堂章程》，其中规定的中国文字科目包含有写作教学，其主要的教学内容除了识字和习字，还要求写简短的书信并能用俗语叙事，不包括读法，但要求读古诗歌，为写作打基础。民国初年，教育部颁布了《普通教育暂行课程标准》，写作教学包含在国文科内。其规定与清末不同的是，把读与写统一起来，并开始注意到学习国文对德育和智育的作用。清末民初的写作教学已开始注重浅显易懂的应用之文，但由于语文刚刚独立设科，语文教育改革刚刚开始，写作仍以写文言文为主。

1922 年 11 月，教育部公布了"壬戌学制"，将原先的"七四"制改为"六六"制。新学制颁布以后，1923 年颁布了新的课程纲要，这个纲要要求比较明确，且比较有系统性，写作教学在新的历史条件下也有了新的权威性的规定。由吴研因起草的《小学国语课程纲要》，规定写作教学的主旨是"养成能达己意的发表能力"。对写作要求的标准因初级小学和高级小学的差异而不同，对高级小学毕业在写作方面的最低要求跟小学毕业的要求相似，只是所作的文体不同。高级小学所作的文体为应用文、说明文和议论文。1956 年大纲和 1963 年大纲提出，习作以写记叙文为主，并加强应用文的习作，高年级学写简单的议论文。1978 年颁布的大纲既传承中国的传统经验，又迎合世界教学论发展的潮流，以"新双基"（即知识技能和智力能力）为核心概念。它继续强调习作要"言之有序"，三年级要求段落分明、条理清楚，四年级要求中心明确。

2001 年颁布的《全日制义务教育语文课程标准（实验稿）》提出，能具体明确、文从字顺地表述自己的意思，能根据日常生活需要，运用常见的表达方式写作。2011 年颁布的《义务教育语文课程标准（2011 年版）》指出，能具体明确、文从字顺地表达自己的见闻、体验、想法。

《义务教育语文课程标准（2022 年版）》将"习作"目标融入"表达与交流"目标之中，把"乐于书面表达，增强习作的自信心。愿意与他人分享习作的快乐"改为"乐于用口头、书面的方式与人交流沟通，愿意与他人分享，增强表达的自信心"。这一变化体现了在表达与交流这一语文实践活动中，要凸显口头表达的重要性，鼓励学生在口头表达和书面创作中，要运用多样的形式呈现作品，发挥自己的创造性，引导学生成为积极的分享者和有创意的表达者。[①] 基于不断的课程改革，习作教学总体上呈现以下改变。

1. 从写话入手，降低难度，重视培养习作兴趣和自信心。课程标准在阶段目标中，不同学段对作文有不同称谓。一、二年级叫"写话"，三至六年级叫"习作"，七至九年级叫"写作"。"写话"和"习作"的提法，表明小学阶段的作文是练笔，练习写下自己的见闻、感受和想象。这样提，有意降低难度，使学生打消畏难情绪。作文就是写话，"我手写我口，我手写我心"。学生由不怕作文到爱写作文，靠兴趣吸引。因此，培养习作兴趣，使学生乐于动笔，培植习作的自信心。这两项基础性的工作，一定要引起重视。

---

① 中华人民共和国教育部：《义务教育语文课程标准（2022 年版）》，28 页，北京，北京师范大学出版社，2022。

2. 多一些开放，少一些束缚，让学生自主习作。课程标准主张低年级"写自己想说的话"，中年级"注意表现自己觉得新奇有趣的或印象最深、最受感动的内容"，高年级"珍视个人的独特感受"，写出的习作"感情真实"。可见，课程标准从习作的内容到习作的形式，主张多一些自由、开放，少一些束缚、限制。由写自己的话到自由表达再至有个性的表达，在内容、情感上贯穿一个"真"字，在语言、形式上贯穿一个"活"字。作文是一门教人用语言文字进行表达的学问，更是一门教人学会真诚的学问。从小学生第一次写话开始，教师就要鼓励他们说真话，吐真情，要对胡编乱造、言不由衷说"不"！

3. 对写想象作文要给以更多的关注。纪实作文，以前教师指导得多，学生也写得多，今后还要重视。写纪实作文，内容一定要真实，情感一定要真实。纪实作文一定要写真事，写真人，吐真情。学生的想象力是无穷的，一旦让它释放出来，会给我们一次次惊喜。写想象作文，要鼓励学生展开想象、联想和幻想，鼓励学生进行创编，不必拘泥于生活的真实。"想象是创造之母"，通过写想象作文，培养学生敢想、爱想、会想，发展学生的创造性思维，是语文教师的分内之责。

## 三、习作教学当前热点问题

### (一)习作目标的缺失

课程标准积极倡导"我手写我心"的作文理念，对第二学段教学更是提出应重视培养学生习作兴趣，学生习作可以完全不受文体束缚，也不受篇章束缚，重在表达自由，有人概括为"想写什么就写什么，想怎么写就怎么写"。这样的自主习作的确是保护了学生的积极性、自信心，但带来的结果是老师只注重情感态度价值观目标，却忽视知识能力、过程方法目标，使得习作目标严重残缺。

### (二)学生习作情感的缺失

课程标准对学生习作提出了明确的要求："写作要感情真挚，力求表达自己对自然、社会、人生的独特感受和真切体验。"而学生的习作中常常内容空泛，套话连篇。这是源于学生将习作当作必须完成的学习任务，而不是自我表达文字创作。许多学生并没有融入自己的习作中，缺乏真实的经历和情感体验。

### (三)习作评价功能的缺失

评改习作是语文教学工作中的第一座大山，一般而言，一篇习作的完成要经历指导课、习作课、讲评课三个阶段，其间穿插的是教师对每一篇习作的书面评价。一次习作通常要占用四课时的时间，滞后的反馈让学生无法体验成功的喜悦，从而失去写作热情，造成习作评价的反馈和激励功能缺失。

# 第二节
# 习作教学设计过程例谈

  第二学段是习作的起步阶段，使学生乐于书面表达，并且能够大胆想象，不拘形式地写下自己想象的故事，是这一学段习作教学的重要任务。本节以小学语文教材统编版三年级下册第五单元习作《奇妙的想象》的教学设计过程为例，借助本书第一章有关小学语文教学设计的相关理论，分析如何在习作教学的过程中加强阅读与表达的联系，促进读写结合，将阅读中的收获迁移运用于自我表达，并发展学生的想象能力。希望能为学习者进行第二学段习作教学设计提供思路。

扫码查看教材

## 一、教材分析

图 5-2　单元导语

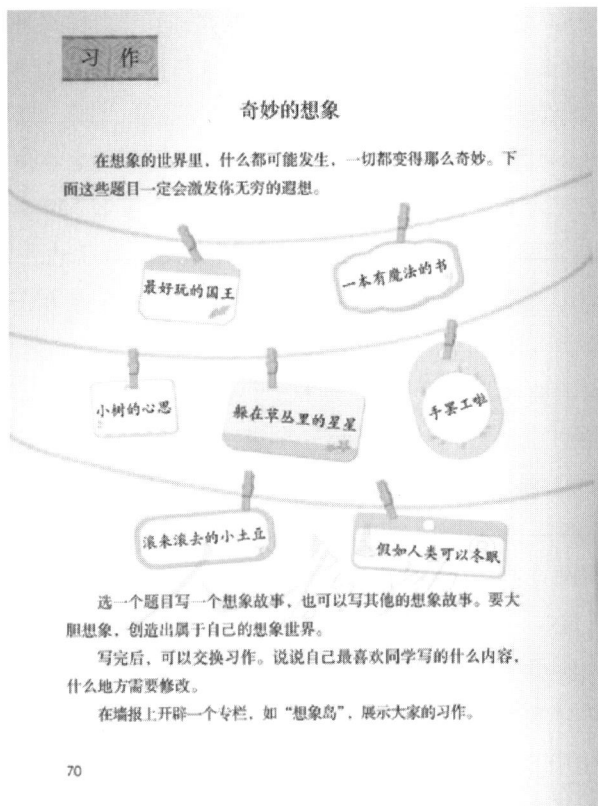

图 5-3　《奇妙的想象》习作要求

　　教材分析要依据单元要求和习作内容两方面进行。（见图 5-2、图 5-3）

　　首先，从单元整体视角进行分析。第五单元"大胆想象"是本册语文教材专门编排的习作单元，是以培养学生的习作能力为核心编排的单元，整个单元以"大胆想象"为主线，进行一系列阅读和习作交流活动，引导学生体会"大胆想象"，着力培养学生的想象能力，为学生今后的习作能力发展奠定基础。本单元的体例与普通单元有所不同，先设置了两篇精读课文，接着是"交流平台"和"初试身手"，之后是两篇习作例文，最后是单元习作。其中，习作单元中精读课文的定位与其他单元也有所不同，更强调从阅读中学习表达。"交流平台"以精读课文为例，提炼出本单元的学习要点"大胆想象"，引导学生通过交流，体会大胆想象的重要性。紧接着就是"初试身手"，让学生在体会之后，进行大胆想象的练习。然后安排了两篇习作例文，均配有旁批，在富有启发的地方加以批注，让学生充分感受想象的神奇。最后是单元习作，也是对整个单元学习的总结。

　　然后，聚焦习作要求进行教材分析。本单元是习作单元，延续了三年级上册习作单元的编排体例。单元主题是"大胆想象"，旨在鼓励、启发学生大胆想象，培养学生的想象力和思维能力，激发学生的习作兴趣，使他们乐于表达。本单元的语文要素是

"走进想象的世界，感受想象的神奇"，习作要求是"发挥想象写故事，创造自己的想象世界"。教材编排了两篇精读课文《宇宙的另一边》《我变成了一棵树》和两篇习作例文《一支铅笔的梦想》《尾巴它有一只猫》。这些故事中的想象大胆、奇特，能让学生充分感受到想象的神奇。《宇宙的另一边》大胆想象在宇宙的另一边还有一个世界，而且是这一边的倒影，想象神奇有趣。《我变成了一棵树》讲述了"我"变成一棵树之后的奇妙经历，在大胆想象中实现了"我"美好的愿望。两篇课文的课后练习都是先引导学生通过阅读交流，走进奇妙有趣的想象世界，再启发学生联系生活展开想象，拓展思维，说出自己的想象故事。

据此，可将教材分析确定如下：

《奇妙的想象》是小学语文教材统编版三年级下册第五单元的习作主题。第五单元是本册语文教材的专门习作单元。它设置了两篇精读课文《宇宙的另一边》《我变成了一棵树》和两篇习作例文《一支铅笔的梦想》《尾巴它有一只猫》，四篇课文从不同的角度、用不同的方式讲述了神奇有趣的想象故事。课程标准指出第二学段的习作教学应聚焦增强学生习作的自信心，乐于与他人分享习作的快乐。不仅要激发学生的习作兴趣，而且也要鼓励学生大胆想象，不拘形式地写下自己的想象故事。本单元习作的任务是写一个想象故事。教材中提供了七个题目，旨在以富有想象力的题目激发学生的兴趣，打开习作思路；并对习作的具体要求给予说明，首先对习作范围做了说明，可以选教材中的题目来写，也可以自拟题目。然后强调了本次习作最主要的要求：想象要大胆。之后对习作交流提出要求，完成习作后要交流分享，互相评价，并提出修改建议。最后建议开辟专栏展示习作，扩大交流范围，使学生获得习作的成就感，进一步激发习作的热情。

## 二、学情分析

从学生已有知识基础和心理年龄特点切入进行学情分析。从学生已有知识基础来看，本阶段的学生处于三年级的第二个学期，他们对于在习作中清楚表达自己的意思已具有一定的基础。所以在习作话题目标要求上，要引导学生将自己想表达的内容表达清楚，尽力避免拔高要求。从学生的心理年龄特点来看，他们处于形象思维发展的发达阶段，想象力比较丰富，但是在清楚表达自己、编写故事的能力方面仍需要老师进行有效的指导，编述故事的能力也有待提高。

## 三、确定教学目标

首先从单元导语和单元整体安排确定单元教学目标，再以习作要求为抓手，确定本单元习作的教学目标，最后，根据第二学段习作教学的基本规律，将本单元习作教学目标分解为具体的课时教学目标。

经梳理，本单元的教学目标如下：

1. 认识 23 个生字，会写 23 个字，会写"星空、流淌、形状、狐狸"等 25 个词语，写字姿势要正确。

2. 正确、流利地朗读课文；了解课文内容，感受作者大胆和神奇的想象。

3. 能和同学交流自己想象到的内容。

4. 能梳理和回顾课文中的想象故事，交流对大胆想象的体会，感受大胆想象的乐趣。

5. 能画出想象中的事物，能根据故事开头接龙编写故事。

6. 能大胆想象，写出一个想象的故事，能欣赏同伴习作并提出修改建议。

以习作要求为抓手，确定本课的教学目标。

本单元习作的要求是写一个想象故事。在习作例文学习之后，本次习作提供了 7 个富有想象力的题目，旨在激发学生的想象力，打开习作思路。由此，我们可以确定第一层教学目标：能借助习作例文进一步体会丰富与神奇的想象。教材第二部分提出了本次习作的具体要求。首先对习作范围做了说明，可以选教材中的题目来写，也可以自拟题目。然后强调了本次习作最主要的要求：要大胆想象。结合课程标准中对第二学段习作目标的要求，可将第二层教学目标具体为：能够大胆想象，不拘形式地写出一个想象的故事。教材第三部分对习作交流提出要求，完成习作后要交流分享，互相评价，并提出修改建议。由此我们可以明确第三层教学目标为：能欣赏同伴习作并提出修改建议。最后建议开辟专栏展示习作，扩大交流范围，使学生获得习作的成就感，进一步激发习作的热情。以此确定第四层的教学目标：进一步激发学生的习作热情。再结合有关三维目标的表述要求，经过梳理，将本课的教学目标确定如下：

1. 能借助习作例文进一步体会丰富与神奇的想象。

2. 能够大胆想象，不拘形式地写出一个想象的故事。

3. 能欣赏同伴习作并提出修改建议。

4. 进一步激发学生的习作热情，丰富学生的想象空间。

本单元习作教学需要两个课时完成。在实际的教学中，我们需要将本次习作的教学目标分解为课时教学目标。根据习作教学的基本规律，对教学目标之间的关系进行梳理。我们将前两个教学目标当作第一课时的教学目标，学生能够初步完成写作任务，为第二课时做铺垫。那么后两个教学目标则为第二课时的教学目标，学生将仔细修改本次习作内容，互改互助合作完成。从三维目标的角度看本次习作的教学目标，鼓励学生展开想象，说出想象的故事属于知识与技能方面的目标，采用模仿习作例文的方式进行习作思路开拓属于过程与方法方面的目标，增强学生习作的自信心则属于情感态度价值观方面的目标。因此可将本课教学目标确定如下：

第一课时的教学目标：

1. 能借助习作例文进一步体会丰富与神奇的想象。

2. 能够大胆想象，不拘形式地写出一个想象的故事。

第二课时的教学目标：

1. 能欣赏同伴习作并提出修改建议。

2. 结合师生建议，独立修改习作。

通过上述分析，可以发现教学目标的确定遵循一定的思路。按照从单元整体教学目标到本课教学目标，再到课时教学目标的逻辑顺序，确定每一层次的教学目标。首先从单元的整体视角出发，明确整个单元的教学目标。然后以习作要求为抓手，确定本次习作的教学目标。最后，根据习作教学规律，将本次习作的教学目标进一步分解为课时教学目标。

## 四、把握教学重难点

根据课标要求、教材内容、学生学情等因素确定本课的教学重难点。首先在课程标准的要求下结合教材内容，确定本课的教学重点。课程标准对第二学段的习作教学提出以下要求：乐于书面表达，增强习作的自信心，愿意与他人分享习作的快乐；大胆想象，能不拘形式地写下自己的想象故事；尝试在习作中运用自己平时积累的语言材料，特别是有新鲜感的词句；能用修改符号修改习作中有明显错误的词句，根据表达的需要，正确使用句号、逗号等标点符号。然后根据上述学情分析，确定本课的教学难点。三年级的学生在想象故事的有序编写方面仍需要老师的指导，重点突出地说和写故事的能力也有待提高，这是本课的教学难点。经过上述分析，可将本课的教学重难点梳理如下：

1. 鼓励学生展开大胆、丰富、新奇的想象。（第一课时）

2. 指导学生有序、重点突出地说和写故事。（第一课时）

3. 同桌合作，互读互听，互相评价，并结合同桌的建议对自己的习作进行修改。（第二课时）

## 五、选择教学策略

教学策略的选择要有助于落实本课的教学重点，突破教学难点。结合上述的本次习作教学重难点，教师可根据教学内容选择以下教学策略：

1. 加强单元习作与精读课文、"初试身手"的联系。结合"交流平台"和精读课文的学习，师生对完成"初试身手"两个体验活动的情况进行讲评交流，然后引导学生阅读单元习作例文，明确本次习作的内容与要求，学生选择要写的内容。习作教学前，可以引导学生回顾课文内容，交流学生喜欢的内容，激发学生想象的热情。针对学生在表述自己的想象时，可能会出现表达不清楚的情况，教师可以适时引导学生回顾《小真的长头发》《我变成了一棵树》，学习作者是如何将故事写清楚的，模仿表达思路。在进行讲评指导时，还可以再次借用精读课文中的片段启发学生修改习作，将自己的想象写得更清楚、更加丰富。

2. 用好习作例文，指导单元习作。通过"初试身手"的练习，教师已大致了解学生在展开大胆想象方面存在的困难。基于学情，借助习作例文对学生的单元习作进行有针对性的指导。在小组内，可以借助旁批、例文后的思考题等，选择例文中有价值的部分，帮助自己解决问题。比如，学生可能存在想象力匮乏的问题，可以先让学生自读例文，借助旁批、插图了解作者展开想象的思路，打开学生的想象之门。在此基础上，让学生发挥想象，把想象到的故事说出来、写下来。

3. 借助习作例文，具体习作讲评。教师在本次习作的讲评阶段，针对学生习作中存在的主要问题，可以选择例文中适当的部分，帮助学生解决问题。比如，针对想象内容写不清楚的问题，可以将《一支铅笔的梦想》作为范例来指导。让学生再读例文，想想作者是怎么把铅笔的梦想写清楚的，然后引导学生发现作者不仅写了铅笔的梦想，而且把铅笔实现梦想后要做什么、有什么感受写得很清楚，以此启发学生写好想象的内容。

## 六、教学过程设计

根据第一章有关教学过程设计的基本理论和步骤，结合第二学段习作教学规律，其教学过程设计可按如下步骤展开：第一，由爱因斯坦的名言导入，引出想象，板书主题，引起学生的求知欲；第二，出示题目要求，自主选题、学习审题，初步感知教材内容；第三，学习例文引导思路，小组交流拓展，引导学生深入理解教材；第四，学生展开想象，独立习作，巩固和运用知识进行习作活动；第五，交流分享，赏评修改，以实现知识、技能和技巧的巩固和运用。以上五个步骤密切联系，形成一个整体。在教学实施中，可根据具体情况灵活掌握，注意不要割裂各个环节之间的内在联系。现以《奇妙的想象》单元习作为例，具体呈现完整的教学过程设计。

第一课时的教学过程：

1. 名言导入，板书课题"奇妙的想象"。

2. 出示题目，自主选题，互动交流，说说喜欢的理由。

3. 结合习作例文，学习故事表达思路。

4. 出示写话要求，引导学生写作。

第一课时分为四个教学环节。第一个环节名言导入，开门见山地使学生明白本次习作的内容和要求，激发学生的习作兴趣。第二个环节出示题目，让学生自主选题，在选题过程中，引导学生关注关键词，学习审题技巧。第三个环节是引导学生回顾例文，学习例文故事的讲述思路，让学生体会到想象的合理和有趣。第四个环节引导学生将想象的故事写出来，学生独立写作，教师巡视指导。

第二课时的教学过程：

1. 通过集体赏评、同桌互评、学生自评的方式进行习作赏评。

2. 学生独立修改习作。

3. 学生回顾习作过程，交流分享习作体验，肯定收获。

4. 布置课后作业，请继续展开想象，进一步修改完善故事，届时将在教室开辟"想象岛"，展示学生作文。

第二课时分为四个教学环节。第一个环节，通过集体赏评、同桌互评、学生自评的方式进行多元评价互动，在此过程中，教师要注意先欣赏后建议，增强学生的习作成就感，促进学生的主动学习。第二个环节，在习作赏评结束后，学生结合建议独立修改习作，教师巡视给予个性化指导。第三个环节，回顾本次习作教学过程，有助于学生形成本节课的知识框架，体验收获的喜悦。第四个环节布置作业，作业是课堂教学的延伸和拓展，以展示为目标驱动，引导学生继续进入积极的写作状态。

可以发现第二学段习作教学过程设计的两个课时在内容以及环节的安排上遵循了第一章所论述的教学过程设计的基本理论和基本程序。结合习作特定课型来说，习作是起步作文，是小学语文教学的重点和难点之一，开好局、起好步，为学生打下扎实的写作基础是极为重要的。所以在习作教学过程中我们要把握好以下三个环节：一是积淀素材，为学生"有话说"打下基础；二是有效指导，为学生写作铺就"有章法"的桥梁；三是突出修改，为学生指明"成佳作"的方向。一般来说，第一课时主要围绕引导学生"有话说"、学习例文"有章法"展开教学，第二课时主要聚焦对"成佳作"的完善修改，在自我修改和相互修改中提高写作能力。具体如表 5-1 所示。

表 5-1　教学过程设计

| 课时安排 | 具体教学环节 | 教学设计原理 |
|---|---|---|
| 第一课时 | 第一环节：名言导入，揭示课题 | 引起学生求知欲 |
| | 第二环节：自主选题，学习审题 | 感知教材 |
| | 第三环节：例文引路，交流拓展<br>第四环节：展开想象，独立写作 | 理解教材 |
| 第二课时 | 第一环节：习作赏评，交流修改 | 巩固和运用知识 |
| | 第二环节：回顾小结，肯定收获<br>第三环节：布置作业，目标驱动 | 检查知识、技能和技巧 |

## 七、作业设计

作业设计分为作业内容和作业评价两个方面。习作作业的设计在内容上要注重增强学生习作的自信心、提高学生的写作能力，也要注重语文学科的工具性、社会性和实践性，突出开放性，切实提高学生的语文素养。根据教学目标和学生的学情，可从以下两方面布置作业：一是知识与技能方面的作业，如教师可要求学生继续完成本单元作文写作等基础性作业；二是情感态度价值观方面的作业，如教师可要求学生向他人讲述自己想象的故事，提高学生的表达能力，感受分享习作的喜悦，增强习作的自信心。围绕本课的教学目标和学生的学情，将作业设计如下：

1. 请把今天编述的想象故事讲给家人听，并和家人分享习作的体验。

2. 请学生下课之后继续完善，把习作誊抄到作文本上。

围绕作业的设计，选择不同的作业评价方式。对于本次作业，教师可以请家长评价和学生互评，对学生的想象故事进行简单的口头评价。课后，教师可采用检查性评价，对同学们的作文进行二次评改，全面了解学生本次习作的表达水平。教师也可以采用展示性评价，把同学们的习作展示在"想象岛"上，鼓励同学们交流学习。通过不同的评价方式对学生的作业进行全面评价，关注学生对习作的自信心，激发学生的写作热情，促进学生习作能力的发展提高。

## 八、板书设计

板书设计要符合教学要求，体现教学意图，注重教材特点，联系学生实际。内容既要揭示文章脉络，又要便于学生对知识的理解掌握和记忆。由于教学内容不同，板书的形式也应灵活多样。本次习作教学的板书设计如下：

> **奇妙的想象**
>
> 想象：大胆、新颖、奇特、美好
> 写作：有序、重点突出、主次分明

《奇妙的想象》这一课的板书设计围绕展开想象进行故事写作的过程层层展开，导入名言、板书课题，在师生交流的过程中，提炼出"想象"的关键词，构建故事编述的整个过程。本课的板书属于"开门见山式"，设计清晰简明，根据习作教材直截了当点明习作要求，突破本课的教学难点。从想象的要求到想象的方法，层层推进，逐步深入，有助于学生顺利完成本单元的习作任务。

# 第三节
# 习作教学策略及应用再谈

　　课程标准中指出，第二学段习作要"观察周围世界，能不拘形式地写下自己的见闻、感受和想象，注意把自己觉得新奇有趣或印象最深、最受感动的内容写清楚"。由此可见，第二学段的习作是在学会观察的基础上，学习把内容写清楚，因此激发学生观察兴趣、增强学生观察内驱力、学习观察方法对本单元习作教学来说至关重要。

## 一、激发兴趣，提高观察内驱力

　　教学案例呈现：

**教学片段：创设情境，多角度观察**

　　师：同学们，今天李老师带来了一样小东西。课前已经放在每个小朋友的桌肚里。对，就是它！注意，只许摸，不能看。现在请大家去摸摸看。然后带着学生去摸，去体验，去感受……

　　生：这样东西有点像核。

　　师：像你曾经见过的什么的核？（枣核）能具体说说什么样吗？（中间鼓鼓的，两头尖尖的。）

　　师：这样东西有杏核大小，准确地说叫椭圆状。

　　师：其他同学呢？

　　生：这样东西摸起来很硬。

　　师：用一个词来说就是硬邦邦的。这就是它的硬度。

　　师：其他同学有没有补充？

　　生：它很粗糙。

　　师：把话说完整，它的表皮很粗糙。这是它表皮的特点。

　　生：这样东西很小。

　　师：把话说具体，有杏核一般大小。这是它的大小。

　　师：通过触摸，我们感觉到了这样东西的这些特点。

　　师：到底是什么呢？想看看吗？现在请同学们把它拿出来。请你仔细观察，这回你又有什么新发现？

教学案例分析：

上述课例中教师课前先在学生桌肚放了一个小东西让学生摸，让学生来感知，设置悬念来激发学生的兴趣，可以从大小、形状来感觉，这是激发他们的兴趣，这里边老师特地强调了让学生自己去摸，有人说它摸起来像核，中间鼓鼓的，两边尖尖的，是枣核。写作文时我们要动用自己的五官，眼睛去看，嘴巴要尝，手要触摸，耳朵要听，鼻子要闻，这才是真正的观察。同时在其中进行观察方法的渗透。

教学策略总结：

课例中比如讲枣核，教师的要求是只能摸不能看，让学生们摸，说出来的答案却是五花八门，这就触碰了他们的好奇心，激发他们探求的欲望。但是设置悬念不仅是激发学生兴趣，而且是在这个过程中渗透指导观察方法，掌握了观察方法后，学生的兴趣才会更加持久。习作教学中，观察的内容一定是源于生活。教师创设生活情境，激发学生兴趣，学生的观察会更加细致专注，同时在观察中也渗透了情感体验创设情境，让学生兴趣盎然。

除了上述课例的观察之外，平时生活中花草树木的生长变化，小伙伴课间的嬉戏追逐，日出、日落的美丽奇观，熙熙攘攘的集贸市场等，所有的这些都可以作为观察的对象，多媒体的展示也可以用来观察，比如我们在多媒体上呈现一只小花猫的图像，让学生去描绘，但是学生们描述的只能是我们所展示的一个场景而已，如果想让学生真正地了解小花猫，可以让学生提前做一些准备，比方说可以让学生在家里就准备一些照片，或者录像。教师在上课之前，如果遇到了一些比较好的素材，也可以提前记录下来，在课堂上让学生仔细观察。因为学生们很喜欢动物，所以他们在写的时候，会非常投入。直观演示也是让学生仔细观察。

这个也是我们第二学段常用的方法，在语文课或者思品课或者在其他课上，可以让学生体验实践的感觉，例如，游戏活动，孩子们会高兴得手舞足蹈起来，这时候适时激发学生的兴趣，引导他们认真去观察。

在日常教学中，可以教给学生观察的方法有很多，比如创设情境，让学生趣味盎然；直观演示也是让学生仔细观察；实践体验，让学生沉浸其中。不论何种方法，一定都是在教给学生观察方法的同时，激发学生观察的兴趣。有了认真观察的坚实基础，学生的文字表达也将更加清楚明白。

## 二、指导观察方法，写清习作内容

在激发学生兴趣、增强学生观察内驱力的基础上，具体指导学生掌握观察方法，不断提高学生观察能力，训练学生把内容写清楚，则是第二学段的教学重点与难点。

教学案例呈现：

### 教学片段：观察生活　带入情感

1. 朗读标题，培养语感

师：(拿出一个橘子)这是什么？

生：一个橘子。

师：(板书：这个橘子真可爱)老师想请一个同学读一读这句话，看谁能读得好。(反复指导学生读课题)

生：这个橘子真可爱！("这个"应该念成"这个"，不能念成"这""个"。)

生：这个橘子真可爱！(总觉得欠了些什么，似乎该加上点什么才好。)

生：啊，这个橘子真可爱！

师：请同学们齐声读这一句话。

生：(齐读)啊，这个橘子真可爱！

2. 仔细观察，合理想象

(1)初步观察

师：怎样才能写好这个橘子呢？我们要进行仔细的观察。观，就是看。察，有思考的意思。——那我们该从哪几个方面来观察这个橘子呢？

(教师带领学生初步观察这个橘子：颜色、形状、大小、重量、香味)

(2)继续观察

师：怎样才能写得生动呢？——还需要想象，需要合理的想象。在这样的基础上，写出来的作文就具体生动了。

(教师指导学生继续观察，适时板书)

颜色：黄中带绿——黄中透绿

形状：椭圆——圆溜溜的(光滑)——像个网球——像个南瓜……

大小：差不多有掌心大——有拳头大(比一比)——有小孩拳头那么大……

重量：(放在手上掂一掂)沉甸甸的——有10～100克重……

香味：(香味不是味道，味道是尝出来的)清香——淡淡的清香

师：这个橘子还有它的个性，就是它与众不同的地方，大家看看在什么地方？

生：还有一片叶子。

师：叶子是什么样子的？(想象一下)

生：是椭圆形的。

生：像个汤勺。

师：你还能想出什么来？

生：一定是刚从树上摘下来的。

生：一定很新鲜。

生：吃起来一定很甜。

（3）亲身感受

师：下面我们就来吃这个橘子。

（教师剥开橘子，引导学生深入观察）

①剥开皮以后，橘瓣像什么样子？（像几个小娃娃坐在一起；像棉花一样好看；像个刺毛球……）

②数一数，有多少片？（12片）

③下面老师请几个同学来吃一吃，吃过以后一定要把这个橘子的味道说出来。（很好吃；味道很甜；酸中带甜；甜中带酸）

（4）练笔

师：接下来就请同学们把我们刚才看到的、想到的和品尝到的用笔写下来。

要求：

①齐读题目。

②空两格写题目：啊，这个橘子真可爱！

③要写具体（10分钟）。

师："三分文章七分读"，下面老师想请同学们把自己写的作文片段读一读，看看效果怎么样。（指名上讲台读，逐句指导学生修改。）例：

①"你看你看，上面还有一片新鲜的叶子呢！"这句非常好！"你看你看"含有惊喜的意思。

②引导学生采用"一定……一定……"的句式写想象中橘子的口味。

③"放在鼻子跟前闻一闻。啊，还有一股淡淡的清香！"这里的"啊"写得太好了！

④"放在嘴里"应该改成"放进嘴里"。

⑤"放进嘴里，轻轻一咬。啊，真甜！还有点酸味！"这里把"吃"换成了16个字，这就叫写具体。①

教学案例分析：

习作教学中兴趣与观察是密不可分的，但是仅仅靠激发兴趣过程中观察方法的渗透来提高学生的观察能力是远远不够的。怎样观察橘子？在这个教学片段中，贾老师引导学生分别从颜色、形状、大小、重量、叶片等方面进行观察，并启发学生展开合理的想象，继而让学生亲自品尝橘子。这样一来，"橘子"这个观察对象就显得具体而生动了。贾老师的成功之处不仅在于引导学生掌握了观察的方法，懂得了观察与想象相结合的妙处，而且在其整个指导的过程中始终透着一种智慧与乐趣。尊重并理解学生由于观察习惯、个性特点不同而产生的差异，在教学过程中给予学生学习方式的引

---

① 特级教师贾志敏作文指导课"这个橘子真可爱"［EB/OL］. http：//q. xxt. cn/singleq/recarticledetail. action? cid＝10000467＆artId＝3579885＆id＝5732663。

导，创新思维、写作技巧的渗透，这些有效信息的提供不仅使得学生的语言能力得到提升，而且使他们的个性也得到了最强有力的发展。

教学策略总结：

教师拿橘子来让学生进行观察，让学生先用眼睛看，了解它的颜色、大小和形状，再拿起来让学生摸，对它的触感，软硬、重量都有一定的了解，然后用鼻子去闻它的气味，还可以剥开以后，再来看看颜色、形状，尝一尝它的味道，最后了解橘子的用途以及营养价值。根据这样的有序观察，以及有条理地制作观察表，学生就可以把事物按顺序写清楚、写明白。按照一定顺序观察，多角度观察，在掌握了观察方法之后，如何将观察内容清楚明白地表达，可以运用观察和制作观察量表相结合的方法，在教会学生观察的同时，训练学生记录观察内容，按照一定顺序，把观察内容表达清楚，表达明白。在日常习作教学中，教师要引导学生多看，多观察生活。

## 三、讲评作文重鼓励，培养评改好习惯

我们常说，好文章，三分写，七分改，可见作文评改的重要性。作文评改首先明确每次评改的要求和等级标准。多数作文评改可以采用一读、二找、三评、四改的方法，一读读范文，二找找范文的优点和缺点，三评范文优劣，四改尝试帮助修改范文。在掌握评改方法后，学生互评互改，调动学生评改积极性，让学生逐步具备评改能力。

教学案例呈现：

### 方法渗透　互评互改

同学们，几乎每个人都有难忘、佩服的人，相信同学们也一样。我们通过第七单元的作文课，把你佩服的人写成了文章。那么在这节课，我们就来对这篇作文进行评改，让同学们在评改的过程中品味大家的作文！

1. 引入课题，提出标准

(1)在评改前，我们先来回顾一下这次作文的要求(第七单元的作文内容与要求)。

(2)评改总要有一个标准，根据这次作文的要求和我们平时评改作文的经验，你认为这次写的作文，怎样才是一篇好作文？

先小组讨论，再告诉老师。

(学生讨论，学生汇报)

(3)这次作文必须抓住人物的特点来写，要通过描写人物语言、动作、神态、心理活动等来表现你佩服他(她)的原因。

(4)老师也想到了这几点，并且做了总结分了等级。

(挂小黑板)等级标准：

优等作文：

叙事完整、思路清晰、语句通顺、具体、生动、有趣。

良等作文：

内容较明白、叙事较清晰、语句较通顺。

中等作文：

内容较明白、语句较通顺。

鼓励等作文：

内容混乱，语病较多、错别字多。

(5)如果还有比"中等"糟糕的，你评什么？

"差"不好，容易打击人，用两三个字概括，可以评什么？以鼓励为主。（"你加油，成功等着你""你努力，别放弃"等）

2. 典型评析，教会评改方法

(1)按照大家提出的标准，老师从大家的作文当中选出了 3 篇来让大家评一评。

(2)请 3 位作者分别上来朗读自己的作文，并谈谈自己的作文：亮点在哪里？不足在哪里？然后由同学们推荐其中一篇来集体改。

我们先来初次阅读一下他的作文，看看他的文章写的是谁，写的是什么时候，在什么地方，是一件什么事令他佩服。（板书：初读）

①谁来说说他写的是一件什么令自己佩服的事？你们觉得让你们佩服吗？故事完整吗？思路清晰吗？

②接下来我们来仔细评一评这篇作文好在哪里，或有什么不足之处。

（板书：细评）

③为了能在短时间内学到批改的方法，我们只细评作文的一个片段。（将作文放在实物投影仪上显示）

我们来看这两段中的一段。老师一边读大家一边想，这一段中有哪些地方不是很通顺或写了错别字，或者是写法不是很好而你又有更好的写法建议。（边读边指出，在文中做批示）

这两段中有哪些地方写得好，表达了佩服的？好了，虽然我们只是批改了作文的一个片段，但我们对这篇作文已经有了一个大概的印象，让我们根据等级标准，给作文一个初步的评定。（学生评，并讲出理由）

④给×××同学及其文章做一个总的评价，也就是写评语。（板书：总评语）评语要写得贴切，不能过于夸张，而且要以鼓励为主。

⑤×××同学，你听了同学们的评价，有什么感想和收获？

⑥我们通过对×××作文的评改，知道了评改作文应按什么步骤去进行。

归纳板书：

一读、二找、三评、四改

3. 互评互改，共同探究

拿着你的作文，与你的同桌或好朋友交换，根据评改步骤和好作文的标准，评一评对方的作文，并在他的作文后面填写这些内容；评改的时候有什么疑问，可以跟组员或老师探讨。学生自由找位置坐，互相交换批改。

A. 作文写的人物是_____

B. 是什么事令作者敬佩_____

C. 小老师的建议：_____

D. 等级是_____

4. 评改成果展示与交流

(1)你觉得你评改到的作文表达了佩服吗？谁来说一说？

(2)哪个小老师愿意上台来展示你评好的作文，并说说你是怎么评的？

(小老师上台，通过实物投影仪展示，并进行评改说明，说说为什么要这样改。)

(3)作文展示的原作者，听了小老师的评说，你有什么想法？其他同学觉得怎么样呢？可以提出你的意见。

(4)有许多同学想展示自己的评改成果，那么请你挑出你认为评得最称心的句子或片段，不管是评病句还是评好句子，说说你是怎么评的。

(5)谁认为自己写的评语最精彩最贴切？说给大家听听。

(6)请大家把自己的作品交换回来，看看小老师给你评改得是否贴切，说说你的看法。

(7)老师都想看看你们评好的作品，你们想不想与老师一起探讨、交流呢？(师生交流)

小结：这次作文评改课，你有什么有关写作的看法或感受要跟同学们或老师讲？也就是说，在这节课中有什么收获？①

教学案例分析：

上述课例中展现了完整的评改流程，首先教师明确这次评改作文的要求和等级标准。然后在评改中渗透评改方法：一读、二找、三评、四改。集体评改进行示范，调动每个学生的评改积极性，同时为学生提供一个评改借鉴的平台。

教学策略总结：

习作评改是习作教学中的重要环节，也是在习作教学中最容易忽视的环节。所以，不论是教师还是学生及其家长，都应该重视习作之后的评改。习作评改对于第二学段刚刚开始进行习作练习的学生而言，还是具有难度的全新领域。在习作教学伊始，教师应该注重评改兴趣的激发。在习作评改过程中，教师应该以鼓励为主，营造轻松平等

① 叶大仁：《〈我佩服的一个人〉作文评改课教学设计》，载《教学与管理(小学版)》，2008(14)。

的交流氛围，帮助学生相互欣赏学习他人习作优点，考虑和修改自己的作文。其次，教师在评改教学中，一定要明确评改标准，教授评改方法，进行作文评改训练，让学生在作文评改时做到心中标准明确，评改方法具体，还要丰富教学方式，例如先扶后放，即老师先提出修改要求，选择一篇习作集体评改、示范评改，学生对照标准，模仿互改、自改；还可以先放后收，即老师提出修改要求，学生相互评改，然后学生集体交流，教师适机点拨，示范评改，最后自主修改。评改过程中教师一定要鼓励学生各抒己见，对于独特的感悟、个性的视角，一定要给予鼓励。

# 第四节
# 习作教学设计案例分析

　　语文课程标准对习作指导有明确的要求："在写作教学中，应注重培养学生观察、思考、表现、评价的能力。""写作教学应抓住取材、构思、起草、加工等环节，指导学生在写作实践中学会写作。""重视引导学生在自我修改和相互修改的过程中提高写作能力。"在实际教学中，一般可以按照"激发兴趣—指导习作—评改习作—习作讲评"四个环节来进行设计。

## 一、《小小"动物园"》教学设计

[教材分析]

　　《小小"动物园"》是语文教材统编版四年级上册第二单元的一篇习作。本单元是围绕"提问"进行编排的阅读策略单元，从单元整体布局来看，呈现出以提问为主线的设计思路：在阅读中循序渐进地习得提问策略，在习作中尝试"从不同角度去思考"，让学生通过对家人多角度观察，以不同"动物"对家人进行介绍，体会习作的乐趣。

[学情分析]

　　四年级学生的思维具有明显的具体形象性，他们在认识事物的过程中，对事物外部的、直观的、具体的特征特别敏感，并具有求异倾向，因此对构想一个"家庭动物园"充满兴趣。同时，学生对于并列构段再成文的形式也不会感到有太大困难，行文中句子的通顺是需要留意的。

[教学目标]

　　1. 能从多个方面说清楚自己的家人和哪种动物比较像，结合具体的表现，突出这位家人的特点。

2. 为每位家人写上一段，完成以"小小家庭动物园"为主题的习作，表达对家人的爱。

[教学重难点]

能从多个方面、结合具体的表现说清楚家人和哪种动物比较像。

[教学策略]

本课例采用创设情境、角色代入的教学策略，从学生最喜欢最熟悉的动物入手，帮助学生理解人物和动物的关系，从而打开学生思路，由抓住动物的特点到思考我们身边家人的特点。

[教学过程]

1. 谜语导入

同学们，我们都有自己喜欢的动物，老师也有喜欢的动物，大家来猜个谜语就知道了。

(1)八字须，往上翘，说话好像娃娃叫，只洗脸，不梳头，夜行不用灯光照。(猫)

(2)凸眼睛，阔嘴巴，尾巴要比身体大，碧绿水草衬着它，好像一朵大红花。(金鱼)

同学们都对动物的特点有一定的了解。如果你把自己的家想象成一个"动物园"，是不是很有趣？

今天，我们的习作就是围绕"动物园"来写的。现在就让我们写一写我们的家人吧。(板书：小小"动物园")

2. 创设情境

理解人物和动物的关系

过渡：看完照片，我们认识了许多动物。提问：你最喜欢谁？

最喜欢它身上的哪个特点？(贴"特点"牌)这是从哪方面来描写呢？(板书：特点)

(1)爸爸与猫(样子、性格)：我的爸爸胖胖的，很憨厚，像一只猫。(板书：样子、性格)

(2)姐姐与鱼(本领)：我的姐姐游泳特别好，在水里像一条自由自在的鱼。(板书：本领)

(3)爷爷与大老虎(性格)：我的爷爷很威严，就像一只大老虎。

设计意图：

运用猜谜形式，激发学生的学习兴趣。

设计意图：

创设情境，使学生更容易理解，使学生掌握写作技巧。

总结：把每一个人都比作一种动物，这是人物和动物的关系。通过抓住每个人不同方面的特点，来描写人物，这在我们作文中也是常见的，这叫作"抓住特点"。这把金钥匙，你掌握了吗？

刚才我们是一段段来欣赏，现在我们整合全文，再来仔细品味一番，你发现每一段有相似的地方吗？

①指名学生回答。

②教师引导并评价。

师：前面是介绍人，后面是说明人的特点。

3. 习作构思

(1)仿照例子，趣说人物

要求：选择自己或是一个家人来介绍，说特点，联想动物。

介绍自己

我叫 _____，是个小 _____ 孩。其实呢……

我是_____，_____。

介绍家人

这是我的 _____，_____。其实呢……

他/她是          ，_____          。

①自由思考

师：请你们根据游戏要求，大胆联想。

②交流分享

师：谁来试试看？(充分说)

③评析总结

你们都能够抓住人物和动物的特点，展开联想。

(2)再读例子，理清特点

①引导阅读，扩编内容

引导看图(抓住动作、语言、喜好等来写)

口头扩编绘本

②小结

设计意图：

通过具体指导，让学生明白写作对象及具体要求，同时，通过口述，锻炼学生的口语表达。

师：恭喜你们又掌握了一把金钥匙，在写作中要围绕中心句展开描写，这样的内容才会精彩。

师：同时，通过动作、语言描写等表现人物的特点，在我们的写作中是很常用的哟。

总结：我们知道写人物要抓住特点，通过各个方面的描写，展开叙述。同时，写作要围绕中心句来写，这样写出来的习作更加具体生动。（板书：抓住特点，要围绕中心句）

过渡：刚才你已经说到了自己或是家人的一个特点，接着，我们再来玩个游戏，叫作"谁是金笔小作家"，看看谁文笔最棒。

(3)游戏激趣，细写人物

"谁是金笔小作家"

要求：刚才你已经说到了自己或是家人的一个特点，哪件事情最能体现这个特点，请你把这件事情写下来，并写一写你对人物的感情。字数不限。

①学生写

②师巡视

③交流习作（可叫一学生先来改，教师再来评讲）①

设计意图：

设计"谁是金笔小作家"这个环节，能让学生把理论运用到实践，提高学生的写作能力。

[作业设计]

课程标准强调"观察周围世界，能不拘形式地写下自己的见闻、感受和想象，注意把自己觉得新奇有趣或印象最深、最受感动的内容写清楚"，因此本课的习作练习鼓励学生充分进行观察和感知，并把它们写清楚。因此本课的作业设计如下：

"争做金笔小作家"：继续完成或者修改已完成的习作，争做金笔小作家。仔细思考哪件事情最能体现你要写的这个特点，请你把这件事情写下来，并写一写你对人物的感情和生活在家里的感觉。

[板书设计]

教师设计的板书应来自于教学内容，又高于教学内容，具有启发性。本课教学重点是"观察发现书中人物和动物的对应关系"，通过梳理对应关系从而掌握抓住特点的观察方法，板书应具有概括性同时兼具启发性。因此本课板书设计如下。

---

① 《小小"动物园"》教学设计［EB/OL］．https：//wenku.baidu.com/view/59c1b0e62bf90242a8956bec0975f46526d3a7ca.html。

```
          小小"动物园"
   样子
   性格        抓住特点
   本领
```

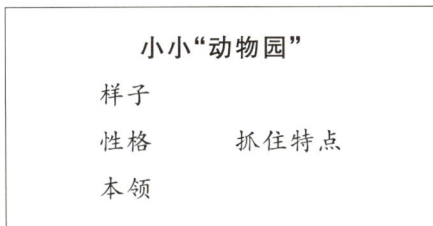

## 二、《我来编童话》教学设计

[素材解读]

《我来编童话》是小学语文教材统编版三年级上册第三单元的习作。从教材编写体系来看，本次习作为三年级下册的习作"展开大胆想象"做教学准备与铺垫。对学生来说，童话是激发他们想象力的最好教材，因此，本次习作旨在引导学生在阅读中打开想象的翅膀，自由自在畅游童话王国，感受童话想象的奇妙，在阅读思考、交流分享的基础上试着自己编童话、写童话。

[学情分析]

三年级学生已经具有较为丰富的童话阅读经验，对童话故事中丰富的想象已有初步的感受，对童话这一体裁也有一些感性认识。但是，学习编童话、写童话还是第一次，三年级正处于习作的起步阶段，要把故事写清楚，还有一定的难度。

[教学目标]

1. 体会童话的有趣，感受童话带来的快乐，对创作童话感兴趣。

2. 初步领会编童话的方法，在编童话的过程中，把内容写清楚。

3. 学习修改习作中明显错误的词句，并感受与他人分享习作的快乐。

[教学重难点]

大胆想象，把内容写清楚。学习修改习作中明显错误的词语，感受与他人分享习作的快乐。

[教学策略]

分层分步，细化指导，把故事写清楚。本课首先让学生确定角色、时间、地点等关键因素，然后展示范例给学生以借鉴，帮助学生打开想象空间。接下来，教师仍然可以用问题提示法，引导学生继续编童话：他们在那里做什么？他们之间发生了什么故事？然后通过同学交流，引导学生完善补充自己的故事框架。在学生初步搭建故事框架后，教师再通过展示佳作范例引导学生进一步发挥想象，把故事情节展开，写得更清楚。

［教学过程］

课前：重温童话故事

1．兴趣盎然进童话

(1)聊一聊，体会童话有趣。

(2)猜一猜，诱发想象入童话。

2．奇思妙想编童话

(1)想一想，确定童话主人公。

(2)比一比，大胆新奇编童话。

①出示美国小学生作文获奖的例子

师小结：大胆新奇地去想象，你会有意想不到的收获。

②学生自编童话故事

想一想：根据自己确定的主人公，想象他们之间发生了什么有趣的事。

说一说：与同桌交流一下，看谁的想象最出人意料，最吸引人。

(3)学一学，佳作引路明方法。

3．妙趣横生写童话

(1)练一练，打开思路写片段。

(2)读一读，修改自己的片段。

4．快乐分享赏童话

评一评，交流赏析促提高。①

设计意图：

通过创设情境，激发学生走进童话的欲望；随之启发学生以自己读过的童话为例谈谈对童话的认识，使学生体会童话的有趣；尽可能地发散学生的思维，拓展思路，为下面的大胆想象提供契机。

设计意图：

通过回顾范例，有意识地让学生大胆想象，开启学生的思路，使学生有话可说，有法可循，以此降低编写童话的难度。

设计意图：

好文章是改出来的。边读边改，既是一种很好的修改办法，又凸显了课标教学建议中学习修改习作中明显错误的词句的要求。同时，引导学生给自己觉得最有趣的地方和生动的词句做上记号，也体现了课标中要不断强化学生积累和运用的意识。

设计意图：

优秀习作赏评，不仅给孩子一个示范作用，为课后的自改提供方向，而且也为写得好的同学提供展示的平台，让他们享受到成功的喜悦，使他们乐写。把赏评挤进有限的课堂，意在趁热打铁，把片段的训练做得更扎实、有效。

[作业设计]

　　课程标准强调"能不拘形式地写下自己的见闻、感受和想象，注意把自己觉得新奇有趣或印象最深、最受感动的内容写清楚"，因此本课的习作练习应鼓励学生大胆进行想象，并把它们写清楚。由于课堂时间有限，所以习作课的作业是本课习作内容的继续和延伸。本课的作业设计如下：

　　根据同学们的分享和建议，继续把你心中的童话故事写完吧，看谁的想象最出人意料，最吸引人。

[板书设计]

　　本课教学重点是"大胆想象，把内容写清楚"。如何把内容讲清楚，需要学生理清所要写的童话故事的基本要素，所以本课的板书设计是梳理呈现童话故事的几个基本要素，既能帮助学生把内容讲清楚，又能给学生想象空间，鼓励他们大胆想象。本课板书设计如下。

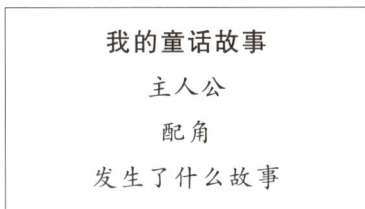

```
┌─────────────────────────┐
│      我的童话故事          │
│        主人公             │
│         配角              │
│      发生了什么故事         │
└─────────────────────────┘
```

## 三、《评改作文》教学设计

[素材解读]

　　本次习作评改课是在学生已经完成习作初稿的基础上进行的。习作内容是语文教材统编版四年级上册第一单元习作《推荐一个好地方》。从单元整体来看，本单元主要是围绕"感受自然之美"这个主题进行内容编排，由《观潮》《走月亮》《现代诗二首》《繁星》四篇课文以及口语交际、习作和语文园地组成。从单元导语可以看出，本单元的阅读教学旨在通过边读边想象画面，感受自然之美；习作教学以推荐一个好地方，写清楚推荐理由为目标要求。从本次习作的具体内容来看，评改的重点是"看看有没有把这个地方介绍清楚""有没有把推荐的理由写充分"。

[学情分析]

　　四年级是习作评改习惯逐步养成的关键阶段。本阶段的学生已经学习过如何修改病句，但对习作评改中"评什么？改什么？怎么评和改？"还没有形成清晰的认识，所以课堂上教师要通过例文进行示范，引导学生树立习作评改意识，帮助学生逐渐掌握习作评改方法。同时，借助小组合作学习，交流评改建议，真正体现学生是评改的主体。教师对学生的评改要多进行鼓励，以增强学生评改习作的信心和兴趣，逐步养成良好的习作评改习惯。

[教学目标]

1. 通过班级交流、小组评改等方式，能围绕"理由充分、内容清楚"两方面评改习作。

2. 通过举办"最受欢迎的好地方"推荐会，增强学生对写作的信心和兴趣。

[教学重难点]

围绕"理由充分、内容清楚"两个方面评改习作；在展示活动中增强对习作的信心和兴趣。

[教学策略]

本课通过小组讨论、合作探究的学习方式，让每个学生都动起来，让每个学生都有所得。在教师进行讲评示范后，小组讨论、交流组内成员习作的精彩之处和不足，并分享修改建议，使每个学生在评改自己作文的同时主动参与到组内每个成员的作文评改中，一举多得，事半功倍。

[教学过程]（见表 5-2）

表 5-2  教学设计过程

| 教师引导 | 学生活动 | 设计说明与注意事项 |
| --- | --- | --- |
| 一、例文评析，指导修改<br>师：同学们，上节课你们完成了以"推荐一个好地方"为主题的习作，今天我们来交流大家的习作。首先看这位同学的习作，我们先请他来读一遍，大家听听他是否写得理由充分，内容清楚。<br>（相机板书习作要求：理由充分、内容清楚。多媒体展示班级例文）<br><br>师：你的文章中有没有和他一样显而易见的问题呢？请尽快修改或在旁边先做上标注。 | 1. 指名学生朗读作文，其他同学认真听，从理由是否充分、内容是否清楚两个方面进行评价，肯定鼓励或者提出完善意见。<br><br>2. 学生看自己的文章，发现需要修改的地方，及时修改或者标注。 | 习作第二课时的讲评要和第一课时的习作要求对应。<br>教师要在这一环节给予积极的指导，在具体的例文评析中引导学生明白怎样落实本次习作的要求。（5~8 分钟） |
| 二、小组交流，互相评改<br>师：请同学们小组合作，每个人在小组中朗读自己的习作。同伴们都要认真听，看他的作文有没有把推荐这个好地方的理由说充分，把内容介绍清楚。在同学读完后，可以提出自己的意见。 | 小组合作，每个人读自己的习作，其他人给出评价意见。 | 小组合作，结合习作要求，生生互评，互相完善。教师要巡视，及时给予指导。（12~15 分钟） |
| 三、举办"最受欢迎的好地方"推荐会<br>师：原来生活中有那么多的好地方值得我们驻足流连。接下来我们要召开班级"最受欢迎的好地方"推荐会。请每个小组选出一位同学做代表，带着你的习作参加推荐会。 | 小组内选出一位代表，参加班级"最受欢迎的好地方"推荐会。 | 课程标准中提出要让学生增强习作的自信心，愿意与他人分享习作的快乐。这个教学环节组织开展"推荐会"教学活动，既是对优秀习作的展示，也在增强学生习作方面的快乐体验。（10~12 分钟） |

续表

| 教师引导 | 学生活动 | 设计说明与注意事项 |
| --- | --- | --- |
| 四、布置作业，誊抄习作<br>师：你在这节课上，听到了小组同伴的习作，还在"最受欢迎的好地方"推荐会上欣赏到了同学的优秀习作，一定有不少的收获，对于写好这篇习作更有把握了。请下课之后，把你的作品继续完善，并工整地誊抄到作文本上。 | 学生下课之后继续完善，把习作誊抄到作文本上。 | 习作指导并非一日之功，通过课堂教学和课下作业，学生不断地修改和雕琢就是学习习作的最佳途径。<br>（2分钟） |

[作业设计]

课程标准中强调"修改自己的习作，并主动与他人交换意见"，本课是四年级的作文评改课，教学重点是通过作文评改让学生落实"理由充分、内容清楚"的习作要求，所以本课作业是将修改后的习作，分享给更多人，获得成就感。所以本课作业设计如下：

完成本次习作修改，并将你修改后的习作读给家人听，再听听他们的评价。

[板书设计]

本课通过对范文的讲评和小组合作学习，教给学生评改作文的方法。所以本课的板书选择有条理地呈现范文的优点，具体设计如下。

> **习作评改**
> 理由充分
> 内容清楚

## 🔍 问题情境

小 A 老师今天观摩了一节六年级的习作课，执教者是在习作教学方面颇有经验的王老师。这节课给她留下了深刻的印象：学生侃侃而谈、妙语连珠，课上随笔视角独特，情感丰富，充满了个性化表达。课后，在向王老师请教中，小 A 老师得知王老师有很多有趣的方法，这是他多年经验的总结。回顾自己班的习作教学，几乎是她的"一言堂"，学生交上来的习作千篇一律，缺乏自我情感和独特感受，流水账式的居多，小 A 老师开始反思自己的习作教学。对于第三学段的学生来说，如何把一件事情在叙述清楚的基础上写得生动、具体？如何落实读写结合？尤其怎样使学生在第二学段的习作水平上再有进步？希望本部分的内容可以给出答案。

# 第三部分　第三学段习作教学

　　能具体明确、文从字顺地表达自己的见闻、体验和想法，是小学阶段习作教学的总体目标要求。这样的目标任务经历了怎样的历史沿革，当前第三学段习作教学中存在的主要问题是什么，教学过程中有哪些具体的策略方法等，本部分将围绕这些问题展开论述。

## 🎯 学习目标

　　1. 了解小学第三学段习作教学目标、历史沿革及研究热点。

　　2. 通过学习具体课例，掌握第三学段习作教学设计步骤。

　　3. 掌握第三学段习作教学中的常用策略。

　　4. 通过第三学段习作教学设计案例分析，学习本学段习作教学设计的过程与教学策略的运用方法。

## ✏️ 学习重点

　　1. 掌握第三学段习作教学策略。

　　2. 通过具体课例，学习运用第三学段习作教学策略进行教学设计。

# 第一节
# 习作教学理论分析

　　第三学段作为小学的最后学习阶段，习作要求明显提高。第三学段的习作教学目标，在第二学段"把事情说清楚"的基础上，要求"能把事物写具体、写生动"。本节将重点阐释第三学段目标任务的历史发展过程及教学中存在的主要问题。

## 一、习作教学的主要任务

　　经过两年系统习作教学的训练，大部分学生所写的习作条理清晰、详略得当，而且能正确地使用常用修辞手法。随着学段的提高，学生的阅读面越来越宽，阅读量也越来越大，学生的情感体验也越来越丰富，有强烈的表达需求。《义务教育语文课程标准(2022 年版)》中第三学段习作的目标有以下三点：

1. 懂得写作是为了自我表达和与人交流。养成留心观察周围事物的习惯，有意识地丰富自己的见闻，珍视个人的独特感受，积累习作素材。

2. 能写简单的记实作文和想象作文，内容具体，感情真实。能根据内容表达的需要，分段表述。学写读书笔记，学写常见应用文。

3. 修改自己的习作，并主动与他人交换修改，做到语句通顺，行款正确，书写规范、整洁。根据表达需要，正确使用常用的标点符号。习作要有一定速度。课内习作每学年 16 次左右。

语文课程标准明确了第三学段的习作教学中心是"懂得写作是为了自我表达和与人交流"。在第一学段写话教学和第二学段习作教学的基础上，培养学生积累习作素材的语文学习习惯，要求具备会书写常见的应用文的语文能力。同时在第二学段评改能力养成的基础上，培养学生自改习作的习惯，学生评改能力的强弱是独立写作能力高低的重要标志。第三学段的习作教学中明确提出要讲究作文速度，快速完成习作是一定习作能力的表现。

## 二、习作教学的历史沿革

第三学段的习作教学是在第二学段习作教学基础上的继续提升。1978 年颁布的大纲既传承中国的传统经验，又迎合世界教学论发展的潮流，以"新双基"(即知识技能和智力能力)为核心概念，要求五年级达到全面目标要求，也就是说此大纲认为五年级的学生已经可以写成较高水平的习作。2001 年 7 月颁布的《全日制义务教育语文课程标准(实验稿)》，对于高学段的作文教学从目的、方法、内容、形式、速度等多方面提出了明确的任务。同时注重培养学生习作兴趣、自信心、求真意识和创新意识；培养学生留心观察周围事物、注重阅读和勤于动笔等良好的习作学习习惯；强调尊重学生在习作教学中的个性，尊重童真童趣和学生观点，注重激发学生习作动机。习作内容上注重生活化，习作评价方面注重多元化。更是强调引导学生做好日常的积累，习作教学贴近学生生活，关注读写结合，以读促写，以写促读，读写结合。

《义务教育语文课程标准(2022 年版)》中第三学段的习作要求延续第一、二学段的思路，将其与口语表达要求整合为"表达与交流"目标，继续强化听说读写的整合，强调引导学生在倾听、表达的基础上进行习作，懂得习作是为了自我表达和与人交流。具体来看，一是强调提升语言文字运用能力，让学生在语言实践活动中，积极积累语言素材并运用于不同类型的写作实践，如记实作文、想象作文、应用文等。另一方面要创设真实而有意义的习作情境，鼓励学生能够从生活实际出发，学习有理有据地口头或书面表达观点，落实"立德树人"的素养要求。

在习作教学的发展改革中，一线小学语文教师不断探索与实践，各自形成了独具特色的教学流派，形成了百花齐放、百家争鸣的繁荣景象。李吉林老师提出情境习作教学，在《李吉林小学语文情境教学—情境教育》一书中系统阐述了情境教学法，即以"美"为突破口，以"情"为纽带，以"思"为核心，以"练"为手段，以"周围世界"为源泉的情境教学操作模式。于永正老师提出了"言语交际"习作教学，秉持先有生活感受再进行写作、在言语交际中学会写作的原则，在生活中进行言语交际的说、写训练，在活动中进行说、写训练，创设情境进行说、写训练。丁有宽老师创立的"读写结合"习作教学法，是以记叙文为主体，以语言训练和思维训练为中心，以培养自学自得为目标，以单元分组教学为特征的综合训练型创新教学体系。管建刚老师提出了习作训练系统，他提出先写后教、以写定教、讲评第一的训练理念和实操体系。何捷老师的全程写作教学法，把习作教学分为三步：第一步是进入课堂前，教师四定，即审定题眼、靶定学情、确定内容、认定时间；第二步是写作行动中，教师可以这样教，教学样态片段写，教学守态模仿写，教学变式创意写，教学延展体验写；第三步是语篇完成后，教师可以这样改，即避免"陈列式"修改，警惕"空转式"修改，主张"点穴式"修改，抵达"自觉式"修改。教无定法，对于习作教学的研究和探索，一线语文教师一直在探索的路上。

## 三、习作教学当前热点问题

### （一）没有新鲜东西写

《义务教育语文课程标准（2022 年版）》大力倡导学生的语文积累，对不同学段都提出了具体的阅读积累的建议，如第三学段："背诵优秀诗文 60 篇（段）……扩展阅读面，课外阅读总量不少于 100 万字。"假设学生按照课程标准的建议进行阅读积累，那么到了小学高年级，其在优美词语和精彩句段等语言素材上已有了一定积累。但在应试氛围的影响下，多数学生很少阅读优秀经典书目，主要是参阅语文教材全解、高分作文等教辅资料来掌握高分的技巧。文学素养和写作是相辅相成的，学生没有足够的文学熏陶和积淀，不能够搜寻合适的材料，肯定也写不出精彩的文章。语文习作教学与语文阅读教学密不可分，相辅相成，阅读教学中通过读写结合，渗透写作方法和写作技巧，提高文学素养，写作能力也会随之提高。

### （二）有了东西也不知道怎样去写具体

《义务教育语文课程标准（2022 年版）》中提出"懂得写作是为了自我表达和与人交流""养成留心观察周围事物的习惯，有意识地丰富自己的见闻，珍视个人的独特感受，积累写作素材。""内容具体，感情真实"，从中不难解读出，习作是学生书写生活、表达自我的一种方式，好的习作标准是要言之有物、情感真实。然而学生为写作而写作，作文中缺乏真情实感，空话套话盛行，"言之无物"的现象令人担忧。有了东西也不知道怎样去写具体，即如何表达事物与情感，这也是现下五、六年级习作教学面临的重要问题之一。习作教学首要的还是要回归学生自身，调动学生的生活经验和情感体验，引导学生从习作主题中发现自我，调动情感积累，大胆表达自我。

# 第二节
# 习作教学设计过程例谈

借助本书第一章关于小学语文教学设计的基本步骤，以小学语文教材统编版五年级上册第一单元课后习作《我的心爱之物》的教学设计过程为例，我们将探讨如何让小学语文习作教学的有关理论渗透到小学语文第三学段习作教学的具体实践中，希望能为学习者进行第三学段习作教学设计提供思路。

扫码查看课文

## 一、教材分析

先从单元分析和习作主题两方面来确定本课的教材分析。（见图 5-3）

第一，从单元整体视角对本课进行初步分析，本单元以"万物有灵"为主题，编排了精读课文《白鹭》《落花生》《桂花雨》，略读课文《珍珠鸟》，口语交际《制定班级公约》，习作《我的心爱之物》和《语文园地》。从人文主题来看，这四篇课文都是描写事物的，或蕴含作者浓浓的感情，或引发作者深深的思考。《白鹭》语言凝练，句句含情，将白鹭的美展现得淋漓尽致，表达了对白鹭深深的喜爱之情。《落花生》阐明落花生的特点，文中父亲借助落花生讲做人的道理。《桂花雨》语言清新质朴，意味隽永，表达了作者对故乡和亲人的思念以及对童年生活无比怀念的感情。略读课文《珍珠鸟》写出了作者和珍珠鸟之间的情感。习作是围绕自己的心爱之物，写写它的样子，是怎么得到的，为什么会成为心爱之物等，写出自己对这一事物独有的感受。从语文要素来看，本单元要落实以下教学重难点：初步了解课文借助具体事物抒发感情的方法；写一种事物，

图 5-3　单元导语

表达自己的感情。课程标准指出第三学段的习作教学要让学生懂得写作是为了自我表达和与人交流，要讲究写作速度，养成留心观察周围事物的习惯，有意识地丰富自己的见闻，珍视个人的独特感受，积累习作素材，不仅要激发学生的习作兴趣，而且要结合课文内容教给学生写作手法。

　　第二，从习作主题方面对本课教材进行分析。《我的心爱之物》是小学语文教材统编版五年级上册第一单元的课后习作，《我的心爱之物》要求学生选择一个自己最喜欢的事物进行描写，这属于人文主题的范畴，是一条显性的线；站在语文要素中习作能力这条线索上来看，本课要求学生借助自己的心爱之物表达出真挚的喜爱之情，这是一条隐性的线。课后习作《我的心爱之物》在教材内容上分为以下三个部分：首先教材对学生提示"每个人都有自己特别钟爱的东西，像琦君笔下的桂花，冯骥才眼中可爱的珍珠鸟。你的心爱之物又是什么呢？"，通过文字和图片的展示，帮助学生选择"我的心爱之物"；其次在写作内容上给予提示，帮助学生拓宽写作思路；最后提出本次习作的要求，围绕心爱之物，把自己的喜爱之情融入字里行间。本次习作《我的心爱之物》要与单元语文要素保持一致，要充分体现"写一种事物，表达自己的感情"这一核心目标，在习作过程中作者也要抓住事物的特点，说出自己的感受，表达自己的喜爱之情。整体来看，学会审题、学会表达并能够传递感情是五年级习作教学的要求，同时也为更高年级的习作奠定基础。

## 二、学情分析

从学生的知识储备和心理年龄特点两方面出发，进而确定学情分析。从学生的知识储备来看，五年级的学生大致背诵优秀诗文 60 篇（段），课外阅读总量约 100 万字，在优美词语和精彩语段等语言素材上已有了一定积累，拥有汉字储备能力和运用语言表达的能力，能够达到习作的基本要求。从学生的年龄特点来看，五年级的学生是儿童成长中的一个关键期，即将进入青春期，学生情感的内容进一步扩大、丰富，他们能逐渐意识到自己的情感表现。学生能够找到自己的心爱之物，也都有自己的喜爱之情，确立习作主题并不困难。但是由于此阶段的学生表达能力还有待提升，不容易把事情表达清楚，所以教师还需要对学生进行指导，帮助他们仔细观察、展开想象、写出感情。

## 三、确定教学目标

首先根据单元导语和单元整体安排确定单元教学目标，再以习作内容要求为抓手，确定本课的教学目标，最后根据第三学段习作教学的基本规律，将本课教学目标分解为具体的课时教学目标。

经梳理，本单元的教学目标如下。

1. 初步了解课文借助具体事物抒发感情的方法。

2. 写出自己对一种事物的感受。

3. 认识 24 个生字，读准 2 个多音字，会写 29 个字，会写 26 个词语。

4. 体会、积累课文中蕴含作者感情的句子。

5. 有感情地朗读课文，背诵《白鹭》。

6. 总结、交流本单元借助具体事物抒发感情的方法。

7. 尊重不同见解，梳理、总结大家意见，制定出切实可行的班级公约。

8. 能把自己心爱之物的样子、来历写清楚，表达自己的喜爱之情，并乐于分享习作。

以习作内容要求为抓手，确定本课的教学目标。（见图 5-4）

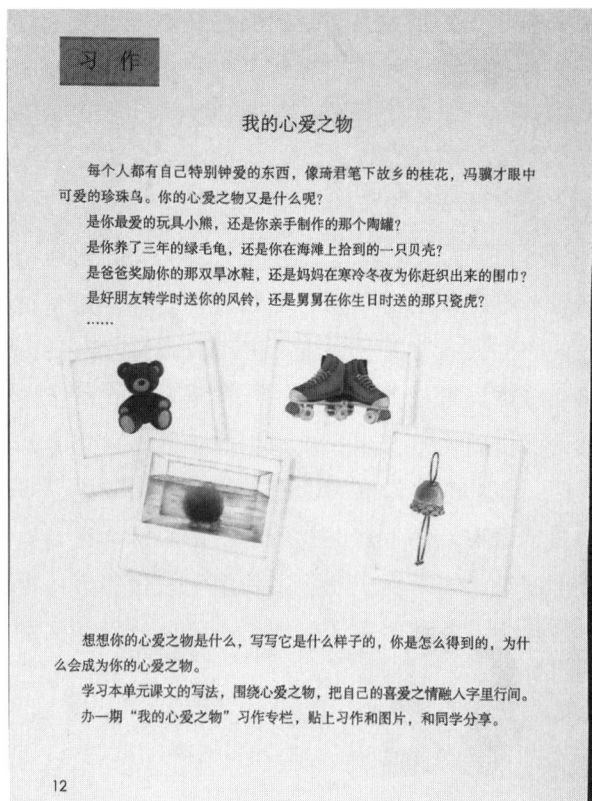

图 5-4　习作主题

从习作内容要求上来看，首先通过一系列问题引导学生联想自己的心爱之物是什么，它长什么样子，自己是如何得到它的，以及它为什么会成为自己的心爱之物。由此，可以确定第一层教学目标：引导学生学会审题，明确写作对象，确定心爱之物是什么。其次根据第二个习作要求"学习本单元课文的写法"，可以确定第二层教学目标：回顾本单元课文的写法，关注比较、联想、拟人等手法，掌握描述物品的方法，并运用到写作中。最后，根据习作内容要求"围绕心爱之物，把自己的喜爱之情融入字里行间"，可确定第三层教学目标：在描写事物或叙事时，做到内容具体、感情真挚。教学目标的确定与单元导语和习作主题要求是密不可分的，将本课的教学目标梳理如下。

1. 学会审题，学会观察，明确写作对象，确定心爱之物是什么，将它的样子、来历写清楚。

2. 回顾本单元课文的写法，关注比较、联想、拟人等手法，掌握描述物品的方法，并运用到写作中。

3. 在描写事物或叙事时，做到内容具体、感情真挚。

4. 根据评价要求，互评习作，并能自主修改习作。

5. 乐于分享习作。

这篇习作教学需要两个课时完成。在实际的教学中，我们需要将本课的教学目标分解为课时教学目标。根据习作教学的基本规律和对教学目标之间关系的梳理，我们将前三个教学目标当作第一课时的教学目标，学生完成学会审题、明确写作对象等基础性工作，掌握本单元课文的诸多写法，并学会将其运用到习作之中，为第二课时做铺垫。那么最后两个教学目标则为第二课时的教学目标，即互评互改与分享习作。从三维目标的角度看本课的教学目标，掌握单元课文写作手法属于知识与技能方面的目标，如何确定心爱之物属于过程与方法方面的目标，表达对心爱之物的喜爱之情则属于情感态度价值观方面的目标。因此，可将本课教学目标确定如下。

第一课时的教学目标：

1. 学会审题，学会观察，明确写作对象，确定心爱之物是什么，将它的样子、来历写清楚。

2. 回顾本单元课文的写法，关注比较、联想、拟人等手法，掌握描述物品的方法，并运用到写作中。

3. 借助习作提示和已有的学习经验把感受写清楚。在描写事物或叙事时，做到内容具体、感情真挚，表达出对心爱之物的喜爱之情。

第二课时的教学目标：

1. 根据评价要求，互评习作，并能自主修改习作。

2. 乐于分享习作。

通过上述分析，可以发现教学目标的确定遵循一定的思路。按照从单元整体教学目标到本课教学目标，再到课时教学目标的逻辑顺序，最终确定每一层次的教学目标。具体来说，首先，根据课程标准对习作教学的指引明确本课习作教学的根本方向和目标。课程标准中明确第二学段习作教学主要有：懂得写作是为了自我表达和与人交流，养成留心观察周围事物的习惯，修改自己的习作并主动与他人交换修改等。其次，通过整合本单元课文的教学目标，在了解借物抒情的写作手法、有感情朗读课文等的基础上从整体把握本课的习作教学目标。再次，以习作内容要求为抓手，确定本课的教学目标。最后，根据习作教学规律及五年级学生的学情和特点，将本课的教学目标进一步分解为课时教学目标。

## 四、把握教学重难点

明确教学重难点一般要考虑三个因素，即课标要求、教材因素、学生学情。首先在课程标准的要求下结合教材内容，确定本课的教学重点。课程标准对第三学段习作教学提出了如下要求：让学生初步掌握四种文体的写作手法，提升写作能力；写作既要珍视自我感受，又要学会传意交流；提高写作速度，适应社会发展需要。可见将"在表达中要体现'我'感情的存在"作为教学重点是符合课程标准的。从教材的角度看，"初步了解课文借助具体事物抒发感情的方法"是单元导语中明确表述的内容，自然是本课乃至本单元教学的重点。之后，结合上述学情分析，确定本课的教学难点。对于五年级的学生来说，初步学习写一篇情真意切的习作是有一定的难度的，因此将其列为本课的教学难点符合学情。通过上述分析，很容易确定本课的教学重难点。

1. 掌握通过外形、颜色、功能等方面介绍物品的方法，并能做到表达真情实感。（第一课时）

2. 在表达中要体现"我"感情的存在，做到情真意切。（第二课时）

## 五、选择教学策略

教学策略的选择要有助于落实本课的教学重点，突破教学难点。结合上述的本课教学重难点，教师可根据教学内容选择以下教学策略。

1. 读写结合。读写结合是语文教学原则之一，在第三学段习作教学中，读写结合一直贯穿于日常教学中，是习作教学的坚实基石。读写结合的"读"更多的是强调通过读来积累知识，而"写"更强调练习、学以致用。在《我的心爱之物》的习作教学中，首先让学生找出单元课文中能够表达作者感情的相关语句进行赏析并有感情地大声朗读，从朗读中感受作者想要表达的情感，然后设定具体情境让学生进行仿写，在仿写中渗透自己的情感，达到借物抒情和在表达中体现"我"的感情的教学目的。

2. 互评与自评相结合。自评能使学生看到自己的优点，同时也能发现自己的不足，能够提高学生的鉴赏水平和信息处理能力。互评可以增强学生评价的准确性以及语言的流畅性，增加学生评价的勇气，提高学生评价的兴趣。将二者相结合运用在本课的习作教学中，教师可以组织学生分组进行讨论，让学生分享自己的习作，通过互评和自评相结合的方式，归纳总结出习作中的亮点和不足之处，并针对不足给予修改建议，最后让学生自主修改习作。这种互评和自评相结合的教学策略大大提高了学生的思维能力和学习的自主性，有助于学生更好地理解教材和习作主题，达到学会审题的教学重点。

## 六、教学过程设计

教学过程的设计要紧紧围绕教学目标，通过一系列课堂活动，落实教学重点，突破教学难点。第一课时的教学目标是引导学生学会审题，确定心爱之物是什么，回忆单元前几篇课文中的写作手法，并将这些写法运用到习作中。对第二课时教学过程的设计是建立在第一课时的教学基础上，学生已经确定写作对象，对各种写作手法也有了初步了解，教师可利用思维导图将习作主题要求进行梳理。最后请学生完成一篇内容翔实、感情真挚，字里行间表达对心爱之物喜爱之情的小作文。本课教学的核心任务是让学生学会审题、学会借物抒情的写作手法。基于教学目标，围绕教学重难点，可将本课的教学过程设计如下。

第一课时的教学过程：

1. 谈话激趣，导入主题并板书课题，通过相互讨论，说出心爱之物是什么。

2. 开展"我的心爱之物"的观察活动，记录观察所得并相互交流展示。

3. 朗读习作要求，审清题目，明确写作要点。

4. 回顾课文，寻找写作支架。朗读单元课文中表达作者感情的相关语句。

5. 通过思维导图，提示写作"我的心爱之物"的思路，理清写作内容。

第一课时分为五个教学环节。第一个教学环节是教师通过谈话调动学生说话兴趣，引入新课简单明了，确定本次习作主题，一笔一画地板书课题，指导轻声的读法，让学生充分感受语文课的语文味儿。第二个教学环节是通过对心爱之物的观察了解，突出心爱之物的外形、特点等，旨在达到学会观察的教学目标。第三个教学环节是学生通过朗读习作要求，明确写作要点，旨在达成"学会审题"的教学目标。第四个教学环节是让学生明白写作的动机是由作者的感情所决定的，学生通过阅读课文中表达作者感情的相关语句，掌握借物抒情的写作手法，并将其运用到自己的习作中。第五个教学环节是教师指导学生梳理选材，学生结合自己内心真实的情感，规划梳理出相适应的写作内容。通过这样的教学环节让学生理清习作思路，把握主要内容，最终达到第一课时的教学目标。

第二课时的教学过程：

1. 出示习作要求，进行习作实践，完成习作《我的心爱之物》。

2. 分享习作，互评习作。

3. 根据评价要求，自主修改习作。

第二课时分为三个教学环节。第一个教学环节是实战环节，学生根据习作要求，写一篇主题为"我的心爱之物"的小散文。第二个教学环节是让学生展示习作，同学之间相互分享自己的习作，全班交流阅读感受，进而相互评价，最终提出赞扬、疑惑、建议等。第三个教学环节是作者针对同学们的疑问和建议，对习作进行修改。

综上，可以发现第三学段习作教学两个课时的教学过程设计在内容以及环节的安排上基本遵循了第一章所论述的教学过程的基本理论和基本程序。本书第一章论述了教学过程设计的五个基本步骤，分别是引起求知欲、感知教材、理解教材、巩固和运用知识以及检查知识、技能和技巧。习作教学两个课时的教学过程设计在内容以及环节的安排上遵循一定的习作教学规律。具体如表5-3所示。

表 5-3　教学过程设计

| 课时安排 | 具体教学环节 | 教学过程原理 |
|---|---|---|
| 第一课时 | 第一环节：谈话导入课题。<br>第二环节：开展"我的心爱之物"观察活动。 | 引起学生的求知欲 |
| | 第三环节：朗读习作要求，明确习作主题。 | 感知教材 |
| | 第四环节：回顾课文，寻找写作支架。<br>第五环节：运用思维导图，提示写作"我的心爱之物"的思路。 | 理解教材<br>巩固和运用知识 |
| 第二课时 | 第一环节：出示习作要求，进行习作实践。<br>第二环节：分享习作，互评习作。<br>第三环节：根据评价要求，自主修改习作。 | 巩固和运用知识<br>检查知识、技能和技巧 |

关于第三学段习作教学过程设计，需要特别说明的是，实际教学过程会在遵循第一章所论述的教学设计过程的基本理论和步骤的基础上进行微调。例如，对知识、技能和技巧的检查，可采用分组讨论、自我总结、教师指导等多种方法修改习作，将新的习作技巧渗透在学习新知的过程中。

## 七、作业设计

作业设计分为作业内容和作业评价两个方面。作业设计要有助于达成本课的教学目标，符合语文课程标准的范围和深度，有助于学生对"双基"的掌握，启发学生思维。语文作业内容要侧重训练学生听、说、读、写不同方面，根据学生的学情，作业内容可从以下三方面布置：一是知识与技能方面的作业，如教师可提供一些语句优美的文章供学生阅读；二是能力方面的作业，如教师可要求学生向他人描述自己的心爱之物，提高语言表达能力；三是发展方面的作业，如教师可要求学生独立完成其他主题的习作，提高学生的习作水平。围绕本课的教学目标和学生的学情，将作业设计如下。

1. 请把你的习作《我的心爱之物》读给爸爸妈妈听，听听他们的评价。

2. 把修改后的习作工工整整地抄写在习作本上。

围绕作业的设计，选择不同的作业评价方式。第一个作业可以请家长对学生的表现进行简单的口头评价。第二个作业教师可以逐一浏览，对抄写的工整程度、字迹是否优美以及是否存在错别字等问题进行检查并给予中肯评价。之后教师可以根据每位同学的表现进行比较全面的评价，提高学生的习作水平。

## 八、板书设计

在习作教学中，板书设计应突出习作主题和习作思路，起到提纲挈领的作用。结合五年级学生的学情和特点，板书设计可以采取概括归纳法。以《我的心爱之物》板书设计为例，论述板书的设计意图。

```
习作：我的心爱之物
    心爱之物的外形
  心爱之物得到的过程（略写）
我和心爱之物之间发生的事（详写）
```

《我的心爱之物》这一课的板书设计紧紧围绕"心爱之物"展开，根据习作要求，在引导学生完成习作的过程中，提炼出以上写作思路。将本课的写作思路呈现在板书上，学生可明白习作要详略得当。本课板书设计不仅主线突出，板块清晰，设计简明，而且有助于突破本课的教学难点，为学生采用真挚的语言完成习作打下基础。

# 第三节
# 习作教学策略及应用再谈

课程标准指出，第三学段习作教学目标是让学生"懂得写作是为了自我表达和与人交流。养成留心观察周围事物的习惯，有意识地丰富自己的见闻，珍视个人的独特感受，积累习作素材……"，可见，具体化、生动化、个性化是第三学段习作教学的主要目标。如何把内容写具体、写生动？写作技巧的学习和练习不能仅靠一单元一次的习作专题课，日常阅读教学中渗透读写结合等策略对第三学段习作教学十分重要。

## 一、抓住细节，具体生动

教学案例呈现：

### 丰血肉、炼字句

师：真有趣，两百个字不到，把事情说清楚了，可是这样写，这样交代，不具体。我们可以把一句变成几句，再把几句连起来。这里一共有五句话。（师指挥学生分组）每一组，把一句话变成几句话。

（分配学生写作任务后，三分钟时间写作。）

师：先写好的同学，可以轻声地读一读自己写的作文。通吗？顺吗？用词恰当吗？能不能再写得具体一点？清楚一点？生动一点？

（师选两组学生上台读自己的作文）

生：爷爷是个医生，他天天都要去帮病人看病。可是，因为没有手机，所以联系病人很不方便，爸爸就帮他买了个手机。爷爷可喜欢这个手机了，去哪儿都要带上它。有一天，爷爷……

师：不是有一天，今天——

生：今天，爷爷要出门去为病人看病，但是他却发现手机不见了，急得就像热锅上的蚂蚁——团团转。

师：就到这儿。该写的没有写具体，要你写的是出门的时候手机不见了，怎么着急的你没写。第二位。

生：爷爷折回了家，焦急地说："哎呀，我的手机不见了，联系不到病人了。这可怎么办？"说着，赶紧把我们全家都拉过来，他让奶奶……

师：把全家都拉过来？是拉吗？

生：说着，赶紧把我们全家都叫过来。

师：都叫过来，唤过来。

生：他赶紧把我们全家都叫过来。他让奶奶去卧室里找，让爸爸去客厅里找，让妈妈去书房里找。我心里着急了，手机丢了这么大的事，怎么不让我去找呢？我问爷爷："我去哪儿找呀？"爷爷让我自己想办法。我想，大概爷爷上厕所的时候把手机掉在厕所了……

师：厕所，我们一般不用，叫洗手间更文明。社会文明了，用词也文明了，所以不用"厕所"，用"洗手间"。

生：我想，大概爷爷上洗手间的时候把手机落在洗手间里了，我怎么不去那儿找呢？我跑过去找，可是怎么也找不到。

生：爷爷更加着急了。这时，我想到了一个好主意，于是我对爷爷说……

师：把想出好主意的心理活动写出来。

生：这时，我想到了一个好主意，如果爷爷的手机开着，那我就可以拨通爷爷的手机。爷爷的手机铃声一响，我就可以找到爷爷的手机了。

师：对了，把你的思想活动写出来，这叫什么？这叫心理活动描写。心理活动的描写，可以补充文章的不足。

生：于是，我对爷爷说："爷爷……"

师："对爷爷说"改成"我昂着头对爷爷说"。

生：我昂着头对爷爷说："爷爷，你的手机开着吗？"

师：这个手机一定是你爷爷的，所以"你的"就可以省略了。"手机开着还是关着呢？"

生："爷爷，手机开着还是关着呢？"爷爷回答……

师：不耐烦地。他着急呀……

生："当然开着啦。"爷爷不耐烦地回答。"那么，我有办法。"我说。我拨通了爷爷的……

师："有办法啦！"要读出惊喜的感觉。

生："有办法啦！"

师：可以了，可以了。写得还不错。

生："嘀嘀嘀"，我刚拨通爷爷的手机，就听见不远处传来一阵急促的手机铃声。我循声找到厨房里……

师："循声"这个词很好，是跟着声音找到了地方。

生：我循声找到厨房里，竟然发现爷爷的手机在冰箱里"唱歌"。

师："唱歌"后面加个"呢"。

生：在冰箱里"唱歌"呢。"爷爷，手机找到了。在冰箱里。"找到手机的我激动万分，大叫了起来。

师：你写得最好。（对小组最后一个学生）你要交代事情的结果。

生：爷爷的手机怎么会跑到冰箱里呢？

师：这句话起什么作用呢？

生：承上启下。

师：把这个承上启下的句子再读一下。

生：爷爷的手机怎么会跑到冰箱里去呢？

师：改为"去了呢"。

生：爷爷的手机怎么会跑到冰箱里去了呢？大家都疑惑地看着他。爷爷想了想，笑着说："今天早晨……"

师："笑着说"，还不如用"不好意思地说"。

生："今天我吃完早饭，把剩菜放进冰箱时，顺手把手机也放了进去。真是年纪大了，又犯糊涂了。"

师：嗯，很好。

（生全部读完后，教师逐一点评五个同学的表现。）

师：（请第二组同学上台）现在你们八个同学，注意了。一开始"爷爷犯糊涂……"这段话记得吗？这段话可以不可以摆到文章里面去？

生：可以。

师：应该放哪儿？

生：开头。

师：为什么可以放进去？

生：可以介绍爷爷是个怎样的人。

师：爷爷年纪大，犯糊涂，结果呢，发生了后面的事。开头这段话是总的介绍，然后引出一件具体的事。好，你们八个同学谁愿意来读？

生：爷爷年岁大了，老干糊涂事，闹出许多笑话。有时候，他提着眼镜找眼镜。还有一次，他回家的时候，竟摸错了门。

师：这个"竟"比老师用得好，"摸错了门"，这是不可能的事，结果发生了，用"竟"。

生：竟摸错了门，差点被人当成老贼，送到派出所去。可不，今天他又闹笑话了。

师：非常好。又闹什么笑话了呢？好，故事开始……

生：今天爷爷出门给人看病时，发现手机不见了，就折回了家门，连忙大叫："哎呀，我的手机呢？我的手机去哪儿了？"看到爷爷上蹿下跳……

师："上蹿下跳"不好，换个词好吗？

生：急得团团转。

生：急得直跺脚。

生：爷爷急得心急如焚。

师：爷爷心急如焚，"急得"就不要了。

生：爷爷心急如焚，大声叫喊："大家都出来啊。我的手机不见了。"全家都跑了出来。爷爷说："你们快帮我找找。我的手机丢了。"老伴说："我去卧室找。""那我去书房找。""那我就去客厅找找吧。"

师：你发现了吗？你的话有点重复啰唆。

生：这时候，我突然灵光一闪。

师：灵光一闪。（师伸大拇指赞扬）

生："爷爷，手机开着还是关着呀？"我抬头问爷爷。爷爷毫不犹豫地说："开着呢，开着呢。"

师：对了。这里看起来好像重复很多，但符合生活的习惯。

生：我有办法了，我急忙拿出自己的手机，拨通了爷爷的手机号码。

师：真好。

生：丁零零，我一拨通爷爷的电话，就听见从厨房传来一阵手机的铃声。我赶忙跑去厨房。

师：跑去厨房？没这种说法。跑到厨房去。

生：我赶紧跑到厨房去。原来，爷爷的手机正躺在冰箱里"唱着歌"呢！

师：还可以。来，这个同学。最后一段读出来就圆满了。

生：手机怎么会在冰箱里呢？爷爷挠了挠头，不好意思地说："原来是这样。孙子们……"

师：孙子们？儿孙们可以。知道吗？儿孙，儿女，孙子，这可以叫儿孙们。孙子们都是孙子了。

生："这是怎么回事呢？"爷爷说："我老糊涂了，今早吃早饭时，把剩菜剩饭……"

师："吃早饭时，把剩菜剩饭放冰箱里……"有这种说法吗？"吃完了早餐——"

生：我年老糊涂了，吃完了早餐，把手机同剩菜剩饭一起放进了冰箱里。[①]

教学案例分析：

上述课例中，贾老师先帮助学生梳理清楚事件的叙述顺序和叙述内容，所选"丰血肉、炼字句"环节，其实就是教学生如何把事情写具体的过程。我们来看贾老师评价语："该写的没有写具体，要你写的是出门的时候手机不见了，怎么着急的你没写。"写怎么着急，就是用描写把慢动作放慢拉长来展示。"把想出好主意的心理活动写出来""对了，把你的思想活动写出来，这叫什么？这叫心理活动描写。心理活动的描写，可以补充文章的不足"，把很短的时间用很长的篇幅来叙述，作文就写具体了。我们再来看这一段：

生：爷爷急得心急如焚。

师：爷爷心急如焚，"急得"就不要了。

生：爷爷心急如焚，大声叫喊："大家都出来啊。我的手机不见了。"全家都跑了出来。爷爷说："你们快帮我找找。我的手机丢了。"老伴说："我去卧室找。""那我去书房找。""那我就去客厅找找吧。"

贾老师的一个简单的评价语，引领学生把爷爷丢手机的事件，用语言描写、动作描写、心理描写、侧面烘托、场面描写等各种描写方法写具体、写生动了。

教学策略总结：

什么是生动？《写作教学教什么》一书中指出，生动不是言辞方面的问题。生动的核心是具体，只有写具体才能写生动。而描写，实际上是两件事。一件事情，是把瞬间发生的事展开来；另一件事情，是把综合性的事情分解开来。描写的核心是这个……换句话说，要学生学会描写，不是教学生仔细观察，而是要教给他分解的方法。而分解的方法是要学生去感受的。从叙述的角度来看，描写就是把动作放慢拉长来展示。[②] 不论是上述提到的"把很短的时间用很长的篇幅来叙述"还是"把动作放慢拉长来展示"，都是基于具体的观察和情感体验。在第二学段的习作教学中，我们重视观察。

---

① 贾志敏、沈燕、张玉兰、朱琥：《举重若轻，浑然天成——贾志敏老师"叙事素描作文"教学实录》，载《小学语文教师》，2014(4)。

② 王荣生：《写作教学教什么》，上海，华东师范大学出版社，2014。

在第三学段的习作教学中，在细致观察的基础上，丰富细腻的情感体验是教学的重点，也是把习作写具体、写生动的关键。情感的体验是在生活中不断累积的，日常教学中引导学生留意生活体验和情感体验，习作课上可以创设情境，调动学生的情感体验。然后引导学生把生活观察和情感体验具象化，从各个方面来表达独特的体验。

## 二、关注文体，读写结合

语文素养是听、说、读、写的综合能力，所以习作教学是基于听、说、读的综合能力培养。习作教学与日常语文教学密不可分。低年段的写话教学中，我们专门提到了读、说、写结合，在中高学段，读写结合一直贯穿于日常教学当中，是习作教学的坚实基石。

教学案例呈现：

师：大声读一读船长和洛克机械师的对话，这段对话在表达上有什么特殊之处？

生讨论得出：这段对话几乎没有提示语，而且每个人的对话都单独成段。

师：我试着给原文加上一些提示语，大家读一读，看看效果怎样。

PPT：船长大声喊道："洛克机械师在哪儿？"

洛克机械师赶紧说："船长，叫我吗？"

船长问："炉子怎么样了？"

洛克机械师回答："被海水淹了。"

"火呢？"船长又问。

洛克说："灭了。"

船长接着问："机器怎样？"

"停了。"只听洛克回答道。

师总结：通过对比，同学们发现，提示语的运用也是有讲究的。为突出环境的危险、气氛的紧张，形成一种先声夺人的效果，提示语就需要"隐身"。那么，船长叫大副的时候，作者为什么又用了提示语呢？

生讨论得出：和大副说话，谈话对象变了，需要用提示语交代清楚。

师总结：提示语的形式多变，对话更灵活。对话单独成段又有什么好处呢？同学们把对话连成一段读一读。

"洛克机械师在哪儿？""船长，叫我吗？""炉子怎么样了？"

"被海水淹了。""火呢？""灭了。""机器怎样？""停了。"

生讨论：单独成段，表达更清晰。

师：生活中，你有没有跟别人争吵过？争吵时你会说长句子吗？语言越简短，对话越有力。看，这是这段对话中最长的一句，作者用什么方法把它变短了？

出示："够了。"船长说，"让每个人都到小艇上去。奥克勒大副，你的手枪在吗？"

生：把提示语放中间了。

师："够了"，作者把需要重点表达的两个字放在前面，凸显了船长的镇定自若。此外，船长这次说的话有两层意思。先说时间够了，再让大副指挥大家有序撤离。一个人说的话中有两层意思，可以把提示语放中间。对话的形式是多变的。提示语可以放在前面、后面，还可以放在中间，究竟什么时候放在前面，什么时候放在后面，什么时候放在中间，有讲究。提示语用不用，用的位置，与说话的内容、情境、说话人身份，甚至与作者要强调的意思都有关。通过学习，同学们已经对怎样描写人物的对话有了直接的感悟，那我们小试牛刀，自己也来动笔写一下。

练一练：参加科技竞赛获奖后，你兴高采烈地回到家中向家人(宠爱你的奶奶、和蔼的爸爸、严厉的妈妈、崇拜你的妹妹)汇报这一好消息。请根据你的生活经验，选择家人中的一位，想象他(她)的动作、神态、语言，写一段话。①

教学案例分析：

如何描写人物对话，我们经常说要抓住人物的动作、神态来写，要符合人物的形象特征，但是怎么写好，学生们依然一头雾水，不得章法。上述课例中，借助《"诺曼底号"遇难记》一课当中的语言描写进行品析、对比，从而让学生直观、深刻地了解语言描写的提示语的使用、不同提示语表达效果的不同，同时进行生活迁移，让学生理解更深刻。在此基础上，创设生活情境，让学生进行迁移练笔，真正落实学会语言描写的教学目标。

教学策略总结：

第三学段习作教学的写作技巧需要落实，仅仅依靠习作课的专题训练是远远不够的，在阅读教学中渗透小练笔，进行读写结合训练，在阅读教学中，融入课堂小练笔，给学生具体的读写结合支点。读写结合是以文章为载体，从文章的内容出发，设计与之相关的"写"的训练，使阅读、写作、思维训练三者融为一体，通过以读带写、以写促读的读写训练，使学生的思维得到发展，能力得到提升。因此，读写结合的训练在整个语文教学环节中是尤其重要的。我们更清楚地认识到读写结合的"读"更多的是强调通过读书、读诗、读史来学习，积累知识；而"写"便是强调练习、学以致用。读写结合并行推进，双效结合达到事半功倍的作用。挖掘文本资源，增大读写量，合理、高效地安排练笔，在不同文体教学中落实读写结合，真正提升学生语文素养。

写人类型的文章，多数为了突出所写人物的思想以及性格，通过叙述人物事例呈现。这类型文章的读写结合点是通过文本引导学生学习刻画人物的写作方法，使得学生更好地理解与体会人物形象，然后设置情境，回归生活，将学习的刻画人物的写作

---

① 黄玉丽、张进：《潜心品读学写对话——以〈船长〉对话教学为例》，载《小学语文教学》，2018(7)。

方法尝试迁移运用。叙事类文章最适用于"读写结合"的方法。记叙文重点关注叙述事件的六要素，即事件的时间、地点、人物、发生、发展、结果。读写结合可以让学生在品读叙事技巧和方法的基础上，尝试迁移运用多种表达方式生动具体地展现叙事过程。写景状物类文章，景与物密不可分，写景，景犹在身边，寓情其中，状物，物栩栩如生，情自在其中。在赏析文本运用多种修辞手法围绕中心把内容写具体的基础上，体会作者的思想感情。所以读写结合的重点是如何把景物写具体写生动，同时寓情于景，情景交融。

# 第四节
# 习作教学设计案例分析

习作能力是考查学生语文素养的重要方面，习作教学贯穿小学语文教学的全过程，是培养小学生语言综合应用能力的重要教学活动。进行教学设计时，相应教学理念、教学策略十分重要。

## 一、《介绍自己喜欢的风味食品》教学设计

### ［素材解读］

《介绍自己喜欢的风味食品》是小学语文教材统编版六年级下册"语文百花园五"的习作训练，该单元以"中华文化"为主题展开。这次习作的话题是介绍自己最喜欢的一种风味食品，属于作文中的状物类，并有说明文性质，重点练习记叙和说明的表达方法，并感受中国的饮食文化。根据课标要求，本次习作内容旨在让学生学会多角度观察、感知事物，能够恰当选材，具体记述。实际教学落实以把食品的名称、外形、原料、制作方法、吃法、味道、来历及相关故事写清楚，并表达真实的感受为主要内容。

### ［学情分析］

一方面，六年级学生经过几年的习作训练，积累了较为丰富的习作经验，大部分学生能写较通顺的语句，并能运用一定的写作技巧和方法，但同时也存在不少问题，尤其是在抓住事物特点，将内容写生动、写具体这个方面还存在一定问题。另一方面，学生在习作方面的差异逐渐明显，能力较弱的学生习作信心不足，兴趣不高，也是不容忽视的问题。

### ［教学目标］

1. 选择一种自己喜欢的风味食品来介绍。

2. 把食品的名称、外形、原料、制作方法、吃法、味道、来历及相关故事写清楚，并表达真实的感受。

[教学重难点]

抓住食品的特点，灵活运用描写方法和修辞手法，将文章内容写得生动、具体。

[教学策略]

体验式教学，调动多种感官，多角度进行观察。本课中教师带着学生观察驴打滚，先看，看颜色看形状，然后摸，接着尝，最后了解它的历史与文化，充分调动学生的多种感官，引导学生进行观察。

[教学流程]

1. 品尝小吃，导入新课

（1）情景激趣。

师：同学们，老师假期去北京旅游，喜欢上了当地的一种小吃，特地给同学们带了些回来，你们看，这是什么？（"驴打滚"）

生：糖果。

生：糕点。

师：这种小吃有个有趣的名字，你们想知道吗？

生：想！

师：这种小吃叫"驴打滚"，是北京有名的小吃。由于其最后制作工序中撒上的黄豆面，犹如老北京郊外野驴撒欢打滚时扬起的阵阵黄土，因此得名"驴打滚"。（知名称）

①引导学生全方位描写食品的样子。

A. 你们看，它是什么样的？（视觉形象）

学生边观察边说，教师相机引导学生运用一些说明方法把"驴打滚"的样子描述得生动、形象。预设学生会有如下描述：

生："驴打滚"是黄色的。

师：像什么？

生：像小黄鸭。

师：仔细看里面是什么颜色？

生：红白相间。

师：和你熟悉的什么东西很像？它们之间有

设计意图：

　　小学生好奇心强，"驴打滚"这种小吃名字又特别有趣，让学生猜这种小吃的名字，一下子就激起了学生的学习兴趣，并将他们的注意力集中起来了。

设计意图：

　　学生的习作不够生动，很多时候是因为观察得不够仔细，未能在观察过程中展开联想或想象。本环节重在教给学生全方位感知事物的观察方法，运用学过的说明方法（打比方、作比较、列数字等）把文章写生动。

什么差别？

生："驴打滚"的里面像广东的糕点"红豆糕"，但"红豆糕"是方体的，"驴打滚"是圆柱体的。

教师要引导学生仔细观察，并引导学生运用学过的表达方法（打比方、作比较、列数字等）把食品描述得生动、形象。

B. 请同学们摸一摸，"驴打滚"给你什么样的感觉？（触觉形象）

"驴打滚"软绵绵的，像软糖。外表沾有一层黄色的粉末。

师小结：这个句子从质地描述了"驴打滚"的样子。

C. 同学们描述得真好，老师要把这些"驴打滚"奖励给同学们，请你们尝一尝，看味道如何。（味觉形象）

有黄豆、红豆的清香，入口绵软，甜而不腻，很筋道。

（B、C 部分的引导方法同 A，即着重引导学生把话说生动、说形象。学生有可能会遇到词汇匮乏的情况，因此，在学生描绘时可用课件投影一些好词好句，供学生选用。）

②听故事，知来历。

师："驴打滚"那么好吃，你还想知道有关它的什么知识？

预设学生会答：还想知道"驴打滚"的制作原料和制作方法、相关故事等。

③课件出示相关知识。

（2）引入新课：同学们，其实，今天的"驴打滚"只是一个引子，老师希望同学们运用刚才认识"驴打滚"的方法，来介绍一种自己最喜欢的风味食品。

每一个地方都有不同的食品，即使是同一种食品，在不同的地方，做法和吃法也会有所不同。你最喜欢的一种风味食品是什么呢？给大家介绍

**设计意图：**

通过本环节的学习，让学生感受中国特色的饮食文化，也让学生感知到，要介绍一种食品的风味，让读者也更加了解这种食品，还要把食品的制作原料和制作方法、相关故事等写出来。

**设计意图：**

通过总结，把学生形象的学习实践过程归纳为知识理论，有利于知识的再运用，符合"实践—理论—再实践"的认知规律。

一下吧。（板书课题：介绍自己喜欢的风味食品）

2. 讨论交流，明确写作要求

（1）怎样介绍这种食品呢？先认真思考"习作讨论平台"的几个问题，再和同学交流一下，弄清楚可以从哪些方面去进行思考、说明，才能把食品写得形象、生动。

（2）引导学生小结方法。回忆我们刚才认识"驴打滚"的办法，可知：可以从食品的外形、原料、制作方法、吃法、味道、来历或相关故事等方面来介绍，在观察过程中，我们要全感官参与，通过看、摸、嗅、尝，抓住食品颜色、形状、光泽、质地、味道等方面细致地描述"驴打滚"，并运用打比方、作比较、列数字等方法，使文章变得生动、形象。

（板书：

抓住特点：外形、原料、制作方法、吃法、味道、相关故事

说明方法：打比方、作比较、举例子、列数字……）

3. 阅读例文，借鉴写作方法

（1）读例文。

（2）分析例文的结构和表达方法。

（3）让学生说说自己从这篇文章中学到了什么。

4. 列提纲

（1）小组内交流，看提纲是否中心明确，选材是否恰当，材料安排是否有序。

（2）全班交流。

5. 学生写作，教师巡堂指导

6. 评改展示，分享写作成果

教师根据巡堂时的初阅，选出有特色、有进展的习作，引导学生参与评议、欣赏，吸取有益的营养，并对自己的作文进行再修改。

7. 总结延伸，谈谈收获

设计意图：

　　指导学生列提纲，可使学生的习作目的明确，思路清晰。

设计意图：

　　及时讲评，会使学生的印象更深刻，学习更高效。

同学们，你们在这次习作训练中，有什么收获？

（学生自由发言）①

[作业设计]

语文课程标准强调"养成留心观察周围事物的习惯，有意识地丰富自己的见闻，珍视个人的独特感受，积累习作素材"，因此本次习作课的作业以鼓励学生查阅资料、丰富素材为目的。本课的作业设计如下。

中国美食文化博大精深。你最喜欢的一种风味食品是什么呢？请查阅相关资料给大家介绍一下吧。

[板书设计]

板书要有逻辑性、条理性，要根据教学内容的特点和逻辑关系来设计。本课的教学重难点是"抓住食品的特点，灵活运用描写方法和修辞手法，将文章内容写得生动、具体"，因此描写风味食品可以从哪些方面抓特点，可以运用哪些说明方法是需要梳理和总结的。本课的板书设计如下。

> **介绍自己喜欢的风味食品**
>
> 抓住特点：外形、原料、制作方法、吃法、味道、相关故事
> 说明方法：打比方、作比较、举例子、列数字……

## 二、《童年趣事》教学设计

[素材解读]

《童年趣事》是小学语文教材统编版五年级下册第二单元的习作主题。本单元就是以童年为专题来编排教学内容的，编排的目的，一是让学生通过读书，体会作者对童年生活的眷恋，感受童年生活的美好，二是领悟文章的表达方法，交流描绘自己的童年生活。结合本单元专题"口语交际及习作——"难忘童年"和"写童年趣事"等内容，宜设计读写联动的习作课。

[学情分析]

五年级的学生具备一定的抽象思维能力，已掌握一定的习作方法。合理选材，找到兴趣点对五年级的学生来说不是难点，但是怎样在众多实例中挑选出最有趣的部分并且把它们写具体，可能会遇到困难。所以本节课的教学重点应放在帮助学生打开写

---

① 《介绍自己喜欢的风味食品》教学设计［EB/OL］.https：//wenku.baidu.com/view/f671bb4a32d4b14e852458fb770bf78a64293ac0.html。

作思路，选择自己印象最深、最有趣的事，指导学生合理构思，找到趣点。

**［教学目标］**

1. 明确写作主题，审清题目要求。

2. 大胆选材，选择自己印象最深最有趣的事进行习作。

3. 合理构思，找到趣点，知道应把最有趣的地方写具体，借鉴本单元的写作方法表达童年的美好。

**［教学重难点］**

合理构思，找到趣点，突出事情的有"趣"。

**［教学策略］**

读写联动策略。读写联动的课型特点就是读为基础，写为延伸，以读带写，以写促读，读中学写，读写结合。其中读为基础，读中学写，强调为什么读，让学生领悟写法。本课回顾本单元文章，找到趣点，再回顾写作方法，知道应把最有趣的地方写具体，接着让学生充分地说自己的童年趣事，用说为写做准备，最后落实到笔头，写一写自己的童年趣事。

**［教学过程］**

1. 视频导入：观看学生儿时的视频，引起对儿时的回忆

(1)回顾单元主题，读单元导读《永远的童年》。童年是纯真、难忘的岁月，身处童年，我们每天都在编织着美丽、有趣的故事。我们每个人都有美好的童年，那许许多多的童年往事，会不时地在我们眼前浮现。首先让我们再来回顾一下本单元的单元导读，重温童年的美好。

(2)明确本单元的习作主题：童年趣事。这节课让我们一起来说说童年的趣事吧！首先让我们回顾一下作家笔下的童年趣事。

设计意图：

　　学生读过习作要求之后，其实是似懂非懂，教师通过引导，调动学生主动思考的意识，明确写作内容、写作重点。

2. 回顾单元习作方法

(1)回顾本单元文章

精选材：回顾本单元文章，了解趣事的范畴。

值得铭记的事情：《迟到》《月光启蒙》

荒唐事、傻事、蠢事……：《冬阳·童年·骆驼队》《祖父的园子》《童年的发现》《捅马蜂窝》《童年》《剃头大师》《追"屁"》

趣事是——荒唐事、傻事、蠢事、倒霉的事、

恶作剧的事、搞怪的事……

（2）回顾写作方法

①巧安排：写清事情的起因、经过、结果，抓住人物语言、动作、神态……突出重点，写出有趣。

②作家笔下童年趣事的精彩片段。思考：作者从哪儿获得了乐趣？作者采用什么方法写出了童趣？

一品动作描写：《呼兰河传》节选片段——萧红。《呼兰河传》是本学期我们阅读书目之一，这一片段写的是"祖父的菜园"。品悟作者怎样通过一件"搞笑的事"写出了童趣，感悟动作描写的准确、生动。

二品心理描写：《童年》节选 ——马克·吐温。品悟作者怎样通过一件蠢事写出了童趣，感悟心理描写的细腻。

三品语言描写：《剃头大师》节选——秦文君。品悟作者是怎样通过一件恶作剧的事写出了童趣，感悟语言描写的精妙。

四品比喻修辞：《剃头大师》节选——秦文君。感悟具有比喻性的一些俗语，对于文章起到的作用。"害人精"是一个带比喻的词语，也是一个日常口语。这类词语很具有生动性，且生命力强。积累这样的词语，对于我们的习作很有帮助。举例："淘气包""马屁精""精灵鬼""替罪羊"……

总结：我们要把事情写得生动有趣，就要抓住人物的心理、动作、语言和神态进行描写，还要巧妙地运用一些修辞手法。这样才能把事情写具体，写真实。

3. 忆童年

（1）童年充满纯真和情趣，充满了丰富的想象和美丽的憧憬，令人难忘和留恋。下面让我们在记忆中搜寻，在想象中重温那梦幻般的快乐时光，让我们走进童年，再现童年多姿多彩的生活。

设计意图：

读写联动，以读促说，以读促写，在读中悟法。这一过程是"开材"的过程，为避免学生选择的材料过于单一，为丰富学生的写作方法，欣赏作家的精彩片段可以帮助其打开思路。

设计意图：

教师把自己的童年趣事与学生分享，拉近与学生的距离，激发学

（2）看图片勾起师生对童年的回忆。

4.说童年：说说我的童年吧……

（1）明确习作要求：在小组内说说自己童年的难忘、有趣的事。说之前，可以借助童年生活的照片打开记忆的闸门，也可以和同学们一同回忆……要把事情经过说清楚，说出自己的真实感受。

（2）大胆选材：选材要大胆要新颖，要兼顾细节，打开记忆的闸门，像作家一样大胆选材。（举例）细节对表现人物思想往往有独特效果。俗语云"细节决定成败"，这话有一定的道理。选材时选择那些突出中心的细节，着意刻画会使人物思想性格更加明显。

帮你选材：

①"烟丝换成小鞭炮"

②"兔子也吃肉"

③"给猫剃胡须"

④"把洗衣粉当奶粉喝"

⑤"把玩具当作种子一样种到土里去"……

请学生好好想想，要写什么事呢？然后想想，事情的起因、经过、结果是怎样的？用一段话说说这件事的主要内容，要把最有趣的、印象最深的地方说具体。

（3）指名说童年里发生的事情。

师生评价。（教师引导：这几位同学说的有趣的事，对你是不是有所启发呀？我们不仅能从玩中找到乐趣，我们由于无知办的傻事、蠢事，由于淘气办的小错事，都会给我们带来乐趣。再想想，在你的童年生活中，发生了哪些好玩的、好笑的事呢？有没有类似的或者更新颖的？）

（4）以冯骥才的捅马蜂窝为参照，分析纠正以上学生说的过程中不具体、语言重复等问题，强调抓住人物的动作、心理等进行描写的作用。防止在写的过程中出现类似情况。

生回忆童年趣事，与他人分享童年趣事的兴趣。

设计意图：

"让说架起读与写的桥梁"，说在读与写之间起的作用至关重要。课前布置学生借助童年生活的照片等方法回忆童年生活中有趣的事，课上引导学生相互交流，在交流中引导学生把事情说清楚。

5. 写童年

(1)写作要求：运用恰当的写作手法，把刚才说的童年的故事写下来。

(2)确定题目。题目应新颖，好题一半文，做到独具匠心。观察以下题目，受到怎样的启发，确定自己所写文章的题目。

《剃头大师》《追"屁"》《给小鸡接生》《给爸爸化妆》《洗盐》《喝酱油》《种玩具》《冰箱避暑》……

(3)参照写作提纲进行写作。

6. 总结

通过这节课的交流，大家仿佛又回到了令人难忘、有趣的童年。是啊！一只昆虫，一个玩具，一次发现，一场争执……看起来微不足道，却饱含着我们的快乐、梦想和追求。真诚地希望通过这节课的交流，同学们能描绘出有趣的童年生活。

教师根据巡堂时的初阅，选出有特色、有进展的习作，引导学生参与评议、欣赏，吸取有益的营养，并对自己的作文进行再修改。

7. 总结延伸，谈谈收获

同学们，你们在这次习作训练中，有什么收获？

(学生自由发言)①

设计意图：

最终目标落实到写。在学生充分读、充分说的基础上，写作水到渠成，这样降低了写的难度，提高了写的质量。此时孩子们已经能做到"心中有数"。

[作业设计]

本课是一节读写联动课中的习作课，教学重难点是合理构思，找到趣点，突出事情的有"趣"，所以作业设计要延续并落实这样的要求。作业设计如下。

完成习作后，把你的习作读给好朋友听，并请他们点评一下你的习作内容是否有趣。

[板书设计]

本课板书设计围绕一个"趣"字展开，经重点品析后落实到一系列描写方法上，相机生成以描写方法为主线的板书，明了、直观。板书设计如下。

---

① 人教版五年级下册第二单元读写联动课——《童年趣事》教学设计[EB/OL]. https://wenku.baidu.com/view/19d44c7065ec102de2bd960590c69ec3d5bbdb9f.html。

```
童年趣事
动作描写
心理描写
语言描写
比喻修辞
```

## 本章小结

本章主要围绕三个不同学段的习作教学理论分析、习作教学设计过程例谈、习作教学策略及应用再谈以及习作教学设计案例分析四个方面内容展开。

首先，阐述了各个学段习作教学的相关理论，说明和解读了各个学段习作教学的主要任务，梳理其历史沿革，从而更加清晰地聚焦当下教学中出现和存在的热点问题。

其次，从三个不同学段各选取一个习作主题进行教学设计过程例谈，基于此探讨如何把小学语文教学设计的有关理论落实到各个学段习作教学的具体实践中，希望为学习者进行不同学段的习作教学设计提供思路。

再次，以语文课程标准为导向，根据上述三个学段不同的教学任务和学生学习情况，分别从激发兴趣，读、说、写相结合，培养评改习惯等方面总结了习作教学策略，并以案例呈现的形式对如何应用习作教学策略进行了阐述。

最后依据各学段所提出的教学策略，选取了相关联的习作，从素材解读、教学目标、教学重难点以及教学过程等方面进行教学设计并进行分析。

## 关键术语

第一学段；第二学段；第三学段；写话教学；习作教学；理论分析；教学策略及应用

## 拓展阅读

1. 汪季明：《看图写话》，上海，上海远东出版社，2016。

本书按照看图写话的要求进行编制，在教材内容上有所创新，以图文结合的方式呈现，注意到了第一学段学生的身心发展特点。该书主要以讲故事的形式教会学生描述图片内容，从而提高学生的看图写话能力以及灵活运用语言的能力。这是一本适合小学低学段学生进行学习的"看图写话"教材，书中的图片清晰有趣，能够充分吸引学生的注意力，唤起学生的学习兴趣，并且书中的文字也简单易懂。本书的每幅图画后面不仅拟定了相关题目，而且还标注四五点较为详细的提示，以方便学生顺利展开口述并使文脉井然有序。

2. 王荣生：《写作教学教什么》，上海，华东师范大学出版社，2014。

本书是国内写作教学最新的科研和实践成果，对写作教学的定位具有启发性。本书在教材结构上有所创新，包括理论、课例、共同备课三个工作坊以及光盘资源，设计了读者的学习方式，实现了教材的立体化。本书主要介绍了写作过程与教学的重建有两大关键：一是确定合适的写作类型；二是基于学生的写作学情。写作课程的三大类型是任务写作、创意写作和随笔写作。

3. 吴勇：《小学教材习作教学探索》，福州，福建教育出版社，2017。

本书是吴勇"童化作文教学"系列之一，作者试图在从习作教材走向写作课程和教学的漫长而曲折的征程中，探索和建构这样的实践路径：以整体而开阔的课程建设为视角，从习作教材走向习作课程；以真实而具体的语体知识开发为抓手，从习作课程走向习作教学；以适合儿童性的教学设计为途径，从习作教学走向儿童的言语发展。一句话，就是要让习作教学的"教"真正发生。

## 体验练习

1. 根据本章所学，说一说激发学生写作兴趣和读写结合两个策略在三个学段教学中各自的要求和不同。

2. 说一说课程标准中对第二学段习作教学有什么要求。

3. 结合本节所提供的教学策略，完成一篇高年级写作教学设计。

**本章概述**

　　口语交际作为语文课程五大课型之一，打破了原有的以书面为主的课程建构，更加关注理论学习与实践运用的融合，同时也更加重视对学生"听、说"能力的培养。通过口语交际教学，可有效地提升学生的口语能力与交际能力，提高学生的综合素质，促进学生的全面发展。本章主要从以下几个部分进行系统的论述：阐释口语交际教学的基本理论；说明口语交际教学设计过程；探讨口语交际教学策略；分析口语交际教学设计案例。

### 🔍 问题情境

"口语交际"内容的考察在期末试卷中经常以这样的题型出现。

好书就像良师益友，蕴藏着无尽的财富，能带给我们智慧和启迪，相信同学们已经积累了不少的财富，那么，你最喜欢哪本书呢？下面就请你从读过的书里选择一本你认为最好的书推荐给大家，写清楚推荐理由。

面对此类题型，很多老师在考前会进行训练，通常从以下几个方面强调答题技巧：

1. 认真审题，看清楚题干中问了几个问题，每个问题都要进行回答；2. 从不同角度分条阐述理由，至少写三条；3. 书写干净整齐……于是，就产生了口语交际题型的答题模式：我支持/赞同/喜欢……因为 1.……2.……3.……

由于平时这样的训练，口语交际题型在试卷中的得分率很高。然而，在日常交流中，我们却发现，学生的口头表达能力不容乐观，常常出现词不达意，缺乏条理，当众表达紧张拘束，甚至沉默寡言等现象。为何会出现试卷当中口语交际题型拿高分，实际的口语表达能力却很欠缺这样的反差呢？这就不得不从日常的口语交际教学中寻找原因了，为应试而进行的口语交际教学是不可行的。那么，当前口语交际教学的主要任务是什么？教学中存在着哪些问题？如何科学有效地组织口语交际教学以及进行教学设计呢？让我们带着这些问题走进本章内容的学习。

### 🎯 学习目标

1. 了解《义务教育语文课程标准（2022 年版）》关于口语交际的教学要求及具体目标。

2. 通过具体案例，明白口语交际教学的设计步骤。

3. 通过学习具体案例及分析，掌握小学口语交际教学的具体策略。

4. 能够运用所学策略，结合具体课例进行口语交际的教学设计。

### ✏️ 学习重点

重点：掌握小学口语交际教学的具体策略。

难点：运用所学策略，结合具体课例完成口语交际的教学设计。

# 第一节
# 口语交际教学理论分析

口语交际教学是语文教学的重要组成部分，是教师引导学生在具体的实践活动中学习必要的口语交际知识，掌握一定的口语交际方法，提高自身口语交际能力的一种教学活动。本节内容主要从理论层面交代口语交际教学的主要任务，厘清口语交际教学的发展历史，探讨当今口语交际教学中存在的热点问题，旨在为口语交际教学实践提供理论指导。

## 一、口语交际教学的主要任务

口语交际是指人们运用有声语言传递信息、交流思想和表达情感的过程。课程标准中指出口语交际教学的总目标是：具有日常口语交际的基本能力，学会倾听、表达与交流，初步学会运用口头语言文明地进行人际沟通和社会交往。所以，口语交际教学的主要任务是以口语交际课程为依托，培养学生的倾听能力、表达能力和应对能力，让学生学会运用口语进行人际沟通和社会交往，促进学生的可持续发展。

语文课堂主要培养学生听、说、读、写的能力，口语交际课堂主要聚焦"听""说"这两种能力的培养。口语交际课的关键是交际，交际不等于表达，表达可以是单方面的，但交际是"听"与"说"双方互动的过程。课程标准中各学段的具体目标里有基本的听说形式，如讲述、复述、转述、问题讨论等，也有基本的听说技能要求，如抓要点、有条理，注重表情、语气、语调等，还有对交际素养的要求，如自然大方、有礼貌、区分对象和场合、语言美等，因此，口语交际教学应以课程标准中各学段的具体目标为依据，结合教材要求来明确教学任务。

《义务教育语文课程标准(2022年版)》在第一学段的口语交际中提出以下建议：

1. 学说普通话，逐步养成说普通话的习惯，有表达交流的自信心。

2. 能认真听他人讲话，努力了解讲话的主要内容。听故事、看影视作品，能复述大意和自己感兴趣的情节。能较完整地讲述小故事，能简要讲述自己感兴趣的见闻。与他人交谈，态度自然大方，有礼貌。积极参加讨论，敢于发表自己的意见。

在"倾听"方面，第一学段要求做到"能认真听别人讲话，努力了解讲话的主要内容"，如小学语文教材统编版一年级上册口语交际《我说你做》的学习目标之一是"注意听别人说话"，二年级下册口语交际《推荐一部动画片》的学习目标之一是"认真听，了解别人讲的内容"；在"说话"方面，课程标准对"复述""讲述"提出了明确要求，如"能复述大意和自己感兴趣的情节""能较完整地讲述小故事，能简要讲述自己感兴趣的见闻"；在交际过程中渗透交际素养，"自然大方，有礼貌""有表达的自信心"，主要体现从交际兴趣出发，目的是增强交际的信心。基于第一学段口语交际教学具体目标要求，通览小学语文教材统编版第一学段口语交际教学内容及其学习要求，能够发现第一学段在交际话题的选择方面呈现方式多元、注重情境和互动性的特点。

一、二年级的学生具体形象思维能力强，口头表达强于书面表达，但是受知识量、感知面的影响，经常出现口语表达的意思不清楚、不完整，甚至前后矛盾等现象，语言的使用不够规范，场合意识比较弱，交际方式上有较强的模仿性，因此，第一学段口语交际教学应注重训练学生的倾听能力、规范表达的能力，能够通过模仿学习做到交际得当，学会基本的文明礼仪。

《义务教育语文课程标准（2022年版）》在第二学段的口语交际中提出以下建议：

1. 乐于用口头、书面的方式与人交流沟通，愿意与他人分享，增强表达的自信心。

2. 能用普通话交谈，学会认真倾听，听人说话时能把握主要内容，并能简要转述。能就不理解的地方向人请教，就不同的意见与人商讨。

3. 能清楚明白地讲述见闻，说出自己的感受和想法。讲述故事力求具体生动。能主动参与日常生活中的文化活动，根据不同的场合，尝试运用合适的音量和语气与他人交流，有礼貌地请教、回应。

在"倾听"方面，第二学段要求做到"学会认真倾听，能就不理解的地方向人请教，就不同的意见与人商讨"，与第一学段相比较，对倾听的能力要求有所提高，在交际过程中更加注重对内容的理解及交际的互动；在"说话"方面，与第一学段相比，由"简要讲述"提升为"清楚明白地讲述"，由"较完整地讲述"提升为"讲述故事力求具体生动"，对交际过程中的说话技能要求有所提高；对"转述"也提出了明确要求，"把握主要内容，并能简要转述"，更加侧重由倾听转化为表达的过程，如小学语文教材统编版四年级下册口语交际《转述》的学习目标之一是"弄清要点，转述时不要遗漏重要信息"。基于第二学段具体目标要求，通览小学语文教材统编版第二学段口语交际教学内容及其学习要求，能够发现：第二学段在第一学段的基础上，重在培养学生有效的学习方法及培养良好的学习习惯，注重口语交际过程的训练。三、四年级学生已具备一定的抽象思维能力，所以，在加强语言表达指导和训练的同时，还要重视学生内心的感受和想法，加强体态语等非语言教学。

《义务教育语文课程标准（2022年版）》在第三学段的口语交际中提出以下建议：

1. 听人说话认真、耐心，能抓住要点，并能简要转述。乐于表达，与人交流能尊重和理解对方。注意语言美，抵制不文明的语言。

2. 表达有条理，语气、语调适当。参与讨论，敢于发表自己的意见，说清自己的观点。能根据对象和场合，稍作准备，作简单的发言。

与第一、第二学段相比较，在"倾听"方面，第三学段要求做到"听人说话认真、耐心"，在"说话"方面，对"讨论""转述"提出更高的要求，尤其在"交际素养"方面，做到"尊重、理解""注意对象、场合""语言美"等。综合此三方面，能够发现，第三学段更加关注交际过程中的情感态度。通览小学统编语文教材第三学段口语交际内容及其学习目标，能够发现教材在注重培养交际技能的基础上更注重引导学生形成良好的交际素养，如教材统编版五年级下册口语交际《我们都来讲笑话》的学习目标是"避免不良的口语习惯；用心听，做一个好的听众"；《我是小小讲解员》的学习目标之一是"根据听众的反映，对讲解的内容做调整"。五、六年级的学生已经具有较强的抽象思维能力，独立意识明显增强，开始倾向与成人、与外界社会进行交流，所以此学段应注重引导学生大方、自信地表达，培养学生及时调整自己、积极与人交流沟通的能力，学会得体地回应交际对象。

综上所述，口语交际教学的主要任务是三方面：第一，培养学生的听说能力，使其善于倾听，巧于表达；第二，传授口语交际的一些具体方法、技巧，如怎样复述、讲述、转述、与人商讨、即兴发言等；第三，培养学生的交际素养，既要立言，又要立人。

## 二、口语交际教学的历史沿革

20世纪初至中华人民共和国成立这一阶段，课程标准处于萌芽、摸索阶段，从名称到内容都有很大变化。1923年的《新学制课程标准纲要小学国语课程纲要》首次列出口语教学的部分具体项目，如会话、讲演、演说、辩论等。1923年的课程纲要对口语教学的关注可以称得上是从无到有的历史性转变。1929年的《小学课程暂行标准小学国语》首次出现"说话"这一概念，可以称作口语交际教学的最初名称。1932年的《小学课程标准国语》和1936年的《小学国语课程标准》中依旧是"说话"的概念，与1929年的相似。1941年的《小学国语科课程标准》与1929年至1936年的文件相比较，对口语教学的要求有所提高，表述更加细致，并另附了"说话教材纲要"。1948年的《国语课程标准》明确提出"说话应单独教学"，在这之前都是建议混合教学。1950年至1986年颁布了8次教学大纲，与前阶段相比，口语教学进入低谷期，不再单独强调，而是在写作教学部分进行阐述，认为说话和写作都是用来表达思想感情的方式，说话教学成为写作教学的附庸，不能体现自己的价值与地位。

1986年4月，我国颁布了《中华人民共和国义务教育法》，义务教育首次以法律的形式确定，掀起了教育改革的浪潮。语文教学大纲又一次突破口语教学的低迷期，口语教学再一次被重视。1988年的《全日制小学语文教学大纲（初审稿）》将教学内容分为识字写字、听话说话、阅读和作文，重新将口语教学单独分类到教学内容中，"听说"又一次成为独立的教学关注点。

21 世纪初，新一轮的课程改革拉开帷幕，2000 年的《九年义务教育全日制小学语文教学大纲(试用修订版)》首次出现口语交际一词，教学内容分为汉语拼音、识字写字、阅读、写话(高年级称习作)和口语交际。在此之后的课程标准中，口语交际教学的地位逐步稳固，受到了前所未有的重视。

2001 年的《全日制义务教育语文课程标准(实验稿)》将教学内容分为识字写字、阅读、写作、口语交际和综合性学习，第一次给出了口语交际的评价建议，评价学生的口语交际能力"应重视考察学生的参与意识和情意态度。评价必须在具体的交际情境中进行，让学生承担有实际意义的交际任务，以及反映学生真实的口语交际水平"。2001版的课程标准是《义务教育语文课程标准(2011 年版)》的实验稿，在内容上对口语交际教学的阐述差别不大，两者都强调对学生语文素养的培养与提高。以时间为轴，纵向梳理 20 世纪以来的口语教学，我们会发现，20 世纪 80 年代为一个划分点；而 21 世纪的开端，口语教学从一般的听话、说话过渡到口语交际，是一个重大的转折点。

20 世纪初至 20 世纪 80 年代，是口语教学的摸索阶段，这一阶段口语教学训练方法单一，以学生回答为主。评价多依附于阅读的能力，所以评价标准在本质上是以阅读评价为准则的。20 世纪 80 年代至 20 世纪末的口语教学迎来了其繁荣阶段，这一时期，多种口语教学的训练方式以及考核评价的方法被提出，其中一部分被提倡，这一时期的口语训练集中于课内训练，且多以教材为依据，考核评价主要以学生发言之后教师评价为主，而教师的评价也大部分局限于形式的评价，口语几乎不进行考核。进入 21 世纪，口语教学的研究更深入细致，口语教学的训练方式与考核评价的方法也更加完善，口语教学也从课内教学延伸到课外实践，从课本走到生活，很多教师开始采用分散训练结合专题训练，各种口语比赛应运而生，如很多老师开始利用"课前三分钟"，组织学生播新闻、讲故事等。

2019 年，语文教材统编版的使用则使口语交际这一课型得到了前所未有的重视，语文教材对口语交际部分进行了创新编排，使口语交际与识字写字教学、阅读教学共同成为独立的教学模块，并设计完整页面以有效呈现口语交际教学内容，交际主题更贴近学生生活，更具有实践价值，更符合小学生心理特征，每一个话题都严格依据新课标设计了明确的学习目标，使得口语交际训练具有良好的可操作性。

《义务教育语文课程标准(2022 年版)》将原有的"口语交际"目标和"习作"目标整合为"表达与交流"目标，充分体现了口语表达与习作密不可分，要在真实的语言运用情境中，通过积极的语言实践，积累的语言经验，体会语言文字的运用规律，逐步形成语言文字的运用能力。另外，从义务教育阶段与高中阶段课标编排体系上看，"表达与交流"目标的整合衔接了高中语文课程标准"表达与交流"的要求，更符合课标编写的连贯性。同时在 2022 年版课标的四大目标板块中，"表达与交流"进一步巩固了"识字与写字"的收获，促进了"阅读与鉴赏"的深化，也为"梳理与探究"提供了语言文字的积累以及跨学科学习的支撑，形成"听说读写"相互联结、系统连贯的目标要求，共同指向语文核心素养的形成与发展。

## 三、口语交际教学当前热点问题

### (一)课型意识薄弱

虽然口语交际是五大课型之一，但没有得到与"阅读""习作"同等程度的重视。由于对课型认识不清，所以经常把口语交际课上成口头作文课，在实际教学过程中，绝大多数口语交际教学流于形式，没有真正落到实处，导致学生口语交际学习的兴趣不高。

在小学语文教材统编版中，口语交际以独立的教学板块出现，有单独的任务页面，页面上标注了口语交际这一明确的课型标识，基于"依课标，持教材"的理念，语文教师必须转变课型意识，真正把口语交际教学列至与识字写字教学、阅读教学、习作教学同等重要的地位。

### (二)教学方式单一

在口语交际实际教学过程中，教师一问一答的听说训练仍然占据主体位置，学生多数情况下只是在被动地接受知识，这就使得学生对口语交际的参与程度不高，学习的主动性受到打击，最终导致学生的口语交际能力得不到提升。

在口语交际教学中，要重视创设多样化的、活泼的口语交际情境，充分联系学生的实际生活，形成更加真实的口语交际环境，自然地激发学生的口语交际欲望，摒弃问答式教学。

### (三)评价方式书面化

由于口语交际教学缺乏系统性，无法针对口语交际的动态特征进行考评，目前来看，口语交际教学只是被当作一种教学活动，并没有将口语交际当成学生在成长中必须要拥有的一种能力，缺乏整体的规划。

在教学中，要重视口语交际教学的过程性评价，进行适时、及时、多样的鼓励性评价。口语交际不仅仅是一种教学活动，更是为学生的交际发展服务的一种实践活动，因此，语文教师应当及时发现教学中存在的问题，注重学生口语交际能力的培养，为学生的交际发展奠定基础。

# 第二节
# 口语交际教学设计过程例谈

　　口语交际教学重在对学生进行听、说能力的培养和训练。如何运用有效的教学策略，发展学生的口语交际能力，是口语交际教学设计的关键与难点。本节以小学语文教材统编版四年级上册口语交际《我们与环境》为例，紧密结合第一章所论述的小学语文教学设计的相关理论，具体阐释并呈现口语交际的教学设计过程，希望能为学习者提供可借鉴的思路。

扫码查看课文

## 一、教材分析

图 6-1　单元导语

图 6-2 《我们与环境》口语交际活动内容

教材分析从单元分析和口语交际具体内容两方面切入。（见图 6-1、图 6-2）

首先，从单元整体视角来看，口语交际《我们与环境》是小学语文教材统编版四年级上册第一单元的内容。本单元的导语是"边读边想象画面，感受自然之美"。由此可知，本单元主要围绕"感受自然之美"这个主题进行内容编排，目的是使学生感受绮丽的自然风光和奇妙的自然现象，激发学生对大自然的热爱之情。本次口语交际的主题是"我们与环境"，旨在引导学生留意身边的环境问题，围绕话题，倾听同伴的发言，并积极表达自己的看法，树立环保意识。本次口语交际的主题与单元主题紧密联系，即：环境问题与自然之美形成了鲜明的对比，在感受自然之美的前提下，学生更能深刻体会出保护环境的重要性。

从本次口语交际的具体内容来看，教材主要呈现三部分内容。第一部分先创设了人与自然亲密接触的种种情境，唤醒学生的美好体验。然后用四幅图片形象直观地展现了人类破坏环境的行为，这与美好体验形成强烈对比，有助于学生联系自己的生活经历，打开思路，激发他们的交流欲望。第二部分提供了两个话题，一个是从"发现问题"的角度，引导学生关注身边的环境问题，另一个是从"解决问题"的角度，引导学生提出保护环境的建议，通过泡泡启发学生如何从身边的小事做起，保护环境。第三部分引导学生将讨论、评选出的保护环境的做法，印成"保护环境小建议十条"，张贴在布告栏里。一方面，让本次口语交际的讨论有一个显性的书面成果，增强学生学习成就感；另一方面，能激励更多的人参与到环境保护中来，使本次口语交际更具有现实意义。

与此同时，通过小贴士的形式，围绕"是否与话题相关"分别从听与说两个角度提出本次口语交际的要求。最后，"判断别人的发言是否与话题相关"主要侧重"听"的角度，意在引导学生在口语交际的过程中，认真倾听别人的发言，并能积极地思考辨析，密切呼应了新课标中"学会认真倾听""能清楚明白地讲述见闻"这一要求。"围绕话题发表看法，不跑题"则是侧重"说"的角度，这样的学习要求能够保证听与说双方的互动性，保证了交际活动的流畅。

根据以上分析，将教材分析确定如下：

口语交际《我们与环境》是小学语文教材统编版四年级上册第一单元的内容。本单元的人文主题是"感受自然之美"，目的是通过学习本单元内容激发学生对大自然的热爱之情。本次口语交际主题"我们与环境"，与单元主题密切相关，教材以图文结合的形式呈现了具体的内容要求，以小贴士的形式呈现了具体的学习要求，旨在引导学生留意身边的环境问题，围绕话题，倾听同伴的发言，积极表达自己的看法，树立环保意识。

## 二、学情分析

学情分析需要关注学生的知识储备情况和学生的心理年龄特点。关于本次活动的学情分析如下。

从学生的知识储备情况分析，需要考虑以下三个方面，学生已有的口语交际能力、对环境问题的认识水平以及学习本次口语交际时可能出现的问题。第一，小学四年级的学生经过三年系统性的口语交际学习，已初步具备了"认真听别人说话，清楚明白地讲述见闻"的能力。第二，四年级的学生已经有了一定的生活经验，对生活中的环境问题有所关注，懂得一定的环保知识，因此对这个话题并不陌生。第三，学习本次口语交际时，可能会由于判断和表达能力有限，容易出现跑题的情况。因此，在教学中教师需时刻关注课堂动态，当学生出现跑题的现象时，教师需及时纠正和引导。

从学生的心理年龄特点分析，四年级学生开始从被动的学习主体向主动的学习主体转变，具备了一定的抽象思维能力。他们喜欢分析，乐于讨论，对环境问题非常感兴趣。由此，可利用这一特点，引导学生围绕环境话题展开讨论与交流。

## 三、确定教学目标

依据教材分析和学情分析，并结合《义务教育语文课程标准（2022年版）》的相关要求，可以确定本次口语交际活动的教学目标。

口语交际《我们与环境》一共有两个话题，分别是：我们身边存在哪些环境问题？为了保护环境，我们可以做些什么？由此，可以确定第一层教学目标。本次口语交际以小贴士的形式提出了两个学习要求：一是判断别人的发言是否与话题相关；二是围绕话题发表看法，不跑题。结合课程标准要求"学会认真倾听，能清楚明白地讲述见闻"，可以确实第二层教学目标。本次口语交际的实践活动要求是：讨论后，选出十项保护环境简单易行的做法，印成"保护环境小建议十条"，张贴在学校、社区等地方的布告栏里。由此，可以确定第三层教学目标。

根据单元的课时安排，完成本次口语交际活动需要一个课时。综上所述，现将本课教学目标确定如下。

1. 能围绕"我们身边存在哪些环境问题"以及"为了保护环境，我们可以做些什么"这两个话题发表看法，不跑题。

2. 在倾听别人发言时，能判断别人的发言是否和话题相关。

3. 通过讨论，拟定出"保护环境小建议十条"，和身边的人共同遵守，养成保护环境的好习惯。

综上分析可发现，教学目标的确定往往需依据话题、小贴士中的提示语、实践活动要求，以及课程标准要求。第一层教学目标可参考话题内容，第二层教学目标可参考提示语与课程标准要求，第三层教学目标可参考实践活动要求。

## 四、把握教学重难点

口语交际能力的形成和发展是一个过程，需要经过多次的训练以及日常的强化。本次口语交际要求学生能"围绕话题"展开交流，这个要求对学生来说比较抽象，由于判断力和表达能力有限，所以容易出现跑题的情况。而能认真倾听别人的发言并做出判断，既是新课标的要求，同时也是此次口语交际的学习要求，因此，基于教材分析，学情分析，教学目标，结合新课标的要求，可以确定本节课的教学重点为：能够围绕话题发表看法，不跑题；在倾听别人发言时，判断别人的发言是否和话题相关。口语交际是一门实践性课程，学习口语交际的目的除了提升口语交际能力，更要注重口语交际对现实生活的指导意义，结合这一特性，我们不难发现，此次口语交际的教学难点为：通过讨论，拟定出"保护环境小建议十条"，和身边的人共同遵守，养成保护环境的好习惯。

## 五、选择教学策略

口语交际教学过程中使用恰当的教学策略有利于提升学生交际能力。结合本课的教材分析、学情分析、教学目标、教学重难点，采用以下教学策略。

1. 创设有效的交际情境，激发学生的交际兴趣。小学语文口语交际最主要的教学策略就是创设情境。口语交际是在特定的情境中产生的言语活动，离开了特定的情境，口语交际难以进行。课堂上，不论是以图片的形式直观展示人类破坏环境的行为，还是以情景剧的形式引发学生思考，都属于利用具体情境以学生生活经历为基础，帮助他们打开思路，激发他们的交流欲望。

2. 营造良好的交际氛围，让学生敢于表达自己。如何营造轻松愉快的交际氛围呢？在本次口语交际活动中，教师需要提出具体明确的要求，并对问题进行细化处理，这样能够减轻学生们心理压力。其次，通过图片、音视频、情景剧等直观又活泼的形式引导学生展开交流、讨论，能让学生在轻松的感官体验中学习与思考，有助于学生大胆地表达。

## 六、教学过程设计

基于第一章所阐述的教学过程设计步骤，遵循口语交际教学的基本规律，结合此次口语交际教学的特点，可将本次口语交际教学过程设计为以下四个环节。

1. 谈话导入，看教材中关于环境遭到破坏的图片，引入新课。

2. 围绕话题，小组交流。

3. 创设情境，讨论分享。

4. 形成建议，发出号召。

第一个环节，教师围绕环境话题，以谈话的形式导入，通过观看教材上的图片，引出"我们与环境"这一主题。第二个环节学生在小组内交流最想说的一个环境问题，其他同学认真倾听，是否做到了"围绕话题，不跑题"，分享结束后请小组代表转述组内交流的内容，教师明确转述的要领，并以听"校园新闻"等音频的形式巩固倾听和转述的技能。第三个环节通过欣赏情景剧，比如《超市的一幕》，结合现实生活中的现象，创设情境，引导学生思考面对环境问题，我们应该怎么做，并在小组内展开讨论，分享可行性建议。第四个环节，各小组分享建议，全班讨论交流，选择十项形成"保护环境小建议十条"，张贴到校园或社区等公共场所，以此发出保护环境的号召。

口语交际的教学过程设计在内容和环节的安排上遵循着一定的教学规律。一般来说，教学过程主要围绕四个环节进行。第一个环节是引出话题，第一学段可以用趣味性较强的游戏或看小视频的形式导入，第二、第三学段可以用了解相关资料和谈话的形式导入。第二个环节是小组内的合作交流，在交流中尝试围绕口语交际主题来明确口语交际的要求。第三个环节是全班的交流，即师生之间的交流、生生之间的交流。教师在交流中进行相应的指导与点拨。第四个环节是围绕主题进行深入的和延续性的活动，比如做一些练习或做一些与此相关的活动。以上四个环节是口语交际教学设计的常规性环节。

本次口语交际教学过程与第一章所提出的五个步骤相吻合。

关于教学设计的五大步骤在本课口语交际教学设计的落实，需特别强调：检查知识、技能、技巧更多地体现在接下来的作业设计中。

## 七、作业设计

口语交际的作业设计主要从作业内容和作业评价两方面考虑。作业内容既是课堂内容的体现，又是课堂内容的延伸，其目的是促进学生口语交际听与说能力的发展。本次口语交际作业内容包括三个方面：一是发展学生的听、说能力，如把环境问题讲给家人听，听听家人的想法；二是引导学生感受口语交际的现实意义，如将选出的环境保护小建议印成海报张贴在公告栏中；三是发展学生的交际思维能力，如创设情境对话等。根据以上分析，将作业设计如下。

1. 跟家人聊一聊我国(或身边)当前比较突出的环境问题，并听听他们有什么想法。

2. 将你和同学们在课堂上选出的"保护环境小建议十条"设计成海报张贴在学校和社区的公告栏中，请你和同学一起来做小小设计师吧！

3. 你和同学们把设计好的"保护环境小建议十条"印制出来了，现在要把它张贴到小区的告示栏中，有许多居民来围观，大家很好奇你们在做什么。下面是一位老爷爷和同学们之间的对话，请你根据情境补充完整。

爷爷：小朋友，你们张贴的是什么呀？

同学：_____

爷爷：保护环境可是一件好事情啊！这些小建议中哪些是我可以做到的呀？

同学：_____

爷爷：谢谢小朋友们，你们可真是了不起的环境小标兵！

同学：_____

作业内容不同，评价方式和评价主体也会不同。评价方式包括口头交流、书面检查和成果汇报。评价主体包括教师、学生和家长。基于本次作业，家长可以采用口头交流的方式完成对第一项作业的评价。如家长向孩子表达关于"环境"的看法，以此了解孩子的倾听能力。教师可以采用成果汇报的方式完成对第二项作业的评价。如学生将设计好的海报进行展示，并以视频或图片的形式记录并展示张贴和宣传的过程。教师可以采用书面检查的形式完成对第三项作业的评价。如教师通过模拟情境对话的形式，请学生展示交流，以此锻炼学生将口语表达落实到书面的能力。

### 八、板书设计

本次口语交际的板书需要从两个方面进行设计。一是简要指出本次口语交际要讨论的主要内容，即：我们身边存在哪些环境问题？为了保护环境，我们可以做些什么？二是准确把握本次口语交际对听与说的要求，即：判断别人的发言是否与话题相关；围绕话题发表看法，不跑题。综上所述，本课的板书设计为：

**我们与环境**

| 一、讨论的主要内容 | 二、对口语交际听与说的要求 |
| --- | --- |
| 1. 环境问题有哪些？ | 1. 判断别人的发言是否与话题相关。 |
| 2. 如何保护环境？ | 2. 围绕话题发表看法，不跑题。 |

板书内容包括两部分，第一部分旨在简明扼要地揭示话题，让学生直观地了解本次口语交际的主要内容。第二部分意在直截了当地提出口语交际听与说的要求，指导学生在讨论的过程中不跑题，从而更好地达成教学目标。围绕讨论的主要内容进行讨论是达到口语交际听与说的要求的必要途径，达到口语交际听与说的要求是进行讨论的最终目的，因此，板书的两部分内容相互依存，不可分割。

## 第三节
# 口语交际教学策略及应用再谈

本节内容重在结合教学案例探讨口语交际教学的具体策略，为口语交际教学实践提供有效指导。

### 一、结合学段特点及教材特征，制定合理的教学目标

小学语文教材统编版一年级下册第一单元口语交际《听故事，讲故事》，以及五年级上册第三单元口语交际《讲民间故事》，都是训练学生讲故事的能力，由于学段不同，所以学习要求也有所不同。那么如何根据学段及教材特点制定合理的教学目标呢？

教学案例呈现：

片段一：小学语文教材统编版一年级下册口语交际《听故事，讲故事》

师：(示范讲《老鼠嫁女》的故事)

生：(听老师讲，老师讲到哪幅图，小手指到哪幅图)

师：故事里都出现了谁？

生：老鼠夫妇、老鼠女儿、太阳、乌云、大风、墙、小老鼠、猫。

师：他们之间谁怕谁呢？

生：太阳怕乌云，乌云怕风，风怕墙，墙怕老鼠，老鼠怕猫。(学生边说老师边把图片贴到黑板上)

师：请同学们看着图片再说说它们之间的关系是——

生：(看着图片说)

师：接下来，同桌之间相互讲一讲这个故事，讲的同学看着图片把故事讲完整，听的同学要认真，如果讲的同学丢掉了情节，要及时补充。

生：(同桌练习)

师：哪位小朋友愿意给大家讲一讲《老鼠嫁女》的故事？

生：(举手并站到讲台前)

师：你可以看着插图讲，声音要大一些，让每个人都听清楚，能做到吗？我们听的同学要竖起小耳朵，认真去听，他讲完，我们要请听得最认真的小朋友点评。

生：老鼠的父母想为女儿选择一个最厉害的丈夫，它们先想到了太阳，因为全世界都离不开太阳，所以就去找太阳娶自己的女儿，太阳说："我虽然厉害，但乌云一来便把我遮住了，我不如乌云，还是去找乌云吧。"老鼠又去找乌云，乌云摇摇头说："不行，虽然我能挡住太阳，但大风一吹，就把我吹跑了，你们还是去找大风吧。"老鼠又去找大风，大风说："不行，因为只要我遇到墙就吹不了了。"老鼠又去找墙，墙说："我虽然能挡住大风，但老鼠一打洞我就倒了。"老鼠夫妇明白了，看来还是我们老鼠厉害，但老鼠又怕谁呢？老鼠怕猫，于是，它们找到了花猫，要把女儿嫁给它。花猫高兴地答应了。一群老鼠吹吹打打，抬着花轿把老鼠新娘送进了猫家。过了几天，老鼠父母不见女儿回家，便去猫家探望，原来女儿早被花猫吃了。(讲的过程中老师及时提示内容，提醒音量)

师：谢谢(鼓掌)，讲得怎么样？谁来说一说呢？

生：讲得很完整。

生：声音很大，让人听得很清楚。

师：嗯，故事讲得完整，声音洪亮，听的小朋友非常认真，给你们自己鼓鼓掌吧！

片段二：小学语文教材统编版五年级上册口语交际《讲民间故事》

师：刚刚我们找到了把故事讲生动的好方法，那就是在留白的地方合理加入一些故事情节。谁来说一说，你会在哪儿补充一些情节呢？

生：我想补充一下牛郎和织女第一次见面的情节。（生描述具体情节）

生：我想补充一下织女被王母娘娘抓走时的情节。（生描述具体情节）

生：我想补充一下牛郎和织女七夕鹊桥相会的情节。（生描述具体情节）

师：同学们，你们想象力真是太丰富了，经过你们的创造，这个故事更加生动了。谁想为大家完整地讲一讲这个故事？（先让同桌之间互相讲一讲。）

生：（同桌练习讲）

师：哪位同学准备好了，上台来试一试吧。

生：（举手上台讲故事）

师：谢谢，请回！谁来点评一下，故事讲得怎么样？

生：故事情节丰富了不少，但是我就觉得光站在那儿讲有点死板，可以加点动作，有的地方带点表演应该会更好。

师：你说得太对了，故事情节丰富了，为了更吸引人，如果讲的过程中加入一些动作或表情，是不是会更具有感染力呢？谁愿意再为大家讲一讲这个故事？

生：（上台讲，不时加入动作、表情）（台下不时传来笑声和掌声）

师：（鼓掌）通过刚才听众的反映，我们不说也知道这个故事讲得有多生动，所以呀，我们在讲故事的时候一定要学会运用这两种方法：在留白处适当补充故事情节；在讲的过程中，配上相应的动作和表情。这样，我们人人都能当故事大王啦！

教学案例分析：

以上两课口语交际内容都是"讲故事"，但由于学段不同，所以制定的教学目标也不一样，在达成教学目标的过程中所采用的教学方法也有所不同。一年级的学生表现欲强，但在积极表现的同时往往不注重倾听别人，而且思维跳跃性大，语言组织能力偏弱。针对这样的学情特点，如何让学生做到"会说"，尤其是做到"爱说"而且又"会听"呢？此次口语交际，教材中还提到"声音大一些"的要求，那么我们在制定教学目标的时候势必要考虑到学段特点和教材的特征，只要学生能够借助插图把故事讲完整，让大家听清楚即可，不要求情节有多丰富，感染力有多强。五年级口语交际《讲民间故事》，虽然教学内容相似，但由于是第三学段，学情特点跟低年段有所不同，五年级的学生有了丰富的知识积累，语言组织能力和倾听能力有了很大的提升，结合教材中提到的创造性地讲故事的要求，那么本次口语交际的教学目标跟之前第一学段讲故事的目标肯定有所不同，围绕教学目标所采用的教学方法也不一样，学生不但要把故事讲完整，还要运用恰当的语气、语调，配合合适的肢体动作，补充合理的情节，把故事讲具体、讲生动。

教学策略总结：

小学口语交际教学必须结合学段特点及教材特征，制定合理的教学目标。由于每个学段的学情特点不同，教材特征不一样，所以小学语文教师应在课程标准所明确的口语交际教学总目标的基础之上，结合每个学段具体的目标要求，采取由浅入深、由简到繁的教学策略，设计具体、合理的教学目标。根据小学语文教材统编版内容的特征设定口语交际教学目标，帮助学生在循序渐进中逐步提高口语交际水平，进而不断提升学生的口语交际自信心，使他们更加积极主动地投入语文课堂的口语学习中，切实提高学生的口语交际能力。

## 二、营造良好的交际氛围，让学生敢于表达自己

小学语文统编教材四年级下册口语交际《转述》这一口语交际课，上课伊始，师生通过"悄悄告诉你"的游戏，引出"转述"的交际话题，活泼而自然。

教学案例呈现：小学语文统编教材四年级下册口语交际《转述》

师：同学们，我们来玩一个游戏，游戏的名字叫"悄悄告诉你"。有请这一组同学，我只把话说给第一个同学听，接着一个一个往后传，注意传话的时候只能小声地说一次，不能让其他人听见。（传话内容：因为语文老师临时有事，本周五的语文课和下周一的美术课对调一下。）

生：（开始传话，一个传给一个，直到最后一个同学）

师：（请最后一个同学）请你大声地告诉大家，你听到了什么？

生：语文老师有事儿，周五的语文课和周一的美术课换一下课。

师：同学们，你们可真厉害呢，我要表达的就是这个意思，看来你们的倾听和表达能力都很不错呢！快给自己鼓鼓掌。

生：（鼓掌）

师：同学们，刚才游戏中把话转告给别人，这种交际方式就是转述。这也是本节口语交际课的主题。（板书主题）

教学案例分析：

这一教学片段中，师生通过游戏导入此次交际话题——转述，自然而然地激发了学生口语交际的兴趣，在轻松愉快的氛围中初步体验转述的形式，为本次口语交际制造一个良好的开端。

教学策略总结：

口语交际教学中，教师要注意为学生营造良好的交际氛围。语言环境会影响个体的思维，进而会影响个体的语言表达，良好的课堂氛围能消除学生的紧张情绪，增强学生表达的自信心，进而促使学生敢于表达自己的思想、观点与看法。为此，教师可以结合教学实际，真正以学生为主体，从其知识经验、情感态度等出发，通过创造形式多样的交流机会，满足学生交流表达的需要，营造一种积极向上的课堂气氛，从而

达到小学语文口语交际教学的目的。

## 三、创设有效的交际情境，激发学生的交际兴趣

在小学语文教材统编版一年级下册《打电话》这一口语交际中，出示了好几个打电话的情境，让学生在打电话的情境中学会如何通过电话与他人交流。那么，在口语交际教学中，该如何运用情境激发学生的交际欲望呢？

教学案例呈现：小学语文教材统编版一年级下册第五单元口语交际《打电话》

师：小朋友，看一看，图中阿姨和李中同学是怎样打电话的呢？同桌之间一人扮演阿姨，一人扮演李中，演一演二人打电话的情境吧！

生：（同桌之间按照课本中的情境进行打电话练习）

师：哪组同学愿意给大家演一演图中的情境呢？

生：（同桌起立演一演）

师：嗯，谢谢你们！通过刚才两个小朋友的表演，我们明白了：给别人打电话时，要先说自己是谁，注意使用礼貌用语，比如，您好，谢谢，再见等。你们真棒！

我们看教材中还有三个情境，现在，我们全班分成三个大组，每个组分别选择其中的一个情境进行练习。

生：（一组练习"打电话约同学踢球"，一组练习"打电话向老师请假"，一组练习"叔叔打电话找爸爸，爸爸不在家"）

师：谁愿意上台来给大家演一演？

生：（举手，上台表演）

师：刚刚两位同学打电话的时候把要表达的内容说清楚了吗？谁来说一说？

生：（说）

（问题较多的一组要再次进行练习，并展示）

师：想一想，日常生活中还有哪些情况我们要打电话沟通？

生：奶奶叫我去她家吃饭。

生：课外班取消，通知妈妈及时来接我。

师：嗯，日常生活中很多时候我们都要打电话沟通，选择一个你熟悉的场景，同桌之间再一起练习练习吧！

教学案例分析：

《打电话》这一口语交际课主要运用教材中的情境让学生在具体的情境中学会独立打电话和接电话，通过自由练习教材中的情境，上台展示，及时点评，让学生熟悉打电话的流程，学会把要表达的意思说清楚，还设计了自由创设情境的环节练习打电话，使课堂所学应用到实际生活中，切实培养学生的口语交际能力。

教学策略总结：

课程标准要求"教学活动主要应在具体的交际情境中进行"。由于小学生身心发展尚未完全成熟，其自觉和自主意识相对不高，许多学习活动大都是凭借兴趣参与的，教学情境具有鲜明的生动性、形象性和趣味性等特点，符合学生身心发展的客观规律，从而可以充分调动学生口语交际学习的主动性和积极性。因此，在口语交际教学中，教师要重视创设多样化的、活泼的口语交际情境，让学生入情入境，形成更加真实的口语交际环境，激发学生的口语交际兴趣。

口语交际课堂创设情境的方法有很多，结合学生的学情和年龄特点，低年段可以采用故事情境、游戏情境等，中高年段则可采用表演情境、游戏情境、辩论情境等。所以口语交际课堂上，教师要摒弃大量讲授口语交际原则和要领的做法，即使学生将这些"原则"和"要领"都背得滚瓜烂熟，也无助于学生口语交际能力的提高。

## 四、联系学生的生活，让学生有话可说

在小学语文统编教材四年级下册口语交际《转述》这一口语交际课上，利用学生熟悉的生活中的例子为交际话题进行练习，让学生学会如何转述……实际生活与口语交际的课堂有何联系呢？

教学案例呈现：小学语文教材统编版四年级下册口语交际《转述》

师：同学们，明天我们要去参观博物馆了，请大家记清楚注意事项：早晨八点，在学校北门口集合；穿校服，戴红领巾；带好水杯、记事本和笔。小丽今天请假了，请你把这个好消息打电话转述给她吧。如果是小丽接电话，怎么转述呢？谁来试一试？

生：小丽，你好，明天我们要去博物馆参观，老师说我们要在早晨八点到学校北门口集合，穿校服，戴红领巾，还要带好水杯、记事本和笔。

师：非常好，这样的话小丽就能顺利参加明天的活动了。如果是小丽的父母接电话，又该怎么转述呢？同桌之间演一演，练一练吧！

生：（同桌之间相互练习）

师：哪组同桌来展示一下你们的对话？

生1(演妈妈)：喂，你好，请问哪位呀？

生2：您好阿姨，我是小丽的同学，小丽在家吗？

生1(演妈妈)：她不在，请问您有什么事儿吗？

生2：请您告诉她，明天我们要去参观博物馆，早晨八点，要在学校北门口集合，穿校服，戴红领巾，还要带好水杯、记事本和笔。

生1(演妈妈)：好的，谢谢你，我一定告诉她。

师：真好！听到小丽的父母接电话，知道使用礼貌用语问好，而且，我们还能听

出来人称上的变化，使用的是"小丽"或"她"这种第三人称。请大家像这样再练习练习。

生：（练习）

师：当转述的对象发生变化时，我们要注意礼貌问好，并且转述的人称要变成第三人称，这样的交际方式才是顺畅自然的。在我们日常生活中，经常会用到转述这种交际方式。请同学们看屏幕上这些情境，选择其中的一个，小组之间合作练一练吧。

（情境可创设：大队辅导员通知大队委做好换届选举工作准备；下个星期一早晨，轮到你妈妈做义工，请8点前到学校门卫，穿戴好义工服；好朋友约了跟你同住一个小区的同学踢足球，请你代为告知他……）

（教师巡视，随时参与，指导。）

师：哪组同桌愿意跟大家展示你们交际的过程……

教学案例分析：

这一教学片段中，老师利用学生生活中熟悉的例子"将去博物馆参观的消息转述给同学或者同学的父母"，让学生根据生活中常见的情境再次模拟练习，激发学生的交际兴趣，逐步引导学生明白转述的要领，这既是对于课堂所学内容的应用，又能让学生体会到口语交际能力就是要在实际生活中体现价值的，对于提高学生语言表达能力，发展学生语言思维有着积极的作用。

教学策略总结：

在口语交际的教学过程中，联系学生的生活，让学生有话可说，这是一种十分有效的学习方法。学生本身总是对奥妙无穷的大自然、丰富多彩的社会生活充满着好奇和向往。因此，小学语文教师在口语教学中应链接学生生活，积极引导他们开展日常观察，以防止其口语交际演变成"无源之水、无本之木"，学生只有用心感受生活中的点点滴滴，才会产生情感倾吐的需要，自然而然地迸发出交际欲望。为了更好地帮助学生提升获取口语表达素材的能力，教师可以引导学生认真观察、感触生活，譬如，感受家庭里温馨的氛围，观察校园里音乐课上的歌唱表演、丰富多彩的竞赛活动、同学之间友爱互助的场景等。学生有了一定的生活感受，口语交际课上可以选用的素材也越来越多，从而提升其口语交际能力。

## 五、做好示范作用，让学生在模仿中提高交际能力

口语交际课上，如果学生说不上来怎么办？这时候适时的示范就能让教学事半功倍，那么怎样通过适时的示范引导学生形成良好的交际呢？

教学案例呈现：小学语文教材统编版一年级下册口语交际《一起做游戏》

师：同学们，贴鼻子的游戏大家玩过吗？怎么玩呢？

生：就是在一个没有鼻子的头像里贴上鼻子。

生：还要蒙上眼睛。

生：可以有人给画鼻子的人提示。

生：画之前，最好增加点难度，比如原地转三圈之后再画。

师：嗯。同学们说了这么多规则，谁能一口气把这些规则说清楚？

生：（说规则）

师：刚刚这位同学说的游戏规则清楚吗？

生：有些乱。

师：那我们怎么把游戏规则说清楚呢？大家尝试着自己先说一说。

生：（自主练习）

师：哪位同学把游戏规则说给大家听呢？

生：（说）

师：嗯，我听出来了，刚才这位同学说的时候用上了"先……然后……"这些词，这样听起来清楚多了。同学们可以用上这些词再次试着说一说。

生：（练习）

师：谁再来给大家说说贴鼻子游戏的规则？

生：（说）

师：好的，的确是清楚多了，大家听老师再来说一遍，看看我有没有把规则说清楚：首先，要在黑板上画一个没有鼻子的头像，参与游戏的同学先蒙上眼睛，在黑板前原地转三圈；然后走向目标，将手中的鼻子贴到图案的鼻子处；参与游戏的同学可向同学求助，获得"上、下、左、右"提示各一次。

听了我的提示，同学们会玩贴鼻子的游戏了吗？

生：嗯，会了。

师：好，那我们就根据游戏规则赶紧来玩一玩这个游戏吧。

教学案例分析：

此教学设计中第二个教学环节是"看课本插图，玩一玩'贴鼻子游戏'"，先让学生说一说如何玩"贴鼻子"游戏，依据学情特点，一年级的孩子还不能有条理地说清楚游戏规则，此时，就需要老师做好示范，通过教师的示范，潜移默化地引导学生学会说清游戏规则，为接下来邀请同学一起做游戏的环节做好铺垫。在学生邀请同伴做游戏的过程中，教师也要适时提示，必要时，再次示范说明游戏规则，为交际的顺利进行提供保障。

教学策略总结：

在口语交际课堂上，教师要做好积极的示范。模仿是小学生比较常用而且立竿见影的一种学习方式，因此，在口语交际教学中，教师可以通过规范化的语言潜移默化地影响学生，教师先有目的地为学生展示准确的语言形式，示范"说"的方式、方法，然后要求学生用正确、清晰的语言模仿讲述。如此，学生便能进行准确、完整、有条理的表达。教师也可以发挥学生的榜样作用，让优秀的学生承担示范的重任，在教师或优秀学生的示范下，使得口语交际课堂顺利进行，使学生学会清晰完整、有条理地表达。

## 六、实行合理有效的评价策略，以积极、鼓励性评价为主

课堂上常常出现学生沉默不言的现象，是什么原因造成了这样的状况？如何改善这种状况？课堂上，面对学生的回答，教师所做出的评价不同，学生的表现会大大不一样。

教学案例呈现：小学语文教材统编版四年级上册口语交际《安慰》

师：生活中，遇到的情况不同，安慰人的方式也往往不一样。请同学们读一读课本 89 页三幅图和相对应的文字。三个主人公遇到的烦恼是不同的，对于他们来说最合适的安慰方式也不同。你会怎样安慰他们呢？先任选一种情况，和同桌模拟练习。

生：（选择一个情境，模拟练习）

师：哪组同学愿意来展示一下？同学们看一看他们用的方式是否恰当，是否能起到安慰的作用。

生 1：我们选择的第三个图片的内容。我演小冰。（进入状态：眉头紧锁，情绪低落，表现出快要哭的样子）

生 2：小冰，你怎么啦？你看上去很伤心的样子，能跟我说说吗？

生 1：我昨天出去玩，把手表弄丢了，那可是妈妈送我的生日礼物，我特别喜欢这块表，丢了很心疼。

生 2：（拍拍他的肩膀，看着他的眼睛，真诚地）丢了手表一定很难过，但是丢了找不回来，难过也没有用，开心点，放了学咱俩去踢足球好不好？

生 1：嗯，谢谢你，有了你的安慰我心里舒服多了！

师：你们表演得真好！同学们掌声鼓励他们吧！（对生 2）你也太会安慰人了，不但有语言和肢体上的鼓励，还有合理的方式帮助他排解心里的郁闷，你怎么那么棒！（竖起大拇指）

（接下来，再请两组同学展示）

师：这几组同学表现得都很棒！你们真是善解人意的好孩子，被你们这样安慰过，对方心情一定好多了。虽然你们在安慰别人时，用的具体方式不同，但都起到了安慰对方的作用。

教学案例分析：

这一片段让同桌之间进行角色模拟，再指名表演，全班交流。通过情景再现的方

式，让学生感受什么是安慰，什么样的方式才算合适。在班级展示交流后，提炼出安慰别人时通常要注意的原则：首先要做到理解别人，设身处地地感受他的心情；另外，安慰别人时的语言和行动都要真诚，发自内心。在此过程中，老师并没有说教式地指出安慰的方法，而是以积极的评价，引导学生明白如何安慰别人更有效果，所以老师的鼓励既是对学生表现的评价，同时又是交际方法的提炼，一举两得，尤其反映出了积极的评价机制对于口语交际课堂有着极大的促进作用，是激发学生交际欲望不可或缺的部分。

教学策略总结：

在口语交际课堂上，教师应给予学生积极的评价，帮助学生树立交际的信心。口语交际的评价，应按照课程标准对不同学段的要求，综合衡量学生的口语交际发展状况，以全面多维的视角评价内容和结果。第一学段主要评价学生口语交际的态度与习惯，重在鼓励学生自信地表达；第二、第三学段主要评价学生日常口语交际的基本能力，关注交际习惯和素养的养成；尤其不能采取"一锤定音"的方式，避免无效评价、片面评价；评价主体应多元化，评价方法应多样化，评价内容应全面而具体，提倡学生由被动接受者变为主动参与的评价主体，要关注学生发展，让每个学生在评价中领略成功的喜悦，保持表达的自信心。

# 第四节
# 口语交际教学设计案例分析

进行精心的教学设计是上好口语交际课不可或缺的教学环节及有效的教学手段，因此，本节内容主要通过对具体教学设计案例分析，明晰口语交际教学相关理念的落实以及具体教学策略的应用。

## 一、《打电话》教学设计

### [教材分析]

《打电话》是小学语文教材统编版一年级下册第五单元的口语交际主题。教材通过李中同学与阿姨打电话的情境展示了打电话时应注意的要领，明确打电话时要先礼貌问好，再说明身份，然后把要说的内容说清楚等注意事项。接着，结合几组生活中常见的打电话的场景，借助不同的话题，引导学生练习接、打电话，意在让学生在具体的情境和轻松愉快的氛围中，学会接电话和打电话，从而达成本课的学习目标，提升口语交际能力。

[学情分析]

一年级下学期的学生有了上学期口语交际训练的基础，对口语交际并不陌生，对于跟生活联系紧密的话题，能够做到积极参与，主动表达。但由于一年级学生注意力集中时间短，倾听能力弱，在交际过程中会出现听不清楚对方内容的情况。所以，在交际过程中，要善于利用教材中的情境，引导学生认真倾听，知道听不清楚时，要请对方重复，从而学会独立打电话和接电话。

[教学目标]

1. 知道打电话的一般步骤，初步学会独立打电话和接电话。

2. 打电话时，把要表达的意思说清楚；接电话时，能听懂主要内容，没听清时请对方重复。

3. 接打电话时，都要使用礼貌用语，养成懂礼貌、善于倾听的好习惯。

[教学重难点]

知道打电话的一般步骤，学会独立打电话和接电话。

[教学策略]

结合教材分析、学情分析和教学目标，本节课主要采用以下教学策略。

1. 联系生活，让学生有话可说。打电话是学生日常生活中熟悉的场景，所以通过聊天，说说平时是怎样打电话的来导入话题，帮助学生建构交际内容。

2. 创设情境，降低交际难度。教材通过图、文共提供了四个交际情境，学生通过模仿插图和借助具体情境反复练习，从而学会独立接电话和打电话。最后，通过自由创设情境巩固练习，解决实际问题，让口语交际能力在生活中得以应用。

[教学过程]

1. 联系生活实际，说一说自己是怎样打电话的

(1) 可聊天导入：你打过电话吗？你是怎样打电话的？

(2) 交流打电话要注意什么。

注意事项：

根据学生发言梳理打电话的步骤：打电话时，先拨对方的电话号码；接通电话后，要问好、说清楚自己是谁；再说为什么打电话；结束时说再见。

提示学生要注意使用礼貌用语：您好、谢谢、再见等。

设计意图：

第一学段口语交际要求学生做到"认真听别人讲话，努力了解讲话的主要内容""与别人交谈，态度自然大方，有礼貌"。

打电话的情境正好可以很好地训练孩子自然表达和认真倾听的能力。导入时根据学生学情，联系生活实际，创设自然的口语交际情境，贴近学生生活。

2. 模仿教材插图中打电话的情境，知道"给别人打电话时，要先说自己是谁"

(1)读一读教材插图中阿姨和李中同学是怎样打电话的。

(2)同桌分角色表演教材中打电话的情境。

(3)请两个同学展示教材中打电话的情境。

(4)教师小结：给别人打电话时，要先说自己是谁，注意使用礼貌用语，比如您好、谢谢、再见等。

3. 根据教材中提供的三个情境，练一练怎么打电话、接电话

(1)全班分成三大组，分组练习"打电话约同学踢球""打电话向老师请假"以及"叔叔打电话找爸爸，爸爸不在家"。

(2)全班展示，师生评价。

注意事项：

教师引导学生对情境一和情境二进行评价，着重关注打电话时是否表述清楚了要表达的内容。

(3)可请问题较多的一组再次展示。

4. 师生讨论交流：如果在接打电话时，没听清，怎么办？

(1)教师提出问题：如果接打电话时，没听清，怎么办？

(2)学生自由讨论。

(3)教师小结：没听清时，可以请对方重复，但一定要有礼貌。

(4)师生现场模仿，巩固练习。

5. 可自由创设更多情境，练习打电话，然后进行展示

6. 教师小结

在今后的日常生活中，要根据情况主动打电话进行交流和沟通。记住给别人打电话时，要先说自己是谁；没听清时，可以请对方重复；要注意使用礼貌用语。

设计意图：

口语交际课，要注意培养学生口语交际能力，而且应鼓励学生在日常生活中锻炼口语交际能力，因此创设和生活密切相关的情境特别重要。

设计意图：

再次创设情境，解决接打电话中遇到的实际问题，使交际课中的所学能切实应用到日常生活中。

［作业设计］

课程标准强调鼓励学生在日常生活中锻炼口语交际能力，因此，除了在课堂上培养和锻炼学生的口语交际能力之外，教师更应该引导学生将课堂所学的能力运用到实际生活中，学以致用。打电话是日常生活中很常用的沟通方式，课堂上学会如何接、打电话之后，更重要的是在日常生活中运用这种能力进行交际。所以，此次口语交际课的作业设计如下。

回家之后，用今天课上学到的知识，给自己的亲人或者朋友打个电话；明天，在课堂上，请跟大家交流：你给谁打电话了？打电话说了哪些内容？

［板书设计］

一年级的孩子活泼好动，好奇心强，但注意力集中时间短，因此，板书设计应简洁、明确，突出学习重点，最好能做到图文并茂，让学生一目了然，印象深刻。本课的学习重点是"打电话时把内容说清楚""接电话时，没听清请对方重复""接打电话有礼貌"。结合学习重点，提炼出板书的关键词并设计如下。

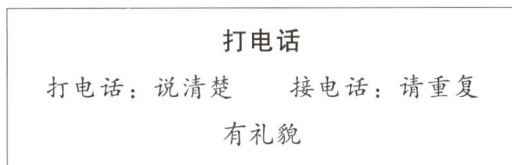

---

**打电话**

打电话：说清楚　　接电话：请重复

有礼貌

---

## 二、《一起做游戏》教学设计

［教材分析］

《一起做游戏》是小学语文教材统编版一年级下册第七单元的口语交际主题。教材通过小朋友们熟悉的贴鼻子游戏插图，旨在激发学生参与游戏的兴趣，老师通过示范，让学生懂得如何把游戏规则说清楚，学会邀请伙伴一起做游戏，在游戏的愉悦氛围中潜移默化地使口语交际能力得以提升。

［学情分析］

一年级下学期的学生经过前一个学期的知识性学习及心理上的自我调节，社会性逐渐发展起来，在交际能力方面有明显提升，更倾向于跟同伴一起进行有趣的活动等，但在交际过程中往往会出现词不达意、表述不完整、缺乏条理等情况，从而引起交际紧张，尤其是邀请伙伴做游戏时，需要说清游戏规则，对于一年级的学生来说会出现困难。所以，课堂上要注意营造愉快轻松的交际氛围，当学生出现交际困难时，要适时进行示范。

［教学目标］

1. 能积极主动地邀请小伙伴一起做游戏，说话时有礼貌。

2. 能有条理地把游戏规则说清楚，并且能一边说一边做动作。

3. 养成乐于交往和友善待人的好习惯。

**［教学重难点］**

能有条理地说清楚游戏规则，邀请小伙伴一起做游戏。

**［教学策略］**

结合教材分析、学情分析和教学目标，本节课主要采用以下教学策略。

1. 营造良好的交际氛围，让学生敢于表达自己。做游戏是学生非常喜欢的活动，所以通过玩“贴鼻子”游戏，营造愉快的课堂气氛，使得交际环境变得轻松，更易于学生参与表达。

2. 做好示范，让学生在模仿中提高交际能力。说清楚游戏规则是本课的学习重点和难点，学生在表述游戏规则时不可能一步到位，所以，教师的示范至关重要。结合本课“一边说，一边做动作，让别人听得更清楚”的学习要求，教师在示范时，也要做到这一点，为下面的教学环节做好铺垫。

**［教学过程］**

1. 师生谈话交流，说一说自己喜欢的游戏

注意事项：

鼓励学生大胆表达，激发学生交流的兴趣。

2. 看课本插图，玩一玩“贴鼻子”游戏

(1)看课文插图一，根据经验，试着说一说怎么玩“贴鼻子”这个游戏。

(2)教师示范介绍“贴鼻子”的游戏规则，一边说，一边做动作。规则如下：参与游戏者先蒙上眼睛在黑板前(适当距离处)原地转三圈；然后走向目标，将手中的鼻子贴到目标图案的鼻子处；参与游戏者可向同学求助，获得“上、下、左、右”等提示各一次。

设计意图：

以“自己喜欢的游戏”为交流话题，符合口语交际应“选择贴近学生生活的话题”这一教学建议。再通过“玩游戏”，营造愉悦的交际氛围，激发学生语言表达的积极性。教师的示范可以引导学生更清楚、规范地进行表达。

注意事项：

教师介绍游戏规则时，一边说，一边做动作，让学生听得更明白。

(3)请学生玩一玩“贴鼻子”的游戏。

3. 师生讨论交流：要邀请小伙伴一起做游戏，需要怎么做？

(1)观察课文插图二，请两位学生分角色读一读其中的对话。

设计意图：

充分发挥教材的作用，落实教学目标一。教学目标的达成既要兼顾教材，又要联系学生生活，结合学生学情特点，采用灵活的方式对学生进行引导，不能要求过高。

（2）说一说怎样邀请小伙伴一起做游戏。

注意事项：

在学生交流的过程中，教师相机概括出：邀请别人时，态度要热情、大方；被邀请时，遇到不懂的地方要主动提问。

请一位同学现场邀请另外一位同学做游戏。

4．练习把游戏规则说清楚：一边说，一边做动作

（1）请一位学生介绍自己最喜欢的游戏。

注意事项：

提醒学生介绍游戏规则时，一边说，一边做动作。

（2）请同学们就游戏规则中不明白的地方提问。

（3）教师指导怎样把游戏规则有条理地说清楚。

注意事项：

①教师指导学生要说清游戏规则需注意两个方面：第一，一边说，一边做动作；第二，可以用上"先……接着……最后……"等简单的连接词或者用上"一""二""三"等词分步骤说清楚游戏的规则。

②教师指导要及时，评价时以鼓励为主。

（4）再请这位学生把刚才的游戏规则说一遍。

5．推荐"我最喜欢的游戏"，邀请小伙伴一起做游戏

（1）请每位学生在四人小组中介绍自己喜欢玩的游戏。

（2）每组推荐一位学生代表在全班进行介绍。

（3）最受欢迎的游戏推荐者邀请其他同学一起玩游戏（也可课下进行）。

设计意图：

"口语交际是听与说双方的互动过程"，在交际过程中，通过师生互动、生生互动，教师既指导了学生有条理地进行表达，又注意培养学生倾听能力。经过反复练习之后，再请同学进行展示，既是对学习成果的展示，同时也起到积极的示范作用。

[作业设计]

本课的教学重难点是说清楚游戏规则，因此，作业设计也应强化落实这一目标，但作业方式应灵活多样，不能过于死板、僵化，尤其不能采用强制性检查过关的形式，

那样只会打击学生的交际积极性，降低教学效率。所以，既要检测学生学习的有效性，又要让学生乐于参与其中。那么，此次口语交际的作业可以设计如下。

1. 设计邀请函。

我最喜欢的游戏是＿＿＿＿＿＿＿，它的游戏规则是：＿＿＿＿＿＿＿＿＿＿＿

＿＿＿＿＿＿＿＿＿＿＿＿＿＿＿＿。

2. 邀请同学一起做游戏。

邀请函的设计可以让学生自由选择自己喜欢的纸张、配图等，图文并茂。邀请函设计完成后，可在课堂上用来邀请同伴做游戏，在愉悦的交际氛围中强化交际能力。

[板书设计]

本节课的学习重点是"说清游戏规则"，说清游戏规则关键在于会使用分步骤表述的词语，如"首先，然后，接着，最后……"，或者使用"1，2，3……"等数字表述。因此，板书可设计如下。

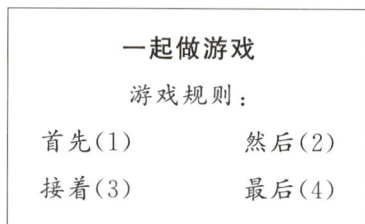

**一起做游戏**

游戏规则：

首先(1)        然后(2)

接着(3)        最后(4)

## 三、《讲民间故事》教学设计

[教材分析]

《讲民间故事》是小学语文教材统编版五年级上册第三单元的口语交际主题。本单元的语文要素之一是学会创造性地复述故事。本次口语交际的学习目标是让学生通过讲自己喜欢的民间故事，进一步掌握把故事讲生动的方法——丰富故事情节，讲清楚故事的细节；配上相应的动作表情等。第一、第二学段教材出现了多次讲故事的口语交际话题，此学段如何进一步提高学生讲故事的能力？这就需要结合学段特点和教材特点制定合理的教学目标，围绕教学目标制定有效的教学策略。

[学情分析]

五年级的学生经过第一、第二学段的系统性学习，在"讲故事"这一能力方面有了很大的提升，讲故事能够做到具体、生动。五年级的学生有了较强的主动学习意识，对于某些事物有自己独到的见解和思考，既能冷静分析问题，又能大胆想象和创造。但由于认知水平和生活经验有限，所以，在创造性地讲述故事的过程中容易出现情节过于夸张和啰唆的情况。由于自我意识的增强，有些孩子出现害羞心理，不愿意过多表现自己，所以在讲故事过程中，动作、表情的配合会相对较弱。因此，教师在引导的过程中更要注意情境的创设，多使用鼓励性的语言，增强学生的自信心。

[教学目标]

1. 了解故事内容，能够抓住故事要点，进行简要概述。

2. 能够适当丰富故事情节，配上相应的动作和表情把故事讲生动。

3. 感受民间故事的神奇色彩，传承中国传统文化。

[教学重难点]

能够适当丰富故事情节，并配上相应的动作和表情把故事讲生动。

[教学策略]

结合教材分析、学情分析和教学目标，本节课主要采用以下教学策略。

1. 创设交际情境，激发学生交际兴趣。情境创设在口语交际教学中至关重要。本课至少两个情境需要重视：第一，通过谈话导入，引导学生分享自己喜欢的民间故事，将学生自然而然地引入讲故事的情境中，为接下来"怎样把故事讲得更生动?"做好铺垫；第二，分组轮流讲故事，再推选代表在全班讲，小组和班级是两个不同的交际氛围和群体，对激发学生交际兴趣、提高交际能力很重要。整体来看，从个体到小组，再到班级，整个过程都没有脱离讲故事的交际情境。

2. 运用鼓励性评价，讲评结合。结合五年级学生的学情特点，在交际过程中，教师应不断使用积极的鼓励性的语言激发学生的表达欲和表现欲，不能"一锤定音"。通过师生评价、生生评价，尤其是"故事大王"的评选，使学生在讲故事和相互评价中，增强交际自信，提高交际能力。

[教学过程]

1. 谈话导入新课，激发讲故事兴趣

(1)谈话导入新课。

同学们，中国的传统文化博大精深，口耳相传的经典民间故事影响着每一代人。这单元，我们结识了舍己为人的猎人海力布，也被牛郎织女的爱情故事所感动。在你们的记忆里，还有哪些让你印象深刻的民间故事呢？

(2)教师追问。

如何将这些故事讲得引人入胜，让大家听得津津有味？你会用什么方法去讲？今天我们就一起探讨一下如何把民间故事讲得生动。

2. 学习方法，进行创造性复述故事

(1)请学生展示自己喜欢的民间故事。

设计意图：

通过引导学生讨论感兴趣的话题，激发交际兴趣。

（2）请学生进行点评，并引发学生思考：如何使故事变得更生动，更吸引人呢？

（3）适时总结方法：发挥想象，在原故事的基础上适当加入故事情节。

（4）以展示的故事为例，说一说，哪些情节可以适当地进行丰富？如何丰富？

（5）选择自己喜欢的故事，尝试适当丰富故事情节，练习讲一讲。

（6）请学生进行展示，并评价。

（7）教师适时提示：讲故事时可以加入相应的动作、表情等，使故事更加吸引人。

（8）再次请同学进行展示，并评价。

（9）教师总结：民间故事中有许多情节留白，可以针对一些留白情节，发挥想象，丰富故事细节，使故事更生动。在讲故事的过程中，配上相应的动作和表情能够使故事更加打动人。

3. 进行创造性复述故事比赛，评选"故事大王"

（1）在小组内进行创造性复述故事练习。

（2）邀请小组代表进行展示。

（3）评一评：谁讲的故事最吸引人？

（4）选出班级的故事大王。

4. 推荐阅读《中国民间故事100篇》，并将喜欢的故事讲给他人听

（1）推荐阅读《中国民间故事100篇》。

（2）挑选一个喜欢的故事，运用本节课学习的方法，将喜欢的故事讲给别人听。

设计意图：

交际始终在讲故事的情境中进行，引导学生积极参与其中，在交际实践中总结创造性复述故事的方法，使学生学会创造性地复述故事，保持交际欲望。

设计意图：

课程标准要求第三学段口语交际"表达要有条理，语气、语调适当"。为了达成这一目标，教师引导学生一步步找到合适的复述方法。通过师生、生生评价，尤其是"故事大王"的评选，进一步激发学生的交际兴趣，提升交际能力。

[作业设计]

本课的学习目标是学会创造性地复述故事，即适当丰富故事情节，并在讲述的过程中配上相应的动作和表情。本单元的"快乐读书吧"推荐阅读的书目为《中国民间故事100篇》，因此，为了强化落实口语交际的教学目标，可结合"快乐读书吧"的阅读推荐，将此次口语交际的作业设计如下。

从《中国民间故事100篇》中，选择一个最感兴趣的故事进行创造性的复述练习，对自己的练习满意之后，可以录成视频，展示到班级群中，请相应的小伙伴进行点评。

[板书设计]

本节课的学习重点是掌握创造性地复述故事的方法，共有两点，可提炼出关键词"丰富情节""动作表情"。对于第三学段的学生而言，直观的文字表述更有助于进行清晰的记忆，因此，板书可设计如下。

> **讲民间故事**
> 丰富情节　动作表情

## 本章小结

语文教学视野中的口语交际教学指在语文教学中培养学生运用规范、简明、连贯得体的口头语言，再辅以适当的非语言形式与人交流，实现某种交际能力的教学活动。

第一节明确指出了应以课程标准中关于各学段口语交际教学的具体目标为依据，结合教材要求来明确教学任务；介绍了口语交际教学的发展历程；总结出了当前口语交际教学面临着课型意识淡薄、教学方式单一、评价方式书面化等问题。第二节从教材分析、学情分析、教学目标、教学重难点、教学策略、教学过程、作业设计、板书设计八个方面详谈了口语交际教学设计的过程。第三节指出了口语交际六大教学策略，分别是制订合理的教学目标，营造良好的交际氛围，创设有效的交际情境，联系学生的生活进行交际，做好示范作用以及实行合理有效的评价策略。

在口语交际教学中，还要运用所学策略设计出符合语文课程标准理念，符合小学生口语交际心理特点，满足学生口语交际需要的教学过程，这是上好口语交际课的前提和基础。第四节以《打电话》《一起做游戏》《讲民间故事》为例，进行了口语交际教学设计案例分析。

## 关键术语

口语交际教学；口语交际教学设计；口语交际教学策略

## 拓展阅读

1. 王志凯、王荣生编著：《口语交际教例剖析与教案研制》，南宁，广西教育出版社，2004。

本书系统地论述了我国语文口语交际教学的发展概况，介绍了口语交际教学方面的理论研究，分析了我国口语交际教学中长期存在的问题，为广大教师提供了较为丰富的拓展性材料和利于操作的教学实践活动，收录了国外先进的口语教学大纲及细目，介绍了目前处于前沿水平的研究成果。本书的课例研究和分析，是编者在收集和总结一些有代表性的"口语交际教学范例"的基础上完成的。这些点评和剖析立足于当前口语交际教学的普遍问题，以期引起界内人士的重视，共同推动我国口语交际教学的改进和完善。

2. 费蔚：《小学口语交际教学理论与示例》，北京，人民教育出版社，2009。

本书分为上下两编，上编重点阐述口语交际教学理论，分为概述、目标、类型、原则、策略、途径、评价七章。既有理论研究，又有案例佐证，具体形象，可读性强。下编重点介绍教学设计，分为自然、家园、活动、妙想、成长、相处、生活七个专题。涉及的交际话题广泛，且每个设计都辅之以说明，具有一定的借鉴作用。该书一方面力图通过广泛阅读、文献研究和深入思考，对口语交际教学理论进行全面而系统的介绍，为教师们开展进一步研究奠定基础；另一方面以人民教育出版社义务教育课程标准实验教科书小学语文口语交际内容为载体，为广大教师提供各年级典型的、实用的教学设计，帮助他们解决教学中遇到的实际问题。

3. 岑运强：《交际语言学》(第二版)，北京，中国人民大学出版社，2015。

交际语言学是研究人类如何运用语言进行交际活动的一门应用语言学科。本书从人类学史、语言学史及言语的语言学讲起，追溯了交际语言学在东西方的源头，讨论了其基本要素、基本形式以及与心理学、思维逻辑学、社会文化等的关系。交际语言学从结构上分出说服学、回答学、语境学、语言变异学，从功能上分出一般社交学、演讲学、辩论学、谈判学、推销学、广告学。随后本书分别从口语与书面语两方面论述言语病的防治。全书论述系统深入，又与日常交际的实际应用紧密结合，举例活泼，多有创新。本书既可作为交际语言学教材，也可作为一般大众提高交际能力的通俗读物，可读性极强。

## 体验学习

1. 口语交际课的关键是什么？"口语交际"与"表达"有什么区别？

2. 从小学统编语文教材中任选一篇口语交际，运用相应教学策略完成一篇教学设计。

## 章结构图

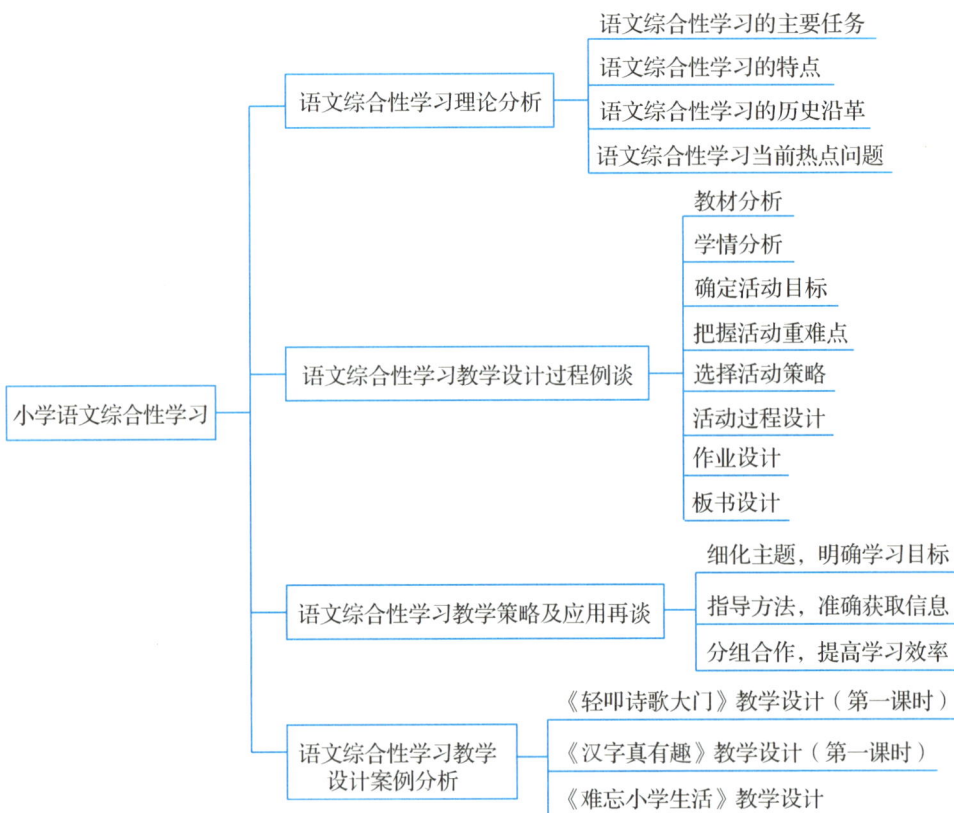

小学语文综合性学习
- 语文综合性学习理论分析
  - 语文综合性学习的主要任务
  - 语文综合性学习的特点
  - 语文综合性学习的历史沿革
  - 语文综合性学习当前热点问题
- 语文综合性学习教学设计过程例谈
  - 教材分析
  - 学情分析
  - 确定活动目标
  - 把握活动重难点
  - 选择活动策略
  - 活动过程设计
  - 作业设计
  - 板书设计
- 语文综合性学习教学策略及应用再谈
  - 细化主题，明确学习目标
  - 指导方法，准确获取信息
  - 分组合作，提高学习效率
- 语文综合性学习教学设计案例分析
  - 《轻叩诗歌大门》教学设计（第一课时）
  - 《汉字真有趣》教学设计（第一课时）
  - 《难忘小学生活》教学设计

## 本章概述

　　小学语文综合性学习是一种创造性学习，注重学习方式的自主、实践、综合和学习过程的开放、互动，是全面提高学生的语文素养，培养学生主动探究、团结合作、勇于创新精神的重要途径。本章将从语文综合性学习理论分析、语文综合性学习教学设计过程例谈、语文综合性学习教学策略及应用再谈和语文综合性学习教学设计案例分析四个方面展开分析论述。

## 问题情境

　　小 H 老师是光明小学的一名语文老师，最近，在准备进行小学语文教材统编版五年级下册第三单元的《汉字真有趣》综合性学习活动教学时，认真研读了教材活动内容，设计了综合性学习活动教学方案，还广泛搜集整理突显汉字特点的相关字谜、对联、歇后语等，亲身体验在资料搜集整理中应注意的事项，做了很多课前准备工作。但在实际开展语文综合性学习活动过程中，小 H 老师发现仍存在一系列问题。如，学生在合作制订小组活动计划时，有些小组的活动计划并不完整，小 H 老师于是指出小组中存在的问题，修改学生们的活动计划；在面对搜集到的各式各样的资料时，学生难以判断并选择出符合"汉字真有趣"主题的内容，而小 H 老师则亲力亲为，帮助学生筛选出合适的资料……活动结束后，反思活动过程和自己的做法，她感到并没有做到引导学生去主动合作探究，自己在语文综合性学习理论方面的素养以及掌握设计综合性学习活动的方法层面还有很多不足。那么，小学语文综合性学习相关理论都包含哪些方面？如何设计切实可行、突显语文综合性学习特点的活动？怎样将语文综合性学习教学策略应用到教学中呢？

### 🎯 学习目标

1. 了解《义务教育语文课程标准(2022 年版)》有关综合性学习教学的要求及具体目标。

2. 通过具体案例，掌握小学语文综合性学习教学设计过程的基本步骤。

3. 明确综合性学习教学的目的，能够掌握有关综合性学习教学的具体教学策略。

4. 能够运用所学策略，结合具体课例进行综合性学习的教学设计。

### ✏️ 学习重点

1. 明确综合性学习教学的目的，能够掌握有关综合性学习的具体教学策略。

2. 能够运用所学策略，结合具体课例进行综合性学习的教学设计。

小学语文综合性学习被列入语文课程，与识字写字、阅读、习作、口语交际并列。其授课形式、学生参与方式与其他课型差异明显。通过这一章的学习，我们要明白小学语文综合性学习的特点，掌握小学语义综合性学习的具体教学策略。

# 第一节
# 语文综合性学习理论分析

语文综合性学习是以语文学科为基础，以学生的生活经验为前提，强调语文学习和学生生活的结合。小学语文综合性学习加强了语文课程与其他课程之间的联系，目的是使学生学会自主、合作、探究学习，培养学生创新精神和实践能力，促进学生语文素养的提高。随着基础教育课程改革的深入，语文综合性学习越来越受到重视，在语文教学中的地位也越来越重要。对于教师而言，明白语文综合性学习是什么、要教什么、为什么这样教等内容尤为重要。

## 一、语文综合性学习的主要任务

语文综合性学习有利于学生在感兴趣的自主活动中全面提高语文素养，是培养学生主动探究、团结合作、勇于创新精神的重要途径，应该积极提倡。语文课程标准对各学段综合性学习也提出了明确的阶段目标。小学语文综合性学习的课程目标与内容，见表 7-1。

表 7-1　小学语文综合性学习的课程目标与内容

| | |
|---|---|
| 第一学段<br>（1～2 年级） | 1. 观察字形，体会汉字部件之间的关系。梳理学过的字，感知汉字与生活的联系。<br>2. 观察大自然，热心参加校园、社区活动，积累活动体验。结合语文学习，用口头或图文等方式整理、表达自己在活动中的见闻和想法。<br>3. 对周围事物有好奇心，能就感兴趣的内容提出问题，结合其他学科的学习和生活经验交流讨论，尝试提出自己的看法。 |
| 第二学段<br>（3～4 年级） | 1. 尝试分类整理学过的字词。尝试发现所学汉字形、音、义和书写的特点，帮助自己识字、写字。<br>2. 学习组织有趣味的语文实践活动，在活动中学习语文，学会合作。结合语文学习，观察大自然，观察社会，积极思考，运用书面或口头方式，并可尝试用表格、图像、音频等多种媒介，呈现自己的观察与探究所得。<br>3. 能提出学习和生活中的问题，有目的地搜集资料，共同讨论，尝试运用语文并结合其他学科知识解决问题。 |
| 第三学段<br>（5～6 年级） | 1. 分类整理学过的字词，发现所学汉字形、音、义和书写的特点，发展独立识字能力和写字能力。<br>2. 感受不同媒介的表达效果，学习跨媒介阅读与运用，初步运用多种方法整理和呈现信息。<br>3. 初步了解查找资料、运用资料的基本方法。利用图书馆、网络等渠道获取资料，解决与学习和生活相关的问题。尝试写简单的研究报告。<br>4. 策划简单的校园活动和社会活动，对所策划的主题进行讨论和分析，学写活动计划和活动总结。对自己身边的、大家共同关注的问题，或影视作品中的故事和形象，通过调查访问、讨论演讲等方式，开展专题探究活动，学习辨别是非、善恶、美丑。 |

　　从《义务教育语文课程标准（2022年版）》对小学语文综合性学习的课程目标与内容的编写来看，小学语文综合性学习是指："语文知识的综合运用，听、说、读、写能力的整体发展，语文课程与其他课程的沟通，书本学习与实践活动的紧密结合。"

　　从课标提出的要求不难看出，课程目标非常重视培养学生搜集、处理信息的能力。当今世界已步入信息时代，人们需要掌握大量的、准确的信息来随时调整自己的工作思路，确定自己新的工作目标。而以往的学科教学主要采用被动的接受式学习方式，学生无须寻找自己需要的资料与信息，搜集、利用信息的意识淡漠。在语文综合性学习的过程中，要培养学生利用多种手段，通过多种途径来获取信息，并根据需要恰当地处理信息和利用信息，综合运用语文知识完成自己的课题，初步具备搜集处理信息的能力。

　　同时，各个学段的课程目标十分重视学生的语文实践，强调语文知识和能力的实际运用，在实践中提高学生的实践能力，促进学生素质的全面提高，这是综合性学习的基本目的。第一学段要求学生"结合语文学习，观察大自然，用口头或图文等方式表达自己的观察所得"（最新的小学语文教材统编版中，第一学段没有再明确涉及综合性学习内容）；第二学段要求学生"在家庭生活、学校生活中，尝试运用语文知识和能力解决简单问题"；第三学段要求学生"为解决与学习和生活相关的问题，利用图书馆、网络等信息渠道获取资料，尝试写简单的科研报告"，以及"初步了解查找资料、运用资料的基本方法"。这些要求的提出都是侧重于对学生的实践综合运用能力的培养。

　　《义务教育语文课程标准（2022年版）》中提出的有关综合性学习目标的建议，就是要开放语文教学，加强语文课程与其他课程及社会生活的联系。重点在于学习过程，注重激发学生的创造潜能，能较好地整合知识和能力，在教学过程中尤其注意要有利于在实践中培养学生的观察感受的能力、综合表达的能力、人际交往的能力、搜集信息的能力、组织策划的能力、互助合作的能力以及团队精神。

## 二、语文综合性学习的特点

　　从语文教育的改革与发展历程来看，语文教学在较长一段时间内处于一种相对封闭的状态。教师、课本、教室，是语文教学的主要资源。但是语文的学习和学生的生活是密切相关的，应该是开放性的。《义务教育语文课程标准（2011年版）》大力倡导语文综合性学习，把综合性学习列入语文课程，与识字写字、阅读、习作、口语交际并列。

　　语文综合性学习主要有以下一些特点。

### (一)综合性

　　语文综合性学习既是学习内容的综合，也是学习目标的综合，同时还是学习方法的综合。语文综合性学习涉及自然、人文、科学、艺术等方面，内容十分广泛。在学习目标方面也体现出了课程标准对识字写字、阅读、习作以及口语交际这几个方面学习目标的综合。在学习方法方面，课标提出搜集资料、共同讨论、写活动计划和活动总结等。学习这些内容的过程也是对各种学习方法综合运用的过程。

### (二)实践性

综合性学习以活动为主要形式，是一种在实践中学习语文、运用语文的学习方式。比如小学语文教材统编版五年级下册第三单元《汉字真有趣》中，有三项学习要求，分别是"感受汉字的趣味，了解汉字的文化""学习搜集资料的基本方法""学写简单的研究报告"。学生在以往的学习中已经初步感受了汉字的趣味，也对汉字文化有了一些了解。而综合性学习以学生现实生活和生活实践为基础，通过问题，激发学生的参与意识；强调学生的亲身经历，在"调查""搜集""实验""合作"等一系列活动中，发现和解决问题，体验和感受生活。

### (三)自主性

综合性学习突出自主性，充分尊重学生的兴趣爱好，鼓励学生自主选择学习的目标内容，自己设计活动方案，自行组织活动过程，自己搜集资料，提出问题解决问题，自己决定活动结果和呈现形式等，这就给学生提供了实现自己理想志趣的广阔天地。

### (四)生成性

综合性学习具有生成性的特点，这是由语文综合性学习的过程取向所决定的。综合性学习的题目和方式，是教师和学生在学习和生活的动态活动过程中不断生成的。综合性学习的主题活动方式、活动过程都是学生自己或学生在教师的指导下，从他们的现实生活情境中发现问题，提出活动的主题，并且经过筛选确定的。

### (五)开放性

综合性学习面向每一个学生的个性发展，尊重每一个学生发展的特殊要求，从学习主体的特点和需要出发设计目标必然具有开放性。综合性学习内容的设计，面向学生整个生活世界，包括自然生活、社会生活等方方面面，而且随着学生生活的变化而变化，其内容具有开放性。综合性学习，关注学生在活动过程中所产生的丰富多彩的学习、体验和个性化的创造性表现，其评价标准具有多元性，因而其活动过程与结果均具有开放性。①

---

① 吴忠豪：《小学语文课程与教学论》，北京，北京师范大学出版社，2008。

### 三、语文综合性学习的历史沿革

《义务教育语文课程标准(2011年版)》中出现的"综合性学习"提法，并不是一种全新的创造，而是语文学科发展的历史必然。从历史维度予以观照，有利于认识新课程中语文综合性学习的本质与特点。

教育部2001年颁布的《全日制义务教育语文课程标准(实验稿)》中，第一次出现了语文"综合性学习"这一概念。这一概念的提出，加强了语文课程资源和其他课程资源及社会生活的联系，全面促进和提升了学生的语文素养。语文综合性学习在此时和"识字与写字""阅读""写作""口语交际"共同构成了语文课程的重要组成部分。这一次课改对"综合性学习"的提出，倡导课程向学生的生活和经验回归，着力培养学生的创新精神、实践能力和科学品质，综合性学习也在课程改革的深入开展中不断走向完善和成熟。那么在历次课改，以及"课程标准"的不断更新中，"综合性学习"是如何一步步形成，又是如何进一步完善的呢？

#### (一)"课外活动"是概念的基础

2001年颁布的《全日制义务教育语文课程标准(实验稿)》虽然第一次正式提出了"综合性学习"这一概念，但是，我们对比1992年颁布的《九年义务教育全日制小学语文教学大纲(试用)》(以下简称《1992年大纲》)中可以找到综合性学习的影子。

我们可以发现，《1992年大纲》第一次提出了"课外活动"这一概念，那么对比"综合性学习"的五个特性，我们可以清楚地发现，在《1992年大纲》对"课外活动"这一板块提出的要求中，如"要有目的、有计划地开展语文课外活动，注意和其他学科活动的协调配合"这一要求就是"综合性学习"中"综合性"的一种体现。再比如说，《1992年大纲》中还提出"要根据学生的兴趣、爱好，组织他们参加各种兴趣小组活动，如书法小组、朗诵小组、写作小组和墙报小组等"，就是"综合性学习"中"自主性"的一种体现。

所以，从《1992年大纲》中提出的"课外活动"这一板块的种种要求中可以发现：《1992年大纲》中的"课外活动"成了日后"综合性学习"这一概念提出的基础。也就是说，"综合性学习"目标的提出，是从《1992年大纲》中"课外活动"的要求中提炼、总结、升华而来的。同时，我们也不难发现，随着语文的课程改革，学生学习语文的实践性这一点开始得到重视。但是，这一板块的目标并没有在不同学段中有明确的体现，只是有了一个总的概念。

#### (二)"语文实践活动"目标更明确

我国新一轮语文课程改革是在传统语文教学受到普遍质疑下展开的，传统的语文教学存在一些问题，比如说：将语文课程等同于语文学科，教与学没有足够的互动；过于注重陈述性知识的传授，学生在死记硬背中学习语文知识；教材过于单调死板，无法适应时代的变化；评价方法单一，无法客观全面地反映学生的真实学习状态。

于是 2000 年颁布的《小学语文教学大纲》(以下简称《2000 年大纲》)，对于不同学段的要求中，第一次在第三学段提出了"语文实践活动"的明确要求。该目标提出："可以在课内外组织参观访问、办报、演课本剧、开故事会等活动。根据学生的兴趣爱好，组织朗诵、书法等课外兴趣小组。利用广播、电视、网络等媒体，拓展语文学习的渠道。"

对比《1992 年大纲》可以发现，这一目标的提出没有太大的变化，但是很明确地将这一目标放在了第三学段，使得教学要求更加明确和具体。

### (三)"综合性学习"的首次提出

教育部 2001 年颁布的《全日制义务教育语文课程标准(实验稿)》中，第一次出现了语文"综合性学习"这一概念，并且在教学建议中提出"综合性学习主要体现为语文知识的综合运用、听说读写能力的整体发展、语文课程与其他课程的沟通、书本学习与实践活动的紧密结合。综合性学习应强调合作精神，注意培养学生策划、组织、协调和实施的能力。综合性学习应突出学生的自主性，重视学生主动积极的参与精神，主要由学生自行设计和组织活动，特别注重探索和研究的过程。提倡跨领域学习，与其他课程相结合"。至此，"综合性学习"的概念和明确要求正式提出。课程标准在阶段目标和实施建议等部分对跨学科学习语文、在实践中学习语文、加强语文综合性学习课程资源开发等方面做了反复强调。由此可见，语文综合性学习意在提倡创设一种学习情境，使学生在感兴趣的自主活动中全面提升语文素养，同时，语文综合性学习也是培养学生团结合作精神、主动探究意识的重要途径。

### (四)"综合性学习"的开发

随着语文综合性学习概念的提出，语文学习的内容首先得到了更新。语文综合性学习即"识字与写字""阅读""写作""口语交际"课程的综合。同时还有跨学科、跨领域的学习内容，比如自然领域、社会领域。其次，语文综合性学习概念的提出，更新了语文教学的环境。语文综合性学习的场景有了很大的变化，既可以在教室进行，也需要"社会课堂""自然课堂""家庭课堂"等等。

《义务教育语文课程标准(2011 年版)》对"综合性学习"的教学建议及教学目标等有了更明确、更细致的要求。《义务教育语文课程标准(2011 年版)》在"综合性学习"教学建议中，明确提出："善于通过专题学习等方式，沟通课堂内外，沟通听说读写，增加学生语文实践的机会。充分利用学校、家庭和社区等教育资源，开展综合性学习活动，拓宽学生的学习空间。"该建议的提出，更是明确了"综合性学习"的教学资源的综合。

我国自 2001 年全面实施课改，并将综合性学习作为一种课程予以准确定位，足以显示对其重视程度。通过多年来的实践，综合性学习已经取得了丰富的实践经验。

1. 教学的综合

学习语文，学校的课堂教学固然十分重要。但是，课堂以外的学校环境、家庭环境、社会环境等，也对学生语文能力培养和习惯养成产生巨大的影响。随着语文教学研究和改革的发展，人们要突破课堂教学的局限，从宏观的角度考虑影响学生语文学习的诸多方面，从整体上重新认识语文教学。也就是说，语文综合性学习的场地不局限于课堂，应该延伸到学生生活的方方面面，利用一切可以利用的资源来提高学生的语文素养。学生获取信息的来源也不再局限于课本内容，一个广告牌、电视内容、网络内容都应该成为学生获取信息的来源。

通过长期的实践积累和反思，确定了语文综合性学习是教学的综合。这种教学的综合不仅仅是空间和内容的综合，也是教学手段、评价手段的综合。

2. 具体的操作

根据综合性学习的内容将综合性学习分四种类型。(1)学科综合型，是以语文教材的单元或者题材为中心，有其他相关内容相配合的语文综合性学习。(2)观察实验型，综合性学习体验性的特点客观上要求学生经常从事一些实地的观察、实验等活动。(3)专题活动型，是以专题为纽带，把学生语文知识积累与社会生活实践有机结合起来，学生围绕专题观察生活、认识生活、创造生活，从中获得体验和感悟的语文综合性学习。(4)课题研究型，是以现代社会问题为基础，超越学科框架而组织起来的语文综合性学习。[①] 语文综合性学习案例教学模式分四步实施：第一步明确教学目标，第二步选择好教学案例，第三步营造良好的学习环境和氛围，第四步组织教学活动。虽然简单粗糙，但给了我们一个启示：综合性学习课不是两节作文课。它是融口语交际、作文于一体，听说读写全部涉及的综合课。同时它也是时间要求较多的一种课型，可能一个活动需五六个课时。[②] 不难看出，学生进行语文综合性学习最重要的是实践，是研究，其操作手段是各种提升学生语文素养手段的一种综合。也就是说，让学生参与其中，它与传统课堂的区别也在于此。这也是通过长期的实践积累所得到的经验。

### (五)"综合性学习"的发展

《义务教育语文课程标准(2022 年版)》将原来的"综合性学习"目标修订为"梳理与探究"，提出要强化课程实施的综合性和实践性，着力发展学生语文核心素养。具体来看，一是强调汉字载体对于中国传统优秀文化的重要性，保留原有内容的基础上新增

---

① 杨世碧：《语文综合性学习的类型》，载《语文建设》，2004(10)。
② 杨曦白：《语文综合性学习中案例教学模式的构建与思考》，辽宁师范大学硕士学位论文，2006。

"汉字的梳理与探究"。二是凸显学生梳理与探究能力的培养，增加"尝试用表格、图像、音视频等多种媒介，呈现自己的观察与探究所得"等。三是促进学习方式的变革，尝试开展跨学科学习，落实语文核心素养，新增"分类整理学过的字词，发现所学汉字形、音、义和书写的特点""能提出学习和生活中的问题，有目的地搜集资料，共同讨论尝试运用语文并结合其他学科知识解决问题"。总体来说，从"综合性学习"发展为"梳理与探究"，体现了新课标更强调学生的梳理与探究能力，要求学生先梳理后探究，重视学生在活动中的主体地位；同时又鼓励学生用多种方式、不同途径进行活动的策划和整合，促进学生综合能力的提高和核心素养的发展。

## 四、语文综合性学习当前热点问题

随着语文综合性学习的不断发展，一些问题也渐渐显露出来。只有正视这些热点问题，才能发挥语文综合性学习的最大价值。

### (一)实践条件的限制

一项调查表明，农村义务教育阶段学校中，教师认为能够经常开展语文综合性学习的，小学老师有 39.3%，初中老师 26.1%，仅 8.9% 的学生认为经常开展。[①] 因此，综合性学习虽然已经起步，但远没有步入正常。初中教师有 47.8% 对自己开展的语文综合性学习不满意；小学教师比例更大，占到了 57.1%。学生对教师开展语文综合性学习的不满意程度也超过了一半，达 51.5%。这些均表明新课程虽然在农村教育已走过了三个年头，但语文综合性学习作为新课程改革的一大亮点，它的实施现状却不容乐观，没有达到课程标准的要求，甚至偏离了编者的初衷。在开展语文综合性学习时，以老师的讲解为主的教学占到了 57.50%，真正以学生为主、以实践活动为主的教学仅占 24.90%。这里既表明了教师对于综合性学习的认识理解存在误区，又说明了教师的教学观念、新课程观念还比较落后，还有待于进一步提高。同时，一些小学语文综合性学习活动的开展需要学生走出教室、校园或需要大量信息，但由于在实施的过程中受时间、空间、资源等限制，很难达到预期效果。尤其是在教学设备和教学资源相对落后的农村学校，也很难顺利开展。甚至有一部分教师和学生认为开展语文综合性学习耽误时间、影响成绩。

针对这一现象，首先，教育部门要针对"综合性学习"实施情况进行系统的监督评价。其次，学校层面要给予"综合性学习"制度的保障。最后，教师要对"综合性学习"给予足够的重视。所以，从教育部门到一线教师，都应该重视其教学内容，让学生掌

① 陶明华：《农村义务教育阶段语文综合性学习现状调查及对策研究》，山东师范大学硕士学位论文，2008。

握其应用能力，从而令学生语文综合能力得到实质性提升。

## (二)教学定位的模糊

由于害怕涉及其他学科太深，以至于影响综合性学习的语文属性，我们开发的综合性学习在学科联系上往往犹犹豫豫，半遮半掩，于是所谓学科综合往往停留在抽象空泛、随意粗放的层次上，只要布置学生研究的问题属于某学科领域，就认为实现了语文与该学科的综合，而不管这个问题是否与学生正在学习的学科内容紧密联系，更不管这个问题的探索和解决，是否切实促进了学生的学科学习，使他们获得了可靠的学科知识，掌握了规范的学科研究方法。[①]

从课程标准来看，语文综合性学习与识字写字、阅读、写作、口语交际并列。根据课程标准我们可以发现，几乎每一条目标都是针对语文学习而提出的，也就是说在具体的语文实践中学习语文，把语文生活与语文学习结合起来，培养学生听、说、读、写的能力。而很多时候教师很容易将活动与听、说、读、写的能力割裂开来理解。其实课标是在形成和发展学生语文素养这个目标下，提出上述语文综合性学习目标活动的，是实现这个目标的手段，听、说、读、写是融合于各个活动之中的。

那么，小学语文"综合性学习"的教学就要注重学科间知识的联系和综合。教师在进行"综合性学习"的教学时，要根据课程所具有的综合性的特点，采用多样化的形式与手段，在学科综合的背景下确立主题。同时，要以语文学习为基础核心，形成各学科之间的联系和综合。这就要求教师把语文的知识体系和各学科进行联系，加强各科知识之间的联系。

## (三)教师自身素养不足

教师对综合性学习的认识不到位、研究不深入，成为限制语文综合性学习课程开发的因素之一。许多教师把语文综合性学习放在课堂上按照阅读教学、习作教学或者是口语交际按部就班地进行。教师或包办代替，或放任自流不加引导，又或者是引导不得法，使得学生在综合性学习时缺乏方法指导，困难重重，学生的综合素质得不到明显提高。同时，教师受传统观念的影响，认为语文学习只是通过课文进行听、说、读、写的训练，对语文综合性学习的认识不足，认为语文综合性学习只是补充和附属，淡化和削弱了综合性学习应有地位。

从全国各地的教师培训来看，有关"综合性学习"内容的培训、课例，都少之又少，影响教师自身水平的提升。那么教师该如何更好地驾驭"综合性学习"呢？除了强化教师的指导培训以外，教师应该从自身已有的认知出发，以读者的身份去研读教材，提

---

① 刘华：《美国基础教育阶段的跨学科读写教学及其启示》，载《课程·教材·教法》，2014(4)。

高自身分析、感受教材的能力，提高自身的专业素养，从而发现"综合性学习"中众学科之间的知识联系。其次，要立足于学生，站在学生的角度来思考问题，了解学生对主题的兴趣、态度，以及学习的困难。

总之，如何提高教师驾驭"综合性学习"课程的能力，是当前最核心的问题。如何引起教师的重视，从而提升"综合性学习"课程的教学能力，是重中之重。

# 第二节
# 语文综合性学习教学设计过程例谈

了解语文综合性学习的特点是设计科学合理的教学设计的前提，设计科学合理的小学语文综合性学习活动是提升小学语文综合性学习教学质量的关键。结合本书第一章小学语文教学设计基本步骤，考虑小学语文综合性学习活动综合性、实践性、自主性、生成性、开放性的特点，本节以小学语文教材统编版五年级下册第三单元《遨游汉字王国》的第一板块《汉字真有趣》教学设计过程为例，深入探讨小学语文综合性学习理论在教学设计实践中的具体落实。

扫码查看课文

## 一、教材分析

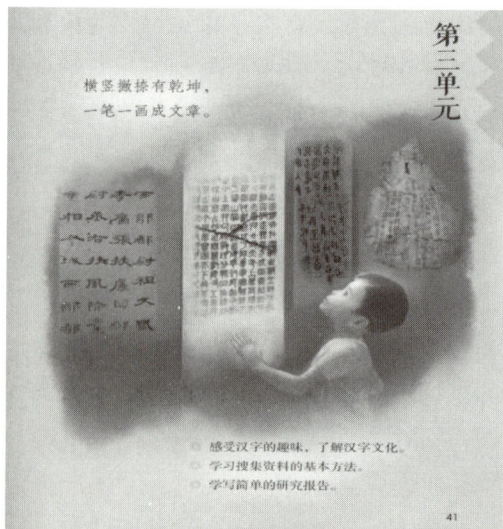

图 7-1 单元导语

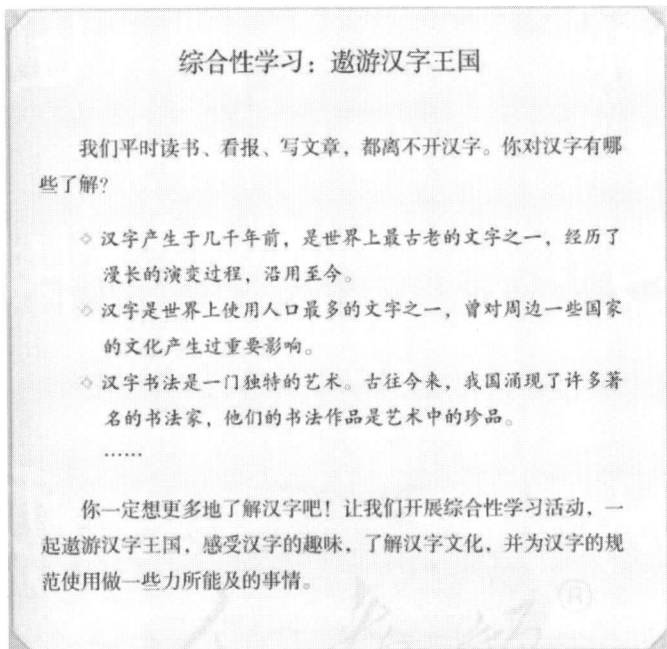

图 7-2　前言

首先，根据单元编排和活动内容这两方面，来进行教材分析。从单元整体视角来看，小学语文教材统编版五年级下册第三单元《遨游汉字王国》是继第二学段在教材中设置"综合性学习"栏目之后，首次以单元整组的方式呈现综合性学习内容，更加关注综合性学习的系统性。第三单元由单元导语、前言和两个活动板块组成，每个活动板块分别设有活动建议和阅读材料。（见图 7-1、图 7-2）《汉字真有趣》则是第三单元综合性学习《遨游汉字王国》的第一个活动板块。从单元导语和前言中，可明确本单元的语文综合性学习要点为"了解汉字趣味和汉字文化、学习搜集资料的基本方法、学写简单的研究报告"。正如课程标准中第三学段综合性学习目标与内容中所说的"学生应初步了解查找资料、运用资料的基本方法，能对所关注的问题组织探讨，写简单的活动总结、研究报告"。三年级和四年级下册的第三单元中，已经结合阅读单元分别设置了《中华传统节日》和《轻叩诗歌大门》的综合性学习活动，要求学生以自主合作的方式，完成一些具体的活动任务。在此基础上，本单元的综合性学习活动则自成体系，活动任务也较之以往更加复杂。

其次，从基于单元的教材分析聚焦于本次活动的教材内容分析。本单元综合性学习包括《汉字真有趣》《我爱你，汉字》两个板块。在《汉字真有趣》中，通过自主选择、搜集、整理、展示与汉字特点相关的资料，领略汉字的有趣。在《我爱你，汉字》中，围绕汉字的历史文化和规范使用等主题，选择感兴趣的研究问题，学会写简单的研究报告，从而引导学生更加热爱汉字。这二者之间相互联系，前者是后者的基础，后者是前者的深化。明确《汉字真有趣》板块的定位后，接下来，进入《汉字真有趣》活动内容分析。围绕"汉字的趣味性"，活动建议部分提出了从组建小组、制订计划、开展活动等几方面确定本次活动的大致步骤；提供了"搜集字谜、猜字谜以及搜集歇后语、对联等体现汉字特点的资料"，以及"开展趣味汉字交流会"，这两项活动选择以图表的形式呈现了三种搜集资料的方法。为加深学生对汉字特点的认识，开拓学生选择搜集资料的思路，阅读材料部分围绕汉字的字音、字形、字义等方面的特点，提供了《字谜七则》《门内添"活"字》《有意思的谐音》《"枇杷"和"琵琶"》《有趣的形声字》五篇阅读材料。活动建议以及阅读材料部分的设置，在形式和内容方面充分体现了教材对语文综合性学习活动的引导作用，为活动的设计提供参考。综上，将教材分析确定如下：

《汉字真有趣》是小学语文教材统编版五年级下册第三单元综合性学习《遨游汉字王国》的第一个活动板块。第三单元语文综合性学习要点为"了解汉字趣味和汉字文化、学习搜集资料的基本方法、学写简单的研究报告"，呼应了课程标准对第三学段语文综合性学习的要求，即"学生应初步了解查找资料、运用资料的基本方法，能对所关注的问题组织探讨，写简单的活动总结、研究报告"。本板块在承接第二学段语文综合性学习的基础上，提升对学生语文综合性学习的实践能力要求，同时也是本单元后续开展研究性综合性学习活动的基础。从形式、内容等方面对学生的活动提出了建议，并从广义的角度编排了体现汉字趣味的"阅读材料"，意在指导学生围绕汉字的趣味开展综合性学习，增进学生对汉字的认识和热爱。

## 二、学情分析

从学生的知识储备和心理年龄特点两方面，来确定本次综合性学习活动的学情分析。从学生的知识储备上来分析，主要包括三方面内容，分别是学生已有汉字知识储备、综合运用语文的能力以及当下开展综合性学习可能存在的问题。首先，小学五年级的学生经过前期的语文学习以及日常生活的积累，能认识近三千个汉字，并能将其运用于学习与生活中，形成了大量丰富的汉字感性经验。其次，经过第二学段综合性学习活动的探究，已初步掌握组织活动的方式、搜集资料的方法，拥有课上学习和课下实践的活动经验。最后，五年级学生面对本板块学习内容时，由于缺乏系统制订活动计划方面的经验，容易出现不知从何下手的畏难情绪。因此，激发学生主动探究汉字趣味的热情，引导学生合理规划综合性学习内容，就显得至关重要。从学生的心理年龄特点来分析，五年级学生的逻辑思辨能力已有较大的发展，并对汉字所蕴含的趣味具有浓厚的兴趣，由此可利用学生的这一特点，引导学生搜集资料并体会汉字中的趣味。

## 三、确定活动目标

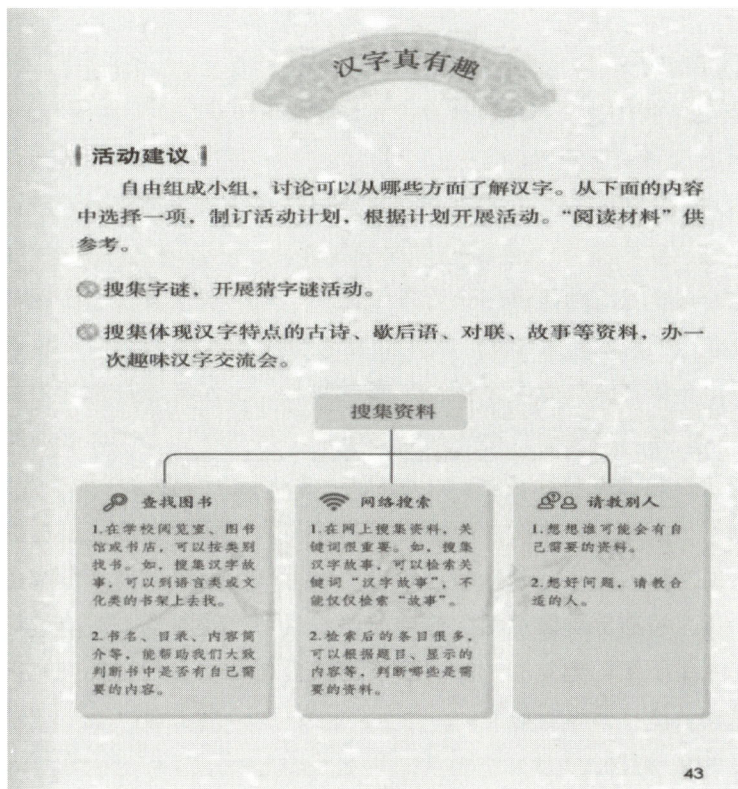

图 7-3　活动建议

接下来以单元导语和活动建议为抓手，确定本板块的活动目标。（见图7-3）从单元导语来看，第三单元导语中已明确提出本单元的三个活动目标："感受汉字的趣味，了解汉字文化；学习搜集资料的基本方法；学写简单的研究报告"。《汉字真有趣》主要侧重于前两个活动目标的实现。从《汉字真有趣》的活动建议来看，其主要包括了三大部分，分别指向本板块综合性学习活动的大致步骤，提供两项有关趣味汉字的学习活动，以图表形式呈现三种常见搜集资料渠道。

首先，活动建议第一部分指出，自主组建小组、小组讨论、制订计划、开展活动，提示阅读材料可供参考。由此可确定第一层活动目标：能根据选定的活动，小组讨论后，制订一份活动计划。其次，活动建议第二部分指出两项学习活动：搜集字谜，开展猜字谜活动；搜集体现汉字特点的古诗、歇后语、对联、故事等资料，办一次趣味汉字交流会。由此可确定第二层活动目标：能搜集字谜，开展一次猜字谜活动；能搜集体现汉字趣味的资料，办一次趣味汉字交流会。最后，活动建议第三部分指出，可以通过查找图书、网络搜索和请教别人这三种渠道去搜集资料。由此可确定第三层活动目标：了解搜集资料的基本方法。依据语文综合性学习关注学生情感态度的培养，以及综合性学习"准备、搜集、整理、展示"的过程逻辑，将本板块的活动目标梳理如下。

1. 感受汉字的趣味，产生对汉字的热爱之情。

2. 能根据选定的活动，小组讨论后，制订一份活动计划。

3. 了解搜集资料的基本方法。

4. 能搜集字谜，开展一次猜字谜活动；能搜集体现汉字趣味的资料，办一次趣味汉字交流会。

本板块综合性学习活动建议三个阶段来完成，也可根据教学的实际情况，灵活调整。在综合性学习活动实际教学中，我们根据需要将本板块的总活动目标分解为三个子活动目标。由于语文综合性学习活动延续时间长，为保障综合性学习的系统性，子活动目标的设计必须以总活动目标为引领，每个子活动目标之间体现连续性。第一阶段为活动准备阶段，浏览单元内容、了解"汉字真有趣"的活动任务、选定活动主题、组建小组、制订活动计划，为第二阶段奠定基础。第二阶段为搜集整理资料阶段，在实践中掌握资料搜集的方法，筛选整理资料，为第三阶段成果展示做准备。第三阶段为展示交流阶段，举办活动展示学生前期的学习成果，并对整个活动过程进行总结评价。同时，将感受汉字的趣味、产生对汉字的热爱之情贯穿活动始终。综上，将本板块的系列子活动具体目标确定如下。

第一阶段的活动目标：

1. 感受汉字的趣味，产生对汉字的热爱之情。

2. 浏览整个单元内容，明确要以小组合作的方式，搜集整理资料，开展猜字谜或趣味汉字交流会的活动任务。

3. 说出并分享体现汉字音、形、义的趣味故事、笑话、歇后语、谜语等，能选择感兴趣的活动内容。

4. 能根据选定的活动，小组讨论后，制订一份活动计划，包括组员分工、活动时间、活动流程、活动展示方法等。

第二阶段的活动目标：

1. 感受汉字的趣味，产生对汉字的热爱之情。

2. 掌握查找图书、网络检索、请教他人的搜集资料方法，能够搜集到所需的资料。

3. 学习整理资料的方法，依照不同分类标准对本小组搜集的资料进行整理。

第三阶段的活动目标：

1. 感受汉字的趣味，产生对汉字的热爱之情。

2. 自主组织开展猜字谜活动或举办趣味汉字交流会，创新应用多样化的方式展现活动成果。

3. 回顾交流梳理"汉字真有趣"综合性学习活动过程，对本板块活动进行小结和评价。

## 四、把握活动重难点

明确活动重难点一般要考虑三个因素，即课标要求、教材因素、学生学情。首先，结合课程标准确定本活动的教学重点。课程标准对第三学段的综合性学习提出以下要求：学写活动计划，初步了解查找资料、运用资料的方法，能策划简单的校园活动和社会活动，对策划的主题进行讨论和分析。由此将以上内容作为活动的重点。其次，从教材的角度来看，"学习搜集资料的基本方法"是单元导语以及活动建议中明确表述的内容，是本板块活动乃至本单元整体活动的重点。最后，结合上述学情分析，确定本板块的活动难点。五年级学生已在第二学段，经由教师指导下自主合作，初步完成一些活动任务。但本次活动要求学生掌握运用基本的搜集资料的方法，采用适切的方式展示成果，对学生而言具有一定的难度，因此将其列为本课的教学难点符合学情。通过上述分析，确定本活动的重难点。

1. 能积极探讨所选主题活动，明确活动内容，自主安排切实可行的活动计划。（第一阶段）

2. 能结合多种搜集渠道对资料进行精准查找，筛选整理符合趣味汉字特点的资料，采用多样化的方式呈现资料。（第二阶段）

3. 自主策划活动展示的内容和形式，综合运用听、说、读、写等多种方式展现成果。（第二阶段）

## 五、选择活动策略

活动策略的选择要有助于落实本板块的活动重点，突破活动难点。结合上述的活动重难点，教师可根据活动内容选择以下策略。

1. 分组合作，提高学生参与探讨的积极性。小学语文综合性学习最主要的教学策略就是分组与合作。在依据学生兴趣的基础上，教师引导学生自主进行小组合作分工，同时以"组间同质，组内异质"的原则调整分组。引导学生发现汉字的趣味，拓宽学生选择活动内容的思路，从而确定自己感兴趣的活动。协助组建小组，引导学生积极探讨所选主题活动，能根据自己特长兴趣分配不同的任务。出示活动计划范文，注意活动计划填写事项，引导学生安排切实可行的活动计划。

2. 指导搜集方法，在实践中搜集整理资料。小学语文综合性学习活动重视对学生获取信息以及运用信息的能力培养。教师通过正确引导学生搜集整理有价值的信息，可避免学生在信息处理中耗费时间。教师可引导学生回顾已知获取资料的方法，并结合活动建议的搜集资料图表部分，提出新的认识；小组讨论查找图书、网络搜索、请教别人这三种信息搜集渠道的特点、使用范围以及使用原则；指导学生依据材料不同的形式、难易程度等进行分类筛选，采用手抄报、电子演示文稿等多种方式呈现活动结果。

## 六、活动过程设计

小学语文综合性学习活动过程设计在体现引起求知欲、感知教材、理解教材、巩固和运用知识以及检查知识、技能和技巧这五个教学过程设计基本步骤的基础上，突显语文综合性学习活动的过程性、综合性和实践性等特点，达到教学过程设计一般原理在具体教学活动设计中的灵活应用。结合教学过程设计步骤和本板块综合性学习活动目标，经过一系列课内和课外活动，形成落实活动重点、突破活动难点的活动过程。第一阶段的活动目标是，学生能明确"汉字真有趣"的活动任务，选择感兴趣的活动内容，并组建小组制订活动计划。在此基础上，第二阶段的活动目标是，依据活动计划，能搜集整理资料。第三阶段的活动目标则是能将前期资料进行展示，并总结评价本次活动。本板块活动的核心内容是学生学会多种搜集资料的方法，选择合适方式展示活动结果，感受汉字的趣味和悠久的汉字文化。基于活动目标和活动重难点，可将本板块的活动过程设计如下。

第一阶段的活动过程：准备阶段

1. 浏览单元内容，整体感知教材，明确《汉字真有趣》的活动任务。

2. 阅读教材提供的体现汉字字音、字形、字义等特点的阅读材料，确定感兴趣的活动内容。

3. 结成小组，出示活动计划范例，小组讨论交流制订计划。

第一阶段是活动准备阶段，建议用一课时完成，可为三个活动环节。第一个活动环节要求学生初步感知教材，在教师指导下阅读领会整个单元活动主题和本板块的活动内容，从整体上形成对本次活动的感知，掌握本次活动的任务。第二个活动环节是引导学生阅读教材给出的五则阅读材料，深入理解其中蕴含的汉字音、形、义等方面的特点，自主选择感兴趣的活动内容。第三个活动环节通过结成小组，综合运用听、说、读、写能力，课下交流讨论制订活动计划，发展学生的合作探究能力。

第二阶段的活动过程：搜集整理阶段

1. 以搜集"体现汉字特点的故事"为例，组织学生讨论"查找图书、网络搜索、请教别人"这三种搜集资料方法的特点、适用范围和使用原则。

2. 以文字谜、画谜、故事谜的字谜分类方式为例，引导小组讨论采用多种方式筛选整理资料。

3. 学生利用所学方法进行资料的搜集和整理。

第二阶段是搜集整理资料阶段，为语文综合性学习活动的关键环节。一方面，教师应在课上引导学生掌握搜集整理资料的方法，另一方面，加强学练结合，学生在课下积极实践，巩固并运用三种搜集资料的方法，将搜集整理过程中遇到的问题及时反馈，形成师生间的互动。第一环节以某一具体搜集主题为例，结合学生课下亲身实践的经验，组织学生围绕"资料搜集"进行讨论，实现从认识层面上的感性经验上升到理性认识，以达到对目标主题的准确搜集。第二环节是在第一环节的基础上，仍以某一主题的资料整理为例，引导学生选用形式、内容、难易程度等多种分类方式筛选整理资料，落实本活动目标的重难点。第三环节是学生的实践应用，用前两个环节掌握的方法对信息进行搜集、整理并为第三阶段的活动打好基础。整个第二阶段的活动过程，是贯穿在平时教学以及生活中。在第三阶段开始之前，教师应该随时关注学生的动态，对学生搜集、整理的资料进行指导。

第三阶段的活动过程：展示交流阶段

1. 开展猜字谜或趣味汉字交流会活动，用多样化的形式展现活动结果。

2. 组织学生进行小结，梳理活动全过程中的经验。

3. 突出评价的过程性，采用多元方式对小组和个人进行评价。

第三阶段是展示交流阶段，分别为三个活动环节，以检验学生综合性学习活动成效。第一个环节是活动成果展示，教材中给出了两个活动，分别是猜字谜和趣味汉字交流会，二者都关注学生在活动中采用多样化的形式展现成果，发挥自主性，实现学生个性化发展。猜字谜活动课时灵活，可选择集中在一节课进行或分散在语文课前、课后；鼓励学生采用多种形式展现字谜，如制作字谜对联、字谜灯笼，举行猜字谜接力赛等。趣味汉字交流会要求分工明确、流程清楚，应用表演、背诵、朗读多种方式，在互动中感受汉字的趣味。第二环节和第三环节均为对综合性学习活动的评价。在评价中，组织师生之间、生生之间共评，对《汉字真有趣》活动的整个环节进行过程性评价。

综上，小学语文综合性学习的活动过程设计在内容和坏节的安排上遵循一般教学过程设计规律的同时，也要符合活动过程的逻辑，从"准备、搜集整理、展示交流"三个层面进行设计。在第一课时准备阶段，主要围绕以下四个环节：第一个环节是导入活动主题，引起学生的求知欲；第二个环节是引导学生感知教材要点，明确活动任务；第三个环节是深入理解并选择活动内容；第四个环节是组建小组、制订活动计划。在第二课时搜集整理阶段，要求在实践中巩固运用，主要围绕以下环节：第一个环节是了解搜集资料的方法；第二个环节是筛选整理资料。在第三课时展示交流阶段，检验学习成效，主要围绕以下环节：第一个环节是创新展示；第二个环节是评价总结。同时，应注意语文综合性学习活动持续时间长，课时量大，综合考虑教学实际情况，灵活运用以上环节，实现以任务为驱动，活动为主线，课内与课外、教师引导与学生自主的融会贯通。

## 七、作业设计

作业设计包括了作业内容和作业评价两方面。语文综合性学习活动的作业内容设计主要指向课下的活动实践，整体突出学生的自主学习能力、沟通交流能力以及创新实践能力等，以在实践中学语文、用语文。同时结合过程性评价，将评价内容作为指导活动作业的标准，并在活动中进行互评。根据活动的流程，作业内容主要对应三个活动阶段进行布置：一是活动准备阶段，要求学生课下继续认真阅读材料，选定主题、制订活动计划，在知识与能力上提升学生对汉字特点的认识，能与同学合作交流制订计划；二是活动搜集整理阶段，发展学生信息搜集应用能力；三是活动展示交流阶段，挖掘多种展现形式，发展学生的创新实践能力。综上，围绕本次活动的目标和流程，将作业设计如下。

第一阶段活动作业：

1. 仔细阅读"汉字真有趣"这一板块的阅读材料。形式：可以独自阅读；也可以和同学或家人一起阅读，边读边交流。

2. 选择自己感兴趣的活动。

3. 通过面谈、微信群、电话等联系方式，课下小组讨论，制订一份活动计划。

第二阶段活动作业：

1. 按照小组内的分工，开始搜集资料。

2. 通过面谈、微信、电话等方式，交流、整理小组资料。参考"搜集、整理资料自评表"的要求。

3. 搜集整理资料阶段活动完成后，结合"搜集、整理资料自评表"进行自我评价。（见表 7-2）

表 7-2　搜集、整理资料自评表

| 项目 | 评价标准 | 自我评价 |
| --- | --- | --- |
| 搜集资料 | 能通过查找图书、网络搜索、请教别人等多种渠道搜集资料 | ☆☆☆ |
| | 能正确运用搜集资料的方法 | ☆☆☆ |
| | 搜集到的资料比较丰富，能满足活动的需要 | ☆☆☆ |
| 整理资料 | 能把资料整理得比较完善、清楚 | ☆☆☆ |

第三阶段活动作业：

1. 通过面谈、微信群、电话等方式，商定如何展示交流，参考"小组展示互评表"，为开展交流活动做准备。（见表 7-3）

2. 完成"汉字真有趣"小组活动评价表。（见表 7-4）

表 7-3　小组展示互评表

| 项目 | 评价标准 | 同学评价 |
|------|----------|----------|
| 参与度 | 小组成员人人参与，相互合作 | ☆☆☆ |
| 自信心 | 展示时态度大方，充满自信 | ☆☆☆ |
| 形式 | 形式多样，有创意 | ☆☆☆ |
| 质量 | 内容丰富，展示清楚 | ☆☆☆ |

表 7-4　"汉字真有趣"小组活动评价表

| 项目 | 评价标准 | 自我评价 | 同学评价 | 教师评价 | 家长评价 |
|------|----------|----------|----------|----------|----------|
| 制订计划 | 小组分工明确，计划安排合理 | ☆☆☆ | ☆☆☆ | ☆☆☆ | ☆☆☆ |
| 搜集整理资料 | 搜集资料的方法运用恰当，成果丰富，资料整理得比较完善 | ☆☆☆ | ☆☆☆ | ☆☆☆ | ☆☆☆ |
| 展示交流 | 展示形式新颖，展示内容丰富，互动效果良好 | ☆☆☆ | ☆☆☆ | ☆☆☆ | ☆☆☆ |

小学语文综合性学习活动作业评价设计可结合作业内容中所给出的评价表，采用多元化的评价主体、多样化的评价方式，对活动全过程进行评价。教师可采用班级讨论的方式，调动全体学生积极性对小组同学已完成的活动计划进行评价。教师总结活动计划在活动时间、活动内容、活动过程、人员分工等方面的注意事项，从而完成准备阶段的活动评价，继续完善活动计划。在搜集整理资料阶段，教师对学生搜集整理资料中遇到的问题给予及时反馈，并组织学生采用自评和生生互评的方式，结合"搜集、整理资料自评表"，对搜集整理资料的态度是否主动、搜集方法应用是否得当、资料是否丰富、是否满足展示活动需求等方面进行评价。在活动展示交流阶段，教师一方面对交流活动中每一小组展示在形式与内容等方面进行即时评价，应用"小组展示互评表"引导小组成员对自我表现进行评价；另一方面，可应用"'汉字真有趣'小组活动评价表"，对《汉字真有趣》整个板块活动进行总结评价，评价主体可以是学生自己，也可以是同学、教师、家长。最后引导学生对以上评价活动总结出来的困难、收获、不足之处以及感兴趣的问题等进行梳理，为后续进行《我爱你，汉字》这一活动做铺垫。

## 八、板书设计

在语文综合性学习活动中，板书的设计应突出活动重难点和活动的流程，起到提纲挈领的作用。以《汉字真有趣》第一课时活动板书设计为例，论述板书的设计意图。

```
            遨游汉字王国——汉字真有趣(第一课时)

                  一、介绍综合性学习
     综合性学习：   二、自由交流前言
     自主合作       三、走进汉字真有趣
                  四、选择感兴趣的活动
                  五、制订活动计划
```

在板书题目设计上，体现出《汉字真有趣》这一活动板块和整组单元活动《遨游汉字王国》之间的所属关系，并标明为第几课时，由此，学生可直接感知当前活动所进行的阶段。语文综合性学习活动的主要特点在于学生自主合作，将其在板书上标明，时刻提醒学生在活动中应发挥积极主动性、与他人合作探究。将本课时的活动流程完整呈现在板书上，学生可明晰各环节的活动内容。

## 第三节
# 语文综合性学习教学策略及应用再谈

教学实践需要教学策略的引导。小学语文综合性学习教学的成功离不开有效的教学策略。进行语文综合性学习教学的过程中，教师要根据自身特点，运用相应教学策略，进而提升学生的语文综合能力。

### 一、细化主题，明确学习目标

小学语文综合性学习具有开放性的特点，它的覆盖面广，涉及的信息也比较多。对于小学生而言，如何把握学习的目标就有了难度。教师可以通过主题细化的方法，将研究的大主题细化成若干个小主题，这样就避免了大主题给学生带来的困惑，学生可以选择自己感兴趣的小主题进行研究。我们来看小学语文教材统编版三年级下册"中

华传统节日"主题综合性学习的教学过程。

师：刚才我们说的端午节、重阳节、元宵节，还有你们最喜欢的春节，都是我们中国的传统节日。在这些节日里，你最喜欢哪个节日呢？为什么呢？

生1：我喜欢春节，因为过春节可以得到压岁钱。

生2：我也喜欢春节，过春节可以穿新衣服。

师：对，这说的是我们在这些节日里可以做什么。比如说端午节的时候还可以去看赛龙舟。谁还想说？

生3：老师，我最喜欢的节日是中秋节，因为我最喜欢吃月饼了。

生4：我喜欢吃粽子，所以我喜欢端午节。

师：看，两个小馋猫，他们说到了节日里可以吃些什么。我们从"做什么、吃什么"来说一说自己喜欢这个节日的原因。想一想，还能说些什么呢？

生5：老师，我明白了，春节还有一些传说故事呢，比如说年兽的故事。

师：你们可真聪明，如果再能加上节日的名称、过节的时间，是不是就能把这个节日给大家介绍清楚了呀？

教学案例分析：

通过教师的引导，最终将"中华传统节日"这个主题分解成了不同的小主题。这样学生就可以从"节日名称""过节的时间""人们是怎么过节的""节日的习俗"等多个方面进行思考和研究。

教学策略总结：

小学语文教材统编版三年级下册"中华传统节日"主题综合性学习是统编教材第一次将综合性学习独立成一个活动板块出现的内容。对于第二学段的学生而言，主题细化更有助于他们明确学习的目标，激发学习的兴趣，把握学习的内容，有利于学生有计划、分步骤地完成综合性学习任务。

## 二、指导方法，准确获取信息

在小学语文综合性学习的教学实践中，要重视培养学生搜集信息、判断信息、筛选信息、整合信息等实际应用能力。生活在信息化时代，学会搜集和处理信息的能力对个人和社会的发展至关重要。那么如何让学生更加准确地获取信息呢？我们来看小学语文教材统编版五年级下册《汉字真有趣》的教学过程。

师："工欲善其事，必先利其器"，做好一件事情很重要的一点就是选择正确的方式，搜集资料有哪些方式和方法呢？一起看书学习一下吧。在书中画出来。方法有三种。谁来说一说第一种？

生：查找图书。

师：你会如何进行图书资料的查找呢？

生：我们可以在学校阅览室、图书馆或书店，按类别找书。如查找汉字故事，可以到语言类或文化类的书柜上去找。

师：你知道的还真不少，而且书名、目录、内容简介等，也能帮助我们判断书中是否有自己需要的内容。有没有同学去图书馆或书店查找过图书的？你是怎么找到的？

生：我买课外书的时候都是直接问书店的阿姨，什么书在哪儿。

师：这种方法最简单最直接也最快。如果你找不到人问了，可以按类去找，在每一列书的前面都有编号的，语言文化类的在"I"类找一找。还有别的方式吗？

生：上网查资料。

师：对，在网上查找资料，关键词很重要。如搜集汉字故事，你们要输入哪些关键词呢？

生：可以检索关键词"汉字故事"，不能仅仅检索"故事"。

师：而且老师告诉你们，检索后的条目可能会很多，那怎么办呢？

生：可以根据搜索之后的题目等信息来判断是不是我们需要的信息。

师：现在手机、计算机的使用是越来越频繁了，有问题手机扫一扫就可以解决，或者百度一下，在搜索的时候注意一下你的关键词，会更快地找到你要的信息。但同时，网络上的干扰信息太多，有时候浏览了一大堆东西，看到一个点进去一个，最后都忘了自己最开始要找什么了。所以，网络搜索时，明确目标很重要。你再来说。

生：还可以请教别人。

师：想想谁可能会有自己需要的资料，是图书管理员、老师、长辈，还是研究汉字的大学生哥哥姐姐，想好了再去找人问。还要想好问题，请教合适的人。如果询问内容较多，要合理安排时间，最好提前预约，并注意礼仪，交流时及时做好记录。

教学案例分析：

这位老师通过引导学生甄别、筛选正确有价值的信息，指导学生学习获取信息的正确方法，避免了在处理信息时耗费大量时间。

教学策略总结：

核心素养视域下小学语文综合性学习活动的开展过程中，教师应重视对学生信息获取策略的引导，培养学生学习和运用信息获取策略的意识和能力。教师可让学生先小组讨论准备如何收集信息、筛选信息、汇总和归类信息等，然后教师因势利导，必要时可让信息技术教师教授学生一些信息获取策略的方法。信息获取的途径是多种多样的，例如，可以通过网上查阅、走访调查、翻阅书籍等多种方式。选择信息时应注意根据自己的实际需要选取，努力做到为己所用，以避免迷失在浩瀚的信息海洋里。

### 三、分组合作，提高学习效率

小学语文综合性学习最主要的教学策略就是分组与合作。通过小组的统筹安排，分工合作，将独立自主与合作共赢有机融合，实现学生的核心素养的发展。同时，分组的目的是多元化的，如：分组的目的可以是调动积极性，进行小组之间的评分；也可以是分解学习主题。我们一起来看一看小学语文教材统编版六年级下册《难忘小学生活》的教学过程。

师：同学们，你们看，我们的毕业联欢会策划书已经制订完成了，现在我们要根据策划书来分工了。你们各小组打算负责哪方面的工作呢？

（学生小组讨论）

师：讨论结果出来了吗？

生1：老师，我们小组觉得我们有全班最壮实的两名同学，我们决定负责联欢会之后的清扫工作。

师：行，那你们小组就是"清洁组"。

生2：我们小组对制作感兴趣，我们负责节目道具的制作吧，我们就是"道具组"。

师：可以，"道具组"的牌子给你们。

生3：我们打算把张琪拉到我们小组，这样我们就能负责节目的主持了，我们有人写主持稿，我和张琪能主持。

师：那你们就要看看张琪这个外援你们是不是请得动了。

（继续进行小组分工）

师：同学们，我们各小组已经分工明确了，接下来我们就要按照我们的分工进行准备了。当然，最重要的一点你们不要忘了，要排练好自己的节目哦！

教学案例分析：

在明确了活动方向之后，老师让学生根据自己的兴趣爱好进行选择，这样增加了学生研究的兴趣，也就提高了研究的效率。这就是分组与合作的一种典型体现。

教学策略总结：

分组与合作是小学语文综合性学习最常用的教学策略。教师需要做的是在活动实施前讲解活动规则，协助学生进行小组分工，组内的分工要明确，每组都设有组长，具体事项由组长统筹安排和协商。每组可依据各自不同的主题设置不同的任务角色。为了避免过多学生选择同一主题，而有的主题没有学生选，或者能力特别强的学生集中在一组，而能力较弱的同学聚集在一组，教师可以采取一定的策略，如现场发小卡片，让学生写上自己的姓名、所选主题及理由，课后在参照学生自由选择的基础上，依据学生性别、个性特长、实际能力等，对学生进行异质分组。这样有利于取长补短，实现优势互补。

# 第四节
# 语文综合性学习教学设计案例分析

综合性学习教学理念的充分体现和落实，需要借助具体的教学设计来实现。那么，语文综合性学习的教学策略如何在教学中体现？学习内容如何确定？活动形式如何设计？本节我们就来看一看如何运用前三节所讲的有关理论进行语文综合性学习的教学设计。

## 一、《轻叩诗歌大门》教学设计（第一课时）

### ［教材分析］

《轻叩诗歌大门》是小学语文教材统编版四年级下册的内容。本组综合性学习引导学生走进丰富多彩的诗歌世界，通过搜集和整理诗歌、欣赏诗歌、朗诵诗歌、写作童诗等活动，进一步了解诗歌，感受诗歌的魅力。《轻叩诗歌大门》分成"诗海拾贝"和"与诗同行"两大板块。"阅读材料"供学生在开展活动时阅读，在诗歌欣赏和童诗写作等方面得到借鉴和启发。开展活动的材料不止于此，学生可以自己去搜集，教师也可以提供。建议开展的活动有：(1)通过多种途径，搜集诗歌或记录当地的民歌、童谣，以及有关诗歌的知识和故事等。(2)按照一定的类别，对搜集到的诗歌进行整理、归类。(3)欣赏自己喜欢的诗歌，大体把握诗意，体会诗人的感情。(4)举行诗歌朗诵会。(5)根据兴趣，选择开展写童诗、诗歌知识竞赛、合编小诗集等活动。从要求看，前四项为必学内容，最后一项为选学内容。

### ［学情分析］

通过三年级对综合性学习的了解，以及平时授课所采用的教学策略，学生基本上已经掌握了搜集资料的方法。但是学生对自己所搜集的资料进行筛选、整理的能力不足，这就需要老师在授课的时候进行引导。同时，四年级的学生已经具备了一定的诗歌朗读和欣赏的能力，教师在授课时要尊重学生对诗歌的感受，进行适时引导，提高学生的欣赏能力，从而让学生增强对诗歌的兴趣，学写儿童诗。

### ［教学目标］

1. 通过搜集和阅读诗歌，增强对诗歌的兴趣，感受诗歌的特点。能搜集并按一定标准给诗歌分类。

2. 能诵读诗歌，大体把握诗意，想象诗歌描述的情境，体会诗人的情感。

3. 通过朗诵诗歌、欣赏诗歌、学写童诗等活动，感受诗歌的魅力。

4. 能写简单的活动总结。

**［教学重难点］**

教学重点：确定适合自己的研究专题，制定切合实际的实践计划。

教学难点：激发热爱诗歌的情感和开展综合性学习的强烈愿望。

**［教学策略］**

根据学情特点以及教学目标和教学重难点的设定，本节课所采用的教学策略为"细化主题，明确学习目标"，让学生的信息搜集更具有针对性；"分组合作，提高学习效率"，让学生的信息整理更快速。

**［教学过程］**

1. 谈话导入

(1)同学们，我们以前进行过语文综合性学习，还记得我们开展过哪些综合性学习吗？综合性学习跟我们平时的学习有没有不同呢？

(生：我们之前学过《中华传统节日》。综合性学习在学习的时候需要我们自己制订计划，搜集信息，还需要开展活动。)

设计意图：

　　明确本次综合性学习的活动分步。

(2)板书课题：轻叩诗歌大门。

从今天开始我们就要轻轻敲开诗歌的大门，走进五彩缤纷的世界，领略诗歌的奥妙，感受它带给我们的乐趣。让我们先读读导读部分，看看这部分给我们介绍了哪些内容。

学生：介绍了许多著名诗人。

师：李白、杜甫我们都非常熟悉了。屈原是我国战国时期伟大的浪漫主义诗人，是《楚辞》这种诗歌形式的创始人。郭沫若是我国现代著名诗人，他的代表作《女神》是现代优秀的革命浪漫主义诗作。你还知道我国有哪些诗人？我国是诗歌的国度，诗歌历经两千多年的历史，会有多少不朽的经典名作流传至今，让我们静下心来深入地学习吧。

2. 主题细化

(1)我们都来读一读这一单元的内容，看看你

设计意图：

最感兴趣的是什么。

（2）看来同学们感兴趣的内容还真不少呢，这次综合性学习分了哪两个阶段？

（3）那么我们就一起走进诗歌的海洋，像赶海的孩子那样，去捡拾那些千姿百态、五彩缤纷的贝壳吧。

（4）我们来看看书上给我们提供了哪些活动建议。

①搜集诗歌。

②整理诗歌。

③欣赏诗歌。

尤其是整理诗歌，怎样给诗歌分类呢？我们先来看看书上给我们提供了哪几种分类方法：按内容分，按形式分，按时间分，按国家分，还可以按体裁分，按诗人分……

3. 进入"与诗同行"板块的预习

（1）那么，"与诗同行"这个阶段又要求我们开展哪些活动呢？我们一起来看看活动建议。

（2）指名学生说说这个板块要开展的活动。

①自己动手写诗。

②举办诗歌朗诵会。

③合编小诗集。

④进行诗歌知识竞赛。

4. 讨论活动计划

小组讨论活动计划制订比较详细的计划（时间、人员、分工……）

5. 小结

我们要利用语文课阅读课时间按照自己小组制订的计划开展这次活动学习。还要同学们利用课外一些时间去搜集整理。通过报刊、书籍或者访问别人来搜集诗歌，看看哪些是自己最喜欢的，别忘了几天后我们要展示成果呢。

[作业设计]

本课的教学重点是确定适合自己的研究专题，制订切合实际的实践计划，所以作

---

从学生的兴趣入手，这是综合性学习开放性的体现。

设计意图：

从不同的角度把诗歌分成不同的种类。学生可以依据自己喜欢的、感兴趣的诗歌种类确立研究主题。这样就是把诗歌这个大主题，细分成了按照类别分类的小主题，有利于小学生深入细致地进行综合性学习。

设计意图：

综合性学习最主要的开展形式就是小组合作，这样更有利于实现学生核心素养的发展。

业要围绕着这一重点进行设置。加上语文综合性学习课时之间有着很大的连续性，所以作业也要起到承上启下的作用。同时，语文综合性学习的作业要具有其特殊性。作业既是本课时内容的一个检测，同时也是下一课时顺利进行的保障。那么，本次语文综合性学习的作业内容，可以设置为：

根据小组的目标，进行诗歌的搜集、筛选和整理。

[板书设计]

本课的教学重点是确定适合自己的研究专题，制订切合实际的实践计划。所以，板书内容应该是计划的内容板块，那么内容的具体细节应该尊重学生的自主选择，尊重语文综合性学习的开放性特点。因此，板书可以设计如下：

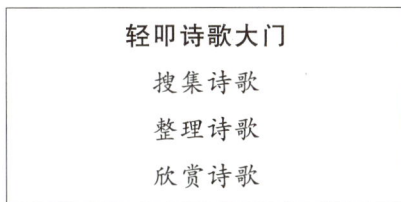

```
┌─────────────────────────────┐
│         轻叩诗歌大门          │
│          搜集诗歌            │
│          整理诗歌            │
│          欣赏诗歌            │
└─────────────────────────────┘
```

## 二、《汉字真有趣》教学设计(第一课时)

[教材分析]

《汉字真有趣》是小学语文教材统编版五年级下册语文综合性学习内容。本单元从形式、内容等方面对学生的活动提出了建议，并从广义的角度安排了体现汉字趣味的阅读材料，意在让学生围绕汉字的趣味开展综合性学习，增进学生对汉字的认识和热爱。

[学情分析]

五年级的学生具备了一定的搜集、整理信息的能力，但是缺少提高搜集信息效率的方法。所以本节课要引导学生掌握搜集信息的方法。同时，通过之前的学习，学生已经可以积极参与到活动之中，成为活动中的一员，但是学生自主策划活动的能力不足，虽然有了活动基础，但是尚不能明确活动方向、活动方法。这需要老师进行正确、适时的引导。

[教学目标]

1. 明确本次综合性学习单元的人文主题和语文要素。

2. 学写活动计划，策划并开展小组活动。感受汉字的有趣，了解汉字文化，学习搜集资料的基本方法。

3. 在交流活动中，学会倾听、表达和交流。

[教学重难点]

1. 学写活动计划，策划并开展小组活动。

2. 感受汉字的有趣，了解汉字文化，学习搜集资料的基本方法。

[教学策略]

根据学情特点以及教学目标和教学重难点的设定，本节课所采用的教学策略为"分组合作，提高学习效率"，独立自主与小组合作相结合，提高制订方案的效率；"指导方法，获取准确信息"，让学生搜集信息时更具有目的性，提高获取信息的能力。

[教学过程]

| | |
|---|---|
| 1. 歌曲激趣，导入新课<br><br>同学们，请听歌曲《中国娃》。"最爱写的字是先生教的方块字，横平竖直堂堂正正做人也像它"，汉字视觉上有种美感，这是其他表音文字难以超越的。我们看书、读报、写信、作文都离不开汉字。汉字不光神奇、有趣，还有着悠久的历史，蕴含着丰富的文化！这节课，就让我们一起走进第三单元"遨游汉字王国"开展综合性学习吧！ | 设计意图：<br><br>明确课型，以及本次活动的人文主题和语文要素。 |
| 2. 整体感知，把握要求<br><br>这是我们本学期的综合性学习单元，如何开展好综合性学习呢？<br><br>（1）打开课本第41页，谈一谈你对"横竖撇捺有乾坤，一笔一画成文章"的理解。<br><br>（2）看图片，你发现了什么？<br><br>（3）自由阅读本单元学习要素：感受汉字的趣味，了解汉字的文化；学习搜集资料的基本方法；学写简单的研究报告。<br><br>（4）学生浏览42页到52页。本次综合性学习包括两个学习主题活动"汉字真有趣"和"我爱你，汉字"。每个主题活动都是先列出活动建议，然后给出一组材料。在开展活动时，我们不仅要充分使用"阅读材料"，还要在课外搜集相关材料。 | 设计意图：<br><br>通过让学生阅读"活动建议"，明确本次综合性学习的活动内容，初步了解本次活动需要掌握的方法及策略。 |
| 3. 合作讨论，制订计划<br><br>同学们，在进行综合性学习之前，要做好一项十分重要的工作，就是制订计划。有了好的活动计划，就为活动的成功开展奠定了基础。 | 设计意图：<br><br>指导学生学习获取信息的方法。核心素养视域下小学语文综合 |

现在大家阅读课本 43 页第一段话，了解在制订综合性学习活动计划时有哪些要求。

结合你之前的活动，想想还有哪些内容也是需要考虑的。

"工欲善其事，必先利其器"，做好一件事情很重要的一点就是选择正确的方式，搜集资料有哪些方式和方法呢？一起看书学习一下吧。

(1)查找图书。

①在学校阅览室、图书馆或书店，可以按类别找书。如查找汉字故事，可以到语言类或文化类的书柜上去找。

②书名、目录、内容简介等，也能帮助我们判断书中是否有自己需要的内容。

(2)网络搜索。

①在网上查找资料，关键词很重要。如搜集汉字故事，可以检索关键词"汉字故事"，不能仅仅检索"故事"。

②检索后的条目很多，可以根据题目、引用的片段等，判断哪些是需要的材料。

(3)请教别人。

①想想谁可能会有自己需要的资料。（图书管理员、老师、长辈、研究汉字的大学生哥哥姐姐……）

②想好问题，请教合适的人。如果询问内容较多，要合理安排时间，最好提前预约，并注意礼仪，交流时及时做好记录。

③这次综合性学习活动我们要开展哪些活动呢？

通过多种途径，查找搜集或编写字谜，开展猜字谜活动。

查找体现汉字特点的古诗、歇后语、对联、故事等材料，举办一次趣味汉字交流会。

围绕汉字的历史或汉字书法搜集更多的资料，探索汉字的起源。

性学习活动的开展过程中，教师应重视对学生信息获取策略的引导，培养学生学习和运用信息策略的意识和能力。

设计意图：

小学语文综合性学习活动实施阶段，需要学生以合作小组内部特定的活动计划方案为参考，将独立自主和小组合作相结合。

设计意图：

通过明确要开展的活动来让学生明白这次综合性学习的研究方向。这既是综合性学习的出发点，又是教学过程的调节者，也是教学的最终归宿。

④学生们根据兴趣自由结组。分组讨论活动计划，并完成小组活动计划表。

| | | | |
|---|---|---|---|
| "汉字真有趣"小组活动计划表 | | | |
| 组长： | | 组员： | |
| 活动内容： | | | |
| 活动时间 | | 活动地点 | |
| 选择专题 | 1. 搜集或自编字谜<br>2. 查找歇后语、谐音笑话<br>3. 了解汉字起源、探索汉字造字奥秘 | | |
| 成员分工 | 搜集资料： | 筛选编辑资料： | 制作小报或课件： |
| 成果展示 | 1. 把搜集到的资料做成小报或课件<br>2. 商议展示形式：竞猜、灯谜会、小品等 | | |

4. 交流修改，完善计划

(1)小组汇报活动计划。

(2)师生评议。

(3)小组根据评价修改计划。

[作业设计]

本课的教学重点是学写活动计划，策划并开展小组活动，即计划如何完成本次活动。加之语文综合性学习是几个课时共同完成这项活动，所以，作业要有对整个活动的承接作用。那么，本次语文综合性学习的作业内容，可以设置为：

根据小组的计划，课下完成活动资料的搜集。

[板书设计]

本课的教学重点是学写活动计划，策划并开展小组活动。在活动计划完成的同时，让学生掌握搜集信息的方法是课程标准对本学段的要求。那么，板书可以以搜集信息的方法为内容。

| |
|---|
| **汉字真有趣** |
| 查找图书 |
| 网络搜集 |
| 请教他人 |

### 三、《难忘小学生活》教学设计

[教材分析]

《难忘小学生活》是小学语文教材统编版六年级下册的综合性学习内容。本单元围绕"难忘小学生活"这一主题，安排了"回忆往事"和"依依惜别"两大板块。"回忆往事"这一板块分为两个活动阶段。第一阶段：了解活动建议，通过协作的方式记录难忘的小学生活，制作成长纪念册。第二阶段：阅读《老师领进门》《作文上的双红圈》《如何制作成长纪念册》3 篇材料，感受小学生活的美好，激发对老师的感恩之情。"依依惜别"板块的内容为：在毕业之前，通过举办毕业联欢会、写信、写毕业赠言等方式，为自己的小学生活画上一个圆满的句号。

[学情分析]

六年级的学生已经可以有目的地搜集资料，同时在老师的指导下策划活动。同时，六年级的学生也具有较强的表现欲，愿意展示自己的能力。所以教师应该放手，以学生为主体，尊重学生的选择和策划，通过适时的引导来完成本次综合性学习。

[教学目标]

1. 阅读相关文章，回忆小学生活，制订综合性学习计划。

2. 回忆六年的小学生活，填写时间轴，选取时间轴上有代表性的内容和同学分享。

3. 搜集、筛选资料，整理资料，制作成长纪念册。

4. 策划毕业联欢会活动，学写策划书，制作节目单，举办毕业联欢会。

5. 给老师、同学、母校或未来的自己写一封信，表达真情实感。

[教学重难点]

1. 搜集、筛选资料，整理资料。

2. 填写时间轴，回忆六年的小学生活，选取时间轴上有代表性的内容和同学分享。

3. 制作成长纪念册。

[教学策略]

根据学情特点以及教学目标和教学重难点的设定，本节课所采用的教学策略为"分组合作，提高学习效率"，将独立自主与小组合作相结合，提高搜集毕业活动所需要的资料以及制订方案的效率。

[教学过程]

1. 激情谈话，导入新课

(1)你们观看过哪些晚会？都有哪些节日呢？

(2)同学们，毕业了我们也举行一场毕业联欢会吧！可以以班级形式进行，也可以以年级的形

设计意图：

谈话导入，引导学生回忆自己看过的节目形式，为联欢会筹备多

式进行。无论是哪一种形式的联欢会，事先都要进行周密的安排。怎样组织一场联欢会呢？

2. 小组交流，选定内容

(1)认识联欢会。

(2)你们都喜欢什么形式的节目呢？

归纳节目形式：小品、相声、双簧、歌曲、舞蹈、器乐、童话剧、变魔术、诗歌朗诵等。

看来大家都见多识广啊！如果老师想让大家担任我们这次联欢会的小导演，不知大家有没有这个胆量？大家勇气可嘉，可我想请问一下各位导演，你们认为设置这台联欢会的节目有哪些需要注意的地方？

归纳节目要求：节目的题材要新颖，内容要健康，形式要多样。节目有了，联欢会就可以开始了吗？还有哪些需要注意的呢？

3. 合作讨论，确定方案

(1)确定主题，例如：

"我们都很棒"毕业联欢会

"记住我"毕业联欢会

"难忘今朝"毕业联欢会

(2)时间安排：根据考试时间决定演出时间，让学生自由报名参加表演。

(3)排练节目：根据报名情况进行编排，经讨论决定。

(4)挑选主持人，写串词，全班一起讨论串词的编写要领。

(5)其他分工。

①美术组。要求：绘制海报，布置好黑板，体现班级特色，烘托联欢氛围。

②美工组。要求：做好教室环境布置，干净、整洁、美观。

③电脑组。要求：制作PPT，有标题页，各环节页面有节目名、表演者名称。

④音乐组。要求：所有音乐全部下载插入到

种形式的节目做好准备。

设计意图：

主题细化，从不同的角度把节目分成不同种类，这样更有利于学生明确方向。

设计意图：

分组与合作。根据任务的不同把学生分成若干小组，这样一来，就发挥了学生个性与小组的合作性，更有利于学生完成任务。

培养学生思维的灵活性和开阔性，对学生的个性发展和创造思维的培养起到良好的促进作用。用"小导演"来吸引孩子的注意力，用"不知大家有没有这个胆量"来激发担任小导演的勇气、决心和兴趣，体现教师在综合性学习中的指导性，为学生创设新奇、和谐、有趣的学习情境，为学生创造思维做好必要的准备。

设计意图：

引导学生体会相互合作与成功的喜悦。给每组配好相应的名字，让孩子的责任意识更加强烈。

PPT 里。

⑤后勤服务组。要求：负责列出所需物品的清单，并且做开支预算。

⑥邀请组。要求：邀请学校领导代表、各科老师、家长代表。

⑦宣传组。要求：为这次联欢会拍好照片，写好报道，制作美篇。

(6)做好名单。

4.课堂小结

做好各项策划之后，我们要全局考虑，综合安排，才能更好地筹备这次班级联欢会。

［作业设计］

通过之前的学习，六年级的学生已经掌握了策划活动的基本方法。那么作业设计要充分尊重学生的个性发展，放手让学生去完成作业。所以，作业的设计要具有一定的开放性，本节课作业可以设计如下：

课下通过小组合作制订好活动方案，做好小组分工。

［板书设计］

根据六年级学生的特点，本课的内容重点在引导和点拨，所以板书的内容要简洁，具有一定的指向性，同时也是学生在自主策划的时候需要注意的点。综上，本节课的板书可以设计如下。

难忘小学生活

确定主题

明确时间

做好分工

# 本章小结

本章主要围绕着语文综合性学习理论分析、语文综合性学习教学设计过程例谈、语文综合性学习教学策略及应用再谈和语文综合性学习教学设计案例分析四部分内容展开。

语文综合性学习的主要任务是培养学生搜集、处理信息的能力，重视学生的语文实践，开放语文教学，加强语文课程与其他课程及社会生活的联系。综合性、实践性、自主性、生成性和开放性是语文综合性学习的主要特点。

从历史维度梳理语文综合性学习的形成过程，其中"课外活动"是概念的基础，"语文实践活动"使教学目标更明确，2001 年教育部颁布的《全日制义务教育语文课程标准(实验稿)》首次把"综合性学习"纳入语文课程结构体系之中，之后取得丰富的实践经验。实践条件的限制、教学定位的模糊和教师自身素养不足是语文综合性学习当前的热点问题。

以小学语文教材统编版五年级下册第三单元第一板块《汉字真有趣》为例，从教材分析、学情分析、确定活动目标、把握活动重难点、选择活动策略、活动过程设计、作业设计和板书设计，系统分析语文综合性学习教学过程，并得出"准备、搜集整理、展示交流"是设计综合性学习活动过程的逻辑思路。

小学语文综合性学习教学策略多样，主要有三大教学策略：细化主题，明确学习目标；指导方法，准确获取信息；分组合作，提高学习效率。其中分组与合作是小学语文综合性学习最主要的教学策略。为展现综合性学习教学策略在教学设计中的具体落实，以《轻叩诗歌大门》《汉字真有趣》《难忘小学生活》为例进行案例分析，对实际教学具有一定的指导意义。

## 关键术语

综合性学习；小学语文综合性学习；教学设计案例分析

## 体验练习

1. 本章列举了多个综合性学习的案例，选择你最感兴趣的一个或几个案例，按照综合性学习的特点试作评论。

2. 设计一次综合性学习活动，要符合综合性学习的特点，用上相应的教学策略。

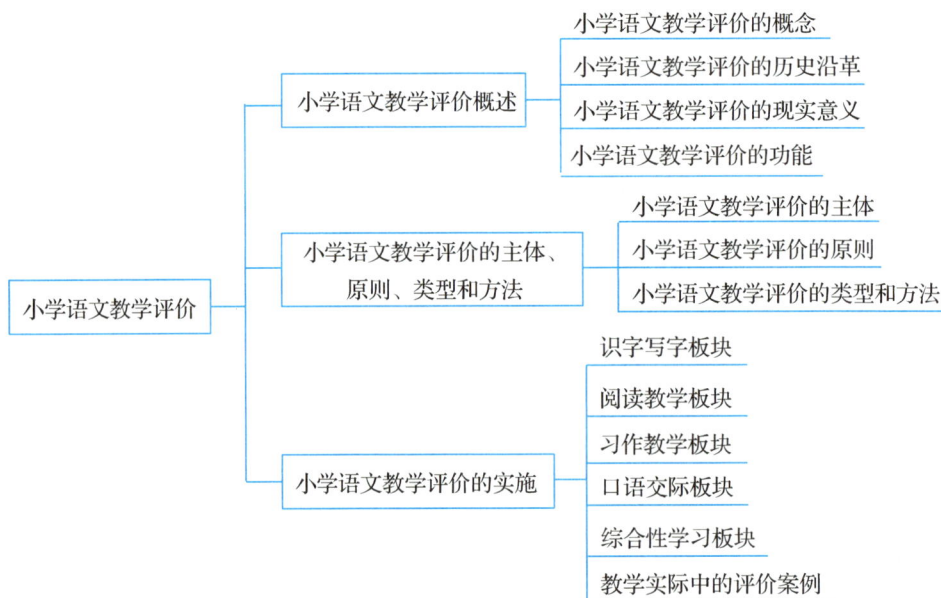

　　小学语文教学评价是依据小学语文不同学段的教学目的和标准，在系统搜集资料并加以分析的基础上，运用恰当有效的工具和途径，根据学生和教师在教学中的表现，对教学过程及结果所做的价值判断。不同于以往宏观的教学评价，小学语文教学评价具有清晰的学科指向和学段意识。本章首先对小学语文教学评价进行整体概述，然后详细介绍小学教学评价的主体、原则和方法，接着分别论述小学语文五大板块的评价目标、评价的基本理念以及评价方法，最后展示以过程性评价和终结性评价为代表的两个评价案例。

🔍 问题情境

　　小李今年刚入职，教语文已经快一年的时间了。平日里的语文教学，主要是跟着前辈老师"亦步亦趋"，沿袭着过去十几年的教学评价模式。常规的就是课堂听写生字、课下布置作业和做单元检测卷、复习卷等。但是，一个学期过去了，李老师渐渐发现，这样的评价方式过于单一。学生看似掌握生字了，会做阅读理解了，但是一旦涉及口语表达，总是显得有些词不达意，不够顺畅和流利。在写话的时候，总是显得语言苍白枯燥。小李对此很忧虑，但总是找不到合适的评价方式，来判定学生语文能力的达成情况。因此，也就不清楚下一步改进的方向了。

诚然，只靠传统的评价方式，已经不能适应当今时代背景下的教育需求了。语文本是具有丰富人文性的学科，那么，怎样综合地检验学生的听、说、读、写能力，并且以此指明下一步教学的方向呢？小李迫切需要调整教学评价方式，并且以此为抓手，进行落地的语文教学。

### 🎯 学习目标

1. 了解小学语文教学评价的基本概念、历史沿革、功能意义。
2. 把握小学语文教学评价的主体、原则、方法。
3. 掌握小学语文教学评价的实施细则。

### ✏️ 学习重点

1. 了解小学语文教学评价的主体、原则、方法。
2. 根据小学语文的不同课型，制定评价的实施细则。

## 第一节
# 小学语文教学评价概述

小学语文教学评价具有整体性和综合性的显著特征。要注意识字与写字、阅读、写作、口语交际和综合性学习五个方面的有机联系，注意知识与能力、过程与方法、情感态度与价值观的交融、整合，避免只关注对知识和技能方面的评价。小学语文教学评价的根本目的是推进学生的语文学习，提升学生的语文素养。本节主要对小学语文教学评价的基本概念、评价目的、历史沿革、现实意义和功能进行整体介绍。

### 一、小学语文教学评价的概念

小学语文教学评价是指以语文课程标准为准绳，以语文教学目标为依据，利用多种方法和手段收集和整理教学事实信息，用科学、规范的标准和方法对其进行分析和评定，并对语文教学效果做出描述，为提高语文教学质量反馈信息的方式。小学语文教学评价通常以教师和学生为评价主体，以教师教的效果和学生学的情况作为评价客体，其目的在于检查和促进教师的教与学生的学。教学评价是小学语文教学的重要组成部分，它贯穿于语文教学活动的全过程，通常包括两部分工作：(1)搜集评价对象的有关资料并加以分析，包括教学内容、教学方法、教学手段、教学环境、教学资源等；(2)对评价对象的学习状况进行价值判断。语文教学评价具有检查功能、诊断功能、反馈功能、激励功能、甄别功能和选拔功能，其最终目的是有效地促进学生的发展。

## 二、小学语文教学评价的历史沿革

长期以来，有关教学评价的价值观念的论述比较散，多分布于教育原理、教育社会学、课程论、心理学等著作中。严先元在《历史的反思与教育观念的现代化——论我国传统的教育功能——价值观》一文中最早提出了"教育价值观"的概念。王坤庆的《现代教育价值论探寻》对教育价值基本理论问题进行了综合性梳理。王卫东的专著《现代化进程中的教育价值观》分析比较了中西方现代化进程中的教育价值观，探讨了现代化进程中应树立的正确的教育价值观；并指出，教学评价价值观受教育教学价值观的影响，有其独特性也有共性。尚凤祥的专著《现代教学价值体系论》关注到教学价值和教育实践的密切关系，更关注教学评价的现实作用。

纵观有关教学评价的文章，多涉及的是评价的标准和对理论基础的思考。评价的思路和形式以总结性评价为主，评价的结果往往是作为学校评价教师的手段，对于教学评价的特殊性重视不够。可见，目前的教学评价呈现出形式单一、主体单调、教学评价理论和实践尚未密切联系的现状。小学语文评价也受到宏观的教学评价的影响，存在着实践和理论脱节、重笔试轻交际、重结果轻过程的现象。

## 三、小学语文教学评价的现实意义

及时进行语文教学评价，从学生的角度，可以推进学生查漏补缺，促进发展；从老师的角度来看，可以完善自身教学理念，推进教学工作。

第一，教学评价是促使学生学好语文、提升语文素养的有效手段。

在语文课堂上和课堂下，对学生的进步给予及时肯定，可以提升学生学习语文的兴趣；对学生的不足及时指正，帮助学生改进不足，明确方向；同学互评，最大限度提升课堂的积极性，活跃课堂氛围。最终指向都是提升学生的语文素养。

第二，教学评价是促进教师技能专业化、提高教学能力的重要保障。

教师在教学工作中、在整个职业生涯中，也需要通过知识学习和技能训练，获得长足的发展。除了一线教育实践以外，还需要自我反思。自我反思就是自我评价。教师不断反思教学中的不足，就能更加规范和完善个人行为。同时，通过教学评价，接受学生、家长、其他专家的指正，不断把意见和建议内化于心，改进教学，提升教学能力。

第三，教学评价是语文课程体系的重要组成部分，是完善课程的重要手段。

语文课程由课程的目标、内容、方法和评价构成，包括课本、教参、教案及课外资源，还包括语文课堂上教师和学生的交互性活动，是静态知识体系和动态生成过程的集合体。因此，语文课程的方方面面、各个环节都需要教学评价。通过教学评价，可以落实课程标准、调整教学方法、完善教材编写。适时的、科学的教学评价，为语文课程发展提供了不竭动力。

## 四、小学语文教学评价的功能

### （一）诊断功能

小学语文教学评价的目的是改善教与学，要求评价适应并发展每个人的能力及能力倾向，并以目标达成度的评价代替传统的以等级与甄选为主的评价。

通过教师自评，培养教师教学反思意识能力。如果教师能够通过自评对自己的教学设计做出修改，并不断完善，就能提高自身教学能力，对促进教师专业发展起到巨大的推动作用。

通过师生互评，检测学情。通过教学评价了解学生对知识的掌握情况、能力的发展情况、真实的课堂诉求。在教学结束之后，教师根据反馈改进教学中存在的问题，改进课堂教学活动。

### （二）导向功能

语文教学评价对语文教学活动具有重要的导向作用。通过评价，为教学活动指明方向，使教师明确教学的要点，使学生习得正确的学习方法。从长远来看，也要在人生观、价值观方面给予学生正确的引导，给予学生的人生发展以积极的影响。需要说明的是，评价的方式需要多样化。对学生的评价采用测验和考试，这只能测试显性的知识。对于隐含的层面，如学习动机、情感以及态度方法等，必须通过其他方式来测量，这样才能保证评价的科学导向。

### （三）多元功能

实现评价主体的多元化，评价角度的多元化。比如：针对不同教学目标可采用阶段性测试、成就型测试，也可采用水平测试；针对不同的教学内容可采用综合性测试和单项测试；既能由教师测试，也可由学生在教师的指导下自测评价；测试的方式有笔试、口试；试题既可采用"客观型""标准化"试题，也可用传统的论文型试题；既可以开卷，也可以闭卷等。

### (四)激励功能

通过语文教学评价，使学生对自己的学习情况有客观的认知，正确认识自己的长处和不足，从正反两方面受到激发，不断改进不足，完善自我潜能。通过肯定评价，使学生增强自信心和自我效能感，强化对语文学习的热情。通过一定的否定评价，使学生反思自己，痛定思痛，改进自己的学习方法，直面难题，迎头赶上，向其他榜样学习，超越自我。

### (五)选拔功能

语文教学中，可以通过教学评价，为选拔优秀提供依据。在客观甄选的基础上，选拔出语文能力优秀的同学。比如参加语文知识竞赛、刊选文章、优质课，以及中考、高考、招聘等活动。

### (六)发展功能

通过面向全体学生的语文评价，检查学生的语文学情、语文教师的教学现状，进一步优化语文课程设计，进而促进学生语文素养和教师专业能力的提高。语文教学评价，应该涵盖听、说、读、写多个方面，关注知识要素和人文要素，做到双线统一。

需要说明的是，语文评价应当面向全体学生和教师，重发展轻结果，重反馈轻选拔，重诊断轻定论，关注学生的内在语文素养、思维品质，为学生的终身发展助力。

## 第二节
# 小学语文教学评价的主体、原则、类型和方法

小学语文教学评价的主体包括老师、学生、家长，以及其他参与学习的角色等，通过评价，实现多方联动。制定评价标准和评价方案时，要遵循丰富性、综合性、实践性、重质性原则。此外，教学评价需要根据不同场合、不同目的、不同内容、不同对象采取不同方式。这样的教学评价才有针对性和科学性。评价应准确反映学生的学习水平和学习状况，全面落实课程目标。充分发挥课程评价的多重功能，实现检测、改进、推动语文学习的效果。

## 一、小学语文教学评价的主体

教学评价的主体不应局限于学生，而是应该实现多方联动。主体多元化，包括教师、学生、家长等。方式有教师自评、师生互评、生生互评等。教学评价不仅要考虑教师的教和对学生的考试两方面，更主要的是从学生学的角度构建评价标准。学生是学习的主体，学生"学什么、怎样学、学得怎么样"是评价标准的主要部分。

学生是学习的主体，在课堂上直接参与教学活动，他们的感受是最直接、最真实的。所以，在评课活动中，如果能将学生纳入评课主体中，既是体现了"以学生为主体"的教育理念，也能够从学生处获得较为真实的反馈。通过生生互评，比如自学实践、小组合作和交流互评生成课堂评价，以评价的方式为学生提供交流的平台，促进学生逻辑思辨和语言表达能力的提高。

评价主体应多元化。实施评价时要尊重学生的主体地位，尊重学生的个体差异，促进每个学生的健康发展。应将教师评价、学生自我评价及学生之间互评相结合，加强学生的自我评价和相互评价。通过师生互评，促进彼此之间的尊重、合作，形成民主的教学氛围和新型的师生关系。通过学生自评，改进学生的学习方法，更新学习观念，使学生充分参与，进而体会到语文学习的乐趣和意义。同时，通过自我评价，提高自我反思和自我管理能力。通过生生互评，提高学生的沟通和交流技能。

## 二、小学语文教学评价的原则

### (一)丰富性

语文应当是一门这样的课程：发展语言、发展思维、传承文化、培养人格、促进人的社会化，提高人的审美能力和文化品位。[①]

语文课程不是局限在课本上，而是包括广阔的文、史、哲知识，具有广阔的外延。而学生各自的家庭背景、成长环境、智力发展水平、学业基础、个性特点不同，因此认知也是多种多样的。因此，在语文教学的过程中，应当尊重学生独特的思维方式和情感体验。启发学生多角度、多层面思考，突出见解的开阔性和创新性，不宜用同一种"标准答案"一以贯之。当学生通过自己的独立思考，能够提出别样的见解时，教师应当给予充分的鼓励。比如，同一篇文章，不同的学生可能体会到不同的思想感情，不同的话题，学生也会写出不同角度的见解。因此，语文教学评价应当注重内容的丰

---

① 吴忠豪主编：《小学语文课程与教学论》，北京，北京师范大学出版社，2004。

富性，讲究"百花齐放"。通过教学评价，营造民主、和谐的教学氛围，充分发挥学生的主动性、积极性和创造性。

## (二)综合性

语文课程的性质决定了语文教学评价应具有综合性。语文素养包含着丰富的内容。教学评价应涉及语文教学的多个领域，比如识字写字、阅读理解、口语交际、习作、综合性学习。也应考察学生的综合能力，比如阅读鉴赏能力、表达交流能力、语言建构能力、理性思维能力、综合批判能力等。在教学过程中，要注重知识与技能的综合、过程与方法的综合、情感态度与价值观的综合，不仅关注基础知识的积累，更关注学习的方法和习惯。最终目的是提升学生运用语文知识分析问题、解决问题的能力，获得开阔的视野和长久的发展平台。

在具体实施时，不能仅凭一张综合试卷，而是要采用多样化的手段，综合考察学生的多项能力，比如可以通过汉字书写大赛、课本剧表演、读书会、诗词大会、演讲比赛、辩论比赛、社会调研等方式来考察。关注学生基础性的知识技能，课外阅读的质量和数量、口语表达能力、团结协作能力、综合实践能力，促进学生全面发展。

## (三)实践性

语文学习不止在书本上，更在广阔的社会应用情境中。除了传授知识以外，更要为学生创设应用情境，提高应用语言能力。因此，教师要充分利用校本资源、网络资源、社会资源，借助多方力量，为学生提供实践的机会和空间。为学生布置具体的任务、提出明确的目标，使学生先自我尝试，然后在此基础上给予评价，包括鼓励、指正。比如，识字写字中，考察学生是否具备了规范的握笔姿势和写字姿势，是否具有正确的笔顺笔画意识。课外阅读中，考察学生是否具备提取信息、理解信息和运用信息的能力。习作方面，考察学生是否了解基本的表达方式、谋篇布局的思路、遣词造句的手法等。口语交际中，要考察学生是否具备有效的倾听能力，以及把自己的想法表达清楚的能力。

## (四)重质性

语文教学关注学生的语言积累、语感培养、思维发展、品德修养以及审美情趣，重视学生的思想感悟，培养学生的人文情怀。这些精神层面的因素是难以量化的。语文教学评价不应该只是用量化方法了解学生掌握知识的多少，特别是那些不宜量化的方面，如语感、道德、情操和审美情趣等，更不应用分数来表示学生学习语文的感受和感悟。① 因此，语文评价可多采用"个人成长袋"、个性化评语的方式，考察学生的语文学习情况。以质性因素作为衡量学生成长的重要标准。比如，学生的讲故事比赛，教师可从"声音响亮，普通话标准，语速适当，表达流畅，激情昂扬，讲究技巧，动作恰当"等方面进行评价。针对每个学生的特色，做出有针对性的质性评价。在主题调研中，不是片面地以活动结果为依据，而是关注学生自主、合作、探究的学习过程。

### 三、小学语文教学评价的类型和方法

#### (一)小学语文教学评价的类型

语文教学评价的空间不仅在课堂上，也在课堂下，不仅在课内，也在课外。评价不仅针对语文学习的过程，更针对语文能力的发展。因此，教学评价需要根据不同场合、不同目的、不同内容、不同对象采取不同的类型。这样的教学评价才有针对性和科学性。具体标准和类型有以下分类。

根据评价主体不同可分为自我评价、他人评价。

根据评价对象不同可分为教师评价、学生评价、课程评价。

根据目的不同可分为摸底性评价、选拔性评价。

根据评价的参照标准不同可分为个体内部评价、相对评价、绝对评价。

根据评价的形态不同可分为静态评价、动态评价。

根据评价的时间不同可分为课前评价、课中评价、课后评价。

根据评价的范围不同可分为单项评价、综合性评价。

根据评价在教学过程中的作用不同可分为形成性评价、诊断性评价、终结性评价。

#### (二)小学语文教学评价的方法

课程评价的根本目的是促进学生学习，改善教师教学。为了全面落实课程目标，应该充分发挥课程评价的多重功能，恰当运用多种评价方式，注重评价主体的多元与互动，突出课程评价的整体性和综合性。根据不同年龄学生的学习特点，按照不同学段的课程目标，抓住关键，突出重点，采用合适的评价方式，提高评价效率。课程评价应该改变过于重视甄别和选拔的状况，在不同领域(知识与技能、过程与方法、情感态度与价值观)综合考察，突出评价的诊断和发展功能。

运用多种评价方式，全面反映学生语文学习水平。形成性评价和终结性评价都是必要的，但应加强形成性评价。教学过程中要收集能够反映学生语文素养发展的资料，

---

① 何更生：《新编语文教学论》，318页，芜湖，安徽师范大学出版社，2018。

提倡使用"成长记录"的方式。对学生语文学习的日常表现，应加强正面引导，以表扬、鼓励等积极的评价为主，坚持定性评价和定量评价相结合。

1. 诊断性评价

诊断性评价指在学期、学年、课程或一个单元教学开始时，为了了解学生的学习准备状况及影响学习的因素而进行的评价。比如教师为了了解学生的学习准备程度而进行的摸底考试就是常见的诊断性评价。有时在教学过程中为了某种需要也可以采取诊断性评价。包括：课前学习任务单；针对预习内容提出的课堂问题等。也包括特殊编制测验、学籍档案和观察记录表等。

2. 形成性评价

形成性评价指在教育、教学活动计划实施的过程中，对计划、方案的执行情况进行的评价。形成性评价一般应用在教学过程中，常采用形成性测验、作业和日常观察的手段来评价。

测试难度依目标而定。目标包括两个方面：第一，教师可获知学生的学习情况，包括学生学习的过程和特点，以及学生学习中面临的困难等信息，通过所掌握的信息对教学进行修正。第二，学生可根据教师的形成性评价获知自身学习的情况，对自己的学习状况进行评价，从而对自己的学习方式进行修正。因此，在教学过程中，形成性评价无论对教师还是学生都是十分必要的。根据学生掌握知识的情况，分析现有教学目标的达成度，对下一步学习安排做出调整。

3. 终结性评价

终结性评价是在一个大的学习阶段、一个学期或一门课程结束时对学生学习结果的评价，也被称为总结性评价。比如期末考试、结业考试和毕业考试都属于终结性评价。教师通过终结性评价可检测学生学习的情况，进而对自身的教学情况进行总结。同时教师还可根据终结性评价的结果对学生前一段时间的学习情况进行评定，并告知学生家长。根据终结性评价的结果反馈，教师和家长共同制订下一阶段孩子的学习计划。常见的评价方式是期末考试卷。老师可以借此汲取经验教训，调整自己新学期的教学方式，为新学期的开展奠定基础。


# 第三节
# 小学语文教学评价的实施

语文教学评价应当以《义务教育语文课程标准（2022年版）》为根据，分三个学段，分识字写字、阅读、习作、口语交际和综合性学习五个类型。本节将以《义务教育语文课程标准(2022 年版)》为依据，按照五类课型的性质，详细阐释每个板块的评价目标、基本理念以及评价实施方法。

## 一、识字写字板块

### (一)评价内容与基本理念

一是评价内容。

第一学段(1~2 年级)的评价目标主要有四点：

1. 喜欢学习汉字，有主动识字、写字的愿望。认识常用汉字 1600 个左右，其中 800 个左右会写。

2. 学会汉语拼音。能读准声母、韵母、声调和整体认读音节。能准确地拼读音节，正确书写声母、韵母和音节。认识大写字母，熟记《汉语拼音字母表》。

3. 掌握汉字的基本笔画和常用的偏旁部首，能按基本的笔顺规则用硬笔写字，注意间架结构，初步感受汉字的形体美。努力养成良好的写字习惯，写字姿势正确，书写规范、端正、整洁。

4. 学习独立识字。能借助汉语拼音认读汉字，学会用音序检字法和部首检字法查字典。

第二学段(3~4 年级)的评价内容主要有三点：

1. 对学习汉字有浓厚的兴趣，养成主动识字的习惯，累计认识常用汉字 2500 个左右，其中 1600 个左右会写。有初步的独立识字能力。能用音序检字法和部首检字法查字典、词典。

2. 写字姿势正确，养成良好的书写习惯。能用硬笔熟练地书写正楷字，做到规范、端正、整洁。用毛笔临摹正楷字帖，感受汉字的书写特点和形体美。

3. 能感知常用汉字形、音、义之间的联系，初步建立汉字与生活中事物、行为的联系，初步感受汉字的文化内涵。

第三学段(5~6 年级)的评价内容主要两点：

1. 有较强的独立识字能力。累计认识常用汉字 3000 个左右，其中 2500 个左右会写。感受汉字的构字组词特点，体会汉字蕴含的智慧。

2. 写字姿势正确，有良好的书写习惯。硬笔书写楷书，行款整齐，力求美观，有一定的速度。能用毛笔书写楷书，在书写中体会汉字的优美。

二是评价理念。

《义务教育语文课程标准(2022 年版)》中关于识字写字教学主要有以下建议。识字教学的评价，要考察学生认清字形、读准字音、掌握汉字基本意义的情况，以及在具体语言环境中运用汉字的能力，借助字典、词典等工具书查检字词的能力。第一、第二学段应多关注学生主动识字的兴趣，第三、第四学段要重视考察学生独立识字的能力。

　　写字教学的评价，要考察学生对于要求"会写"的字的掌握情况，重视书写的正确、端正、整洁，在此基础上，逐步要求书写流利。第一学段要关注学生写好基本笔画、基本结构和基本字，第二、第三学段还要关注学生的毛笔书写，第四学段还要关注学生基本行楷字的书写和对名家书法作品的临摹。义务教育各个学段的写字评价都要关注学生写字的姿势与习惯，引导学生提高书写质量。

　　在具体的实施中，有以下几点需要注意。

　　(1)评价时落实"多认少写，识写分开"

　　低年级阶段学生要求"会认"与"会写"的字量有所不同。在教学过程中要"多认少写"，要求学生会认的字不一定同时要求会写。识字层面，要注意儿童特点，将学生熟识的语言因素作为主要材料，结合学生的生活经验，引导他们利用各种机会主动识字，力求识用结合。写字层面，要求学生写字姿势正确，指导学生掌握基本的书写技能，养成良好的书写习惯，提高书写质量。因此，评价时，会认字和会写字要区别考察，写字可少而精，识字上不封顶。

　　(2)识字的评价要具有综合性

　　教学评价不能只局限于"认字数量和写字数量"，而是要有综合性。比如：考察学生认清字形、读准字音、掌握汉字基本意义的情况，以及在具体语言环境中运用汉字的能力，借助字典、词典等工具书查检字词的能力。

　　(3)关注长期的书写习惯

　　整个小学阶段都要求"写字姿势正确、有良好的书写习惯"。第三学段的硬笔字增加了"力求美观"的要求，体现了写字还要讲究实效性。

## (二)评价要求和建议

### 1. 识字能力的评价

　　(1)读音

　　读准字词的读音，能够在不同的语境中识别并有效读出生字词；能够对读音相近的词进行正确辨析。比如把一些读音相近的字放在一起，像阴、英、竹、足等。每个字给一定分值，读完所有的字，给该生一个得分。因为学生的认读能力存在一定差异，为鼓励学生多识字、快识字，评价量表可在100分外设置附加分，以满足部分认字能力较强学生的求知欲。

　　(2)字形

　　加强汉字形状的辨别能力。比如用字族文识字法，"请""清""情""晴"，引导学生根据词的意思辨别字形。也可以用"换一换"的方法，引导学生思考，生字可以由学过的哪个字变化而来。比如生字"神"，就可以由学过的"伸"变化而来，把单人旁换为示字旁，如此举一反三，灵活运用。这种评价方式除了可在试卷中出现外，也可在课堂中以小组辨字形比赛的方式出现，以培养学生的联想能力。

2. 写字能力的评价

(1)正确的写字姿势和良好的学习习惯

从低年级开始，就重视两个维度的评价。在学生写字的过程中，加强对"姿势"的关注和"习惯"的评价。比如正确的写字姿势应做到"眼离书本一尺远，胸离书桌一拳远，手离笔尖一寸远"。正确的握笔姿势是"老大老二对对齐，手指之间留缝隙，老三下面来帮忙，老四老五往里藏"。写字姿势的评价可由教师评价、家长评价、学生自评和同伴互评四方面组成。学生互评可在同桌之间或合作学习小组间进行，这有利于学生间的相互学习。学生也可对自己的行为习惯进行评价，家长也可根据评价量表的导向对孩子进行评价。

(2)书写正确规范，卷面整洁

从书写质量上看，要关注笔顺、间架结构、工整程度。在田字格里抄写、默写生字，能按字的结构把字写端正、匀称。比如定期举行写字比赛，教师可让学生抄写学过的生字或课文，通过展示、师评和生评选出优胜奖和进步奖，为其他同学写好字做示范。检查学生是否按笔顺书写，教师不仅需要细心观察，也可通过一些小训练来检测，如让学生说出"东"字的第三笔是什么。这种评价方式也可通过书面考试来进行。教师还可让学生口头书空生字的笔顺来检测学生的掌握情况。

## 二、阅读教学板块

### (一)课程目标与评价理念

一是评价内容。

第一学段(1~2年级)的课程目标：

1. 喜欢阅读，感受阅读的乐趣，学习用普通话正确、流利、有感情地朗读课文。学习默读。

2. 结合上下文和生活实际了解课文中词句的意思，在阅读中积累词语。认识课文中出现的常用标点符号，在阅读中体会句号、问号、感叹号所表达的不同语气。借助读物中的图画阅读。

3. 阅读浅近的童话、寓言、故事，向往美好的情境，关心自然和生命，对感兴趣的人物和事件有自己的感受和想法，并乐于与他人交流。诵读儿歌、儿童诗和浅近的古诗，展开想象，获得初步的情感体验，感受语言的优美。

4. 尝试阅读整本书，用自己喜欢的方式向他人介绍读过的书。养成爱护图书的习惯。

5. 积累自己喜欢的成语和格言警句。背诵优秀诗文50篇（段）。课外阅读总量不少于5万字。

第二学段（3～4年级）的课程目标：

1. 用普通话正确、流利、有感情地朗读课文。初步学会默读，做到不出声，不指读。学习略读，粗知文章大意。

2. 能联系上下文，理解词句的意思，体会课文中关键词句表达情意的作用。能借助字典、词典和生活积累，理解生词的意义。在理解语句的过程中，体会句号与逗号的不同用法，了解冒号、引号的一般用法。

3. 能初步把握文章的主要内容，体会文章表达的思想感情。学习圈点、批注等阅读方法。能对课文中不理解的地方提出疑问，乐于与他人讨论交流。

4. 能复述叙事性作品的大意，初步感受作品中生动的形象和优美的语言，关心作品中人物的命运和喜怒哀乐，与他人交流自己的阅读感受。诵读优秀诗文，注意在诵读过程中体验情感，展开想象，领悟诗文大意。

5. 阅读整本书，初步理解主要内容，主动和同学分享自己的阅读感受。

6. 积累课文中的优美词语、精彩句段，以及在课外阅读和生活中获得的语言材料。背诵优秀诗文50篇（段）。养成读书看报的习惯，收藏图书资料，乐于与同学交流。课外阅读总量不少于40万字。

第三学段（5～6年级）的课程目标：

1. 熟练地用普通话正确、流利、有感情地朗读课文。默读有一定的速度，默读一般读物每分钟不少于300字。学习浏览，扩大知识面，根据需要搜集信息。

2. 能联系上下文和自己的积累，推想课文中有关词句的意思，辨别词语的感情色彩，体会其表达效果。在理解课文的过程中体会顿号与逗号、分号与句号的不同用法。

3. 在阅读中了解文章的表达顺序，体会作者的思想感情，初步领悟文章的基本表达方法。在交流和讨论中，敢于提出看法，作出自己的判断。

4. 阅读叙事性作品，了解事件梗概，能简单描述印象最深的场景、人物、细节，说出自己的喜爱、憎恶、崇敬、向往、同情等感受；阅读诗歌，大体把握诗意，想象诗歌描述的情境，体会作品的情感。受到优秀作品的感染和激励，向往和追求美好的理想。

5. 阅读说明性文章，能抓住要点，了解文章的基本说明方法。阅读简单的非连续性文本，能从图文等组合材料中找出有价值的信息。尝试使用多种媒介阅读。

6. 阅读整本书，把握文本的主要内容，积极向同学推荐并说明理由。

7. 背诵优秀诗文 60 篇（段），注意通过语调、韵律、节奏等体味作品的内容和情感。扩展阅读面，课外阅读总量不少于 100 万字。

二是评价理念。

《义务教育语文课程标准（2022 年版）》中关于阅读教学主要提出了以下建议：能用普通话正确、流利、有感情地朗读课文，是朗读评价的总要求。评价学生的朗读，可从语音、语调和语气等方面进行综合考察，评价"有感情地朗读"，要以对内容的理解与把握为基础，要防止矫情做作。

诵读的评价，重在提高学生的诵读兴趣，增加积累，发展语感，加深体验和领悟。在不同学段，可在诵读材料的内容、范围、数量、篇幅、类型等方面逐渐增加难度。

默读的评价，应从学生默读的方法、速度、效果和习惯等方面进行综合考察。

精读的评价，重点评价学生对阅读材料的综合理解能力，要重视评价学生的情感体验和创造性的理解。第一学段可侧重考察对文章内容的初步感知和文中重要词句的理解、积累；第二学段侧重考察通过重要词句帮助理解文章，体会其表情达意的作用，以及对文章大意的把握；第三学段侧重考察对文章表达顺序和基本表达方法的了解领悟。

略读的评价，重在考察学生能否把握阅读材料的大意。浏览的评价，重在考察学生能否从阅读材料中捕捉有用信息。

在具体的实施中，有以下几点需要注意。

（1）朗读、默读的评价

朗读是阅读教学评价的重点，评价学生的朗读，可从语音、语调、停连、感情色彩等方面进行综合考察。还应注意区分不同文体，并考察对其内容的理解。评价默读，应根据各个学段的目标，从学生的默读速度、效果和习惯等方面进行综合考察。[1]

（2）精读的评价

精读的评价应重点评价学生对读物的综合理解能力，要重视评价学生的情感体验和创造性理解，根据各学段的目标，具体考察学生在词句理解、文意把握、要点概括、内容探究、作品感受等方面的表现。

（3）略读和浏览的评价

略读与浏览不同于精读的深入钻研，而只求通览全篇，概览大意，吸取其精华，获得其旨趣。因此，评价学生的略读和浏览能力，不能从语言的品味、思路的展开，到主旨的把握、写作的探究全面加以考核，而应把重点放在阅读方法和由此获得的信息量上。评价略读，重在考察能否把握阅读材料的大意。评价浏览能力，重在考察能否从阅读材料中捕捉重要信息。

---

[1]　蒯秀丽：《小学语文课程与教学实践研究》，149 页，北京，新华出版社，2015。

（4）阅读理解能力的评价

理解是阅读过程的中心环节，它要求综合读物所有的字词、句段、篇章，获得对读物的一种整体性的理解，并获得自己独特的主观感受。文学作品阅读的评价，着重考察学生对形象的感受和情感的体验，对学生独特的感受和体验应加以鼓励。古诗文阅读的评价，重点不在于考察学生对词法、句法等文言知识的掌握程度，而在于考察学生记诵积累的过程，考察他们能否凭借注释和工具书理解诗文大意，并通过他们记诵积累的情况考察其在发展语感方面的努力程度。①

## （二）评价要求和建议

### 1. 重视"朗读"

要求做到"正确、流利、有感情"，这三个要求是互相贯通的。鼓励学生自读、多读。朗读的过程有助于学生掌握每个汉字的音、形、义，有助于加深对词语的理解和运用，有助于把握文章的层次结构，对儿童语言的形成和发展具有不可替代的作用。

### 2. 加强对阅读方法的指导

阅读方法是朗读、默读、精读、略读和浏览等方法的整合。尤其把"略读"和"浏览"定位为阅读教学的一项重要任务。略读是侧重于主要内容的了解和把握，是粗知文本大意；浏览是侧重从阅读材料中找所需要的内容或关键信息。它们的优势在于快速捕捉信息，在于发挥自觉思维的作用。

### 3. 阅读教学应注重培养学生的阅读品质

阅读品质是指阅读行为、阅读作风上表现出来的思想、认识等的本质，它包括阅读的习惯，阅读的价值观，阅读的感受、理解和体验等方面，是阅读的重要构成因素。学生是阅读的主体，因此，要强调学生阅读的自主性、独立性，重视学生阅读的独特感受和个性体验，积极促使学生阅读品质的养成。

# 三、习作教学板块

## （一）课程目标与评价理念

一是课程目标。

第一学段（1～2年级）的课程目标：

1. 对写话有兴趣，留心周围事物，写自己想说的话，写想象中的事物。在写话中乐于运用阅读和生活中学到的词语。

① 蒯秀丽：《小学语文课程与教学实践研究》，149页，北京，新华出版社，2015。

2. 根据表达的需要，学习使用逗号、句号、问号、感叹号。

第二学段(3～4 年级)的课程目标：

1. 乐于用口头、书面的方式与人交流沟通，愿意与他人分享，增强表达的自信心。

2. 观察周围世界，能不拘形式地写下自己的见闻、感受和想象，注意把自己觉得新奇有趣或印象最深、最受感动的内容写清楚。能用便条、简短的书信等进行交流。尝试在习作中运用自己平时积累的语言材料，特别是有新鲜感的词句。

3. 学习修改习作中有明显错误的词句。根据表达的需要，正确使用冒号、引号等标点符号。课内习作每学年 16 次左右。

第三学段(5～6 年级)的课程目标：

1. 懂得写作是为了自我表达和与人交流。养成留心观察周围事物的习惯，有意识地丰富自己的见闻，珍视个人的独特感受，积累习作素材。

2. 能写简单的记实作文和想象作文，内容具体，感情真实，能根据内容表达的需要，分段表述。学写读书笔记，学写常见应用文。

3. 修改自己的习作，并主动与他人交换修改，做到语句通顺，行款正确，书写规范、整洁。根据表达需要，正确使用常用的标点符号。习作要有一定速度。课内习作每学年 16 次左右。

二是评价理念。

《义务教育语文课程标准(2022 年版)》中关于习作教学的基本建议为：写作的评价，要重视学生的写作兴趣和习惯，鼓励表达真情实感，鼓励有创意的表达，引导学生热爱生活，亲近自然，关注社会。写作材料准备过程的评价，不仅要具体考察学生占有材料的丰富性、真实性，也要考察他们获取材料的方法。要引导学生通过观察、调查、访谈、阅读等途径，运用多种方法搜集材料。重视对作文修改的评价。要考察学生对作文内容、文字表达的修改，也要关注学生修改作文的态度、过程和方法。要引导学生通过自改和互改，取长补短，促进相互了解和合作，共同提高写作水平。评价结果的呈现方式，根据实际需要，可以是书面的，可以是口头的；可以用等级表示，也可以用评语表示；还可以采用展示、交流等多种方式。

在具体的实施中，有以下几点需要注意。

(1)注重写作兴趣的培养

从第一学段的"对写话有兴趣"，到第二学段的"乐于用口头、书面的方式与人交流沟通，愿意与他人分享，增强表达的自信心"，再到第三学段的"懂得写作是为了自我表达和与人交流"，学生的作文从起初的兴趣到自信，到为生活中自我表达和人际交流的需要，根据年段和心理特点提出了不同层次的要求。其最终的目的是让学生认识到作文是为了自我表达和人际交流的需要。

（2）注重与现实生活相联系

写自己想说的话，写想象中的事物，能不拘形式地写下见闻、感受和想象，注意把自己觉得新奇有趣或印象最深、最受感动的内容写清楚。因此，习作教学应将学生的取材引向生活，发现自我、发现自然、发现社会，培养学生留心观察周围事物、有意识地丰富见闻、珍视个人独特感受以积累习作素材的习惯。

（3）注重在习作中运用语文知识

语文教学"不宜刻意追求语文知识的系统和完整"，而是将知识教学融于写作过程之中。从《义务教育语文课程标准（2022年版）》看，主要有以下几个语文知识。一、常见的标点符号：逗号、句号、问号、感叹号、冒号、引号。二、语法。虽然没有明确地指出掌握什么语法知识，但在表述中不难看出主要有词及句式两方面。三、书写的规范。行款正确，书写规范、整洁，能根据习作内容表达的需要分段。《义务教育语文课程标准（2022年版）》的以上说明，其实质就是强调这些语文知识在作文中的实际运用，最终实现表达的准确性和规范性，提高学生的作文能力。

## （二）评价要求和建议

### 1. 评价过程

（1）教师点评

包括作文常规点评和典型问题点评。常规点评包括对作文的基本格式、书写情况、标点符号运用等一般性问题进行讲评，提出意见和建议。典型问题点评分为问题和修改建议两部分，主要针对在本次训练中学生普遍存在的比较典型的问题进行详细分析，并提出解决的方法或建议。

（2）小组互评

教师点评既能指出学生习作中普遍存在的主要问题，也为学生组内的互评提供了范例。根据教师的示范，小组成员之间互换作文，认真阅读，简单列出思维导图，提出存在的问题以及修改建议。小组互评的优点，是学生在评价同伴作文的同时，既能学习对方的优点，也能反思自己作文的缺点，一举两得。

（3）个人根据同伴意见进行作文修改

在同伴指出问题之后，个人进行第二次修改。这一个环节非常重要，要让学生知道"文章不厌百回改"，培养学生修改作文的习惯。

（4）修改之后的佳作展示

学习作文修改的技巧，就一定要让学生尝到作文修改的甜头，这一环节就是找出那些经过修改以后有了较大进步的作文进行展示，提高学生修改作文的积极性。①

---

① 刘炳霞：《思维导图辅助解决小学作文教学难题研究》，鲁东大学硕士学位论文，2014。

2．评价角度

(1)评价准备过程

写作资料准备之初，学生占有资料的途径有观察、阅读、访谈、调查等，要评价学生是否科学地占有资料，客观地评估资料的价值，并能根据写作目的，甄选出具有价值的资料。

(2)评价写作过程

写作必须要从底稿开始，一轮轮地对底稿进行反复的修改和完善，包括主题的完善、材料的充实、措辞的严谨、构思的精进、修辞手法的妙用。在修改时，要采用学生自评、生生互评、教师评价等多种方法，使学生在反复修改的过程中，认识不断深化，熟练掌握和巩固习作技能，提升习作水平。

(3)评价思想内涵

内容积极，思想健康；说真话、诉真情，力求表达自己对自然、社会、人生的独特感受和真切体验。走向学生真实的生活，走向创作的广阔天地，让学生用正确的眼光去审视生活，去体验生活的滋味，抒发自己的情感。

3．采用多种评价方法

为学生建立写作档案。除了课内外作文以外，还应记录写作态度、主要优缺点以及典型案例分析等内容，以全面反映学生的写作实际情况和发展过程。对学生作文评价结果的呈现方式也应当多样化，根据实际需要，可以是书面的，可以是口头的；可以用等级表示，可以用评语表示；还可以采用多种形式评价。[1]

## 四、口语交际板块

### (一)课程目标和评价理念

一是课程目标。

第一学段(1～2年级)的课程目标为：

1．学说普通话，逐步养成说普通话的习惯，有表达交流的自信心。

2．能认真听他人讲话，努力了解讲话的主要内容。听故事、看影视作品，能复述大意和自己感兴趣的情节。能较完整地讲述小故事，能简要讲述自己感兴趣的见闻。与他人交谈，态度自然大方，有礼貌。积极参加讨论，敢于发表自己的意见。

第二学段(3～4年级)的课程目标：

1．能用普通话交谈，学会认真倾听，听人说话时能把握主要内容，并能简要转述。

---

[1]　蒯秀丽：《小学语文课程与教学实践研究》，150页，北京，新华出版社，2015。

能就不理解的地方向人请教，就不同的意见与人商讨。

2. 能清楚明白地讲述见闻，说出自己的感受和想法。讲述故事力求具体生动。能主动参与日常生活中的文化活动，根据不同的场合，尝试运用合适的音量和语气与他人交流，有礼貌地请教、回应。

第三学段(5～6年级)的课程目标为：

1. 听人说话认真、耐心，能抓住要点，并能简要转述。乐于表达，与人交流能尊重和理解对方。注意语言美，抵制不文明的语言。

2. 表达有条理，语气、语调适当。参与讨论，敢于发表自己的意见，说清自己的观点。能根据对象和场合，稍作准备，作简单的发言。

二是评价理念。

口语交际的评价，须注重提高学生对口语交际的认识和表达沟通的水平。考察口语交际水平的基本项目可以有讲述、应对、复述、转述、即席讲话、主题演讲、问题讨论等。口语交际的评价，应按照不同学段的要求，综合考察学生的参与意识、情意态度和表达能力。第一学段主要评价学生口语交际的态度与习惯，重在鼓励学生自信地表达；第二、第三学段主要评价学生日常口语交际的基本能力，学会倾听、表达与交流。评价宜在具体的交际情境中进行，让学生承担有实际意义的交际任务，并结合学生在日常生活和学习活动中的表现，综合考察学生真实的口语交际水平。

在具体的实施中，有以下几点需要注意。

(1)创设交际情境，激起学生口语交际的兴趣

口语交际教学活动应在具体的交际情境中进行，让学生承担有实际意义的交际任务。口语交际课中的情境有两种，一种是课堂情境，一种是类似于现实生活的情境，即把课堂设在生活中，或者把生活引进课堂里，也就是我们所说的生活情境。面对高年级学生，具有挑战性的生活化的交际情境，更能激起口语交际的兴趣，促进他们语言能力的发展，提高他们运用语言的能力。

(2)多创造实践活动，增强口语交际的应用性

教师应该以贴近生活的话题或情境来展开口语交际活动，重视日常生活中交际能力的培养。学生口头表达能力的提高，仅仅依靠方法的传授和技巧的点拨是远远不够的，必须要有大量的口语交际实践做支撑。因此，教师要多多创造各种实践的机会，为学生开拓口语交际的渠道，让学生真正在生活中体验，在生活中锤炼，从而达到自如运用语言的水平。

## (二)评价要求和建议

### 1. 充分利用物质资源

口语交际考核评估根据《义务教育语文课程标准(2022年版)》可定出"模糊"评估办法，以激励为主分为若干等级。可以准备录音设备，每位讲述同一题材(也可不同题材)，学期初讲一次，学期末再讲一次，进行录音对比，看学生口语交际水平学期结束时比开学初提高了多少。或者，充分利用教室空间开展口语评价活动。例如，用小苹果印章作为评价符号，在教室墙上画一棵大树，大树上分为好多树枝，一根树枝代表一位同学，当谁表现优秀或者进步明显的时候，就在其所代表的树枝上加印章。一个学期下来，盘点谁的"收获多"。开展"成功卡"口语评价活动，争取人人有目标，级级(各年级)有特色，月月有内容，形成以"争戴成功卡"为荣的理念，反映学生进步历程，增强口语交际自信心。

### 2. 注重评价的长期性和延续性

在评价的实施上，如果只是在课堂上做出一次总的评价，显然是不够的。可采取单元形成性评价，或者期中、期末评价相结合。

如学完口语交际《介绍家乡景物》一课后，可引导学生在小组内以不同的身份("导游""解说员""游客"等)参与交际。在交际之后，评出"星级导游""最佳解说员""优秀游客"等，激发孩子热爱家乡的情感，使之具备主动介绍家乡的本领。也可采取期中诊断性评价，如结合每学期一次的期中家长会，通过评价与家长沟通，帮助孩子在日常生活中不断提高口语交际能力。在期末综合性评价时，可结合期末语文读写能力测试，对学生一学期来的口语交际综合能力给予评价。

### 3. 设定多种评价方式

在评价方式上，可以是行为观察，如观察孩子在交际时的神情、文明习惯等；也可以是问卷评价，如新年即将来临，让孩子们与同伴、家长围绕"如何使用压岁钱"展开讨论，并将讨论结果以问卷形式进行反馈。此外，还可通过情境测试、日记反馈、成长记录袋等方式进行评价。

教师在评价结果的处理上，可采用等级制、星级制、等级 + 评语等方法，以促进学生的进步。在口语交际成绩的评定中，教师应更注重对学生发展过程的监控，及时掌握和发现学生发展中取得的成绩和存在的问题，让学生不断地调整自己的发展状态，提高素质，使自己获得尽可能大的发展空间。

### 4. 家长协同参与口语评价

加强家校联系，教师定期与家长进行文字沟通。对学生在校口语交际学习情况用表格形式进行记录，定期反馈给家长。也可以让家长填写评价单，进行信息的互通。

## 五、综合性学习板块

### (一)课程目标与评价理念

一是课程目标。

第一学段(1~2年级)的课程目标:

1. 观察大自然,热心参加校园、社区活动,积累活动体验。结合语文学习,用口头或图文等方式整理、表达自己在活动中的见闻和想法。

2. 对周围事物有好奇心,能就感兴趣的内容提出问题,结合其他学科的学习和生活经验交流讨论,尝试提出自己的看法。

第二学段(3~4年级)的课程目标:

1. 学习组织有趣味的语文实践活动,在活动中学习语文,学会合作。结合语文学习,观察大自然,观察社会,积极思考,运用书面或口头方式,并可尝试用表格、图像、音频等多种媒介,呈现自己的观察与探究所得。

2. 能提出学习和生活中的问题,有目的地搜集资料,共同讨论,尝试运用语文并结合其他学科知识解决问题。

第三学段(5~6年级)的课程目标:

1. 感受不同媒介的表达效果,学习跨媒介阅读与运用,初步运用多种方法整理和呈现信息。

2. 初步了解查找资料、运用资料的基本方法。利用图书馆、网络等渠道获取资料,解决与学习和生活相关的问题。尝试写简单的研究报告。

3. 策划简单的校园活动和社会活动,对所策划的主题进行讨论和分析,学写活动计划和活动总结。对自己身边的、大家共同关注的问题,或影视作品中的故事和形象,通过调查访问、讨论演讲等方式,开展专题探究活动,学习辨别是非、善恶、美丑。

二是评价理念。

综合性学习的评价,应着重考察学生的语文综合运用能力、探究精神与合作态度。主要着眼于学生在综合性学习过程中的表现,如是否能积极参与活动,是否能主动提出问题,还有搜集整理材料、综合运用语文知识探究问题、展示与交流学习成果等方面的情况。第一、第二学段要较多地关注学生参与语文学习活动的兴趣与态度。第三学段要多关注学生在语文学习活动中提出问题、探究问题以及展示学习活动成果的能力。评价要尊重和保护学生学习的自主性和积极性,鼓励学生运用多种方法,从不同的角度进行探究。对有新意的思路和表达以及有特点的展示方式,尤其要给予足够的重视。除了教师的评价之外,要多让学生开展自我评价和相互评价。

在具体的实施中，有以下几点需要注意。

（1）突出综合性

在综合性学习中，以语文为主，以学习语文为出发点，运用各科资源，开展跨学科活动和教学。只有这样才能凸显语文作为各个学科基础的地位，只有这样才能显示综合性学习在语文教学中的作用。实现语文知识与能力的结合，实现各个学科知识的结合。

（2）重视实践性

综合性学习强调让学生学会沟通与合作，获得亲自参与研究探索的积极体验。把语文学习带入社会生活中，学会发现并解决实际问题。引导学生发现"生活即教育""生活即语文"。引导学生把所学到的基础知识、掌握的基本技能应用到实际生活中去，学以致用，从而更好地提高听、说、读、写的语文综合运用能力。

（3）发挥创造性

引导、鼓励学生在学习活动中进行多向思维，从多角度全面地认识同一事物。给学生自由学习的空间和时间。解放学生的头脑，让他们去想；解放学生的眼睛，让他们去观察自然、观察社会；解放学生的嘴，让他们去说……要充分发挥学生的主观能动性和创造性。

## （二）评价要求和建议

### 1. 做好整体规划

语文综合性学习的组织应当重视纵向的衔接联系，以此建立学生完善的知识结构体系。纵向衔接要充分考虑单元与单元、年级与年级之间的衔接。对于活动的总体规划，在规划之初就应当对其进行梳理，对活动有预期的周延设计。

在活动前期，提出启发性的建议，引导学生自主形成可行的活动方案；提供相关的思路和方法，进一步引导学生提炼出有价值的研究课题；同时要做出及时的审查，提出有效的改进意见。活动中期，鼓励学生大胆探索，乐于发表新见解；对研究方法进行指导，培养学生在生活中学语文、在实践中用语文的兴趣和习惯。活动后期，注重"过程"的评价；指导学生进行高质量的多元化评价。[1]

### 2. 做好资源整合

语文综合性学习的评价，要注重知识与能力、过程与方法、情感态度与价值观的交融与整合，反映出语文综合性学习目标的整体性和综合性。语文综合性学习的评价关注学习过程，着眼于学生在活动中的合作态度和参与程度；能否在活动中主动地发现问题和探索问题；能否积极地为解决问题去搜集信息和整理资料；语文知识和能力综合运用的表现；学习成果的展示与交流。

① 李惠瑁：《小学语文综合性学习的现状及对策研究》，扬州大学硕士学位论文，2015。

除了学校资源外，更要充分利用家庭、社区、网络、社会等资源，创造开放性的学习环境，促进学生在生活中学习，在社会中学习，在实践中学习。

3. 评价方式多元化

语文综合性学习强调自主、合作、探究的学习方式，强调学生在学习过程中的主体地位，因此，综合性学习的评价应注重开放性和多元性。

一方面，要更多着眼于不同主题的语文综合性学习的差异性和多样性，注重不同主题学习本身的特点和要求，注意各学校各班级的不同情况，"因活动制宜"，全面、真实、客观地评价；另一方面，也要强调关注学生个性化学习需求和个别差异性评价，通过进展性评价，跟进学生的学习进程，通过评价来鼓励学生按照个人的学习步伐，循序渐进地达到学习目标。

## 六、教学实际中的评价案例

### （一）过程性评价

#### 特色"乐考"

S 小学期末自主测评是家长与教师共同参与课程评价的一次全新尝试。它在小学六年中是一贯的，但评价的内容会随着年级的增长进行一些调整。第一学段侧重的是生字的认读，还包括朗读、积累与背诵。第二学段加入了口语表达和口语交际。第三学段在前面的基础上，加入了主题性的表达，层层深入，循序渐进。

第一学段语文自主检测内容主要包括这几个方面：生字词认读、朗读、积累与背诵。测评工作开始前，学校根据石家庄市长安区及学校期末自主测评工作的有关要求，对自主测评试卷、评分标准、检测方法等做了详细安排，并在前期对家长义工进行了工作培训，以保证测评结果的公平性和准确性。全班学生分成八个小组，每组由一名家长义工来进行测评。自主测评工作进行得高效而有意义，自主测评成绩将计入学生期末总成绩，这也是对学生进行过程化评价的有效落实。

朗读和背诵对语文学习很重要，通常期末验收时受到种种限制，很难实现对认读、朗读和背诵的验收，所以大多数学校仅仅用纸笔测验的成绩作为期末验收成绩。此次借助班里家教会家长义工的力量，共同完成了期末验收的口试部分。8 位家长义工对 44 名学生进行了认读、朗读和背诵的期末验收。对口试的验收尚属首次，只包括了认读、朗读、背诵，并没有涵盖口语表达和课外阅读，所以对口试部分期末分值安排了 5％，以后将逐步加大比例，并将口语表达和课外阅读囊括进来。这次家教会是继课堂观察员、妈妈讲故事等走进课堂活动后一次新的尝试。这种新形式不仅可以协助教师更高效地完成工作，为全体学生服务，而且家长们能够通过比较更真实地了解自己孩子的学习情况，为家庭教育提供客观的参考。

1. 评价内容

(1)听说(5分)

考查内容：学生倾听的能力、理解力及口头表达的能力。

考查方法：现场播放短文录音，只听一遍，然后回答问题。

考查重点：学生注意力集中的程度及捕捉信息的能力。

评价标准：满分5分。

根据短文内容，捕捉信息正确得3分，口头表达完整得2分。

听说故事和问题内容参见附件一《万兽之王》。

(2)认读生字(5分)

认读内容：50个生字。

考查方法：学生抽签选出需认读的内容，逐一认读并口头组一个词。

考查重点：字音准确、词语正确。

评分标准：满分5分。生字错一个扣0.1分。组词如有错误，每个扣0.1分。

认读生字模板参见附件二《一年级上册语文过程化评价生字认读》。

(3)朗读课文(5分)

朗读内容：本册书中5篇课文、课外选取5篇短文。

考查方法：课内外各选取1篇进行朗读。

考查重点：正确、流利地朗读课文。

评分标准：满分5分。

正确3分，读错(多字、少字、错字、重复)课内每次扣0.1分，课外每三次扣0.1分。流利2分，酌情打分。

(4)背诵积累(5分)

背诵内容：本册教材中要求背诵的所有内容，校本教材《古诗文诵读》中要求背诵的古诗。

考查方法：各抽取1篇进行背诵。

考查重点：正确、流利地背诵课文。

评分标准：满分5分。正确3分，背错(多字、少字、错字)每次扣0.1分。流利2分，每提醒一次扣0.1分。

背诵篇目参见附件三《课内外阅读背诵篇目》。

(5)写字(5分)

书写内容：本册书中需要会写的生词。(包含25个词语，共50个字)

考查方法：看拼音，写词语。

考查重点：书写正确，工整。

评分标准：满分5分。正确5分，每错一个扣0.1分，工整酌情打分。

书面测评试卷参见附件四《语文一年级第一学期期末测试看拼音写汉字》。

2. 评价过程

(1)学校教研处组织一年级教研组教研制定过程化评价方案。

(2)各班组织招募家长义工。

(3)按计划进行写字书面测评。

(4)家长在辅导孩子复习会认字过程中，按模板出卷，由老师汇总为本班认读项的题目库。

(5)家长义工协助对本组学生进行听说、认读、朗读、背诵等项目的测评，并在打分表上计分总结。

打分表参见附件五《语文过程化评价打分表》。

(6)家长测评员根据本组学生的表现给出书面总结反馈。

## (二)终结性评价

以 S 市 X 区的三年级语文期末卷为例，来剖析教材统编版实行以后，教学评价的考察方向。(见图 8-1、图 8-2)

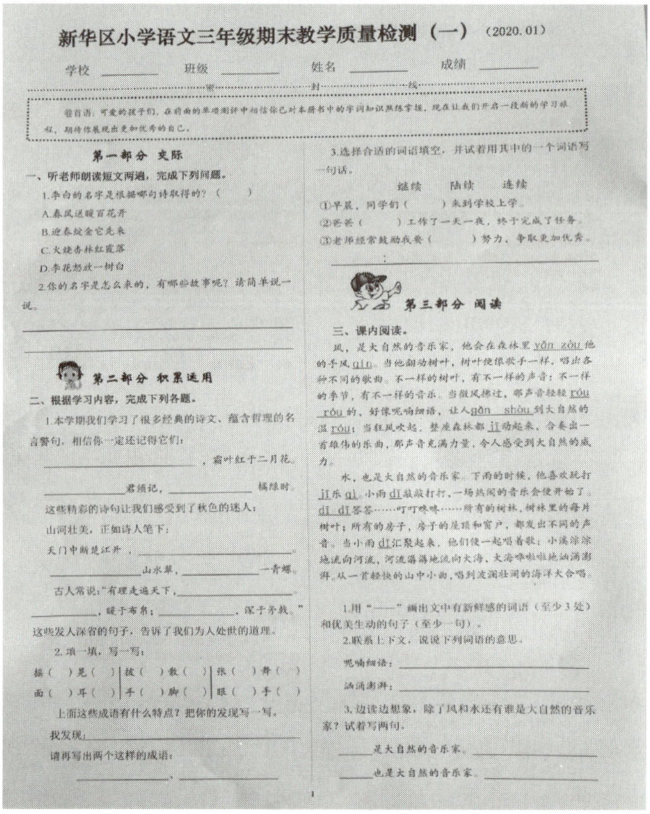

新华区小学语文三年级期末教学质量检测（一）（2020.01）

学校 ______ 班级 ______ 姓名 ______ 成绩 ______

……密……封……线……

卷首语：可爱的孩子们，在前面的单项测评中相信你已对本册书中的字词知识熟练掌握，现在让我们开启一段新的学习旅程，期待你展现出更加优秀的自己。

第一部分 交际

一、听老师朗读短文两遍，完成下列问题。

1.李白的名字是根据哪句诗取得的？（ ）

A.春风送暖百花开

B.迎春绽金它先来

C.火烧杏林红霞落

D.李花怒放一树白

2.你的名字是怎么来的，有哪些故事呢？请简单说一说。

______

第二部分 积累运用

二、根据学习内容，完成下列各题。

1.本学期我们学习了很多经典的诗文、蕴含哲理的名言警句，相信你一定还记得它们：

______，霜叶红于二月花。

______君须记，______橘绿时。

这些精彩的诗句让我们感受到了秋色的迷人；

山河壮美，正如诗人笔下：

天门中断楚江开，______。

______山水草，______一青螺。

古人常说："有理走遍天下，______。______，暖于布帛；______，深于矛戟。"

这些发人深省的句子，告诉了我们为人处世的道理。

2.填一填，写一写：

摇（ ）晃（ ）| 拔（ ）救（ ）| 张（ ）舞（ ）

面（ ）耳（ ）| 手（ ）脚（ ）| 眼（ ）手（ ）

上面这些成语有什么特点？把你的发现写一写。

我发现：______

请再写出两个这样的成语：

______，______

3.选择合适的词语填空，并试着用其中的一个词语写一句话。

继续　陆续　连续

①早晨，同学们（ ）来到学校上学。

②爸爸（ ）工作了一天一夜，终于完成了任务。

③老师经常鼓励我要（ ）努力，争取更加优秀。

______

第三部分 阅读

三、课内阅读。

风，是大自然的音乐家，他会在森林里yǎn zòu他的手风qín。当他翻动树叶，树叶便像歌手一样，唱出各种不同的歌曲。不一样的树叶，有不一样的声音；不一样的季节，有不一样的音乐。当微风拂过，那声音轻轻róu róu的，好像呢喃细语，让人gǎn shòu到大自然的温róu；当狂风吹起，整座森林都jī动起来，合奏出一首雄伟的乐曲，那声音充满力量，令人感受到大自然的威力。

水，也是大自然的音乐家。下雨的时候，他喜欢玩打jī乐qì。小雨dī敲敲打打，一场热闹的音乐会便开始了。dī dī答答……叮叮咚咚……所有的树林，树林里的每片树叶；所有的房子，房子的屋顶和窗户，都发出不同的声音。当小雨dī汇聚起来，他们便一起唱着歌：小溪淙淙地流向河流，河流潺潺地流向大海，大海哗啦啦地汹涌澎湃。从一首轻快的山中小曲，唱到波澜壮阔的海洋大合唱。

1.用"——"画出文中有新鲜感的词语（至少 3 处）和优美生动的句子（至少一句）。

2.联系上下文，说说下列词语的意思。

呢喃细语：______

汹涌澎湃：______

3.边读边想象，除了风和水还有谁是大自然的音乐家？试着写两句。

______是大自然的音乐家。______

______也是大自然的音乐家。______

1

**图 8-1　期末试卷一**

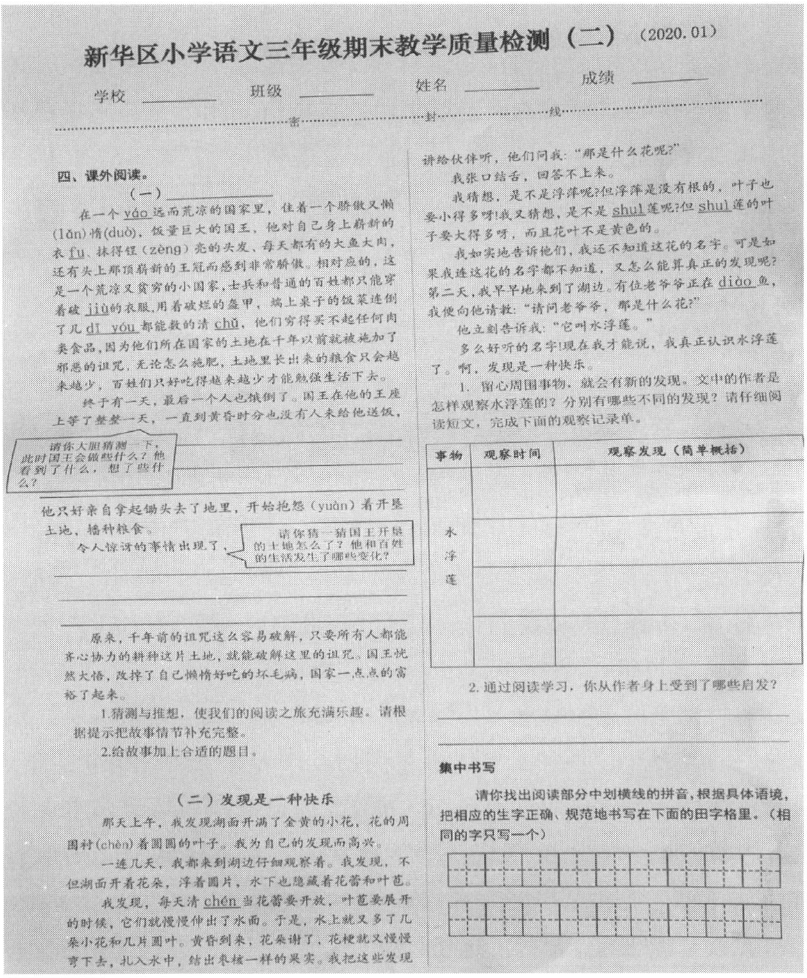

# 新华区小学语文三年级期末教学质量检测（二）（2020.01）

学校 ________ 班级 ________ 姓名 ________ 成绩 ________

……………………密……………………封……………………线……………………

**四、课外阅读。**

（一）____________

在一个 yáo 远而荒凉的国家里，住着一个骄傲又懒(lǎn)惰(duò)、饭量巨大的国王，他对自己身上崭新的衣 fu、抹得锃（zèng）亮的头发、每天都有的大鱼大肉，还有头上那顶崭新的王冠而感到非常骄傲。相对应的，这是一个荒凉又贫穷的小国家，士兵和普通的百姓都只能穿着破 jiù的衣服，用着破烂的盔甲，端上桌子的饭菜连倒了几 dī yóu 都能数的清 chǔ，他们穷得买不起任何肉类食品，因为他们所在国家的土地在千年以前就被施加了邪恶的诅咒，无论怎么施肥，土地里长出来的粮食只会越来越少，百姓们只好吃得越来越少才能勉强生活下去。

终于有一天，最后一个人也饿倒了。国王在他的王座上等了整整一天，一直到黄昏时分也没有人来给他送饭，

请你大胆猜测一下，此时国王会做些什么？他看到了什么，想了些什么？

他只好亲自拿起锄头去了地里，开始抱怨（yuàn）着开垦土地，播种粮食。

令人惊讶的事情出现了，

请你猜一猜国王开垦的土地怎么了？他和百姓的生活发生了哪些变化？

原来，千年前的诅咒这么容易破解，只要所有人都能齐心协力的耕种这片土地，就能破解这里的诅咒。国王恍然大悟，改掉了自己懒惰好吃的坏毛病，国家一点点的富裕了起来。

1.猜测与推想，使我们的阅读之旅充满乐趣。请根据提示把故事情节补充完整。

2.给故事加上合适的题目。

（二）发现是一种快乐

那天上午，我发现湖面开满了金黄的小花，花的周围衬(chèn)着圆圆的叶子。我为自己的发现而高兴。

一连几天，我都来到湖边仔细观察着。我发现，不但湖面开着花朵，浮着圆片，水下也隐藏着花蕾和叶苞。

我发现，每天清 chén 当花蕾要开放，叶苞要展开的时候，它们就慢慢伸出了水面。于是，水上就又多了几朵小花和几片圆叶。黄昏到来，花朵谢了，花梗就又慢慢弯下去，扎入水中，结出枣核一样的果实。我把这些发现讲给伙伴听，他们问我："那是什么花呢？"

我张口结舌，回答不上来。

我猜想，是不是浮萍呢？但浮萍是没有根的，叶子也要小得多呀！我又猜想，是不是 shuì 莲呢？但 shuì 莲的叶子要大得多呀，而且花叶不是黄色的。

我如实地告诉他们，我还不知道这花的名字。可是如果我连这花的名字都不知道，又怎么能算真正的发现呢？第二天，我早早地来到了湖边。有位老爷爷正在 diào 鱼，我便向他请教："请问老爷爷，那是什么花？"

他立刻告诉我："它叫水浮莲。"

多么好听的名字！现在我才能说，我真正认识水浮莲了。啊，发现是一种快乐。

1. 留心周围事物，就会有新的发现。文中的作者是怎样观察水浮莲的？分别有哪些不同的发现？请仔细阅读短文，完成下面的观察记录单。

| 事物 | 观察时间 | 观察发现（简单概括） |
|---|---|---|
| 水浮莲 | | |
| | | |
| | | |
| | | |

2. 通过阅读学习，你从作者身上受到了哪些启发？

**集中书写**

请你找出阅读部分中划横线的拼音，根据具体语境，把相应的生字正确、规范地书写在下面的田字格里。（相同的字只写一个）

**图 8-2　期末试卷二**

1. 注重"听说读写"综合能力的培养

书本基础知识由二分之一降低到三分之一，新纳入了听读题，增加了阅读理解的题量，更加注重考查思维含量。第一题听读，考查学生能否倾听并提取"关键信息"，并且尝试"复述故事"。复述故事就要经历思考、理解、组织语言和表达等一系列复杂过程，能够锻炼孩子多方面的能力。

2. 加大阅读量，重视信息梳理与整合

阅读题一共有 3 个，分为 1 个课内阅读和 2 个课外阅读。课内阅读的第 2 题侧重语境的引导，让学生联系上下文说说词语的意思。这是课内阅读方法的迁移。第 3 题为仿写，半开放形式，让学生发挥想象，又能遵循一定的句式。仿写是深化语言积累的有效方法。通过这些方法，可以调动大脑中的语言信息来激发大脑皮层细胞之间的信息回忆、交流、筛选，从而达到巩固、运用语言的目的。

　　课外阅读(一)的第 1 题考察了猜测与推想。三年级有专门的"策略"单元,本单元有三个目标:一是让学生学会一边读一边预测,顺着故事情节去猜想;二是学习预测的一些基本方法;三是尝试续编故事。第 1 题留白的位置则分别让同学预测故事的发展以及结局。预测并非让学生"天马行空",而是通过旁注的方式,比如"国王会做些什么,他看到了什么,想了些什么",让学生既能结合阅读经验,又能有明确方向,进行有理有据的推测。第 2 题给故事加上合适的题目,则考察学生对于故事基本主题的把握。作者写一篇文章总有他的目的,根据中心去命题能使人一下子抓住文章的灵魂。因此,课外阅读(一)题量虽小,但思维含量是很高的。

　　课外阅读(二)重视信息的提取、梳理和概括。试题以表格的形式,清楚地标明了阅读中的时间序列和对应的内容。表格给出了两列,分别是"观察时间"和"观察发现",每一列下面有四个空行。学生通过观察表格,可以推测"需要从文章中找出四个时间段",然后边默读边寻找关键信息。找到时间段以后,再找出对应的"观察发现",找到相关句子,还不能照抄照搬,而是需要概括出最关键的句意。因此,表格看似凝练,实则需要一系列的思考和分析才能填写,对于学生能力的考察是综合的。

　　3. 和学生生活密切相关

　　小学语文教材统编版施行以来,倡导改革传统的习作教学模式,使习作教学走向学生的现实生活,植根于生活的土壤。师生共同开发习作资源,引导学生体验生活,丰富个性体验。写作不是虚浮的空中楼阁,小学语文教材统编版愈发重视和学生生活的紧密相连。本篇习作引导学生"观察一种事物、一种场景",以日记的形式记录。引导学生关注生活,在生活和习作之间搭建心灵沟通的桥梁,在生活环境中,如学校、家庭或者野外提取丰富的习作素材,充分调动学生的所见所闻、所思所感。

## 本章小结

　　　　教学评价是学校教学的重要组成部分。小学语文教学评价既是语文教学的成果检测,也是调整后期教学计划的依据。语文教学水平和教学效果如何,学生是否掌握了必备的基础知识和基本技能,预定的教学目标是否实现,这些都必须通过教学评价加以检查和验证。

　　　　本章的第一小节概述了小学语文教学评价的性质、基本概念、评价目的、评价意义、基本功能。第二小节梳理了小学语文教学评价的主体、原则、方法。第三小节针对小学语文不同的课型和三个不同学段,整理总结了具有针对性的评价方案。在具体实施教学评价的过程中,要具有课型意识和学段意识。根据学情,选择合适的评价方法和手段,做到"以课标为依据,以课本为素材,强调学习成果的可检测性"。从长远角度来看,教学评价不能仅限于对一本作业、一次考试的简单评价，更要体现延续性、长期性，以及关注学生的长远发展。

## 关键术语

语文教学评价；诊断性评价；形成性评价；终结性评价

## 拓展阅读

1. 李慧燕编著：《教学评价》，北京，北京师范大学出版社，2013。

本书依据《教师教育课程标准（试行）》精神，贴近基础教育改革要求，注重理论知识和教学实践能力的整合，旨在提高教师教育教学水平和人才培养质量。教学是学校的中心工作，随着教育改革的日益深化，课堂教学越来越被重视。本书对课堂教学评价的要点、操作技术以及评价结果的运用等问题，提出了指导意见，对提升对学校课堂教学改革的理解、提高观课评课能力有相当大的帮助。同时在理论与实践的深度结合上，力争体现立足现实、多元开放、促使教师从传统的学习结果评价，转到学习过程与学习结果并重的评价；从关注学生知识和技能的掌握，到同时关注学生认知策略及情感态度的发展；从以纸笔测验为主，转向侧重真实情境中的评价。

2. 朱雪梅：《"多元交互式"教学评价》，北京，北京师范大学出版社，2019。

本书是 2014 年首届"基础教育国家级教学成果奖"一等奖成果，是"'多元交互式'教学评价体系的建构与实践"的全方位展示。本书通过丰富、鲜活的案例，揭示了作者十多年来在教学评价改革研究与实践中的经验与心路历程，回答了"为什么评""评什么""如何评""评出什么效果"等问题，证明了"多元交互式"教学评价能够促进教学评价的范式转型，即从单向甄别式评价转向多元交互式评价，从基于经验的评价转向基于标准的评价，从问题诊断式评价转向问题解决式评价，从鉴定问责制评价转向鉴赏分析性评价，从传统纸笔记录评价转向信息数字化评价，从而有力地促进教师的专业发展与学生的素养提升。

## 体验练习

1. 小学语文教学评价的原则是什么？

2. 小学语文教学评价的方法有哪些？

3. 针对低年级的阅读课型，可以设计怎样的教学评价方案？

第九章

# 小学语文教师教学素养

## 章结构图

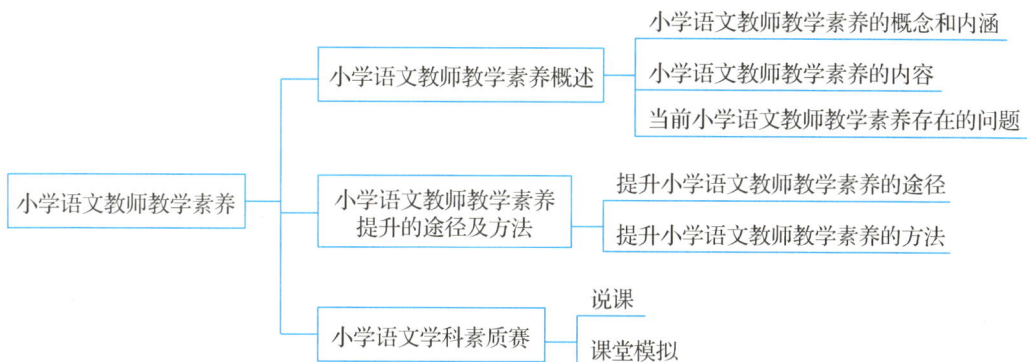

## 本章概述

　　小学语文教师的教学素养主要包括语文教师的专业知识和专业能力两个方面。小学语文教师只有具备良好的教学素养，才可在教学中综合应用多种专业知识和技能，提升语文教学质量，进而帮助学生形成良好的学习能力，掌握正确的学习方法，提升自身的语文素养。本章将介绍小学语文教师应具备哪些教学素养、提升教师教学素养的途径和方法，并结合实例论述小学语文学科素质赛中说课和课堂模拟的具体内容。

## 问题情境

　　小 Z 老师是红星小学一名刚入职未满一年的语文教师，目前担任一年级的语文教学工作。和入职之前的信心满满相比，她现在却充满焦虑和困惑。2019 年秋季，由教育部统一组织编写的义务教育语文教科书在全国范围内投入使用。小 Z 一边通过培训和自学研读统编教材，一边在教学中探索适应新教材的教学方法。在授课过程中她发现，统编教材的编写加大了古诗文的比重，而有些古诗文自己也没见过，备课经常需要通过查阅资料、借助注释等方法完成。对于课堂上同学们抛出的"疑难杂症"，她更是束手无策。在一次语文园地的教学中，"日积月累"这一环节出现了"读书百遍，而义自见"这句话，当同学们问到这句话的作者和出处时，小 Z 老师由于缺乏文学常识，没办法帮助学生答疑解惑，只得在课下重新查阅资料。而在生字教学中，由于自己经验不足，语文基本功不扎实，在指导学生书写时出现了偏旁名称读不准确、生字笔顺模糊不清等情况，使得教学效果大打折扣。面对在教学中出现的各种问题，小 Z 老师十分困惑。那么，小学语文教师的教学素养包括哪些内容？作为一名小学语文教师，应该使用何种方式方法提升自身的语文教学素养呢？

### 🎯 学习目标

1. 了解现当代小学语文教师教学素养的概念、内容及存在的问题。

2. 掌握提升小学语文教师教学素养的途径和方法，提升自身专业素质，明确专业发展方向。

3. 结合本章所学内容，完成一次说课稿的撰写或课堂模拟展示。

### ✏️ 学习重点

重点：树立培养语文教学专业素养的意识，切实掌握提升教学素养的方法。

难点：理解并消化说课稿的内容及步骤，体会课堂模拟与说课、常规课堂教学的不同，将理论落实在实践当中。

"百年大计，教育为本；教育大计，教师为本。"教师在教育教学中起着至关重要的作用，尤其是小学教师，作为教育教学的基础，就像盖房子一样，如果地基没有夯实，那么将来何以筑成高楼大厦？而语文教师的教学素养引导着小学语文课堂走向，提升小学语文教师的教学素养换一个角度来说，就是帮助学生打好学习语文的基础，这对处于小学阶段的学生是很重要的。

## 第一节
# 小学语文教师教学素养概述

教师是向学生不断传送知识和方法的引路人，社会各界普遍认为，教师是一种专业能力很强的职业，而语文教师作为教师团队中人数多、主体庞大的团队，对学生的语文学习产生的影响是比较大的。因此，语文教师具备一定的语文教学素养，不论是对课堂呈现，还是课后教研，都起着积极的推动作用。本节将阐述小学语文教师教学素养的概念、内涵及存在的问题，从整体介绍入手，为提升语文教师教学素养做准备。

## 一、小学语文教师教学素养的概念和内涵

语文教师教学素养是指语文教师在其整个职业生涯中，依托语文学科专业组织，通过学习专业知识、进行专业训练，在语文教学实践、反思和教研中，不断提升自己，从而获得的知识储备和教学能力。语文教师教学素养，侧重于"教学"二字，简而言之，凡是语文教师在教学中涉及的问题都可以归类为语文教师的教学素养。

语文教师提升自身教学素养作为教师专业发展的一个重要环节，是每个语文教师应该达成的一种共识、一个目标、一项事业，它强调的是语文教师专业群体的专业性提升，为教学提供了最坚实最有力的保障。

小学语文教师的教学素养同样是不可忽视的，虽然小学的语文课程比中学简单，但涉及的范围还是很广的，尤其是新课程的要求越来越高，也需要语文教师与时俱进，将语文知识内化再生产。小学语文教师的教学素养对小学的语文课堂、课后教研等起着重要的作用。

## 二、小学语文教师教学素养的内容

小学语文教师的教学素养主要包括语文教师的专业知识和专业能力两方面。一个合格或称职的语文教师在从事语文教学活动中都应具有完整的知识结构和过硬的专业水平。那么要成为一名合格的语文教师应该提高自己哪方面的专业素养呢？

### (一)语文教师的专业知识

教师专业知识，是教师专业素养的重要组成部分。从语文教师的教学素养这方面来说，它是指教师所任教课程相关的各科知识的掌握程度，以及知识之间结构关系的熟知程度。教师的专业知识必须能体现教学作为一种专门职业的独特性，作为知识分子中的一员，语文教师必须具有相对丰富的专业知识储备，也必须具有与其他职业不同的知识广度。

1. 语文学科专业知识

语文学科专业知识也称为本体性知识，是指语文教师在从事语文教学活动中所必须掌握的语文学科方面的知识。语文教师凭借着丰富的语文学科知识，才能够更好地把握语言规律，传授学生相应的基础知识和学习方法。具体来说，包括以下几个方面。

(1)语言学知识

语言学知识是语文教师最基本的知识储备，它包括语音学、现代汉语、古代汉语、语言学概论等方面的内容。举个例子，现代汉语中的一些语法、修辞知识是学生学好

句子、理解现代文的基础。如果一名教师不能很好地掌握这方面的知识，又怎么能帮助学生学习、理解和梳理呢？再比如说，在学习古诗和一些短小古文的时候，我们除了要对古时候的文字解析释义，还需懂得一些特殊的句式，如倒装句、判断句等，这些古代汉语的语言学知识是帮助学生了解古代汉语文化的抓手。所以说，语文教师不仅要在生活中运用语言，而且要引导学生学习语言，否则，学生知其然而不知其所以然，语文教师注定是扮演不好"传道授业解惑者"这个重要角色的。

（2）文学知识

文学知识是由古代文学、现代文学、西方文学及文学概论等知识组建起的知识架构。事实上，现在小学的语文课本中文学作品就占据着"半壁江山"，在学生的学习生涯中占有重要的地位。而小学课本当中课文的体裁多样，就是为了让学生对于文学有更全面的认识与理解。比如，经常出现在小学语文课本中的课文体裁有诗歌、童话、寓言、说明文、记叙文等，如果教师不能很好地区分这些体裁，那每节语文课就会上得千篇一律，学生缺乏新鲜感，既得不到应有的文学素养，又失去了对语文学习的兴趣。再比如说，一些近现代的文章因为特殊的时代背景，会体现出不同的"韵味"，如果语文教师不了解鲁迅，不了解冰心，不了解老舍，不具备应有的文学常识，那会使语文课堂缺乏语文的味道，就是一堂失败的语文课。

（3）写作知识

在小学阶段第一学段对于写作的名称叫"写话"，第二、第三学段叫"习作"，除了课本每一单元都会提出专门的写作要求外，统编版还特意安排了"习作单元"，可见写作在语文教学当中的重要性。而教师在指导学生习作时，要从审题入手，涉及选材、构思、布局、行文、修改等多方面的专业知识，对于语文教师的挑战还是不小的。所以，教师平时要多写下水文，提升自己的写作水平。

2. 丰厚的科学文化常识

科学文化常识也就是我们所说的基础性知识，不论是在公务员还是事业单位的考试中均有涉及，可见它的重要性非同一般。教师作为知识分子的一员应掌握丰富的科学文化常识，包括哲学、历史学、社会学、科学等范畴，如传统文化知识、历史哲学知识、科学常识……这些专业知识涉及范围广，需要我们不断学习，扩充知识面。

3. 教育理论知识

语文教师在传授知识时还要注意，学生其实还是一个很大的受教育群体，因此，掌握教育理论知识是非常必要的。教育理论知识也称为条件性知识，包括教育学理论知识和心理学理论知识，是语文教师进行课前教学规划、教学设计，引导学生开展语文学习活动，进行语文教学评价的前提基础。

其中，教育学理论包括教育史、教育原理、课程论、教学论、学科教学论等。对于语文教师的专业发展来说，学习语文教学论理论知识是摆在第一位的。教育学是师范专业的核心课程，学习教育学是成为一名合格语文教师的基础。对教育学的学习能帮助教师了解中国当代教育的现状，掌握教育学发展趋势与教育学的内容，在新课改的基础上建立新的课程观、教师观、学生观，不仅有助于科学的教学管理，而且能推动语文教学的改革。

4. 现代教育技术知识

语文新课程标准中倡导教师要努力建设开放而有活力的语文课程，因此要想拓宽语文学习和应用的领域，就要注重现代科技手段的运用，即掌握更多的现代教育技术知识。电教媒体作为一种现代教育技术，可以提供形象、直观、生动的视觉画面和视觉刺激，对于激发学生的学习兴趣、丰富感性认识有十分重要的作用。教学是与时俱进的，教师掌握现代教育技术知识，将声、光、电、像化静为动，化抽象为具体，有助于激发学生的学习热情，优化语文教学课程。

## (二)语文教师的专业能力

如果说语文教师的专业知识储备是教学的基础，那么语文教师的专业能力就是达到教学效果的保障。相对于专业知识来说，语文教师的专业能力更应该在不断地学习、实践、总结、反馈中得到提升，是知识的内化与升华。语文教师的专业能力主要包括语文教学能力和语文教研能力。

1. 语文教学能力

语文教学能力不单单指的是在语文课堂上教师的表现与教学能力，而是教学整体规划下从设计到实施，从引导到评价，从反思到实践的全方位立体化的教学能力。它在语文教师的专业能力发展中占主导地位，主要表现为教师能否通过语文活动提升学生的语文专业素养。

(1)教学设计能力

语文教学是在课程标准下开展的有目的、有计划、有组织的活动。语文教学要想收到好的效果，使学生得到良好的学习体验，就要在教学设计上下足功夫。也就是说，在上一节语文课前，教师需要准备完备的教学设计，才能保证语文教学在平稳的轨道中有序进行。从宏观上来说，教学设计的能力包括教学目标的设定、教材的分析、学情的确定、教学过程和教学方法设计能力等。最重要的是，除了要根据课标规定的学段要求来进行教学设计外，还应注重学生的学情，这是教学设计形成的关键。

(2)语文课堂教学能力

顾名思义，语文课堂教学能力指的是语文教师在语文课堂上的一言一行、一举一动。它的含义涉及范围很广，在课堂中如何执行教学设计、如何有效利用教学资源、如何倾听学生的发言与之形成互动、如何调动学生的主动性与积极性、如何捕捉课堂微妙的变化进行教学的调整……都是语文课堂教学能力的展现。总体来说，教师能够悄无声息地把控课堂节奏，考验的正是教师在课堂中的应变能力。在教学过程中，教师除了要利用多种形式充分调动学生的积极性外，更要注重倾听学生的发言，关注学生的听课感受，根据课堂上收到的反馈信息及时变换教学节奏，有效组织学生开展课堂讨论、课堂练习等活动。

（3）课外语文学习引导能力

课内的语文学习固然重要，课外的语文学习更是必不可少。其实对于学生来说，在课堂中或生活实践中掌握了学语文的基本方法，再将其用到生活中去，才是学习语文的真正目的，即实现语文知识的迁移与运用。在课堂上，语文教师通常传授的是知识，教授的是方法，而课外学习作为语文学习的重要组成部分是语文学习必不可少的一个环节。因此，组织学生开展课外语文活动是教师的职责和任务，想要完成好这个任务，就要具备课外语文学习引导能力。课外语文学习引导能力包括课外学习方案的制订与实施能力、课外读物的选择与阅读指导能力、组织学生进行交流评价的能力等。当然，在现在社会最重要的就是能充分利用家长资源，实现家校互通，促进亲子共读，使得家长资源能为学校所用，真正提升课外语文学习的效果。

（4）语文教学评价能力

语文教学评价是语文课程的重要内容，在其中既要关注学生对知识的掌握和能力的运用，又要关注他们情感与态度的形成和发展，同时也要关注学生在学习过程中发生的变化。语文教学评价的功能很多，基本包括发展功能、诊断功能、选拔功能、甄别功能、反馈功能、激励功能。由此，拥有必要的语文教学评价能力是一位语文教师指导学生从学习到反思再到进步的非常重要的能力之一。教师要重视评价理论的交流和学习，从而达到自主学习，独立思考，共同提高，提升自己的语文教学素养。

（5）教学反思能力

教学反思能力是教师以自己的教育教学活动为思考对象，对自己的决策、行为、方法以及由此产生的结果进行审视、分析、调整的能力。教学反思是语文教师进步的阶梯，是专业发展最主要的方式。通过教学反思，教师能不断地提高自我的教学监控能力，提升教学素养、综合水平。

（6）扎实的语文基本功

语文教师的基本功包括很多，比如朗读能力、写作能力、书法能力、说课能力、课堂模拟能力、口语表达能力等。学生要预先学习，以向老师学习为基础，才能在发展中炼造出学习语文的本领，因此，语文教师只有练就一身扎实的语文基本功，才能指导学生向更好的方向发展。

2. 语文教研能力

语文教研能力是教师把教育科学理论与方法应用到语文教学研究中，解决语文教学中存在的问题的能力。语文教师的教研能力强弱，直接影响着一个学校或区域教研能力的高低。教师应该成为研究者，用课堂作范本研究，大胆提出自己的见解与想法，才有助于大刀阔斧地进行教学改革。

（1）分析语文教学活动的能力

分析语文教学活动的能力主要表现在语文教师的观课评课能力。究竟什么样的课才是一堂合格的语文课，要从实践中检验，这不只是关注依据课标理念、教材实际、课程要求而进行教学设计的过程，更要关注学生在课堂上的生成。语文教师要根据这个标准准确、全面、客观、有建设性地提出自己的见解与建议，这也充分显示了一位语文教师的分析力、判断力。

（2）撰写科研论文的能力

对于很多小学语文教师来说，撰写科研论文一直是一块短板。虽然大部分的语文教师几十年来一直奋斗在教学一线，但由于学历水平较低、理论能力不足、视野范围较窄等多方面原因不能将实际上升到理论，也是现今语文教学中比较大的遗憾。因此，有撰写科研论文能力的教师，一定是在掌握大量理论知识的基础上，将理论与实践相结合，在不断地探索与发展中，实现由感性认知到理性认知的上升过程，这样的教师可谓是不可多得的人才。语文教师要用敏锐的眼光发现问题，把握教育教学的新动向，认真研究语文课程、语文教学和语文规律，才能形成自己独特的教学风格。

## 三、当前小学语文教师教学素养存在的问题

新课程改革的不断深入和发展，对语文教师的教学素养提出了更高的要求和规范，语文教师的教学素养成为教育的热点话题。小学语文教师作为一个庞大的团体，对学生的语文学习影响颇深。当前，我国语文教师的基数很大，而优秀教师所占比例并不高。其实，到目前为止，我国小学语文教师在提升教学素养方面还存在着一些问题，主要体现在以下三个方面。

### (一)职前课程设置不合理

在我国的教师培养系统中，高校的师范专业成为为学校输送教师人才的主要阵地。想要成为一名合格、称职的教师，需要在职前学习阶段努力学习专业知识、掌握授课方法、提升自身素养。而我国目前在高校阶段的职前课程设置还存在一定程度的不合理，主要包括两方面：一方面是课程设置陈旧，学生缺乏学习兴趣；另一方面是理论与实践联系不紧密，学生缺乏实践机会。

职前课程设置是为教师自身教学素养打下坚实基础的重要环节，要想完善职前的课程设置，还要从高校的课程管理与改革方面入手。一方面要了解当今教育教学的新环境，更新理念，改善课程；另一方面是要加强理论与实践的密切联系。这里的实践

不仅仅指的是给高校生在校实习的机会，而且要把名师大家的课搬到课堂中，让学生通过观摩不同类型的课程，真正以观课、感受、思考、体验、实践等方式内化系统知识，将课本上的内容与课堂的实践相结合，做到真正了解课本、课堂、学生，这对提升职前教师教学素养有极大的帮助。

## （二）外部环境发展不均衡

众所周知，乡村教育与城市教育之间的差距很大。农村语文教学的师资力量不足，资源配置较弱，教学水平不高，这些都影响着农村学生语文能力的提高；而且农村教学资源欠缺，比如农村学校使用一些声、光、电的现代科技手段的机会较少，会造成语文教学的滞后。除此之外，农村地区相对城市来说比较封闭，对教师的管理不是很系统，提供给教师再学习再深造的机会不多，这些都会影响教师自身教学素养的发展与提升。而城市的教育教学在这几个方面占有较大的优势，整体来说，城市教师自身素养的提升途径多、见效快，而农村地区的教师虽然提升空间大，但外部环境的影响与制约阻碍了自身教学素养的进一步提高。

针对这一问题，应该要努力实现均衡发展教育，同时也为乡村教师提供更多的学习深造机会。例如：通过各种渠道为农村小学筹备教育资金，完善助学机制，提高农村教师的待遇；统筹城乡教育资源，积蓄农村学校的师资力量，提高农村教育的水平；完善乡村学校管理系统，加强乡村教学教研实力，为教师自身教学素养的提升提供坚实的阵地；等等。从教师的个人层面来说，城市教师可把握支教机会，为农村地区的教育教学献策献力，农村教师可多外出学习，掌握一些先进的教学理念和方法，并运用到自己的课堂，努力提升自身素养和教学水平。

## （三）教师自身因素

教师自身因素是影响教师教学素养与专业成长的内在原因。教师自身的专业学习与学校安排的培训不同，对于教师个体而言，更需要利用碎片化的时间随时、随地地进行专业知识的补充与技能的训练。因此，一名教师能否对自己要求严格，在教学道路上不断寻求进步，很大程度上影响着自身专业素养的提升。而对于一些教师在专业素养提升方面存在的问题，也需要加以重视。

### 1. 缺乏自主学习的内在动力

现如今，一部分教师不能主动进行自主学习，自我认知不够清楚。虽然有一部分教师能够以"名师"为努力目标，但却常常忽视自身的实际情况。一些教师制订了自身发展规划也可能并非出自本人意愿，教师主动学习提升自己的内在动力不足。这些内在动力不足表现在：教师提升自身语文基本功的主动性不高，改变教学模式的驱动性不强，创新语文课堂的积极性欠缺，提高自身教学质量的自信心不足，等等。

实际上，教师自主学习对自身教学素养的提高起着正向的积极作用，也是教学素养获得不断提升的内在动力。要想增强这种内在动力，一方面要对自己有清楚的认知，可对自身教学素养的各个方面做个评估，在教学中适当发挥优势、弥补劣势；另一方面，还要为自己的专业发展制订长期和短期的计划，科学、合理地安排时间，可利用碎片时间阅读、摘抄、做笔记等，以提高自身的语文素养。

2. 创新能力不足

《礼记·大学》中说，苟日新，日日新，又日新。也就是说万物的发展离不开创新，只有不断更新观念，创新思路才能得到成长，提高自身水平。小学语文教师的创新能力指的是能把教学材料进行整合，实现新的排序或规划，还有将更新的观念延续到教学中改进教学方法与教学策略的能力。例如，对学生的评价可采用终结性评价与过程性评价相结合的方式，改变传统的以单一试卷为评价标准的模式，这样更加注重教学的过程，可切实提升学生学习语文的能力。

创新教育是当今学校教育的灵魂，要培养学生的创新能力，就需要教师具有创新能力。要想提升语文教师的创新能力，首先应该为教师创造必要的条件，营造以人为本的工作氛围，把教学作为教研、科研的实践场地，鼓励教师积极探索创新的教学方法。其次，教师需主动提升自身素养，在不断学习中创新思想及教学方法，并付诸实践。

总而言之，创新能力的培养不是一朝一夕就能达成的，需要教师努力突破自己，具有创新的意识和勇气。创新，可以改变故步自封、陈旧过时的教学方法，将新鲜的血液注入新时代的语文教学中来，是每位教师应承担的责任。

## 第二节
# 小学语文教师教学素养提升的途径及方法

小学语义教师教学素养涉及很多方面的知识与能力，它不仅涉猎范围广，而且有深度、有宽度、有广度。而随着社会的发展、大数据时代的崛起，社会对语文教师掌握知识与教学能力的要求也越来越高，不单单是一本书、一块黑板、一支粉笔就能满足当今的教学需要了。总而言之，小学语文教师要不断更新自己的观念，有意识地进行学习和实践，才能实现自身素养的提高、专业发展的提升。那么提升语文教师教学素养的主要途径和方法都有哪些呢？

# 一、提升小学语文教师教学素养的途径

提升小学语文教师教学素养的途径要从职前教师的培训和职后教师的学习两个板块来说。职前教师经过培训才能拥有最基本的语文教师资格，职后教师通过继续学习来实现自己专业素养的提升，这两点的联系是十分紧密的。

## (一)推进高校师范生教学改革

师范院校作为向社会大量输送语文教师的主力军，在培养职前教师过程中的贡献是不可磨灭、无法替代的。党的十七大确立了"优先发展教育，建设人力资源强国"的伟大决策，这也给广大教育工作者及培养教育工作者的学校以明示：师范强则教育强，教育强则国家强。这一强大的战略预示着教育正在迈向一个新的台阶，同时也对师范院校提出了更高的要求，推进高校师范生教学改革势在必行。

1. 促进教材设计合理化

从师范类汉语言文学专业开设的必修课来看，有公共教育学、公共心理学、语文教材教法，教材更新不及时，观念陈旧老化，使得这些课程上起来显得枯燥乏味，学生虽然知道是必修课，但没有新鲜感，造成了学习的不主动。其实，我国在长期的语文教科研活动中还是有许多理念更新、实践创新的先进成果的，能把这些有新鲜血液的科研成果注入师范生的课堂当中，不仅能提高学生的学习兴趣，而且能使学生形成新的教学观念，改变当今语文教学腐旧、落后的思想。

2. 理论性与实践性课堂相结合

一名合格的语文教师上岗教学之前，必须要围绕自己教授的语文课程弄明白三件事，即"什么是语文教学""为什么要进行语文教学"和"怎样进行语文教学"。长期以来，高校对于师范生的理论教学一直占据高位，但一些师范生走上工作岗位时就会发现，自己的语文实践能力十分滞后，这也就说明了高校的教育课程要远远落后于实际的语文教学实践课程。这是因为高校学生虽然掌握了一部分理论知识，但没有机会把它们转化成教育实践，理论得不到实践的支持，就会在实际教学中出现很多问题。对于"什么是语文教学"，学生还处于一知半解的阶段，那"为什么教"和"怎么教"对刚走上工作岗位的学生来说就更加困难了。

因此，高校的课堂应加大实践性操作的比重，参照真实存在的语文课堂为学生设置实践类的课程，有机会的话还可以邀请学生走进语文课堂，以观者、学者、教授者的不同身份进行体验，在不断反思中成长，将理论与实践相结合，这样就不会造成刚入职时的束手无策、毫无章法了。当然，这些实践类的课程还应该包括对当前语文教学依据、教学根本、教学方式的学习。比如，要围绕语文新课程标准、语文教材、课程设置等展开培训，才能缩短高校教学与小学课堂实践存在的差距。

3. 优化教师资源配置

教师资源是高校发展的核心因素。目前我国高校的教师资源还存在着师生比例不协调、专任教师比重小、专家教师资源短缺等问题。而针对这些问题，最好的解决办法就是实现教师资源的共享，打破相对封闭和不流动的状态，改变教师分布不均匀、不合理的布局，挖掘优秀的教师资源，合理安排优秀教师资源兼授课程、指导学生、合作科研等，整体提升当代大学生的教学素养，而不是偏重个别地区或者学校。

## (二)促进在校语文教师能力培养

在科技成果不断推陈出新、人民的物质生活得到极大满足的时代，人们对于知识的渴望与需求就更是不言而喻了。对于新上岗成为语文教师的高校学生来说，更要在入职后不断更新观念，提高自身水平。当然，在语文教师能力培养的道路上，学校或各科研机关作为教师教学的"领路人"，自然有着万分重要的引领作用。

1. 创造更多的学习科研机会

许多的一线语文教师，都十分渴望能够拥有更多的学习机会，从而提高自身的教学水平，但由于教师基数庞大、教学能力区域不均、专业培训不多等很多原因，许多语文教师的教学水平停滞不前。怎么解决这个棘手的问题，是各科研机关、教育部门及每所学校都应重视起来的。

(1)鼓励在职教师高校进修

在职教师进入高校进修，可以充分发挥师范院校的师资和科研方面的优势，促进语文教师的可持续发展。小学教师进入高校进修可以加深对专业的理解，解决在教学实际中存在的问题，丰富自身的理论知识，提升教学经验，为语文教师的专业发展提供了新的渠道。

(2)发现优秀的培训资源，为教师创造学习机会

现如今社会联系密切，而网络及各种新媒体更能帮助我们寻找到优秀的教学培训资源，各教学机构将这些优秀的培训资源推送给语文教师进行学习，为教师创造更多"走出去"的机会，与此同时，网络上的一些培训课程可以大幅度地推荐给教师群体，但要保证资源的优质性，使教师能够学习到真正提高自身水平的专业知识与技能。

(3)增加科研课题的辐射面

众所周知，教学科研的大头还是掌握在许多高校的手中，这是因为高校的教师理论水平高，科研能力强，但是小学就不需要形成良好的科研氛围了吗？显然不是。小学语文教学关系到学生的学习启蒙，更应得到关注与重视，所以学校应加大科研课题的辐射面，让更多的语文教师了解、参与其中，这也有助于一个学校形成有力的科研团体，切实提高科研水平。

（4）加大课后反思与教研的比重

课后反思与教研的重要性不言而喻，一节课质量的好坏，不仅反映了一位教师教学能力的高低，更反映了一个教研团队的教学力量是否雄厚。反思、研究、总结、跟进、改善是一个完整的过程，教师在这个过程中能扎实提高自身的教学素养，而团队的协作既能充分利用教师资源，又能提高进步的速度。

2. 形成良好的科学培养体系

与教师的个体学习相比较，形成科学的培养体系是更具体、更扎实地提升语文教师教学素养的方式。整体来说，这种科学培养体系可以分为两条线，一条是教师作为教学团体应发挥的作用，另一条是语文教师在教学过程中形成的科学有效的探究方法。

（1）建立强大的学习型语文教学团队

语文教师表面上来看影响的仅仅是自己所教授的班级学生，但其实不然，如果一名语文教师墨守成规、坚守陈旧的语文教学思想，那么就会落于人后。所以语文教师已经不是简单的个体存在，加强语文教师之间的联系，实现资源的优化配置与共享，形成强大的学习型教学团队，将为语文教师的教学能力提升提供强有力的后台保障。而一旦团队建立起来，就会为形成良好的教学体系打下坚实的基础，语文教师的培养也将更加科学化、规范化。

（2）形成行之有效的探究模式

教师的教学不单单呈现于课堂，贯穿其中的主线应该是课前准备—教学计划—课堂实施—课堂观察—课后反思—改进行动。实践证明，语文教学本体性和条件性的知识并不能很好地促进语文教师教学素养的提高，必须通过以上一系列的教学实践整合才能转化为自身优秀的教学素养。

## （三）加强教师自主学习

语文教师实现自身教学素养提升的方式有许多，如之前提到的高校研修、教研活动、课题研究等，但无论采取什么样的方式，归根结底还是要靠自身的学习和实践。

1. 课余时间锻炼语文基本功

作为语文教师，最重要的是不能间断阅读和写作。阅读，是一切知识的来源，语文教师一定要形成良好的阅读习惯，读不同类型的书，在阅读中不断积累、深化，为教学打下坚实基础。同样，阅读还是写作的基础，它们是一个相辅相成的统一体。除此之外，教师的朗读能力、板书能力、说课能力、课堂模拟能力，都要在私底下不间断地练习，有了扎实的语文基本功，才能为课堂教学提供坚实的保障。

2. 不断丰富自身理论基础

提升理论水平的主要途径有以下两种：其一，阅读相关理论书籍，如《大教学论》《语文课程与教学论》《语文教学论》等；其二，关注语文教学理论的新动向和新发展，时刻关注国内外语文教育研究界产生的新思想，把握语文教学研究的新动态。最后，理论联系实际，将这些理论方面的知识消化吸收并运用到课堂中，可大大提升自身的语文教学素养。

## 二、提升小学语文教师教学素养的方法

提升小学语文教师的教学素养是一个循序渐进的过程，在这个过程中，语文教师的态度、价值观、专业精神等不断受到冲击和挑战。不但要明确问题，还要找出相应的对策来解决，促使教师完善自我。

### (一)提升幸福感，促进教师自我学习

其实一些地区的教师之所以缺乏对自我的认知，是由于当地收入水平低、工作压力大等。要想提升教师的幸福感，就要提高教师的经济地位、降低教师的职业压力、关注教师的身心健康、激发教师的职业精神。教师在幸福感得到提升后会大大关注自己的职业发展，主动培养自身的语文教学素养，而进入发展期的教师就会慢慢改进自己的工作方法，创新能力不足的缺点也会相对缓解。

### (二)注重差异性，优化教师资源配置

很多调查研究表明，城市语文教学和农村语文教学存在的差距是巨大的，这要从语文教师的专业素养和个人能力方面来分析。农村地区的受教育程度远远比不上城市，再加上经济条件差，造成许多优秀教师流向城市，而农村教师的基本教学素养原本就比城市教师要低，加之农村教学的封闭性，造成了农村与城市语文教师教学水平不均衡的现象发生。因此，在制定政策时，除了要保持城市教师的专业水准，更要有倾向性地指向农村，平衡教育的发展。

### (三)夯实基本功，提高教师专业素质

基础教育课程改革以来，老师们重视了新理念的学习与实践，却淡化了语文基本功的训练。对于语文教师来说，从事的既然是语言文字工作，就应该在听、说、读、写等方面下功夫，真正提升自身的语文教学素养。

# 第三节
# 小学语文学科素质赛

　　小学语文教师除了要有活跃的思维能力和创新精神外，最基础的就是要有过硬的语文基本功。以市级语文学科素质赛为例，语文教师的参赛项目包括讲故事、说课、粉笔字、作文和文学素养问答。参赛项目多，涉及范围广，是语文学科素质赛的主要特点之一，因此语文学科素质赛考验教师的并不是一时之功，而是常年积累的知识与形成的能力。作为一名语文教师，应不断强化自己的基本功，丰富自身的文化底蕴，才能在学科素质赛中脱颖而出。

　　除此之外，课堂模拟作为一种新兴的比赛形式也正在渐渐地被许多赛事吸纳和采用。基于国内语文学科素质赛形式的变化及需要，我们将从说课和课堂模拟两方面入手，为大家介绍一些简单的概念及方法。

## 一、说课

　　在小学语文学科素养大赛的比赛项目中，说课占有的分值比重最大，可见它在语文素养中的重要性。现如今，说课在教师入职招聘考试中也是不可或缺的一项，它能在较短的时间内检验出一位教师的语文功底和综合素养。总而言之，说课是当今语文教师必须掌握的一门语文基本功，在语文教师的必备素养中占有重要位置。那什么是说课？说课的具体内容又有哪些？如何凸显说课的重点呢？

### (一)说课的概念

　　说课就是教师口头表述具体课题的教学设想及其理论依据，也就是授课教师在备课的基础上，面对同行或教研人员，讲述自己的教学设计，然后由听者评说，达到互相交流、共同提高的目的的一种教学研究和师资培训的活动。我们在具体的说课实践中认识到，这个定义是不全面的。根据我们的理解，说课既可以是针对具体课题的，也可以是针对一个观点或一个问题的。所以我们认为，说课就是教师针对某一观点、问题或具体课题，口头表述其教学设想及其理论依据。说得简单点，说课其实就是说说你是怎么教的，你为什么要这样教。

## (二)说课的步骤

### 1. 说教材

说教材主要指说说教材简析、教学目标、重点难点、课时安排、教具准备等，这些可以简单地说，目的是让听的人了解你要说的课的内容。

### 2. 说教法

说教法指说说你根据教材和学生的实际，准备采用哪种教学方法。

### 3. 说过程

说过程指说说你准备怎样安排教学过程，为什么要这样安排。一般来说，应该把自己教学中的几个重点环节说清楚，如课题教学、常规训练、重点训练、课堂练习、作业安排、板书设计等。在这几个过程中要特别注意把自己教学设计的依据说清楚。这也是说课与教案交流的区别所在。

## (三)说课稿的撰写

### 1. 撰写说课稿的步骤

从上面的内容中我们已经得知说课的具体步骤包括教材分析、学情分析、教学目标、教学重难点、教法学法、教学过程、教学反思、板书设计等八个步骤，在具体的说课操作中，可根据自己的需要做出某些步骤的重点说明，而有些步骤则可以在说课过程中体现或省略。

(1)教材分析

在教材分析中要体现三个内容，一是确定本课在整册书及单元中的教学定位，二是说明本课所属单元的单元主题和编排内容，三是具体阐明本课的教学内容及编排目的。在撰写过程中，三项内容的顺序不能随意调换，要根据从整体到部分、由宏观到微观、逐层递进的方式来进行，使教材分析的内容更有层次和逻辑。当然，如果要强调其中的某一部分(如教材统编版中新涉及的习作单元和策略单元)，可根据需要进行调整和强调，以突出主题。

尤其要注意的是，新发行的教材是按照人义主题与语文要素双线并行编写的，在教材分析中要找准这两条线，才能把握说课的正确方向。

(2)学情分析

学情分析基本上要围绕学生的心理、生理特点和学生的知识、能力储备两方面来进行。

学生的心理、生理特点要根据他们所处的不同学段进行分析。如第一学段的学生活泼、好动，上课注意力不容易集中；第二学段的学生好奇心、求知欲强，听课习惯已初步养成；而第三学段的学生虽然已经具备了较好的听课或自学能力，但是在课堂表现中积极性有所下降。除了要根据学段的不同来分析学情外，所处地区或环境的不同也是学情分析的重要因素之一，例如，乡村学校和城市学校的不同，中西部学校与东部沿海学校的不同，城市普通学校和重点学校的不同，等等。

学生的知识、能力储备也可以根据学生所处的学段来判断，通常我们把这部分分为已具有的知识（能力）储备和尚未拥有的知识（能力）储备两方面来进行阐述，具体可以从学生的学习习惯、态度、兴趣及方法等方面进行分析，在这里就不一一细说了。

（3）教学目标

教学目标的表述要具体，可在说课稿中先体现整体的教学目标，再体现具体的课时目标（第一课时、第二课时、第三课时），表述的主体应为学生，而不是通过教师的行为或活动达成目的。在教学目标的具体表述中可根据以下方式来进行：通过/运用/借助（语文方法、活动），明白/懂得/知道（具体的目标）。在这里也为大家提供几个具体案例进行参考。

**例一：小学语文教材统编版一年级上册拼音教学《ao、ou、iu》**

教学目标：

①通过观察情境图、模仿教师发音、创编顺口溜等形式正确认读复韵母 ao、ou、iu 和它们的四声，读准音，认清形；能在四线格中正确书写音节词"xiǎo niú"。

②正确拼读声母和复韵母 ao、ou、iu 组成的音节，通过做游戏、口头组词等方式体会拼读的乐趣。

③借助拼音正确认读"小桥、流水、垂柳、桃花"4 个生词，朗读儿歌《欢迎台湾小朋友》，会认"小、桥、台"3 个生字，体会拼音的作用。

**第一课时**

教学目标：

①通过观察情境图、模仿教师发音、创编顺口溜等形式正确认读复韵母 ao、ou、iu 和它们的四声，读准音，认清形；能在四线格中正确书写音节词"xiǎo niú"。

②通过做游戏、口头组词等方式正确拼读声母和复韵母 ao、ou、iu 组成的音节。

③能在四线格中正确书写音节词"xiǎo niú"。

**例二：小学语文教材统编版一年级上册识字单元《日月水火》**

教学目标：

①通过观察、联系图画等方法，认识"日、月、水、火、山、石、田、禾"8 个生字，初步了解象形字，感受识字的乐趣。

②通过分类指导书写，会写"日、田、禾、火"4 个生字和点、捺 2 个新笔画。

（4）教学重难点

教学重难点的确定要准确而具体，不能简单地照抄教学目标，下面以小学语文教材统编版一年级下册第六单元第 13 课《荷叶圆圆》第二课时的教学目标为例进行分析。

### 例：《荷叶圆圆》第二课时

教学目标：

①会认"珠、摇"等 12 个生字及 1 个新偏旁身字旁；会写"亮、机"等 7 个生字，掌握身字旁的写法；能运用联系生活实际的方法理解"摇篮、停机坪"的意思。

②读懂童话，能说一说小水珠、小蜻蜓、小青蛙、小鱼儿分别把荷叶当成什么；通过"读一读，写一写"，运用"圆圆的、绿绿的"这样的重叠词说话、写话。

③借助描写小水珠、小蜻蜓、小青蛙、小鱼儿的动作词语，展开想象，体会它们的心情，感受夏日的情趣。

教学重点：

①认识新偏旁身字旁；指导身字旁的写法。

②背诵课文。

教学难点：

①读准"躺、晶、停、膀、唱"5 个带有后鼻韵母的字音。

②借助描写小水珠、小蜻蜓、小青蛙、小鱼儿的动作词语，展开想象，体会它们的心情，感受夏日的情趣。

在教学重点的表述中，显而易见认识身字旁及掌握它的写法是本课在认读和写字中的教学重点，这和教学目标的表述相比较会更加简练和突出重点；而教学难点的确定则比教学目标中泛泛的表述更加具体，在所要求掌握的 12 个字的读音中，带有后鼻韵母的字音是本课要突破的难点。

（5）教法学法

教师是课堂教学的组织者、引导者、参与者、启发者，学生是学习的主体。教学方法有很多，例如，口述法、直观法、实际操作法、探索法、归纳法、演绎法等，在这里特别要强调的是，不管采用哪种教法，学法一定是与教法相对应的，这也是我们在撰写说课稿中所要特别注意的一点。

（6）教学过程

教学过程通常要分为几个环节来阐述，这和教学设计的撰写具有一定的相似性。在每个环节的表述中，我们通常要遵循一定的顺序，即：埋论（课标或大师的话）＋过程（环节）＋设计意图（为什么要这样设计）。之所以要遵循这样的顺序是为了让说课更加有理有据，使听者能够迅速提炼出课程设计的重点及意图，与说课者产生共鸣。

另外，我们在说课的过程中要牢牢把握"说主不说次""说大不说小""说精不说粗"原则，一篇好的说课稿必须要削枝强干，更要在实践中对说课的内容进行锤炼，构建具有逻辑的整体框架，方能经得起推敲。

2. 说课稿的案例呈现

（1）课文内容

## 19．棉花姑娘

棉花姑娘生病了，叶子上有许多可恶的蚜虫。她多么盼望有医生来给她治病啊！

燕子飞来了。棉花姑娘说："请你帮我捉害虫吧！"燕子说："对不起，我只会捉空中飞的害虫，你还是请别人帮忙吧！"

啄木鸟飞来了。棉花姑娘说："请你帮我捉害虫吧！"啄木鸟说："对不起，我只会捉树干里的害虫，你还是请别人帮忙吧！"

青蛙跳来了。棉花姑娘高兴地说："请你帮我捉害虫吧！"青蛙说："对不起，我只会捉田里的害虫，你还是请别人帮忙吧！"

忽然，一群圆圆的小虫子飞来了，很快就把蚜虫吃光了。棉花姑娘惊奇地问："你们是谁呀？"小虫子说："我们身上有七个斑点，就像七颗星星，大家叫我们七星瓢虫。"

不久，棉花姑娘的病好了，长出了碧绿碧绿的叶子，吐出了雪白雪白的棉花。她咧开嘴笑啦！

（2）课文分析

本文选自小学语文教材统编版一年级下册的第八单元。第八单元安排了《棉花姑娘》《咕咚》《小壁虎借尾巴》三篇有趣的童话故事。从主题上看，三篇课文都是围绕着"常识"展开，以童话的方式，将科学常识和生活常识蕴含于故事之中。《棉花姑娘》是一篇有趣的童话故事，它将科学常识蕴含于故事之中，告诉学生"不同的动物具有消灭不同的害虫的本领"；编者旨在引导学生通过课文的学习，感受到常识真有用，体会"常识就在我们身边"，从而做一个懂常识的孩子。

在本文所涉及语文要素的学习方面，做以下三点说明。第一，强化体裁意识。这篇童话故事具有反复式的结构特点，是学生读童话、推断童话内容、讲童话的重要抓手。第二，重视指导朗读。继续落实正确、流利地朗读课文这一基本要求，着重关注学生通过语气语调的变化读好对话，练习分角色朗读。第三，通过想象、仿说训练学生语言。充分发挥图画的作用，引导学生借助图画展开想象并试着进行仿说，让学生在读懂故事的基础上获得更多的科学常识，发展学生的阅读能力，激发学生了解大自然的热情。

（3）《棉花姑娘》说课稿

根据以上内容，特将说课稿呈现如下。

### 《棉花姑娘》说课稿

尊敬的各位老师：

大家好！今天我说课的内容是小学语文教材统编版一年级下册第八单元的第19课《棉花姑娘》。

一、教材分析

第八单元是本册语文教材的最后一个单元，它围绕着"常识"以及"分角色朗读"进行双线组元，一共安排了三篇童话故事。《棉花姑娘》讲的是棉花姑娘请求小动物给自己治病的故事，告诉学生"不同的动物消灭不同的害虫"这一生活常识，这属于人文主题的范畴，是一条显性的线；从语文要素看，重视朗读指导，着重关注学生通过语气语调的变化读好角色之间的对话，这是一条隐性的线。

二、学情分析

学生处于一年级的第二个学期，对于正确、流利地朗读课文已具有一定的基础，但是在把握不同角色的语气语调方面需要老师进行有效的指导。

三、教学目标

基于以上的理性分析，以及双线组元的相关思想，我将本节课的教学目标确定如下。

1. 会认"棉、娘"等 13 个生字以及 1 个新偏旁大字头；会写"奇、病"等 7 个生字，掌握病字旁、大字头的写法和"医"字的笔顺。

2. 通过分角色朗读，读好人物对话。

3. 通过"读一读，说一说"积累"碧绿碧绿、雪白雪白"这样的重叠词，能用这样的重叠词说短语。

4. 读懂故事内容，能借助课后练习二中的图片及短语说一说棉花姑娘治病的过程；展开想象，把自己所知道的其他不同动物消灭不同害虫的知识通过仿说表达出来，对了解科学常识产生热情。

本次说课我将呈现的是第二课时的教学思考，具体教学目标如下。

1. 读懂故事内容，能够借助关键词说一说棉花姑娘从生病到治好病的过程；积累"碧绿碧绿、雪白雪白"等重叠词，并能用重叠词说短语。

2. 练习分角色朗读，读好人物对话。

3. 通过想象、仿说懂得不同动物有消灭不同害虫的本领，对了解科学常识产生兴趣。

四、教学重难点

读好人物对话、能借助关键词说说棉花姑娘治病的过程是本课的教学重点，通过想象、仿说懂得不同动物有消灭不同害虫的本领，对了解科学常识产生兴趣是本课的教学难点。

五、教学过程

为完成本节课的教学任务，我安排了以下四个环节。

(一)自读课文，了解故事

学生在学习第一课时的基础上，已经掌握了要求会读、会写的生字，也可以正确地朗读课文了。上课伊始，我会让学生围绕中心话题"棉花姑娘都请谁来为她治病？结果怎么样？为什么？"来充分地读书和思考，然后指名学生进行发言，相机形成板书。

这时，请学生借助黑板上的关键词提示来进行说话练习，例如，"棉花姑娘请(燕子)来治病，(燕子)没有帮助它，因为它只捉空中飞的害虫"，接着请学生进行自由练说，再指名展示。在这一教学环节中，教师着重指导学生围绕课文内容借助关键词把话说具体、说完整。这一问题的解决其实是引导学生从整体上了解故事内容，课后习题二也得到了有效落实。在此基础上，教学进入到第二个环节。

(二)指导朗读，训练语言

《义务教育语文课程标准(2022年版)》中指出，阅读教学都要重视朗读，要让学生充分地读，在读中整体感知。而分角色朗读对话是本课的教学重点。教学过程中，让学生在自由朗读课文的基础上，以棉花姑娘和燕子的对话作为指导的重点，指导学生读出棉花姑娘急切的心情和请求的语气，同时，燕子与棉花姑娘的对话很有礼貌，相机渗透"与别人说话时要有礼貌"这一人文主题。因为本课的故事具有明显的反复式结构特点，所以接下来我会让学生自由尝试练读棉花姑娘与青蛙、啄木鸟的对话，这样的教学过程有收有放，既能让学生习得本领，又能增强他们的自主学习意识，与此同时，教学重点也得以落实。在充分朗读以及进行分角色展示的基础上，我先出示一种小动物的图片，让学生仿说，再引导学生发挥想象，自由说一说"棉花姑娘还会请谁来帮忙，它们会说什么呢?"通过这样的说话训练，让学生进一步懂得不同动物有消灭不同害虫的本领，落实了人文主题的目标，突破了难点，用语文的方法解决了语文的问题。其实，仿说训练是在第一阶段教学中最常用的语言训练方式，除此之外，第一阶段的阅读教学还要重视语言的积累，此时，教学过程进入到第三个环节。

(三)积累叠词，发展语言

教学过程中，首先出示课文中的重叠词"碧绿碧绿、雪白雪白"，引导学生发现它们的共同特点，再启发学生说一说在平时的阅读和生活当中，是否见过这样类似的词，然后再按照"由易到难"的原则，让学生由积累词语慢慢过渡到积累短语。这时可以出示课后习题三中的短语"碧绿碧绿的叶子""雪白雪白的棉花"，让学生在已经积累重叠词的基础上说一说这样的短语，使学生的语言得到发展。同时，教学目标也得以落实。

(四)拓展阅读，丰富知识

语文的学习不仅仅局限于教材当中，学生对《棉花姑娘》这样的童话故事很感兴趣，因此我顺势再为学生推荐一篇类似的童话故事《一粒种子的旅行》，让学生的学习由课内走向课外，落实小学语文教材统编版当中所倡导的"读书为主，读书为要"的语文思想，同时还能让学生在更宽泛的阅读中了解更多的科学常识，激发学生了解科学知识的热情。

我的说课到此结束，谢谢大家!

说课是当今教学改革的新课题，是教学研究工作的新形式，也是一名小学语文教师专业素养和文化理论水平的综合体现。作为即将走上工作岗位的语文教师，说课是必须掌握的一门基本技能，同时也是能迅速提升专业素养的活动形式之一。总体来说，教师首先要对说课有正确的初步感知，掌握说课的几个基本步骤，而至于完整说课稿的形成，往往体现着一个人的知识储备及逻辑能力，希望在后面的学习中能够不断完善加强。

## 二、课堂模拟

课堂模拟教学是人事、教育单位在招聘教师面试过程中经常使用的环节，对于即将成为一名在职教师的应聘者来说是必须要过的一关。作为考验语文教师教学素养的形式之一，课堂模拟能在较短的时间内集中检测教师的综合素养及教学能力，对于想要成为一名教育工作者的人来说，具备这方面的经验和能力是尤其重要的。

### (一)课堂模拟的概念及形式

1. 什么是课堂模拟

课堂模拟又叫试讲，是在有限时间内，教师通过口语、形体语言和各种教学技能与组织形式的展示进行的一种教学形式，考察的是教师的综合能力。

2. 课堂模拟的形式

(1)面试模拟教学

面试模拟教学一般是人事、教育单位在招聘时经常采用的环节，是粗略考核应试者是否具有上岗资格的一种形式，起到初步筛选的作用。通常面试环节中讲授的是一堂不完整的课，时间在 10～15 分钟，有时会让应试者提前做准备，但有时也会采取即兴命题、抽签的方式来进行。

(2)能力测试模拟教学

能力测试模拟教学通常会在学校内进行，它的作用正如名称一样，是对教师教学能力的一种检验。参加能力测试模拟教学的教师一般具有一些教学经验，而内容安排大约会在一节课。

### (二)课堂模拟与说课、常规课堂教学的差异

课堂模拟、说课、常规课堂教学都是基于语文教学的活动，目的都着眼于提高课堂的效率。三者都要分析教材、学情，确定教学目标、重难点，完成教学设计，等等。那么，相比较说课和常规课堂教学，课堂模拟有什么不同之处呢？

1. 课堂模拟与说课的不同

(1)流程不同

说课通常要说教学内容、学情分析、教学目标、教学重难点、教学方法、教学过

程等,不仅要说出"怎样教",而且要说清"为什么这样教",听者既要知其然,还要知其所以然。课堂模拟是为了完成教学任务、达成教学目标而进行的指导学生学习的虚拟操作过程,不需要说出这样教学的理由。它和真实的课堂有许多相似之处,都需要创设情境、教授新课、训练巩固、拓展练习……是把说课的内容更加具象化地呈现。

(2)评分标准不同

表 9-1　模拟课堂评分标准

| 项目 | 要求 | 权重 | 得分 |
|------|------|------|------|
| 语言 | 清晰、普通话、语调运用、表达能力 | 20 | |
| 板书 | 工整平直、位置次序、正确性 | 20 | |
| 教态 | 状态、气质、举止、目光 | 20 | |
| 教材 | 准确性、处理方式 | 20 | |
| 教法 | 适用性、使用方式 | 20 | |

表 9-2　说课评分标准

| 项目 | 评分要素 | 权重 | 得分 |
|------|----------|------|------|
| 教材分析 | 根据专业特点和学生实际,形成合理的知识结构;准确把握教学的重点和难点;注重理论与实践相结合,突出职业能力和职业技能的培养和训练。 | 20 | |
| 学情分析 | 根据学生的知识、技能基础,把"以学生为本"的精神体现到整个教学设计和教学活动之中。 | 20 | |
| 教法设计 | 说出采用哪些教法;采用怎样的课堂组织形式;如何突出重点、化解难点;注意面向全体又兼顾个体;注意以学生为主体和教师为主导,采用什么教辅媒体;如何进行课堂评价。 | 20 | |
| 学法指导 | 说出为学生设计了哪些学法指导(包括活动、技能操作);根据课题特点和实际指导学生掌握重点、突破难点。 | 15 | |
| 教学设计 | 有符合教学规律、切合课题特色的完整教学过程;过程清晰、重点突出,融理论与实践于一体,注重培养良好的职业素养;教学设计完整流畅。 | 15 | |
| 说课技能 | 能在规定时间里完成,尽量脱稿讲演;教态自然亲切,仪表举止得体;普通话标准流利,教学语言规范准确、生动简洁;板书设计合理,字迹工整,作图规范。 | 10 | |

如表 9-1、表 9-2 所示,我们可以看出,对教师说课的评价主要是从教材分析、学情分析、教法设计、学法指导、教学设计、说课技能几方面给予的综合性考查。课堂模拟对教师的评价主要是从教师的语言、板书、教态、教材、教法等方面入手。

（3）考查目的与达成效果不同

说课可以把备课、上课、评课三者有机地结合起来，能很好地解决教学与研究、实践与理论相脱节的矛盾，更侧重于理论和实践的融合，能体现参赛者的理论水平和教学智慧，是一项服务于教学实践的活动。而课堂模拟是将个人备课、教学研究与课堂实践有机结合在一起的教学活动，逐步达成教学目标与完成教学任务的师生双方共同配合的过程，在具体操作中可根据需要灵活变化。

2. 课堂模拟与常规课堂教学的不同

（1）对象不同

课堂模拟的受众对象一般是专家评委，他们通过教师的表现判断其教授内容是否合适、教授方法是否妥当、教学目标是否达成。课堂常规教学的对象是学生，他们和教师会有一定的配合和默契，教学内容有一定的连贯性。

（2）目的不同

课堂模拟虽然是以教学内容为载体，以课堂展示为依托，但更多的是在较短的时间内展示自己作为教师的优秀潜力，以得到评委的赏识。而常规课堂教学是以学生为主体进行的普通教学活动，它的过程是循序渐进的，以达到最终的教学目标为目的。

（3）组织形式不同

在常规教学中，我们更倡导教师为主导、学生为主体的教学模式，组织教学的方式也多种多样，如讨论法、启发法、小组合作、生生互动等，然而在课堂模拟时由于没有学生的配合，因此在选择这些方法时要格外注意，避免出现无人呼应的尴尬场面。

（4）教学内容不同

面试或参赛时，试讲的时间是非常短暂的，因此在教学内容的选择上尽量挑选一些精彩片段或重点突出的环节进行讲解，如果要求呈现的是整体课堂，那么也要把控重点、突破难点，切记不可不分主次、琐碎烦冗。常规的课堂教学最重要的不是教师来展示自己的才华，而是传授学习的方法，传递知识与技能，但在讲解过程中也要注意区分详略。

## （三）课堂模拟的基本要求

### 1. 优秀的教学设计

课堂模拟的原型是以教学设计为基准的，因此优秀的教学设计可以提升教学的整体质量。在进行教学过程的设计时要新颖，不管是在导入部分还是在教学重点的落实上，要具有创新性，才能在短时间内抓人眼球。另外，教学设计一定要有层次，教学的各个环节要逐步推进，环节之间的过渡要自然，避免生硬。尤其要提醒大家的是，板书的生成作为教学的重要环节，起着非常重要的提炼总结作用，所以在进行教学设计时一定不要忽略这一点。

2．教师的现场表现

站在讲台上的教师自信是最重要的，良好的仪态与自信的眼神通常会给观者良好的第一印象，也可以为自己树立一个好的开端。同时不要忘了，即使下面没有学生，我们也是一名教师，自然的教态是必需的，在授课时可适当辅以手势或其他肢体语言，帮助观者更好地接收信息。只有教者入境，听者才能入境，因此教师要创设情境，洋溢着激情，声音、语调、场景等都是调节课堂氛围的好帮手。

3．增加有效的课堂互动

虽说模拟课堂是教师一人在唱"独角戏"，但也要创设正常的教学情境，可以在虚拟课堂中进行双边互动，采用复述法、归纳法、评价法、板书法等方法来实现互动，还可以虚拟辩论、虚拟质疑、虚拟讨论等，给人身临其境的真实感。

4．恰当使用现代多媒体技术

《义务教育语文课程标准(2022年版)》中明确指出，提倡教师增加现代科技手段的运用，如果有条件的话，教师可运用多媒体技术创设情境，这样既能增添课堂的生动性，又能吸引听者的眼球，与授课教师形成呼应。

### (四)课堂模拟的呈现

1．课文内容

#### 1. 古诗三首
#### 四时田园杂兴(其三十一)

［宋］范成大

昼出耘田夜绩麻，

村庄儿女各当家。

童孙未解供耕织，

也傍桑阴学种瓜。

#### 稚子弄冰

［宋］杨万里

稚子金盆脱晓冰，

彩丝穿取当银钲。

敲成玉磬穿林响，

忽作玻璃碎地声。

#### 村　晚

［宋］雷震

草满池塘水满陂，

山衔落日浸寒漪。

牧童归去横牛背，

短笛无腔信口吹。

2. 课文分析

《古诗三首》选自小学语文教材统编版五年级下册的第一单元，本单元以"童年往事"为主题，编排了《古诗三首》《祖父的园子》《月是故乡明》《梅花魂》四篇课文。其中《古诗三首》安排了《四时田园杂兴》(其三十一)、《稚子弄冰》和《村晚》三首古诗，都描写了古代儿童的乡村生活。

结合本课内容，在高年级的古诗教学中要注意以下三点：第一，在把古诗读通顺、流利的基础上，运用多种方法理解诗句，不可死记硬背、生拉硬套；第二，在理解诗句的基础上，引导学生借助插图想象诗中描绘的场景，体会其中的童真童趣；第三，可以尝试将三首古诗进行整合，对比它们的相同及不同之处，以便更好地感受古诗描写的画面和其中的趣味。

3. 文稿片段

上节课，同学们学习了《古诗三首》，相信大家已经能够正确、流利地朗读古诗，理解诗文大意了，对古诗中所描绘的"童孙种瓜""稚子脱冰""牧童吹笛"这样的儿童生活也很向往吧？那么这节课，我们就走进古诗，去体会乡村儿童生活的乐趣。

同学们一定很好奇，宋朝离我们有一千多年了，我们怎么能走进宋代儿童的生活呢？大家别忘了，我们拥有神奇的"想象"，它可以带领我们穿越时空，回到一千多年前宋朝的田园。但是想象可不是没有根据地瞎想。我们可以从诗文中找关键词或字来展开想象，可以联系生活实际来想象，也可以借助插图来想象。其实在你读诗时，浮现在你眼前的画面往往就是你的想象呢！大家一起来试一试吧！

请同学们放慢速度，默读古诗，边读边展开想象，看看你的眼前浮现出了怎样的画面。你可以借助这三种方法来帮助自己哦！"你来说一说自己想象到的画面吧。"这位同学想象力很丰富，把孩子们学种瓜的样子描述得淋漓尽致。其实我们还可以想象一下大人们路过时的反应呢！"好，你来说。"真棒，他描绘出了大人们的表情、动作、语言，有了这些细节描写，就可以让画面更加丰富。可以连起来说一说吗？几个小孩儿在桑树下学起了种瓜。你看，他们学着大人的样子拿着锄头，挖坑，然后点种、浇水、培土，虽然动作不熟练，但那认真劲儿，连路过的行人都瞪大了眼睛，驻足观赏，还纷纷竖起大拇指，连连夸赞呢。

课堂模拟是在说课基础上发展起来的一种新兴的教研形式，它的意义也不言而喻，不仅可以提高备课的质量，提升实效性，而且可以促进青年教师及骨干教师快速成长。课堂模拟虽不是真实上课，但是应该像真实上课一样认真准备，要认真钻研教材、精心编排流程、把控课堂语言、巧妙设计板书。

## 本章小结

　　本章主要分小学语文教师教学素养概述、小学语文教师教学素养提升的途径及方法和小学语文学科素质赛三部分内容展开。

　　小学语文教师教学素养是指在其整个职业生涯中，依托语文学科专业组织，通过学习专业知识、进行专业训练，在语文教学实践、反思和教研中，不断提升自己从而获得的知识储备和教学能力。

　　小学语文教师教学素养的内容包括语文教师的专业知识和专业能力，语文教师需不断提升自身素养，以适应教育的新环境；而当前小学语文教师教学素养存在的主要问题有缺乏自主学习的内在动力、地区发展差异性大、教师创新能力不足等，要想改善这些问题需要从国家、社会、学校和个人等多个方面多管齐下，共同解决。

　　小学语文教师应不断更新自己的观念，有意识地进行学习和实践，才可以促进自身教学素养的提高。推进高校师范生教学改革、促进在校语文教师能力培养、加强教师自主学习是提升小学语文教师教学素养的途径。提升幸福感、促进教师自我学习，注重差异性、优化教师资源配置，夯实基本功、提高教师专业素质是提升小学语文教师教学素养的方法。

　　以某市级小学语文学科素质赛为例，分享了赛程内容、特点和准备方向，初步了解说课、课堂模拟和常规课堂的异同。一名优秀语文教师的教学素养绝不是一朝一夕就能达成的，要在理论和实践中不断探索、积累、提升、创新，从各方面充实自己，才能实现真正意义上的提高甚至飞跃。

## 关键术语

　　语文教师教学素养；教师专业知识；教师专业能力；说课；课堂模拟

## 拓展阅读

　　1. 倪文锦：《语文新课程教学法（小学）》，北京，高等教育出版社，2010。

　　本书是普通高等教育"十一五"国家级规划教材，语文教师教育系列教材。本书主要内容包括新课程的价值追求和语文教学的转型、语文课程基本理念、语文课程性质和目标、小学识字与写字教学、阅读教学、写作教学、口语交际教学、语文综合性学习、现代信息技术与语文课程整合、语文课程资源、语文课程评价、语文教师专业发展。本书框架合理，内容安排简练精当，重点突出，可作为高等师范院校的语文教育专业教材和中小学语文教师及教研人员的研修参考。

2. 金荷华：《语文教师核心素养与提升指导》，上海，复旦大学出版社，2019。

本书共分为三篇十二章，聚焦篇指向语文教师核心素养是什么，包括核心素养、语文学科核心素养、语文教师核心素养；发展篇指向语文教师核心素养如何发展，包括强化语文学习各领域的教学素养、备课、基于核心素养的教学设计等；提升篇指向语文教师核心素养怎样提升，包括语文教师资格考试应考策略和科研型语文教师的必备素养。本书理论基础扎实、突出实践性、内容全面便于操作，对语文教师专业发展具有指南作用。

## 体验练习

1. 你认为自己具备了哪些优秀的语文教学素养，还有哪些不足？

2. 说一说你会通过哪些方法或途径提升自身的语文教学素养。

3. 请你从小学语文教材统编版中任选一篇课文，完成一个课时的说课稿撰写或课堂模拟。

# 参考文献

陈姬，黄国才. 《学写留言条》教学及评析[J]. 小学语文教学，2019(Z1).

陈蕾. 小学语文写字教学的问题及其对策——以安庆市 S 小学为例[J]. 读与写，2016(2).

陈琼. 20 世纪以来语文口语教学发展研究[D]. 苏州大学硕士学位论文，2015.

方小梅. 小学语文口语交际教学策略探究[J]. 西部素质教育，2018(8).

方艳. 叩开小学作文起步教学的大门[J]. 作文成功之路(下)，2012(1).

顾学娟. 小学语文教学策略的探索[J]. 学周刊，2016(6).

何更生. 新编语文教学论[M]. 芜湖：安徽师范大学出版社，2018.

何艳梅. 简析识、写字教学的改革[J]. 教学艺术，2014(12).

黄玉丽，张进. 潜心品读　学写对话——以《船长》对话教学为例[J]. 小学语文教学，2018(7).

贾志敏，沈燕，张玉兰，朱琥. 举重若轻，浑然天成——贾志敏老师"叙事素描作文"教学实录[J].
　　小学语文教师，2014(4).

江平. 小学语文课程与教学[M]. 北京：高等教育出版社，2004.

姜俐冰. 百年汉语拼音教学发展变化论略——基于小学语文课程标准(教学大纲)纵向比较的视角[J].
　　宁夏大学学报(人文社会科学版)，2018(5).

蒋丽珠. 小学语文教学与研究[M]. 郑州：郑州大学出版社，2004.

蒋蓉. 小学语文课程与教学论[M]. 北京：北京师范大学出版社，2015.

教育部基础教育课程教材专家工作委员会. 义务教育语文课程标准(2011 年版)解读[M]. 北京：高
　　等教育出版社，2012.

蒯秀丽. 小学语文课程与教学实践研究[M]. 北京：新华出版社，2015.

李惠瑁. 小学语文综合性学习的现状及对策研究[D]. 扬州大学硕士学位论文，2015.

李静. 小学语文识字教学中存在的问题及解决策略[J]. 甘肃教育，2019(18).

刘炳霞. 思维导图辅助解决小学作文教学难题研究[D]. 鲁东大学硕士学位论文，2014.

刘华. 美国基础教育阶段的跨学科读写教学及其启示[J]. 课程·教材·教法，2014(4).

陆岩虎. 小学语文口语交际教学中存在的问题及对策[D]. 西部素质教育，2019(5).

倪东君. 关于高中语文教学重难点的浅见[J]. 文学教育，2014(5).

倪文锦. 语文新课程教学法(小学)[M]. 北京：高等教育出版社，2010.

苏琳园. 语文核心素养视域下的小学中高年级阅读教学研究[D]. 上海师范大学硕士学位论
　　文，2019.

孙凤岐. 小学语文课程与教学论[M]. 北京：北京师范大学出版社，2016.

陶明华. 农村义务教育阶段语文综合性学习现状调查及对策研究[D]. 山东师范大学硕士学位论

文，2008.

汪季明．看图写话(二年级)[M]．上海：上海远东出版社，2016.

王琼武．小学语文口语交际教学现状及应对策略探究[J]．语文建设，2013(24).

王荣生．写作教学教什么[M]．上海：华东师范大学出版社，2014.

王淑春．低年级作文起步教学的几点做法[J]．现代教育科学，2011(1).

王艳．基于部编版的小学语文口语交际教学探究[J]．教育学文摘，2019(15).

温儒敏、陈先云．义务教育教科书教师教学用书[M]．北京：人民教育出版社，2016.

吴梦思．情境教学视角下的部编版小学语文拼音教学策略[J]．读与写，2018(5).

吴勇．吴勇用教材——小学教材习作教学探索[M]．福州：福建教育出版社，2017.

吴忠豪．小学语文课程标准与教材研究[M]．北京：教育科学出版社，2016.

吴忠豪．小学语文课程与教学论[M]．北京：北京师范大学出版社，2008.

徐林祥．小学语文课程与教学论[M]．北京：教育科学出版社，2014.

杨世碧．语文综合性学习的类型[J]．语文建设，2004(10).

杨曦白．语文综合性学习中案例教学模式的构建与思考[D]．辽宁师范大学硕士学位论文，2006.

叶大仁．《我佩服的一个人》作文评改课教学设计[J]．教学与管理(小学版)，2008(14).

叶海霞．小学语文口语交际教学的有效策略[J]．西部素质教育，2019(9).

叶雪冰，施茂枝．当下汉语拼音教学的问题与破解[J]．语文建设，2018(34).

张玉婷．小学语文教学设计的问题与对策研究[D]．江苏师范大学硕士学位论文，2018.

中华人民共和国教育部．义务教育语文课程标准(2022年版)[M]．北京：北京师范大学出版社，2022.

周健．论小说三要素之间的多边关系[J]．大连教育学院学报，2008(2).